新时代检察队伍建设调查研究与决策参考

最高人民检察院政治部 组织编写

滕继国 主编

中国检察出版社

图书在版编目（CIP）数据

新时代检察队伍建设调查研究与决策参考 / 最高人民检察院政治部组织编写；滕继国主编 . -- 北京：中国检察出版社, 2025. -- ISBN 978-7-5102-3198-8

Ⅰ . D926.304

中国国家版本馆 CIP 数据核字第 2025UL5060 号

新时代检察队伍建设调查研究与决策参考

最高人民检察院政治部　　组织编写
滕继国　主编

责任编辑：	王伟雪
技术编辑：	王英英
封面设计：	徐嘉武
出版发行：	中国检察出版社
社　　址：	北京市石景山区香山南路 109 号（100144）
网　　址：	中国检察出版社（www.zgjccbs.com）
编辑电话：	（010）86423797
发行电话：	（010）86423726　86423727　86423728
	（010）86423730　86423732
经　　销：	新华书店
印　　刷：	河北宝昌佳彩印刷有限公司
开　　本：	710 mm×1000 mm　16 开
印　　张：	28.5
字　　数：	405 千字
版　　次：	2025 年 4 月第一版　2025 年 8 月第二次印刷
书　　号：	ISBN 978-7-5102-3198-8
定　　价：	95.00 元

检察版图书，版权所有，侵权必究
如遇图书印装质量问题本社负责调换

《新时代检察队伍建设调查研究与决策参考》编委会

主　　编　滕继国

副 主 编　肖　玮　周玉庆

执行编辑　孟守平　陈　婧　岳　明
　　　　　崔履昌　骆姝蓓　黄学昌

目 录

建好建强高素质专业化检察队伍　为推进检察
工作高质量发展提供坚强组织保证……………滕继国 / 001

第一部分　专家学者论检察队伍建设

习近平法治思想中的政法理论述要……………黄文艺 / 017
习近平法治思想中的法治专门队伍建设理论
………………………………………………刘　翀　濮　艳 / 036
习近平法治思想指引下的检察队伍建设……王　静　徐　欣 / 049
公务员分类管理视角下的检察人员分类管理…………郝玉明 / 072
建设堪当新时代检察工作重任的高素质检察
　队伍 ……………………………………王懂棋　吴　昊 / 086

第二部分　党的政治建设

以革命化正规化专业化职业化为方向　不断提升
　新时代检察队伍建设水平 ……………………………朱建华 / 103
以高质效融党建　引领筑牢检察队伍高质效办案
　思想根基 ………………………………………………周泽春 / 111
加强政治能力建设　擦亮检察队伍的鲜明政治底色…易克刚 / 119
传承红色基因　赋能新时代检察队伍建设……………胡朗民 / 127

坚持以党的政治建设为统领　锻造忠诚干净担当的
　　检察铁军 …………………………………………… 曲　音 / 134

第三部分　领导班子建设

检察机关领导班子和领导干部日常了解方法和路径
　　研究 ………………………………………………… 王海江 / 143
以"四个突出"锻造"硬核班子"　不断提高领导班子
　　建设质量 …………………………………………… 李　健 / 151
加强地方检察院领导班子建设的路径研究…………… 陈　镝 / 159
优化"选育管用"全链条机制　源源不断培养选拔
　　使用优秀年轻检察干部 …………………………… 刘建军 / 167
新时代高质量推进检察机关领导班子建设研究……… 钱耀忠 / 174

第四部分　人才队伍建设

强化重才导向育才路径用才平台　打造铁一般的检察
　　人才队伍 …………………………………………… 王德群 / 183
遵循人才成长规律　推进检察人才建设实践………… 王朝晖 / 190
新时代基层检察人才队伍建设困境及破解路径
　　探析 ………………………………………………… 彭　宏 / 198
树牢新时代检察人才理念　高质量推进检察人才
　　队伍建设 …………………………………………… 秦明兰 / 207
育强"头雁矩阵"　带动"群雁起飞"　构建新时代
　　检察人才"雁阵格局" ……………………………… 梁经顺 / 214
坚持"引育管用"全链条发力　为安徽检察工作
　　高质量发展集聚人才力量 ………………………… 盛大友 / 222
全面落实人才强检战略　建强新时代检察人才队伍… 马剑勇 / 230

西藏检察机关人才队伍建设的调研与思考············ 措旺拉姆 / 238

第五部分　专业能力建设

聚焦新时代上海干部特质　持续提升检察机关年轻
　　干部素质能力 ·· 芙振坤 / 247

加强检察队伍专业化建设　努力打造堪当时代
　　重任的过硬检察队伍 ·· 车国庆 / 255

推行教育培训"12345"工作法　助力高素质
　　专业化检察队伍建设 ·· 周　恒 / 262

构建高质量教育培训体系　为推进检察工作高质量
　　发展提供坚实人才支撑 ····································· 朱春莉 / 270

深入践行"三个善于"要求　推进检察队伍专业化
　　建设 ·· 叶伟忠 / 277

在"高质效办好每一个案件"中更好实现检察
　　履职能力提升 ·· 孙　军 / 285

做实"三个善于"　持续增强基层检察队伍履职
　　能力 ·· 赖瀚蔚 / 297

第六部分　职业保障建设

关于破解河北检察队伍结构性短板的调研与思考······ 罗云鹤 / 307

高质效抓实检察人员职业保障建设　激发新时代
　　检察队伍的生机活力 ·· 王　浩 / 315

第七部分　纪律作风建设

锻造忠诚干净担当的新时代陕西检察铁军················ 徐　彤 / 327

坚持用改革精神和严的标准管检治检　以过硬队伍
　　服务中国式现代化检察实践 ······························ 李建功 / 334

理念破冰　素能破题　作风破局　努力锻造堪当
　　时代重任的高素质检察队伍……………………………… 新检政 / 343

第八部分　基层基础建设

推进新时代基层检察院高质量发展的实践与探索…………… 孙　勇 / 353
关于深化新时代基层检察院建设的思考………………………… 马焉军 / 361
坚持强基导向和系统观念　走好新时代基层检察院
　　建设内涵式发展道路 …………………………………… 姚福安 / 371
积极探索"家门口、作示范、走前列"基层检察院
　　建设新路径　为"高质效办好每一个案件"提供
　　坚实基层基础 …………………………………………… 闫进宏 / 378
坚持"四种方法"　推进"五强"建设　夯实新时代
　　检察工作高质量发展根基 ………………………………… 付全忠 / 385
以打造"三型"检察院推进基层院建设的路径探析……… 刘家卿 / 392
推动新时代基层检察院建设高质量发展路径探析………… 石　颖 / 400

附　录

新时代新征程高质量推进党政领导班子建设的指导性文件
　　——中央组织部负责人就《全国党政领导班子建设规划纲要
　　（2024—2028年）》答记者问 …………………………………… / 409
最高人民检察院关于全面深化检察改革、进一步加强新时代
　　检察工作的意见 ………………………………………………… / 414
关于加强新时代检察队伍建设的意见…………………………………… / 424
关于进一步加强人民检察院检察官助理管理工作的意见…… / 435

后　记 ……………………………………………………………………… / 442

建好建强高素质专业化检察队伍
为推进检察工作高质量发展提供坚强组织保证

滕继国[*]

事业兴盛，关键在人。培养适应不同时期党的历史使命要求的干部队伍，是我们党不断发展壮大、从胜利走向胜利的重要保证。新时代新征程，习近平总书记强调，"全面建设社会主义现代化国家，必须有一支政治过硬、适应新时代要求、具备领导现代化建设能力的干部队伍"。党的二十届三中全会通过的《中共中央关于进一步全面深化改革、推进中国式现代化的决定》（以下简称《决定》）着眼全局和战略，对干部队伍建设作出重大部署，指出要"深化干部人事制度改革""健全常态化培训特别是基本培训机制"等。这些重要论述和部署，是着眼以中国式现代化全面推进中华民族伟大复兴新形势新任务，对干部队伍建设提出的新标准新要求。干部队伍是推进中国式现代化的"领头羊""带头雁"，中国式现代化呼唤高素质干部队伍，建设高素质干部队伍必须呼应中国式现代化要求。

检察队伍是党和国家干部队伍的重要组成部分，也是以习近平法治思想的检察实践支撑和服务中国式现代化的重要力量。当前，检察机关实现职能重塑、机构重组、机制重构，

---

[*] 滕继国，最高人民检察院党组成员、政治部主任。

欣逢最好发展时期、面临更高履职要求，对高素质专业化的检察队伍需求更为迫切，对如何建设检察队伍也有着新的标准要求。全国检察机关要坚持以习近平新时代中国特色社会主义思想为指导，深入学习贯彻习近平总书记关于政法队伍建设的重要论述，牢牢把握新时代新征程党的检察事业使命任务所需，加快推进检察队伍建设理念、履职能力、管理体系、培养机制的优化完善，努力锻造为大局服务、为人民司法、为法治担当的过硬检察铁军，为推进习近平法治思想的检察实践提供坚强组织保证和人才支撑。

一、加快推进检察队伍建设理念变革创新，牢牢把握锻造新时代检察铁军的目标方向和根本要求

习近平总书记指出，"理念是行动的先导，一定的发展实践都是由一定的发展理念来引领的"。新时代新征程，检察队伍经过司法责任制、检察官单独职务序列、人员分类管理等改革后，人员结构、管理模式、履职方式、职业保障等发生深刻变化。检察队伍建设的主要矛盾已由学历层次偏低、职业保障不足转变为司法理念、履职能力、职业素养不适应新时代检察工作高质量发展要求。面对内外部环境以及主要矛盾的变化，检察队伍的建设理念既要"守正"，始终坚持党管干部原则，深入贯彻新时代党的建设总要求和新时代党的组织路线，把党的绝对领导落实到检察队伍建设各方面各环节；又要"创新"，立足时代发展所需、检察事业所需，不断深化对检察队伍建设的规律性认识，以建设理念的变革和创新，引领检察队伍建设各项工作高质量发展。

（一）树牢"党建引领、政治为先"的建设理念

检察机关作为党绝对领导下的政治机关、法律监督机关

和司法机关，必须着力培养忠于党、忠于国家、忠于人民、忠于法律的检察队伍，确保"刀把子"牢牢掌握在党和人民手中。人民检察制度创立之初，就要求工作人员"必须是党和苏维埃最好的干部""坚决的有阶级觉悟"。新中国成立后人民检察署刚刚建立，就突出加强在职干部的政治与业务学习。检察机关恢复重建后的第一次全国性会议专门强调，要建设一支又红又专的宏大的检察队伍。1990年，检察机关全面建立了政治工作机构，着重加强检察队伍的思想作风和组织建设。新时代新征程，加强检察队伍建设，必须始终把旗帜鲜明讲政治作为第一位的要求，把政治能力作为第一位的能力。要强化政治统领，巩固拓展学习贯彻习近平新时代中国特色社会主义思想主题教育成果，常态化开展政治忠诚教育和党性教育，让坚定拥护"两个确立"、坚决做到"两个维护"成为检察队伍的鲜明政治底色。强化党建引领，构建检察系统党建工作联建联创机制，在重大案件一线设立临时党支部、党小组，充分发挥党支部战斗堡垒、党员先锋模范作用。强化政治素质，坚持"首关不过、余关莫论"，做深做实政治素质考察，经常性开展政治体检，确保检察队伍让党放心、让人民满意。

(二) 树牢"紧扣中心、保障发展"的建设理念

党的组织路线历来是为党的政治路线服务的，检察队伍不是凭空产生、独立存在的，是为党而生、因党而存。建设检察队伍的根本目的是推进党的检察事业发展，党的检察事业需要什么样的检察队伍，就要着力培养什么样的检察队伍；检察队伍建设成效怎么样，最终要以检察工作质效来检验。人民检察制度自创立以来，无论是苏区检察机构成立伊始履行打击犯罪、惩治反革命等重要使命，还是抗日战争时期把

镇压汉奸反动派和保护人民权利作为中心任务，以及新中国成立后积极投入"三反""五反"运动，改革开放以来在保障和促进经济社会发展方面发挥重要作用，检察队伍建设始终聚焦党和国家工作大局发力，始终围绕服务中心工作加强。新时代新征程，检察队伍建设必须紧紧围绕"努力让人民群众在每一个司法案件中感受到公平正义"这一根本目标，聚焦做实高质效办好每一个案件，健全优化检察人员培养、选拔、管理、使用等各环节工作，构建具有检察特色的素质培养体系、知事识人体系、选拔任用体系、从严管理体系、正向激励体系，使检察队伍紧紧跟上和适应时代要求和事业发展需要，在推进检察工作高质量发展中奋发进取、建功立业。

（三）树牢"专博兼备、以专为主"的建设理念

检察工作是政治性很强的业务工作，也是业务性很强的政治工作，需要检察人员具备较强的政治能力、系统的法律知识、娴熟的法律方法、丰富的社会经验，必须走专业化发展之路，铸就检察人员博专结合的知识结构，造就融会贯通的通才专才。检察机关自恢复重建以来，从20世纪80—90年代针对大多数检察人员没有受过法律专业训练、不熟悉法律实际，开展的强化培训和高等专业教育；到1995年检察官法的颁布实施，以及党的十八大以来检察官单独职务序列和检察人员分类管理的纵深推进，检察队伍建设始终朝着专业化建设的方向不断前行。新时代新征程，必须进一步健全体现专业化要求的选拔任用机制，严格检察官专业性选任条件，与时俱进开展专业性业务培训，加强专业化办案团队建设，真正把想办案、能办案、敢监督、善监督的优秀干部选出来用起来。大力引进专业人才力量，坚持"不为我有，但为我用"，健全检察业务专家咨询委员会、行政机关专业人员兼任

检察官助理等制度，充分利用"外力""外智"助力检察队伍专业化。同时，积极适应一体履职、综合履职需要，大力培育复合型检察人才、"全科式"检察官，锤炼一专多能的过硬本领。

（四）树牢"一体抓建、开放共享"的建设理念

检察机关上下级之间是领导与被领导关系，统一行使国家检察权，对检察队伍建设有着共同的标准和要求。同时，检察队伍既有干部队伍的共性要求，也有检察机关的特有属性。加强检察队伍建设，既要发挥检察机关上下一体化履职的组织优势，也要注重融入地方干部队伍建设"大盘子"，坚持系统思维、一体推进，构建环环紧扣、有机衔接的检察队伍建设工作机制。要坚持齐抓共管，强化各级院党组抓班子带队伍的第一责任意识，健全各级院党组统一领导、纪检监察专责监督、政工部门牵头抓总、有关部门各司其职、检察人员人人参与的检察队伍建设新格局，一体抓实检察机关党的建设、队伍建设、业务建设，着力形成抓党建、抓组织、抓队伍、抓业务合力。坚持上下一体，牢固树立全国检察机关"一盘棋"思想，着力构建上下贯通协同的检察队伍建设机制，实现目标同向、措施一体、难题共答、成果共享。坚持内外协调，加强与地方党委及其组织部门的常态化沟通协商，积极争取相关政策支持，注重盘活社会各类资源力量，努力形成条块之间、系统上下、单位内部的检察队伍建设整体合力。

二、加快推进检察队伍履职能力提质增效，与时俱进提升高质效办好每一个案件的过硬本领

习近平总书记反复强调，"努力让人民群众在每一个司法

案件中感受到公平正义",明确要求,"所有司法机关都要紧紧围绕这个目标来改进工作"。为落实习近平法治思想对公正司法的原则性、基础性要求,最高检党组鲜明提出,实现这个目标,必须做到高质效办好每一个案件,并使之成为新时代新征程检察履职办案的基本价值追求。加快推进检察队伍履职能力提质增效,是做实高质效办好每一个案件的基础支撑,必须聚焦法律监督主责主业,与时俱进提升检察人员的政治素养、司法理念、专业能力、实践本领,更加有力地为大局服务、为人民司法、为法治担当。

(一)强化法律监督理念引领

法律监督理念是检察人员用什么样的立场、观点、方法来办案、监督的具体体现,既是检察工作的先导,也是检察队伍履职能力建设的重要内容。在习近平法治思想引领下,最高人民检察院党组提出了一系列符合司法检察工作规律的理念,有力回答了检察工作遇到的新情况新问题。增强检察队伍履职能力,必须首先实现法律监督理念的与时俱进。要加强新时代法律监督理念教育培训,组织开展业务研讨、典型示范、案例检视等工作,引导检察人员牢固树立和践行"三个善于"理念,即善于从纷繁复杂的法律事实中准确把握实质法律关系,善于从具体法律条文中深刻领悟法治精神,善于在法理情的有机统一中实现公平正义。进一步加强检察人员的政绩观教育,健全有效防范和纠治政绩观偏差工作机制,通过检察管理引导广大检察人员树立和践行正确政绩观,进一步聚焦法律监督主责主业,进一步回归高质效履职办案本职本源。

（二）大力培养过硬专业素能

习近平总书记强调，要"注重培养专业能力、专业精神，增强干部队伍适应新时代中国特色社会主义发展要求的能力"。《决定》要求，强化专业训练和实践锻炼，全面提高干部现代化建设能力。新时代，随着党和国家各方面工作越来越专业化、专门化、精细化，特别是检察工作重构性布局以及各类案件专业性、复杂性程度日益突出，检察人员唯有加快提升专业能力，才能跟上人民群众对公平正义的更高期望要求。目前，一些检察人员不敢监督、不善监督甚至不愿监督等问题不同程度存在，根本原因在于专业能力跟不上。要以检察履职必备的基本知识、基本能力为基础，坚持干什么学什么、缺什么补什么、需要什么训什么，完善符合检察官、检察辅助人员、司法行政人员职业特点和岗位要求的专业素能培养体系，加大应用型、实战型人才的检察培训力度。创新推行共享式、开放式、传导式、一体式培训理念，与时俱进提升法律监督能力。突出培训重点，协调推进初任检察官统一职前培训，加大检察辅助人员、司法行政人员培训力度，补齐补强各类检察人员专业短板。

（三）健全岗位实践锻炼机制

检察工作政治性、政策性、专业性、实践性都很强，"纸上谈兵"学不到真本领，唯有检察工作的火热实践是最好的"练兵场""试金石"。要突出实战实用实效，统筹一体推进学、研、练、赛等工作，广泛开展技能比武、辩论赛、庭审观摩、跟庭考评等实战化练兵，砥砺检察人员的专业本领。健全多渠道、多层次、上下联动的检察队伍岗位锻炼机制，积极搭建领题攻坚、"揭榜挂帅"、承办疑难复杂案件等综合实践平台，有计划地安排检察人员参办和观摩新类型、疑难复杂案件办理，加强斗争精神和斗争本领养成，确保检察人员能在中国式现代化建设中扛大梁、攻难关。积极推进学习型、研究型检察院建设，深化理论研究、互聘互派、教育培训、实践教学等检校合作机制，持续推进"检察实务专家进校园"和"法学名师进检察"活动，通过检校共育提升检察人员综合素能。

（四）提升检察职业道德素养

现代化的本质是人的现代化，而思想道德建设是人的现代化的核心要素。增强检察队伍履职能力，要培育"忠诚、为民、担当、公正、廉洁"的新时代检察精神。要大力培育和践行社会主义核心价值观，完善符合司法规律、具有检察特色的职业道德培养模式，教育引导检察人员始终恪守职业良知、严守道德底线。推进文化强检、文化润检，弘扬中华优秀传统法律文化，大力培植传承红色基因、体现时代精神、彰显正气正义、富有职业特质的检察文化，建设新时代检察人员的精神家园。常态化开展先进典型、身边榜样宣传推介活动，大力选树一批可敬可学、具有时代特色和检察特征鲜明的检察英模，树立新时代检察队伍良好的职业形象。

三、加快推进检察队伍管理体系运行高效，激励各类检察人员求真务实、担当实干

习近平总书记指出，"要深化干部制度改革，完善管思想、管工作、管作风、管纪律的从严管理机制，推动干部能上能下、能进能出，推动形成能者上、优者奖、庸者下、劣者汰的正确导向"。实行检察人员分类管理，以及对检察官实行有别于其他公务员的单独职务序列管理，是党中央推进检

察队伍专业化建设的一项重要制度安排，既符合检察工作规律，更体现检察队伍的职业特点要求。实践中，检察人员分类管理制度在具体落实中，还存在一些亟待研究破解的问题。加快推进检察队伍管理体系运行高效，必须遵循司法规律和检察职业特点，向科学管理要生产力、战斗力，进一步健全完善检察人员分类管理制度，让各类检察人员都能安心乐业、成长成才，为推进检察工作高质量发展聚合力、添动力、增活力。

（一）优化检察官管理制度

检察官实行单独职务序列管理和员额制，根本目的是把最优秀的办案人才吸引到办案一线，以提高司法质量、效果和公信力。作为司法办案的主体，检察官是检察队伍的重要力量，关键在于建强用好、压实责任。目前，检察官逐级遴选制度在落实过程中出现了检察官遴选"上不来"、检察官助理入额"下不去"等问题，关键要靠制度机制的优化来解决。要推动完善检察官逐级遴选制度，聚焦"让检察官具有相应的实践经历和社会阅历"这一改革初衷，合理确定遴选人选，健全相关配套政策措施，让检察官的职业路径更优化、更顺畅。落实省以下检察院检察官员额动态调整制度，推进员额统筹配置、动态调整。准确落实检察官等级晋升制度，健全不胜任岗位职责检察官退出员额机制，对具有入额不办案或者能力素质经培训后仍不能胜任等情形的，及时退出员额，做实检察官"能进能出"，确保检察官人人想办案、能办案、办成案。

（二）优化检察辅助人员管理制度

检察官助理既是检察官的参谋助手，也是检察官的"后备军",关键在于精心培育、提升能力。要落实市、县级检察院检察官助理规范便捷招录机制,合理设置招录条件,不断充实检察官助理人才队伍。优化检察官助理职级晋升工作,鼓励支持检察官助理到基层院初任检察官,增强检察官助理职业预期,既推动"人往基层走、才在一线练",也要让到基层、在基层的优秀人才有奔头、有出路。优化检察官助理履职管理,加强对检察官助理分阶段培养训练,区分不同阶段针对性开展培养,强化实质性行使检察职权的办案技能训练,全面提升检察官助理履职专业能力。同时,要拓展司法警察职能,健全适合新时代检察工作发展的司法警察招录、训练、管理、考核、使用机制。坚持业务需要、量力而行,统筹检察技术人员管理。完善聘用制书记员聘任、使用和分级管理机制,激励聘用制书记员安心本职工作。

(三)优化司法行政人员管理制度

司法行政人员是从事行政管理事务的检察人员,具有重要而不可替代的作用,关键在于畅通发展渠道、激发队伍活力。要有序推进符合条件的司法行政人员与检察官、检察辅助人员相互交流,有计划组织司法行政人员与地方党政机关干部交流使用,拓展司法行政人员发展空间。有序推进缺乏综合行政工作经历的干部到司法行政部门交流任职,检察机关内设机构正职选任要优先考虑具有业务和综合岗位工作经历的干部,树立鲜明的用人导向。通过内部调剂、选调、招录等方式及时补充司法行政人员,探索建立司法文员制度,妥善解决基层司法行政部门"空心化"问题。

(四)优化各类人员内外交流制度

人员分类管理的根本目的是让"专业的人干专业的事",

并非使各类人员相互隔离、彼此阻断。推进检察队伍专业化建设，决不能壁垒高筑、自我循环，必须保持"一池活水"。要聚焦破解司法人员分类管理后各类人员交流不畅、交流不多、交流不力等突出问题，建立健全检察人员上下交流、内外交流常态化机制，畅通各类人员职业发展通道，让各类检察人员都有奔头、有盼头。常态化开展上下级检察院以及与其他政法单位、党政机关、法学院校干部交流锻炼，建立省、市级院部门负责人与下级院领导班子成员交流任职机制，着力解决部分领导干部任职经历单一、岗位历练不够等问题。有序推进符合条件的"三类人员"相互交流，细化交流方式、完善转任衔接，进一步增强检察队伍的生机活力。

四、加快推进检察队伍培养机制优化完善，努力锻造堪当时代重任的高素质专业化检察铁军

习近平总书记强调，"我们要应变局、育新机、开新局、谋复兴，关键是要把党的各级领导班子和干部队伍建设好、建设强"。以检察工作高质量发展支撑和服务中国式现代化是一项长期艰巨的历史任务，必须紧紧围绕锻造堪当时代重任的高素质专业化检察队伍，健全完善培养机制。"高素质"是政治素质高、专业素质高、职业道德素质高；"专业化"是专业知识、专业能力、专业作风、专业精神的统一。针对人财物省级统管以及检察人员分类管理出现的新情况新问题，要按照现代化要求理顺管理体制，建立健全检察队伍选育管用制度机制，不断提高新时代检察队伍建设科学化制度化规范化水平。

（一）健全领导班子协管机制

领导班子是各级院的"火车头"，班子强则队伍强。省

以下检察院人财物统一管理改革以来，市县级检察院领导干部实行省级统管，赋予检察机关更重的协管职责，必须靠前协管、敢管会管。要坚持依法依规、及时跟进做好上级院对下级院领导班子协管工作，充分发挥熟悉检察干部情况的优势，主动、经常向地方党委及组织部门汇报，突出政治标准，优化年龄、专业结构，完善来源、经历结构，协同选优配强管好各级院领导班子。按规定推动领导干部在检察系统内外、上下有序交流、异地任职，落实领导班子内部定期分工调整，保持领导干部干事创业活力。

（二）健全年轻干部培养机制

年轻干部培养事关检察事业薪火相传和长远发展。当前，检察机关年轻干部不缺数量缺质量、不缺学历缺阅历，重自然生长、轻精心培养，重自我管理、轻教育监督等问题还不同程度存在。要健全落实优秀年轻干部日常发现、跟踪培养、适时使用、从严管理的常态化工作机制，建好用好年轻干部"蓄水池"，变"现用急找"为"前瞻储备"。建立年轻干部政治、业务"双导师"帮带制度，加强全方位管理和经常性监督，确保年轻干部走稳走好每一步。遵循干部成长规律，不贴标签、不揠苗助长，健全上下联动的全链条接续培养锻炼机制，有计划地选派年轻干部到基层吃劲岗位和艰苦地区扎实锻炼，水到渠成地把检察事业需要的优秀年轻干部选出来、用起来。

（三）健全检察人才培养机制

人才是兴检之本、强检之基，是推进检察工作高质量发展的"第一资源"。检察机关人才资源地区分布不平衡，高层次、复合型检察人才偏少，人才工作统筹不够、人才资源使用效益不高等问题还不同程度存在。要牢固树立全局人才观、全员人才观、开放人才观、科学人才观，积极把人才强检建设融入新时代人才强国战略，纳入检察工作总体布局，健全人才工作与检察业务协调发展的制度机制，推动形成"检察成就人才，人才成就检察"的生动景象。健全精准引才机制，编制急需紧缺人才需求，开展招录、遴选工作，实施优秀选调生梯队培养计划，努力营造"近悦远慕""近悦远来"的人才发展环境。健全系统育才机制，检察系统上下一体培育人才，分层分类建好用好各类检察人才库，加大涉外法治、数字检察等重点人才培养。健全科学用才机制，既要用其所长、用当其时，又要强化人才辐射引领作用，推进检察人才跨层级、跨区域调配使用，实现人才资源共享，促进各类人才竞相迸发。

（四）健全检察人员从严管理机制

好干部是选出来的，更是管出来的。检察机关是法律监督机关，打铁必须自身硬。实行司法责任制后赋权放权相对较快、明责追责相对滞后，客观上也增加了检察人员被围猎的风险。要以自我革命精神深入推进全面从严治检，持续完善检察机关一体推进"三不腐"、防治"灯下黑"机制，以自身净确保自身硬。要推动构建检察业务"大管理"格局，贯通推进业务管理、案件管理、质量管理与队伍管理的有机统一，实现权力与责任的平衡、放权与管权的统一，管案与管人的结合。健全检察权运行制约监督机制，完善上级院对下级院、检察长对检察官的领导和监督机制，健全检察委员会、检察长、业务部门负责人对案件监督把关机制，强化检察履职廉政风险防控，有效约束自由裁量权。健全防止干预司法"三个规定"等重大事项记录报告制度常态化落实机制，完善应录尽录核查、常态化甄别案件倒查等制度，促进检察人员依法公正履职。

（五）健全检察职业保障机制

党和国家对司法工作和司法人员职业保障历来高度重视。习近平总书记鲜明指出，"要真情关心和爱护政法干警，建立健全职业保障制度，不断增强政法队伍创造力、凝聚力、战斗力"。当前，检察人员身份保障、经济保障、安全保障等职业保障机制不断健全。要进一步深入落实"三个区分开来"要求，完善检察人员依法履职不实举报澄清和容错免责机制，根据监督办案特点明确容错免责情形，让检察人员担当履职无后顾之忧。健全检察人员考核制度，以"考实、评准、用好"为基本导向，优化简化考核指标，强化考核结果运用。全面落实从优待检各项政策措施，建立健全检察人员心理评测和干预机制，加大解决检察人员家庭实际困难的力度，让检察人员始终感受到组织关怀就在身边，激发锐意进取、拼搏奋斗的干事热情。

检察队伍建设是一项长期性、系统性、基础性工作。检察队伍建设理念是先导，履职能力是重点，管理体系是关键，培养机制是保障。各级检察机关要始终坚持以习近平新时代中国特色社会主义思想为指导，聚焦更好适应现代化、服务现代化、保障现代化，坚持解放思想、守正创新，求真务实、担当实干，建好建强新时代检察队伍，为检察工作高质量发展、支撑和服务中国式现代化建设提供人才保障。

第一部分
专家学者论检察队伍建设

习近平法治思想中的政法理论述要

黄文艺*

政法体制是中国法治体制的重要组成部分,政法系统是中国法治建设的重要力量。党的十八大以来,习近平总书记在领导新时代政法工作谋新篇、开新局的实践中,以马克思主义政治家、理论家敏锐的洞察力、深刻的判断力、独特的创造力,科学回答了政法工作的一系列重大理论和实践问题,提出了一系列原创性新理念新思想新战略,创立了科学化、体系化的新时代政法理论,标志着我们党的政法理论实现了历史性飞跃。新时代政法理论是习近平法治思想体系的重要组成部分,是对马克思主义国家与法理论的创造性发展,有力推进了政法工作体系进程。

一、党的绝对领导论

政法机关是人民民主专政的国家政权机关,承担着专政职能、管理职能、服务职能,事关国家政治安全、社会安定有序、人民安居乐业。由政法机关的性质和职能所决定,政法工作必须坚持党的绝对领导。习近平总书记在 2019 年中央政法工作会议上提出,"坚持党对政法工作的绝对领导"。早在 2014 年中央政法工作会议上,习近平总书记就强调"在坚持党对政法工作的领导这样的大是大非面前,一定要保持政治清醒和政治自觉,任何时候任何情况下都不能有丝毫动摇"。2019 年,党中央制定的《中国共产党政法工作条例》(以下简称《政法工作条例》)第 1 条开宗明义地提出,坚持和加强党对政法工作的绝对领导。

---

* 黄文艺,中国人民大学中华法治文明高等研究院院长、教授、博士生导师。

党对政法工作的绝对领导主要体现为党中央的绝对领导、地方党委的领导、党委政法委的领导、政法机关党组（党委）的领导。《政法工作条例》构建起了以党中央为中枢、各级党委总揽全局、党委政法委归口管理、政法机关党组（党委）主管主抓的政法工作领导体系。其中，党委政法委是党委领导和管理政法工作的职能部门，是实现党对政法工作领导的重要组织形式。"党委政法委要明确职能定位，善于运用法治思维和法治方式领导政法工作，在推进国家治理体系和治理能力现代化中发挥重要作用。"[1] "各级党委政法委要把工作着力点放在把握政治方向、协调各方职能、统筹政法工作、建设政法队伍、督促依法履职、创造公正司法环境上，健全完善政治督察、综治督导、执法监督、纪律作风督查巡查等制度机制。"[2] 政法机关党组织的领导是党的领导的重要形式。"政法机关党组织要建立健全重大事项向党委报告制度、在执法司法中发挥政治核心作用制度、党组（党委）成员依照工作程序参与重要业务和重要决策制度，确保政法工作沿着正确方向前进。"[3]

党对政法工作的绝对领导主要是管方向、管政策、管原则、管干部。习近平总书记在 2014 年中央政法工作会议上指出了党的领导上出现的"无为而治"和"越俎代庖"两种倾向。"我们一些领导干部对怎么坚持党对政法工作的领导认识不清、把握不准，有的该管的不敢管、不会管，怕人家说以权压法、以言代法；有的对政法部门职责范围内的事情管得过多过细，管了一些不该管、管不好的具体业务工作；有的甚至为了一己私利，插手和干预司法个案。"[4] 习近平总书记明确提出了党的绝对领导的三项原则：一是议大事、抓大事、谋全局。具体要管方向、管政策、管原则、管干部，加强政治领导、思想领导、组织领导。二是保证执法、支持司法。"各级党组织和领导干部要支持政法单位开展工作，支持司法

---

[1] 习近平 2014 年 1 月 7 日在中央政法工作会议上的讲话。
[2] 习近平 2019 年 1 月 15—16 日在中央政法工作会议上的讲话。
[3] 习近平 2014 年 1 月 7 日在中央政法工作会议上的讲话。
[4] 习近平 2014 年 1 月 7 日在中央政法工作会议上的讲话。

机关依法独立公正行使职权。"① 三是不替代、不干预。党对政法工作的领导"不是包办具体事务，不要越俎代庖，领导干部更不能借党对政法工作的领导之名对司法机关工作进行不当干预"。"对来自群众反映政法机关执法办案中存在问题的举告，党政领导干部可以依法按程序批转，但不得提出倾向性意见，更不能替政法机关拍板定案。"②

二、法治中国建设论

2013 年，习近平总书记在对政法工作作出指示时首次提出"法治中国"范畴，并把推进法治中国建设确立为政法工作的重要使命。2020 年，中共中央印发的《法治中国建设规划（2020—2025 年）》明确提出了法治中国建设的总体目标和基本内涵："建设法治中国，应当实现法律规范科学完备统一，执法司法公正高效权威，权力运行受到有效制约监督，人民合法权益得到充分尊重保障，法治信仰普遍确立，法治国家、法治政府、法治社会全面建成。"政法系统是法治中国建设的主力军。特别是 2018 年党和国家机构改革后，随着司法行政部门的重组和党委法治建设议事决策协调机构办公室设在司法行政部门，政法工作已涉及法治国家、法治政府、法治社会各领域，贯穿于立法、执法、司法、守法全过程。这意味着，政法系统承担着统筹协调法治建设、推进行政立法、建设法治政府、推进公正司法、建设法治社会等重要职责，在建设良法善治的法治中国上肩负重要使命。

在统筹协调法治建设上，设在司法行政部门的党委法治建设议事决策协调机构办公室，承担着本地区法治建设的组织协调、政策研究、督促检查等职责。为正确处理好党委法治建设议事决策协调机构和党委政法委的关系，该办公室负责人一般由同级党委政法委书记兼任。在谈到中央全面依法治国委员会办公室的职责时，习近平总书记指出，"办公室要加强对工作的协调、督促、检查、推动"。2019 年，中办、国办印发

---

① 习近平 2019 年 1 月 15—16 日在中央政法工作会议上的讲话。
② 习近平 2014 年 1 月 7 日在中央政法工作会议上的讲话。

的《法治政府建设与责任落实督察工作规定》明确了中央全面依法治国委员会办公室和地方各级党委法治建设议事协调机构办公室组织开展法治政府建设与责任落实情况督察的职责。

在推进行政立法上，市级以上司法行政机关承担着行政立法协调、法律法规规章草案起草、法规规章备案审查和清理等职责，市级以上公安机关、国家安全机关承担着有关法律法规规章的起草职责。习近平法治思想对如何加强和改进行政立法提出了一系列明确要求。一是健全行政立法的公众参与机制，积极运用新媒体新技术拓宽公众参与渠道，完善立法听证、民意调查机制，切实提高行政立法质量。二是健全行政立法的统筹协调机制，及时协调解决立法分歧和突出问题，防止因个别意见不一致导致立法项目久拖不决，切实提高行政立法效率。三是维护国家法治统一，遵循立法程序、严守立法权限，切实避免越权立法、重复立法、盲目立法，有效防止部门利益和地方保护主义影响。

在推进法治政府建设上，司法行政机关负责统筹推进法治政府建设、指导和办理行政复议和行政应诉等工作，公安机关、国家安全机关、司法行政机关均承担着行政执法职责。习近平法治思想对政法机关如何坚持严格规范公正文明执法、推进法治政府建设提出了一系列明确要求。关于坚持严格规范公正文明执法，"严格规范公正文明执法是一个整体，要准确把握、全面贯彻，不能畸轻畸重、顾此失彼。要树立正确法治理念，把打击犯罪同保障人权、追求效率同实现公正、执法目的同执法形式有机统一起来，坚持以法为据、以理服人、以情感人，努力实现最佳的法律效果、政治效果、社会效果"①。推进法治政府建设，主要是健全依法决策机制，加大决策合法性审查力度，深化行政执法体制改革，加强行政执法与刑事司法有机衔接，建立健全行政纠纷解决体系。

在推进公正司法上，作为国家司法机关的人民法院和人民检察院承担着主体责任，参与刑事诉讼的公安机关、国家安全机关、司法行政机

---

① 习近平 2019 年 5 月 7 日在全国公安工作会议上的讲话。

关亦负有重要责任。习近平法治思想对政法机关如何推进公正高效权威司法、提高司法质量效率和公信力提出了一系列明确要求。推进公正司法，就是要健全司法权力分工负责、相互配合、相互制约的制度安排，深化司法体制综合配套改革，严格落实司法责任制，健全司法权力制约监督机制，构建开放、动态、透明、便民的阳光司法机制，杜绝暗箱操作，坚决遏制司法腐败。推进高效司法，就是要面对诉讼案件的爆炸式增长，加快构建立体化、多元化、精细化的诉讼程序体系，推进案件繁简分流、轻重分离、快慢分道，提高办案效率。推进权威司法，就是要完善确保依法独立公正行使审判权和检察权的制度，建立健全司法人员履行法定职责保护机制，完善惩戒妨碍司法机关依法行使职权、拒不执行生效裁判和决定、藐视法庭权威等违法犯罪行为的法律规定。

在推进法治社会建设上，司法行政部门负责统筹规划法治社会建设、开展普法宣传、建设公共法律服务体系、指导依法治理工作，其他政法机关在开展法治宣传教育、推进依法治理、引导全民守法上发挥重要作用。习近平法治思想对政法机关如何推进法治社会建设提出了一系列明确要求。在普法宣传上，"要研究法治宣传教育新机制新方法，建设社会主义法治文化，让法治成为全民思维方式和行为习惯"[1]。在推进依法治理上，"要加快实现社会治理法治化，依法防范风险、化解矛盾、维护权益，营造公平、透明、可预期的法治环境"[2]。在建设公共法律服务体系上，"要加快建设覆盖城乡、便捷高效、均等普惠的现代公共法律服务体系，统筹研究律师、公证、法律援助、司法鉴定、调解、仲裁等工作改革方案，让人民群众切实感受到法律服务更加便捷"[3]。在引导群众守法上，"要引导全体人民遵守法律，有问题依靠法律来解决，决不能让那种大闹大解决、小闹小解决、不闹不解决现象蔓延开来，否则还有什么法治可言呢？要坚决改变违法成本低、守法成本高的现象，谁违法就要付

---

[1] 习近平2018年8月24日在中央全面依法治国委员会第一次会议上的讲话。
[2] 习近平2018年8月24日在中央全面依法治国委员会第一次会议上的讲话。
[3] 习近平2018年8月24日在中央全面依法治国委员会第一次会议上的讲话。

出比守法更大的代价，甚至是几倍、十几倍、几十倍的代价"①。"要从政法机关做起，坚决破除各种潜规则，杜绝法外开恩，改变找门路托关系就能通吃、不找门路托关系就寸步难行的现象让托人情找关系的人不但找不到便宜，相反要付出代价。"②

三、社会治理现代化论

用"社会治理"概念取代"社会管理"概念，明确提出"加强和创新社会治理""加快推进社会治理现代化""完善中国特色社会主义社会治理体系"等重大命题，是习近平总书记在国家治理理论上的重大原创性贡献。政法机关是加强和创新社会治理、推进社会治理现代化的重要力量，承担着保障社会安宁、维护社会和谐、增进社会活力、促进社会文明的职责使命。习近平总书记在2014年中央政法工作会议上提出："社会治理是一门科学，管得太死，一潭死水不行；管得太松，波涛汹涌也不行。"在2019年中央政法工作会议上进一步强调，加快推进社会治理现代化。

（一）社会治理体系现代化

关于社会治理体系现代化，习近平总书记从横向和纵向两个维度明确提出了现代社会治理的基本构架。在横向上，完善党委领导、政府负责、民主协商、社会协同、公众参与、法治保障、科技支撑的社会治理体系。"要善于把党的领导和我国社会主义制度优势转化为社会治理效能，完善党委领导、政府负责、社会协同、公众参与、法治保障的社会治理体制，打造共建共治共享的社会治理格局。"③党的十九届四中全会进一步明确提出，完善党委领导、政府负责、民主协商、社会协同、公众参与、法治保障、科技支撑的社会治理体系，建设人人有责、人人尽责、人人享有的社会治理共同体。在党委领导下，党委政法委在社会治理现

---

① 习近平2013年2月23日在十八届中央政治局第四次集体学习时的讲话。
② 习近平2014年1月7日在中央政法工作会议上的讲话。
③ 习近平2019年1月15—16日在中央政法工作会议上的讲话。

代化上具有牵头抓总、统筹协调、督办落实等作用。"要创新完善平安建设工作协调机制，统筹好政法系统和相关部门的资源力量，形成问题联治、工作联动、平安联创的良好局面。"① 在纵向上，构建从中央到省、市、县、乡、村（社区）各层级权责明晰、高效联动、上下贯通、运转灵活的社会治理指挥体系。其中，市域在社会治理现代化中具有承上启下的枢纽作用。党的十九届四中全会、五中全会提出，加快推进市域社会治理现代化。从 2019 年起，中央政法委在全国部署开展市域社会治理现代化试点工作。城乡社区是社会治理现代化的基石。"要深入推进社区治理创新，构建富有活力和效率的新型基层社会治理体系。"②

（二）社会治理理念现代化

关于社会治理理念现代化，习近平总书记明确提出并深刻阐释了预防治理、源头治理、系统治理、综合治理、柔性治理等现代治理理念。"治理和管理一字之差，体现的是系统治理、依法治理、源头治理、综合施策。"③ 预防治理是指社会治理重心放到预测预警预防上来，尽可能将各类矛盾风险消解于未萌、化解于无形。政法机关要"提高预测预警预防各类风险能力""提高对各种矛盾问题预测预警预防能力"。源头治理是指社会治理关口前移至源头和前端环节，尽可能把矛盾风险解决在源头和前端。"加强源头治理，努力将矛盾纠纷化解在基层、化解在萌芽状态，避免小问题拖成大问题，避免一般性问题演变成信访突出问题。"④ 系统治理是指政府、市场、社会等各类主体各负其责、各尽其能，实现优势互补、无缝协作，构建起共建共治共享的社会治理格局。综合治理是指综合运用政治、经济、法律、文化、教育、科技等多种手段解决社会问题，构建起多管齐下、相融相合、互济互补的善治体系。柔性治理是

---

① 习近平 2019 年 1 月 15—16 日在中央政法工作会议上的讲话。
② 习近平 2019 年 1 月 15—16 日在中央政法工作会议上的讲话。
③ 习近平 2014 年 3 月 5 日在参加十二届全国人大二次会议上海代表团审议时的讲话。
④ 习近平：《下大气力把信访突出问题处理好　把群众合理合法的利益诉求解决好》，载《人民日报》2016 年 4 月 22 日，第 1 版。

指多运用说服教育、调解疏导、劝导示范等非强制手段进行治理，寓管理于服务之中、融处罚于教育之中。"在具体工作中，不能简单依靠打压管控、硬性维稳，还要重视疏导化解、柔性维稳，注重动员组织社会力量共同参与，发动全社会一起来做好维护社会稳定工作。"①

（三）社会治理方式现代化

关于社会治理方式现代化，习近平总书记明确提出并系统论述了社会化、法治化、智能化、专业化、精细化等社会治理方式方法。"要更加注重联动融合、开放共治，更加注重民主法治、科技创新，提高社会治理社会化、法治化、智能化、专业化水平，提高预测预警预防各类风险能力。"②"善于运用先进的理念、科学的态度、专业的方法、精细的标准提升社会治理效能，增强社会治理整体性和协同性。"③所谓社会化，是指构建人人有责、人人尽责、人人享有的社会治理共同体，激发社会自治、自主、自律的力量，让社会问题由社会解决。所谓法治化，是指坚持运用法治思维和法治方式化解矛盾、保障权益、维护稳定，按照法律规定、法律精神判断对错、辨明是非、厘清责任，为全社会立"明规则"、破"潜规则"。所谓智能化，是指运用大数据、人工智能、物联网、区块链等新技术，深入推进社会治理数字化智能化建设，化不知为可知、化后知为先知、化不能为可能，提高预测预警预防能力。所谓专业化，是指由正规化职业化的社会治理队伍，运用专业化的标准规范、技术手段进行社会治理，以最小的治理成本取得最佳的治理成效。所谓精细化，是指坚持以工匠精神、以绣花功夫推进社会治理，细化实化量化社会治理单元、标准和过程，产生靶向精确、操作精微、成果精致的治理效能。

---

① 习近平 2014 年 1 月 7 日在中央政法工作会议上的讲话。
② 习近平:《完善中国特色社会主义社会治理体系 努力建设更高水平的平安中国》，载《人民日报》2016 年 10 月 13 日，第 1 版。
③ 习近平:《坚持走中国特色社会主义社会治理之路 确保人民安居乐业 社会安定有序》，载《人民日报》2017 年 9 月 20 日，第 1 版。

四、促进社会公平正义论

把公平正义视为政法工作的生命线,把促进社会公平正义确立为政法工作的重要任务,是习近平法治思想关于政法理论的独创性贡献和标志性特征之一。习近平总书记反复强调,"促进社会公平正义是政法工作的核心价值追求""公平正义是政法工作的生命线""公平正义是执法司法工作的生命线"。习近平法治思想关于社会公平正义的原创性贡献可概括为三个方面。

(一)要把维护社会公平正义贯穿于政法工作全过程

习近平总书记在中央全面依法治国委员会第一次会议上指出:"必须牢牢把握社会公平正义这一法治价值追求,努力让人民群众在每一项法律制度、每一个执法决定、每一宗司法案件中都感受到公平正义。"对于政法机关而言,就是要把维护社会公平正义贯穿于政法工作全过程。"政法战线要肩扛公正天平、手持正义之剑,以实际行动维护社会公平正义,让人民群众切实感受到公平正义就在身边。"①

立法公正是维护社会公平正义的前提。党的十八届四中全会提出,要把公正、公平、公开原则贯穿立法全过程,完善立法体制机制,坚持立改废释并举,增强法律法规的及时性、系统性、针对性、有效性。执法公正是维护社会公平正义的重要环节,是习近平总书记对公安机关和公安队伍提出的基本要求。"要抓住关键环节,完善执法权力运行机制和管理监督制约体系,努力让人民群众在每一起案件办理、每一件事情处理中都能感受到公平正义。"②司法公正是维护社会公平正义的最后一道防线。习近平总书记强调公平正义是司法的灵魂和生命,高度重视司法公正在社会公正保障上的引领性作用。"如果司法这道防线缺乏公信力,社会公正就会受到普遍质疑,社会和谐稳定就难以保障。……司法公正对

---

① 习近平 2014 年 1 月 7 日在中央政法工作会议上的讲话。
② 习近平 2019 年 5 月 7—8 日在全国公安工作会议上的讲话。

社会公正具有重要引领作用，司法不公对社会公正具有致命破坏作用。"①"司法是社会公正正义的最后一道防线，司法人员必须信仰法律、坚守法治、端稳天平、握牢法槌、铁面无私、秉公司法。"②在维护司法公正上，防范和纠正冤案错案是底线性要求。"要懂得'100-1=0'的道理，一个错案的负面影响足以摧毁九十九个公正裁判积累起来的良好形象。"③

（二）要保障和促进更高水平的公平正义

顺应新时代人民群众对社会公平正义的更高期待和要求，政法机关所要保障和促进的社会公平正义是一种更高水平的公平正义。习近平总书记指出，"人民群众的公平意识、民主意识、权利意识、法治意识不断增强，对促进社会公平正义、实现安居乐业的要求越来越高"。这种更高水平的公平正义的特点可概括为五个方面。

一是更可及的公平正义。政法机关所守护的正义都是百姓身边的正义。更可及的公平正义的基本标志是，百姓能求助于警察、请得起律师、打得起官司。习近平总书记强调，"决不允许对群众的报警求助置之不理，决不允许让普通群众打不起官司"。党的十八大以来，政法机关通过完善受案立案制度、实行立案登记制、完善法律援助制度、健全诉讼服务体系等改革，破解报警不接、打官司难、请律师难等痛点问题，让法律正义之门向每一个人敞开。

二是更可见的公平正义。让公平正义看得见是法治的核心要义之一。"要增强主动公开、主动接受监督的意识，完善机制、创新方式、畅通渠道。依法及时公开执法司法依据、程序、流程、结果和裁判文书。对公众关注的案件，要提高透明度，让暗箱操作没有空间，让司法腐败无法藏身。"④在大数据时代，政法机关加快推进执法司法数字化智能化建设，

---

① 习近平：《关于〈中共中央关于全面推进依法治国若干重大问题的决定〉的说明》，载《人民日报》2014年10月29日，第2版。
② 习近平：《加快建设社会主义法治国家》，载《求是》2015年第1期。
③ 习近平2014年1月7日在中央政法工作会议上的讲话。
④ 习近平2014年1月7日在中央政法工作会议上的讲话。

将执法司法过程全程视频化,让公平正义现场和事后都看得见,能被当事人和公众都看得见。

三是更讲理的公平正义。更高水平的公平正义,要求向当事人讲理说理,让当事人心服口服。"一纸判决,或许能够给当事人正义,却不一定能解开当事人的'心结','心结'没有解开,案件也就没有真正了结。"[1]因此,执法司法人员既要解开案件的法结,又要解开群众的心结,让公平正义直抵当事人内心。这就要求,执法司法人员把握好人民群众最朴素的正义感,善于讲清法理、讲明事理、讲透情理。

四是更及时的公平正义。诉讼久拖不决,是现代司法的通病,也是百姓的心病。更高水平的公平正义,应当是在保证公正的前提下更快速、更及时的公平正义。中国司法机关通过深化诉讼制度改革,创新完善速裁程序、简易程序等诉讼程序,推动简易案轻刑案快办,让司法公平正义不断提速。

五是更有效的公平正义。公平正义不仅要抵达当事人,而且要得到不折不扣地兑现。这体现为生效的执法司法文书得到严格执行,胜诉当事人合法权益得到应有保护,违法犯罪人员受到应有惩罚。"所谓公正司法,就是受到侵害的权利一定会得到保护和救济,违法犯罪活动一定要受到制裁和惩罚。"[2]政法机关通过深化执行制度改革、严格规范"减假暂",破解"司法白条""纸面服刑""提钱出狱"等社会反映强烈的问题,确保司法公平正义得到有效实现。

(三)要以健全制度保障执法司法公平正义

在当代中国,来自政法机关内外的各种非法干扰,是影响执法司法公正的重要因素。习近平总书记深刻分析了干扰执法司法的各种因素,既强调政法干警要敢于排除各种非法干扰,又强调要以健全制度来防范各种非法干扰。关于前者,"任何国家任何制度都不可能把执法司法人员

---

[1] 习近平 2013 年 2 月 23 日在十八届中央政治局第四次集体学习时的讲话。
[2] 习近平 2013 年 2 月 23 日在十八届中央政治局第四次集体学习时的讲话。

与社会完全隔离开来，对执法司法的干扰在一定程度上讲是客观存在的，关键是遇到这种情况时要坚守法治不动摇，要能排除各种干扰"。① 关于后者，"司法不能受权力干扰，不能受金钱、人情、关系干扰，防范这些干扰要有制度保障"②。习近平法治思想在防范非法干扰上提出三项有针对性的举措。

一是解决领导机关和领导干部违法违规干预问题。习近平总书记对这个问题有详细的论述："做到严格执法、公正司法，还要着力解决领导机关和领导干部违法违规干预问题。这是导致执法不公、司法腐败的一个顽瘴痼疾。一些党政领导干部出于个人利益，打招呼、批条子、递材料，或者以其他明示、暗示方式插手干预个案，甚至让执法司法机关做违反法定职责的事。在中国共产党领导的社会主义国家里，这是绝对不允许的！……要建立健全违反法定程序干预司法的登记备案通报制度和责任追究制度，对违反法定程序干预政法机关执法办案的，一律给予党纪政纪处分；造成冤假错案或者其他严重后果的，一律依法追究刑事责任。"

二是解决政法机关内部人员过问案件问题。对执法司法公正的非法干扰，不仅来自政法机关外部，也来自政法机关内部。党的十八届四中全会提出，司法机关内部人员不得违反规定干预其他人员正在办理的案件，建立司法机关内部人员过问案件的记录制度和责任追究制度。

三是解决执法司法人员不正当社会交往问题。各国法治实践表明，执法司法人员的不正当社会交往容易影响到执法司法公正。"世界上许多国家都对律师同法官、检察官接触交往作出严格规定，严禁律师和法官私下会见，不能共同出入酒店、娱乐场所甚至同乘一部电梯。但是，我们的一些律师和法官、检察官相互勾结，充当'司法掮客'，老百姓说是'大盖帽，两头翘，吃了被告吃原告'造成了十分恶劣的影响。这方面已经有的制度要严格执行，不完善的制度要抓紧完善，筑起最严密的

---

① 习近平 2014 年 1 月 7 日在中央政法工作会议上的讲话。
② 习近平 2013 年 2 月 23 日在十八届中央政治局第四次集体学习时的讲话。

篱笆墙。"①

根据上述重要思想,党的十八大以来,我国颁布实施了《领导干部干预司法活动、插手具体案件处理的记录、通报和责任追究规定》《司法机关内部人员过问案件的记录和责任追究规定》《关于进一步规范司法人员与当事人、律师、特殊关系人、中介组织接触交往行为的若干规定》等"三个规定"。"三个规定"架起了防止违法干预的"高压线",也为执法司法人员抵御各种干扰设置了"防火墙"。

五、全面深化政法改革论

从司法改革到政法改革,是法治领域改革的历史性飞跃,标志着法治领域改革迈入新阶段。习近平总书记在2019年中央政法工作会议上明确提出,加快推进政法领域全面深化改革。2019年,中央全面深化改革委员会第六次全体会议审议通过的《关于政法领域全面深化改革的实施意见》,对新时代政法改革作出了全面部署。政法领域改革是法治领域改革的重点难点,牵涉面广、关注度高,更需要自我革新的胸襟。

(一)深化政法机构改革

作为党和国家机构改革的重要组成部分,政法机构改革是一场系统性、整体性、重构性的变革,确立起了更为优化协同高效的政法机构职能体系。政法机构改革大体包括宏观、中观和微观三个层面。在宏观层面,优化政法机关职权配置,理顺政法机关内外关系,构建起党领导下政法机关各司其职、配合有力、制约有效的工作体系。这方面的改革有:一是加强党委政法委的归口管理。在2018年党和国家机构改革中,撤销社会治安综合治理委员会及其办公室、维护稳定工作领导小组及其办公室、防范和处理邪教问题领导小组及其办公室,有关职责交由党委政法委承担。二是国家监察体制改革。这项改革将检察机关反腐败职能转隶至监察机关。"我们把行政监察部门、预防腐败机构和检察机关反腐败

---

① 习近平2014年1月7日在中央政法工作会议上的讲话。

相关职责进行整合，解决了过去监察范围过窄、反腐败力量分散、纪法衔接不畅等问题。"① 三是重新组建司法部。"为更好贯彻落实全面依法治国基本方略、加强党对法治政府建设的领导，统筹行政立法、行政执法、法律事务管理和普法宣传，推动政府工作纳入法治轨道，将司法部和国务院法制办的职责整合，重新组建司法部。"② 四是跨军地改革。跨军地改革是涉及公安管理体制的重大改革。"为全面落实党对人民解放军和其他武装力量的绝对领导，按照军是军、警是警、民是民原则，安排公安边防部队、公安消防部队、公安警卫部队退出现役，公安边防部队、警卫部队转为警察；公安消防部队划归应急管理部，实行专门管理和政策保障。安排海警队伍转隶武警部队。"③ 五是理顺纪检监察机关和政法机关之间的关系。健全纪检监察机关、公安机关、检察机关、审判机关、司法行政机关各司其职，侦查权、检察权、审判权、执行权相互制约的体制机制。在中观层面，健全各政法机关组织体系，处理好统与分、上与下的关系，构建起布局科学、上下一体的政法组织机构体系。以公安机构改革为例，"要推行扁平化管理，把机关做精、把警种做优、把基层做强、把基础做实，加快构建职能科学、事权清晰、指挥顺畅、运行高效的公安机关机构职能体系"④。在微观层面，深入推进政法机关内设机构改革，创新内部管理结构体系，让政务、业务运行更加优质高效。"要推进政法机关内设机构改革，优化职能配置、机构设置、人员编制，让运行更加顺畅高效。"⑤

（二）深化行政执法体制改革

习近平总书记对包括政法机关在内的行政执法体制改革作出了一系

---

① 习近平：《在新的起点上深化国家监察体制改革》，载《求是》2019年第5期。
② 习近平2018年2月26—28日在党的十九届三中全会上作的《关于深化党和国家机构改革决定稿和方案稿的说明》。
③ 习近平2018年2月26—28日在党的十九届三中全会上作的《关于深化党和国家机构改革决定稿和方案稿的说明》。
④ 习近平2019年5月7—8日在全国公安工作会议上的讲话。
⑤ 习近平2019年1月15—16日在中央政法工作会议上的讲话。

列顶层设计。一是完善权责清单制度,加快推进机构、职能、权限、程序、责任法定化。"要加强对行政处罚、行政强制事项的源头治理,最大限度减少不必要的执法事项。"① 二是完善行政执法制度和程序,提高严格规范公正文明执法水平。"建立执法全过程记录制度,严格执行重大执法决定法制审核制度,全面落实行政执法责任制。"② 三是全面推进政务公开,推进决策公开、执行公开、管理公开、服务公开、结果公开。

(三)深化司法体制改革

司法体制改革一直是政法改革的重中之重。"司法体制综合配套改革"是习近平法治思想提出的原创性概念,引领中国司法体制改革由浅向深、由分向合、由内向外深化拓展,迈进到跨界性、整体性、攻坚性阶段。新时代司法体制改革的主要内容包括:一是司法管理体制改革。这包括,推动省以下地方法院检察院人财物统一管理,设立最高人民法院巡回法庭,设立跨行政区划的法院、检察院,建立知识产权法院、互联网法院、金融法院等专门法院。习近平总书记对这些重要改革背后的法理依据都作了详细的阐释论证。例如,省以下地方法院、检察院人财物统一管理背后的法理根据是,"我国是单一制国家,司法权从根本上说是中央事权。各地法院不是地方的法院,而是国家设在地方代表国家行使审判权的法院"③。二是司法权运行机制改革。这一改革的核心是全面落实司法责任制度,实现谁办案谁负责。"要抓住司法责任制这个'牛鼻子',深入研究司法责任制综合配套改革方案,加快构建权责一致的司法权运行新机制。"④ "要全面落实司法责任制,让司法人员集中精力尽好责、办好案,提高司法质量、效率、公信力。"⑤ 三是加强人权司法保障。

---

① 习近平 2019 年 7 月 5 日在深化党和国家机构改革总结会议上的讲话。
② 习近平:《关于〈中共中央全面推进依法治国若干重大问题的决定〉的说明》,载《人民日报》2014 年 10 月 29 日,第 2 版。
③ 习近平 2014 年 1 月 7 日在中央政法工作会议上的讲话。
④ 习近平 2018 年 8 月 24 日在中央全面依法治国委员会第一次会议上的讲话。
⑤ 习近平 2019 年 1 月 15—16 日在中央政法工作会议上的讲话。

习近平总书记把"权利救济"界定为司法的基本功能,把"完善人权司法保障制度"确立为深化司法体制改革的重要方面,推动防范和纠正冤案错案,加强对当事人实体权利和诉讼权利保障。四是深化诉讼制度改革。习近平总书记对立案登记制、检察机关提起公益诉讼制度、以审判为中心的刑事诉讼制度改革进行了深入论述。"要深化诉讼制度改革,推进案件繁简分流、轻重分离、快慢分道,推动大数据、人工智能等科技创新成果同司法工作深度融合。"①

(四)完善权力运行监督和制约机制

政法机关是国家强力部门,更需要加强权力制约和监督。"政法机关和政法队伍中的腐败现象,还不仅仅是一个利益问题,很多都涉及人权、人命。有的人搞了腐败,自己得了一些好处,但无辜的人就要有牢狱之灾,甚至要脑袋落地。"②习近平总书记反复强调,"要聚焦人民群众反映强烈的突出问题,抓紧完善权力运行监督和制约机制,坚决防止执法不严、司法不公甚至执法犯法、司法腐败"。具体来说,一是完善党对政法机关的监督机制。例如,健全党委政法委的政治督察、综治督导、执法监督、纪律作风督查巡查等制度机制。二是完善政法系统的内部制约监督机制。"要健全政法部门分工负责、互相配合、互相制约机制,通过完善的监督管理机制、有效的权力制衡机制、严肃的责任追究机制,加强对执法司法权的监督制约,最大限度减少权力出轨、个人寻租的机会。"③三是完善政法机关的外部监督机制。"法官、检察官要有审案判案的权力,也要加强对他们的监督制约,把对司法权的法律监督、社会监督、舆论监督等落实到位,保证法官、检察官做到'以至公无私之心,行正大光明之事',把司法权关进制度的笼子,让公平正义的阳光照进人民心田,让老百姓看到实实在在的改革成效。"④

---

① 习近平2019年1月15—16日在中央政法工作会议上的讲话。
② 习近平2014年1月7日在中央政法工作会议上的讲话。
③ 习近平2014年1月7日在中央政法工作会议上的讲话。
④ 习近平2015年3月24日在十八届中央政治局第二十一次集体学习时的讲话。

六、政法队伍建设论

如何建设好管理好这支大队伍，一直是政法工作的重点难点问题。习近平总书记在深刻分析政法队伍的性质、特点和现状的基础上，明确提出了政法队伍建设的理念思路、目标任务、政策举措，形成了系统化的政法队伍建设思想。习近平总书记在 2014 年中央政法工作会议上提出："要按照政治过硬、业务过硬、责任过硬、纪律过硬、作风过硬的要求，努力建设一支信念坚定、执法为民、敢于担当、清正廉洁的政法队伍。"在 2019 年中央政法工作会议上又提出："加快推进政法队伍革命化、正规化、专业化、职业化建设"，"努力打造一支党中央放心、人民群众满意的高素质政法队伍"。

（一）加快推进革命化建设

这就是加强政法队伍政治建设。由政法工作政治性、政策性强的特点所决定，政法队伍应把政治建设放在首位。一是加强科学理论武装。深入学习贯彻习近平新时代中国特色社会主义思想、习近平法治思想，深刻领悟"两个确立"的决定性意义，增强"四个意识"、坚定"四个自信"、做到"两个维护"，矢志不渝做中国特色社会主义事业的建设者、捍卫者。二是加强理想信念教育。坚定的理想信念是政法队伍的政治灵魂。"必须把理想信念教育摆在政法队伍建设第一位，不断打牢高举旗帜、听党指挥、忠诚使命的思想基础，坚持党的事业至上、人民利益至上、宪法法律至上，永葆忠于党、忠于国家、忠于人民、忠于法律的政治本色。"[①]

（二）加快推进正规化建设

这就是加强政法队伍纪律作风建设。政法工作的性质决定了政法队伍必须从严管理。"要制定完善铁规禁令、纪律规定，用制度管好关键

---

① 习近平 2014 年 1 月 7 日在中央政法工作会议上的讲话。

人、管到关键处、管住关键事。"① 一是加强职业道德建设。"要把强化公正廉洁的职业道德作为必修课,教育引导广大干警自觉用职业道德约束自己,认识到不公不廉是最大耻辱,做到对群众深恶痛绝的事零容忍、对群众急需急盼的事零懈怠,树立惩恶扬善、执法如山的浩然正气。"② 二是健全职业管理制度。"在执法办案各个环节都设置隔离墙、通上高压线,谁违反制度就要给予最严厉的处罚,构成犯罪的要依法追究刑事责任。"③ 三是加强反腐败工作。个别执法司法人员徇私枉法,办"金钱案""权力案""人情案",严重损害法治权威。"要以最坚决的意志、最坚决的行动扫除政法领域的腐败现象,坚决清除害群之马。"④

(三)加快推进专业化建设

这就是加强政法队伍素质能力建设。习近平总书记强调政法系统要把专业化建设摆到更加重要的位置来抓,深刻指出了专业化建设的必要性、主要任务和基本路径。专业化建设的必要性是,"同面临的形势和任务相比,政法队伍能力水平还很不适应,'追不上、打不赢、说不过、判不明'等问题还没有完全解决,面临着'本领恐慌'问题,必须大力提高业务能力"⑤。专业化建设的主要任务是,"专业化建设要突出实战、实用、实效导向,全面提升政法干警的法律政策运用能力、防控风险能力、群众工作能力、科技应用能力、舆论引导能力"⑥。专业化建设的基本路径是,"各级政法机关要把能力建设作为一项重要任务,坚持从源头抓起,加强和改进法学教育,改革和完善司法考试制度,建立健全在职干警教育培训体系,提高干警本领,确保更好履行政法工作各项任务"⑦。这一重要论述实际上提出了加强专业化建设的三大路径:一是加强和改进法学

---

① 习近平 2020 年 11 月 16 日在中央全面依法治国工作会议上的讲话。
② 习近平 2014 年 1 月 7 日在中央政法工作会议上的讲话。
③ 习近平 2014 年 1 月 7 日在中央政法工作会议上的讲话。
④ 习近平 2014 年 1 月 7 日在中央政法工作会议上的讲话。
⑤ 习近平 2014 年 1 月 7 日在中央政法工作会议上的讲话。
⑥ 习近平 2019 年 1 月 15—16 日在中央政法工作会议上的讲话。
⑦ 习近平 2014 年 1 月 7 日在中央政法工作会议上的讲话。

教育。高校是政法人才培养的第一阵地，应发挥法学教育基础性、先导性作用，提高政法人才培养质量。二是完善法律职业资格考试制度。国家统一法律职业资格考试是法官、检察官、公证员等职业的准入关，应进一步创新完善考试制度，把好政法职业入口关。三是健全在职干警教育培训体系。完善政法机关各种形式的继续教育机制，特别是政法工作者身边的业务提升、道德教育、文化涵养机制，打造无处不在的在职教育培训体系。

（四）加快推进职业化建设

这就是健全政法队伍激励保障体系。"政法队伍是和平年代奉献最多、牺牲最大的队伍。对这支特殊的队伍，要给予特殊的关爱，做到政治上激励、工作上鼓劲、待遇上保障、人文上关怀，千方百计帮助解决各种实际困难，让干警安身、安心、安业。"① 一是健全职务序列及工资制度。专业职务序列及工资制度是政法职业保障的基础性制度。"要通过改革建立符合职业特点的司法人员管理制度，完善司法人员分类管理制度，建立法官、检察官、人民警察专业职务序列及工资制度，增强司法人员的职业荣誉感和使命感。"② 二是健全依法履职保护制度。政法干警被围猎、被报复、被伤害等职业风险高，需要加强对依法履职的有效保护。"要旗帜鲜明支持公安民警依法行使职权，建立健全民警执法权益保护机制和依法履职免责制度。"③ 三是健全职业荣誉制度。职业荣誉制度是职业激励保障体系的重要内容。"要完善人民警察荣誉制度，加大先进典型培育和宣传力度，增强公安民警的职业荣誉感、自豪感、归属感。"④

---

① 习近平 2019 年 1 月 15—16 日在中央政法工作会议上的讲话。
② 习近平 2014 年 1 月 7 日在中央政法工作会议上的讲话。
③ 习近平 2015 年 5 月 7—8 日在全国公安工作会议上的讲话。
④ 习近平 2015 年 5 月 7—8 日在全国公安工作会议上的讲话。

习近平法治思想中的法治专门队伍建设理论*

刘翀 濮艳**

"实施依法治国基本方略,建设社会主义法治国家,必须有一支高素质队伍。"① 法治工作队伍可以分为法治专门队伍、法律服务队伍和法学教育研究队伍三大类别。在法治工作队伍中,法治专门队伍的地位特别重要。习近平总书记强调,"全面推进依法治国,首先要把专门队伍建设好。"② 只有把法治专门队伍建设好,全面依法治国的各项工作才能够顺利推进,让人民群众在每一项法律制度、每一个执法决定、每一个司法案件中都感受到公平正义才有人才保障。习近平法治思想中关于法治专门队伍建设的内容十分丰富,是法治工作队伍建设理论的精华所在,主要内容包括基本立场、关键目标和具体举措等多个方面。本文将对这一重要理论进行分析与阐释,以丰富对习近平法治思想的细分研究。

一、法治专门队伍建设的基本立场

习近平法治思想关于法治专门队伍建设有两个基本立场:一是人法兼资;二是德才兼备。"人法兼资"是说队伍建设和制度建设同样重要,两者只有同时具备、相互配合,法治建设才能顺利推进。"德才兼备"是说法治专门队伍中的各类人员既要具有从事各项法治工作的才干和能力,又要具有优秀的道德品格,并且道德品格与才干能力相比处在首要位置。

---

* 基金项目:本文系 2021 年度安徽省哲学社会科学规划项目"习近平法治思想中个案正义的主观维度论"(AHSKY2021D12)的阶段性研究成果。

** 刘翀,中共芜湖市委党校教授;濮艳,中共芜湖市委党校副教授。

① 习近平:《论坚持全面依法治国》,中央文献出版社 2020 年版,第 55 页。

② 习近平:《加快建设社会主义法治国家》,载《求是》2015 年第 1 期。

人法兼资的基本立场认识到"法不能独立",人才保障因素对法治运行不可或缺。2014年,习近平总书记在中央政法工作会议上引用古人的话指出:"得其人而不得其法,则事必不能行;得其法而不得其人,则法必不能济。人法兼资,而天下之治成。"① 正因为对法治建设中人的因素高度重视,所以在习近平法治思想中,人才保障占有重要位置。在习近平法治思想核心要义的十一个"坚持"中,除了第十个"坚持"专门强调法治工作队伍建设以外,第十一个"坚持"抓住领导干部这个"关键少数"强调的也是法治建设中的人的因素。人法兼资的基本立场传承了中华优秀传统法律文化,但又没有像中国传统儒家或法家那样把治国理政中人的因素或制度因素中的某一个推到极端,而是充分吸收了这两派学说的合理成分,这是对中华传统法律文化中人与法的关系理论的创造性汲取和创新性发展。人法兼资的理论与法律史上的很多其他相关学说比较,明显更为科学理性。例如在法律史上,有一种法律的"自动售货机"理论,认为法律制度能够被设计得像一部"自动售货机"一样,只要从上面投入案件的事实,就能从下面得出判决。② 这种理论竭力夸大法律的自治性,否定人的因素在法治运作中的重要性,虽然以"科学"自居,但其实是把法治的运作机理看得过于简单化了,犯了法律浪漫主义的错误。与此相对应的法律现实主义理论则把法治中人的因素无限放大,强调法官的个性、直觉、偏好等主观因素对法治实践的影响,怀疑、贬低规则等制度性因素在法治运作实践中的作用。一些法律现实主义者的极端立场被称为"腹痛理论",即认为被告人的命运取决于法官一顿早餐吃得好坏,法律也因此完全成了对法官实际如何行为的猜想和预测。③ 这两种理论都过于极端,与习近平法治思想中"人法兼资"的理论立场相比较,局限性十分明显,也不符合我国法治建设的实践需要。

---

① 习近平:《论坚持全面依法治国》,中央文献出版社2020年版,第54页。
② [德]马克斯·韦伯:《经济与社会》(下卷),林荣远译,商务印书馆1997年版,第206页。
③ 沈宗灵:《现代西方法理学》,北京大学出版社1992年版,第340页。

强调人才保障因素必然涉及人的德行和才能,"德才兼备"是党和国家关于队伍建设和人才工作的一贯要求。习近平总书记说:"我们党历来强调德才兼备,并强调以德为先。"①《党政领导干部选拔任用工作条例》把"德才兼备"作为选拔任用党政领导干部必须坚持的原则之一。德才兼备同样是习近平法治思想中高素质法治专门队伍建设的基本立场。"才者,德之资也;德者,才之帅也。"在2014年中央政法工作会议上,习近平总书记指出,德和才缺一不可,无论是有才无德还是有德无才都会危及到党和人民的事业。②德才兼备的立场对于法治专门队伍的建设具有重大意义。一方面,从事法治工作是从事专业技术性很强的活动,因而重视法治专门队伍中各类人员的才能是理所当然之事。另一方面,德在才先对法治专门队伍建设尤其重要。首先,中国特色社会主义法治建设必须始终坚持党的领导,坚持以人民为中心。坚持党的领导要求法治专门队伍忠诚干净担当,坚持以人民为中心要求法治专门队伍的全体工作人员应把人民利益、人民愿望、人民权益、人民福祉落实到全面依法治国各个领域,这些都是政治道德的要求。其次,在我们国家,法安天下,德润人心,依法治国和以德治国是紧密结合的,道德融入立法、执法和司法等法治的各个环节。法律与道德的不可分割,实际上也对法治专门队伍提出了更高的社会道德方面的要求。执法者、司法者不能简单地照搬法律条文去解决问题,因为法律中充满着道德判断。执法者和司法者需要"秉持一颗正义之心,目光在事实与规范之间往返",只有如此,才能在一个利益关系日益复杂化和价值标准日益多样化的社会背景下有效地定分止争。最后,许多法治工作都是群众工作,需要优良的工作作风来让人民群众感受公平正义,这对法治专门队伍的职业道德水平提出了很高的要求。我国法治专门队伍中还存在不少的有悖职业道德操守的行为,必须通过强调从业人员的职业道德素质来予以解决。习近平

---

① 习近平:《努力造就一支忠诚干净担当的高素质干部队伍》,载《求是》2019年第2期。

② 习近平:《论坚持全面依法治国》,中央文献出版社2020年版,第56页。

总书记指出,政法机关的职业良知,最重要的就是执法为民,而职业良知来源于职业道德。①

二、法治专门队伍建设的关键目标

习近平法治思想明确了法治专门队伍建设的关键目标是"革命化、正规化、专业化、职业化"。这些目标的提出和完善有一个过程,反映出对法治专门队伍建设内在规律的认识不断深化。早在2014年,党的十八届四中全会通过的《中共中央关于全面推进依法治国若干重大问题的决定》规定法治专门队伍建设的目标是"推进法治专门队伍正规化、专业化、职业化"。此后,习近平总书记在相关讲话中曾反复提及上述目标。在2019年的中央政法工作会议上,习近平总书记在谈及政法队伍建设的目标时,在原来"三化"的基础上增加了"革命化"②的目标并将其放在首位,将原来的"三化目标"发展为"四化目标"。在2020年的中央全面依法治国工作会议上,习近平总书记再次重申了这一目标定位,该目标定位也由此成为习近平法治思想核心要义第十个"坚持"中的重要内容。革命化、正规化、专业化、职业化四个目标既相互关联又各有侧重,是建设一支素质过硬的法治专门队伍的必然要求。

(一)革命化强调的是法治专门队伍的政治性和政法工作的斗争性

习近平总书记指出,坚定的理想信念是政法队伍的政治灵魂,必须把理想信念教育摆在政法队伍建设第一位,政法队伍要永葆政治本色。③革命化除了强调政治性以外,还强调斗争性。政法队伍是和平年代面临斗争形势最严峻、斗争任务最多的一支队伍,习近平总书记要求政法队伍在面对"疾风"和"烈火"时,"尤其要敢于担当",④即面对重大政治

---

① 习近平:《论坚持全面依法治国》,中央文献出版社2020年版,第47页。
② 习近平:《论坚持全面依法治国》,中央文献出版社2020年版,第246页。
③ 习近平:《论坚持全面依法治国》,中央文献出版社2020年版,第55页。
④ 习近平:《论坚持全面依法治国》,中央文献出版社2020年版,第55页。

考验必须旗帜鲜明，面对歪风邪气必须敢于亮剑，面对急难险重任务必须勇往直前，以此来迎接挑战、破解难题、实现人生价值、赢得人民群众的信任和支持。

（二）正规化强调的是法治专门队伍的组织体系建设和纪律监督要求

当前，法治专门队伍的组织体系已经建立，组织形态也日趋正规，未来可继续改革完善，而纪律监督方面则需要重点加强。一是因为法治专门队伍人数众多、权力很大，有权力就容易滥用、腐败。就现状来看，法治专门工作队伍中的违纪违法问题仍然比较突出。习近平总书记指出，在立法领域，存在争权诿责、"立法放水"等现象，[①]在执法司法领域，存在执法司法人员严重损害法治权威，办"金钱案""权力案""人情案"等贪赃枉法现象。[②]这些政法领域的不正之风和腐败现象不仅事关利益问题，更关系到人民群众的基本人权，关系到社会公平正义的底线，处理不好必将引起人民群众的强烈不满。习近平总书记指出，这些问题要通过严格纪律、强化制度，完善监督机制来解决。[③]二是因为法治专门队伍中年轻人多，受到的严格锻炼不够，容易纪律松弛。[④]在2014年和2019年的中央政法工作会议上，习近平总书记都提出了加强纪律教育的一系列要求，要求"以铁的纪律带出一支铁的政法队伍"。[⑤]

（三）专业化强调的是法治专门队伍的专业技术特质

法治工作从来都是专业技术性很强的工作，那种认为可以将法律简化成简单的几何公式进行推导计算的观点，[⑥]显然并不符合现代法治运行

[①] 习近平：《加强党对全面依法治国的领导》，载《求是》2019年第4期。
[②] 习近平：《坚定不移走中国特色社会主义法治道路 为全面建设社会主义现代化国家提供有力法治保障》，载《求是》2021年第5期。
[③] 习近平：《论坚持全面依法治国》，中央文献出版社2020年版，第58页。
[④] 习近平：《论坚持全面依法治国》，中央文献出版社2020年版，第56页。
[⑤] 习近平：《论坚持全面依法治国》，中央文献出版社2020年版，第56页。
[⑥] 张文显：《二十世纪西方法哲学思潮研究》，法律出版社1996年版，第138页。

的实际。法治建设在各个环节的重任都需要专业知识丰富,业务能力很强的法治专门人才来肩负。首先,科学民主立法需要高素质的专业法律人才。立法需要全面掌握相关的信息,充分了解人民群众的意愿。没有一支专业化的立法工作队伍,就没有能力把相关资料或数据都收集起来并有效地运用于立法之中。立法要深刻把握经济与社会关系的本质。但经济关系的要求与社会生活中的规律经常都极其隐蔽,没有高素质的专业立法人才,就难以真正地去伪存真。立法所要调整的利益关系通常都错综复杂,其正当性除了来自立法对人民群众意志和经济社会发展规律的反映程度以外,还来自民主商谈的程序。而无论是建制化的还是非建制化的程序性商谈都涉及许多技术性的、操作性的细节问题,需要专业立法人才来设计并组织实施。其次,执法司法等法律实施环节需要高素质的专业法律人才。一是执法者执行法律,要具备基本的法治理念,熟稔相关的法律规则,谙知法律运作的程序,这样执法行为才能够真正做到严格规范公正文明。二是公正司法环节更需要高素质专业法治人才提供智力支持。习近平总书记指出:"司法权是对案件事实和法律的判断权和裁决权。"①司法裁判的过程并不只是简单地复述法律条文的过程,法官需要客观地查明事实,准确地适用法律,但事实经常纷繁复杂,特定的事实情境并不会贴上标签表明自己是某个一般规则的具体事例,而规则也不会站出来主动认领事实。②法律秩序中充满着价值判断,需要司法者根据情境作出恰当的选择,特别是在社会变迁不断加速的现代社会,司法过程尤为复杂,对专业化的要求也更为迫切。

(四)职业化强调的是法治专门队伍的职业保障体系

法治专门工作对从业者能力素质方面的要求比对一般公职人员的要求高,其工作负担重,从业的限制也多。维持相对较高水准的薪酬,并建立晋升、履职等方面的保障体系,是吸引优秀人才从事法治专门工作

---

① 习近平:《论坚持全面依法治国》,中央文献出版社2020年版,第61页。
② [英]哈特:《法律的概念》,许家馨、李冠宜译,法律出版社2011年版,第115页。

的重要条件和防止人员流失的必要前提。我国的法治专门队伍长期以来是与公务员队伍同样管理的，导致弊端不少。① 习近平总书记指出，在实践中有不少司法人员为了晋升行政职级热衷于行政管理等非业务部门的岗位，行政人员与一线办案人员的比例存在失衡的情况，法院系统一线办案人员数量仅占总人数的一半左右，还有法检队伍存在流失和断层现象并且比较突出。② 这些现象的出现都与法治专门队伍职业保障方面的制度和机制匮乏直接相关。因此，应以职业化为目标，在工资晋升、职责履行、优待措施与职业荣誉等诸多方面同时发力，建立并完善法治专门队伍的职业保障体系。

三、法治专门队伍建设的具体举措

习近平法治思想不仅明确了法治专门队伍建设的基本立场和关键目标，还提出许多具体的举措。在习近平法治思想的指导下，这些举措已经逐步落实到法治专门队伍建设的相关文件和工作实践中，取得了显著的效果，而这些实践成果又成为习近平法治思想在理论上进一步发展、完善和升华的实践源泉。习近平法治思想对法治专门队伍建设所提出的具体举措涉及思想政治、职业准入、分类管理、责任与监督、职业保障、教育培训等多个方面，可以分门别类地归入上述四个目标之下。

（一）革命化建设方面

习近平法治思想坚持以加强思想政治建设来推进法治专门队伍的革命化建设。习近平总书记指出："法治工作是政治性很强的业务工作，也是业务性很强的政治工作。"③ 法治工作队伍需要业务能力和政治素养兼备，业务能力确保在技术层面能顺利完成工作，而政治素养则保证工作的立场和方向，离开了正确的政治立场和方向，业务层面的再多努力都可能会无济于事。因此，对于法治专门队伍建设，"要旗帜鲜明把政治建

---

① 习近平：《论坚持全面依法治国》，中央文献出版社2020年版，第61页。
② 习近平：《论坚持全面依法治国》，中央文献出版社2020年版，第61-62页。
③ 习近平：《论坚持全面依法治国》，中央文献出版社2020年版，第235页。

设放在首位"①。

首先,加强理想信念教育。习近平总书记强调"必须把理想信念教育摆在政法队伍建设第一位",以培养忠于党、国家、人民、法律的社会主义法治专门队伍。②其次,加强社会主义法治理念教育。社会主义法治理念内容丰富,主要包括坚持党的领导、坚持人民中心、坚持中国特色社会主义制度、坚持法律面前人人平等、坚持从国情和实际出发、坚持中西有别和传承借鉴等等。法治理念指导具体的法治实践工作,加强社会主义法治理念教育是加强法治专门队伍思想政治建设的重要内容之一。最后,加强社会主义核心价值观教育。近年来,执法司法领域出现了一些与社会主义核心价值观的要求背道而驰的案例,习近平总书记高度关注。他指出,实践中有许多案件的处理违背了常识和良知,最终导致简单案件弄得是非界限很不清楚。③这些案例的发生充分说明法治专门队伍的核心价值观教育有待加强。中共中央2016年10月印发《关于进一步把社会主义核心价值观融入法治建设的指导意见》,2018年5月印发《社会主义核心价值观融入法治建设立法修法规划》,均要求把社会主义核心价值观全面融入法治建设。核心价值观入法很重要的方面是对法治专门队伍进行核心价值观教育,使之内化于心,外化于法治工作的实践。

(二)正规化建设方面

习近平法治思想坚持以完善的职业准入制度和严格的监督管理制度来推进法治专门队伍的正规化建设。完善职业准入制度是全面加强法治专业队伍建设首先要把好的人员入口关,对于法治专门队伍的正规化建设十分必要。职业准入中的关键举措之一是健全国家统一法律职业资格考试制度。习近平总书记在2014年中央政法工作会议上强调,要改革和完善司法考试制度④;2014年,《中共中央关于全面推进依法治国若干重

---

① 习近平:《论坚持全面依法治国》,中央文献出版社2020年版,第249页。
② 习近平:《论坚持全面依法治国》,中央文献出版社2020年版,第55页。
③ 习近平:《论坚持全面依法治国》,中央文献出版社2020年版,第47页。
④ 习近平:《论坚持全面依法治国》,中央文献出版社2020年版,第56页。

大问题的决定》提出完善法律职业准入制度，健全国家统一法律职业资格考试制度；2015年，中央全面深化改革领导小组第十三次会议审议通过《关于完善国家统一法律职业资格制度的意见》；2017年，《中华人民共和国法官法》等八部法律修改，明确了法律职业资格的取得条件等内容；2018年，司法部发布《国家统一法律职业资格考试实施办法》，国家统一法律职业资格考试制度开始实施。习近平总书记要求通过考试这根"指挥棒"的作用来把好法律职业的入口关。[①]法律职业准入方面的统一考试与培训制度对法律职业从业人员的准入条件提出了一致的衡量标准，对形成法律职业共同体、提升法治专门队伍的能力和水平具有重大意义。

严格责任和加强监督管理是推进法治专门队伍正规化建设的重中之重。当前法治专门队伍中还存在不少问题，对此，一是要严格责任，做到权责统一。例如对司法权而言，要"让审理者裁判、由裁判者负责"，建立健全办案质量终身负责制和错案责任倒查问责制，这既是司法体制改革要牵住的"牛鼻子"，也是加强法治专门队伍建设的重要举措之一。2017年，最高人民法院印发《最高人民法院司法责任制实施意见（试行）》，结合各地经验，对司法责任制的相关内容作出规定。2020年，中共中央通过《关于深化司法责任制综合配套改革的意见》，最高人民法院发布《关于深化司法责任制综合配套改革的实施意见》，围绕中央要求提出了28项配套举措。二是要加强对权力的监督制约，旗帜鲜明地反对腐败。通过加强对执法权、司法权的监督制约，最大限度减少权力寻租的机会。2020年7月，政法系统开展了队伍教育整顿试点工作，教育整顿刀刃向内、刮骨疗毒，重要内容之一就是坚决肃清政法队伍中的腐败现象和不正之风。2021年2月，全国政法系统教育整顿全面启动，不断巩固和扩大试点工作成果。政法系统教育整顿对法治专门队伍建设将产生深远影响。

---

① 习近平：《论坚持全面依法治国》，中央文献出版社2020年版，第235页。

（三）专业化建设方面

习近平法治思想坚持以优化人才结构和改进教育培训来推进法治专门队伍的专业化建设。优化人才结构是提升法治专门队伍专业化水平的有效途径。为此，一是要建立开放的人才吸纳机制。习近平总书记指出，法学教育研究人员与法律实务工作人员要"相互交流、取长补短"，法学理论和司法实践要有机结合、相互促进。[①]2016年，中共中央印发《关于从律师和法学专家中公开选拔立法工作者、法官、检察官的意见》，着眼于建立开放的法治高端专门人才选拔的常态化机制。除此以外，党的十八届四中全会的《中共中央关于全面推进依法治国若干重大问题的决定》和《法治中国建设规划（2020—2025年）》等文件还提出要畅通部门之间的法治干部和人才交流渠道以及建立人才招录方面的规范便捷机制，这些举措将有力地推动法治专门队伍结构的优化调整。二是要规范分类遴选标准和程序。习近平总书记指出："立法、执法、司法三支队伍既有共性，又有个性，都十分重要。"[②]共性在于三支队伍都要信仰法律、忠于法律、捍卫法律。个性则在于立法人员还要具备民主精神、有协调能力、能凝聚共识；执法人员既要能严格执法，又要能文明服务；司法人员则必须中立公正、端稳天平、不偏不倚。这些职业特点决定了在人才遴选时应有所区别。《法治中国建设规划（2020—2025年）》提出要加强立法工作队伍建设，规范法官、检察官遴选标准、程序，规范其他法治工作人员的遴选标准、程序。

教育培训是推进法治专门队伍专业化建设的常规手段。习近平总书记指出："法治专门队伍不仅需要有亮剑的勇气，更需要有亮剑的本事和克敌制胜的能力。"[③]能力建设是法治专门队伍专业化建设中的主要内容。能力既来自实践中的探索，也来自于教育与培训。从总体上来看，应建立法治专门人才教育培训统筹协作机制，分类分层做好教育培训。要注

---

① 习近平：《论坚持全面依法治国》，中央文献出版社2020年版，第177页。
② 习近平：《论坚持全面依法治国》，中央文献出版社2020年版，第115页。
③ 习近平：《论坚持全面依法治国》，中央文献出版社2020年版，第56页。

意以法治工作实际需求为导向的分类培训，重视因专业分工方面的差别而细分出的不同学习需求，着力提升法治专门工作者从事相关法治实践活动的能力。法治专门队伍的教育培训内容主要包括这样几个方面：一是进行职业理念、职业伦理、职业道德方面的教育与培训。法治专门队伍要以自己的思想、行动和良好形象发挥榜样示范作用，将职业理念、职业伦理和职业道德自觉贯彻和体现于法治工作的具体实践之中。二是要不断进行专业知识方面的教育与培训。法律会随着实践发展而不断变化，法治专门队伍的工作者因而需要与时俱进地更新法律知识，特别是与自身工作密切相关的法律知识。三是要进行职业技能方面的教育与培训。立法目标是制定良法，但良法的制定需要立法者具备"遵循规律、发扬民主、加强协调、凝聚共识"等工作技能。执法"是把纸面上的法律变为现实生活中活的法律的关键环节"，执法者的执法水平和执法艺术直接关系着法律能否得到有效的实施。司法是"社会公平正义的最后一道防线"，司法工作要求司法者恰当地建构事实，准确地适用法律，需要目光往返于事实与规范之间，使案件结果体现社会公平正义。这些技能都是要经过长期学习培训才能确立起来的一种"技艺理性"。四是进行综合素质方面的教育与培训。法治专门队伍在现代社会面临的形势日益复杂，需要通过不断提高综合素质来予以应对，因此在学习与培训中还要全面提升法治专门队伍的法律政策运用能力、防控风险能力、群众工作能力、科技应用能力、舆论引导能力。

（四）职业化建设方面

习近平法治思想强调以完善的分类管理制度和职业保障体系来加强法治专门队伍的职业化建设。对法治专门队伍进行分类管理，是提高职业化水平的前提条件。习近平总书记指出，把司法人员基本等同于公务员来进行管理的模式"带来不少弊端"。[①] 这种管理模式不能充分体现法律职业的特点，不利于把优秀的法律专业人才留在业务工作的一线，当

---

① 习近平：《论坚持全面依法治国》，中央文献出版社2020年版，第61页。

然也不利于建设职业化的高素质法治专门队伍。习近平总书记因此提出，要改革司法人员管理制度。党的十八届三中全会《中共中央关于全面深化改革若干重大问题的决定》、党的十八届四中全会《中共中央关于全面推进依法治国若干重大问题的决定》、中央全面深化改革领导小组第三次会议通过的《关于司法体制改革试点若干问题的框架意见》以及中共中央办公厅、国务院办公厅印发的《关于贯彻落实党的十八届四中全会决定进一步深化司法体制和社会体制改革的实施方案》和《法治中国建设规划（2020—2025年）》等均提出"建立符合职业特点的法治工作人员管理制度"和"完善司法人员分类管理制度"。司法人员管理体制改革至关重要的一个方面是建立和完善法官、检察官员额制。对此，习近平总书记也有许多过重要指示，并且特别强调，通过遴选进入员额的法官、检察官"要在司法一线办案，对案件质量终身负责"。[1]自员额制实施以来，司法资源配置得到优化，职业化程度显著提高。

职业化建设的重点是建立并完善与法治专门队伍分类管理改革相配套的职业保障体系。法治专门队伍的职业保障体系大致可以包括工资晋升、职责履行、优待措施与职业荣誉等方面。在工资晋升方面，习近平总书记要求"建立法官、检察官、人民警察专业职务序列及工资制度"。[2]在职责履行方面，一是关于人财物的管理和保障。习近平总书记明确指出司法权是中央事权。[3]作为中央事权，其人财物的管理和保障理应由中央统一负责，但由于现阶段做到此点难度较大，因而在2014年以后，实事求是地推动了法院和检察院系统在省级层面进行人财物统一管理的制度和机制。二是关于防止干预司法。习近平总书记指出，实践中的存在的"打招呼、批条子、递材料"[4]等各种干预司法的乱象，并明确表示要建立防范司法受权力、金钱、人情、关系干扰的制度保障。[5]2015年，防

---

[1] 习近平：《论坚持全面依法治国》，中央文献出版社2020年版，第147页。
[2] 习近平：《论坚持全面依法治国》，中央文献出版社2020年版，第62页。
[3] 习近平：《论坚持全面依法治国》，中央文献出版社2020年版，第62页。
[4] 习近平：《论坚持全面依法治国》，中央文献出版社2020年版，第49页。
[5] 习近平：《论坚持全面依法治国》，中央文献出版社2020年版，第23页。

止干预司法的"三项规定"相继出台,从内部和外部同时构筑起了防止干预司法的屏障,这既是加强权力监督的重要举措,也是司法机关依法独立公正行使职权的有力保障。三是关于履职保护方面,习近平总书记要求建立健全履职保护机制。①2016年,中共中央办公厅、国务院办公厅印发《保护司法人员依法履行法定职责规定》;2017年,最高人民法院发布《人民法院落实〈保护司法人员依法履行法定职责规定〉的实施办法》;2018年,公安部制定《公安机关维护民警执法权威工作规定》,2020年,《刑法修正案(十一)》单设袭警罪。此外,《法治中国建设规划(2020—2025年)》还提出了要健全司法人员履职容错制度、履职受侵害保障救济制度、不实举报澄清制度等。在优待措施方面,习近平总书记要求各级党委和政府要从优待警,解除政法干警的后顾之忧。②在职业荣誉方面,习近平总书记要求完善职业荣誉制度,大力培育和宣传先进典型,以此来增强从业人员的职业荣誉感和使命感。这一系列要求和规定极大地健全、完善了职业保障体系。

---

① 习近平:《论坚持全面依法治国》,中央文献出版社2020年版,第99页。
② 习近平:《论坚持全面依法治国》,中央文献出版社2020年版,第54页。

习近平法治思想指引下的检察队伍建设

王 静 徐 欣*

党的二十大擘画了以中国式现代化全面推进中华民族伟大复兴的宏伟蓝图，强调"在法治轨道上全面建设社会主义现代化国家""全面推进国家各方面工作法治化"。当前和今后一个时期是以中国式现代化全面推进强国建设、民族复兴伟业的关键时期，检察机关作为党绝对领导下的政治机关、法律监督机关和司法机关，是在法治轨道上推动全面建设社会主义现代化国家的重要力量。全面建设社会主义现代化国家，必须有一支政治过硬、适应新时代要求、具备现代化建设能力的检察队伍。

一、加强理想信念教育

"理想信念是中国共产党人的精神支柱和政治灵魂。"[1]检察机关是在和平年代面对"疾风""烈火"最多的队伍之一，在中国检察事业新时代新征程上，坚定的理想信念是检察工作高质量发展的强大精神力量。因此，理想信念教育必须摆在检察队伍建设的第一位。在检察工作高质量发展的新征程中，要始终以更高标准铸就全体检察人员坚定的马克思主义信仰、共产主义远大理想、中国特色社会主义共同理想，以更严要求锻造检察队伍建设的政治灵魂。要"不断打牢高举旗帜、听党指挥、忠诚使命的思想基础，坚持党的事业至上、人民利益至上、宪法法律至上，

---

* 王静，中共中央党校（国家行政学院）教授、博士生导师；徐欣，中共中央党校（国家行政学院）博士研究生。

[1]《习近平在中央党校（国家行政学院）中青年干部培训班开班式上发表重要讲话强调 信念坚定对党忠诚实事求是担当作为 努力成为可堪大用能担重任的栋梁之才》，载《人民日报》2021年9月2日，第1版。

铸就'金刚不坏之身'"①，在大是大非面前旗帜鲜明，在风浪考验面前无所畏惧，在各种诱惑面前立场坚定，在关键时刻靠得住、信得过、能放心，永葆忠于党、忠于国家、忠于人民、忠于法律的政治本色。

（一）坚持党对检察工作的绝对领导

"党的领导是中国特色社会主义最本质的特征，是社会主义法治最根本的保证。"②坚持党对检察工作的绝对领导是检察工作的根本原则。

一是坚持政治建检，筑牢政治忠诚。旗帜鲜明讲政治是我们党作为马克思主义政党的根本要求，习近平总书记指出，"旗帜鲜明讲政治、保证党的团结和集中统一是党的生命，也是我们党能成为百年大党、创造世纪伟业的关键所在"。③检察机关首先是政治机关，旗帜鲜明讲政治是第一位的要求。

"坚持党对检察工作的绝对领导，最根本的是坚定拥护'两个确立'、坚决做到'两个维护'。"④"实践充分证明，'两个确立''两个维护'是全面深化改革取得伟大成就的根本所在"⑤，是维护党中央集中统一领导的具体体现。检察机关作为党领导下的司法机关，是维护社会大局稳定、促进社会公平正义、保障人民安居乐业的重要力量，必须始终保持政治清醒和政治自觉。因此，全体检察人员要坚定不移地维护党的核心地位和集中统一领导，要坚持以习近平新时代中国特色社会主义思想为指导，深刻领悟"两个确立"的决定性意义，不断增强"四个意识"、坚定"四

---

① 《习近平在中央政法工作会议上强调　坚持严格执法公正司法深化改革　促进社会公平正义保障人民安居乐业》，载《人民日报》2014年1月9日，第1版。
② 习近平：《关于〈中共中央关于全面推进依法治国若干重大问题的决定〉的说明》，选自《人民代表大会制度重要文献选编》（四），中国民主法制出版社、中央文献出版社2015年版。
③ 《习近平在党史学习教育动员大会上强调　学党史悟思想办实事开新局　以优异成绩迎接建党一百周年》，载《人民日报》2021年2月21日，第1版。
④ 应勇：《持续推进习近平法治思想的检察实践》，载最高人民检察院网，https://www.spp.gov.cn/spp/tt/202409/t20240910_665768.shtml。
⑤ 《最高检传达学习贯彻二十届三中全会精神》，载最高人民检察院网，https://www.spp.gov.cn/dj/xwjj/202407/t20240719_660780.shtml。

个自信"、做到"两个维护",始终坚持以党的旗帜为旗帜、以党的方向为方向、以党的意志为意志,坚决听从党中央命令、服从党中央指挥,确保绝对忠诚、绝对纯洁、绝对可靠,任何时候、任何情况下,都旗帜鲜明地把检察工作置于党的领导之下,自觉在思想上政治上行动上同以习近平同志为核心的党中央保持高度一致,确保党的检察事业始终沿着正确方向前进。

"法治当中有政治,没有脱离政治的法治。"① 在推进全面依法治国的过程中,政治和法治的关系集中体现为党和法的关系,而党和法、党的领导和依法治国是高度统一的。正确把握政治与法治的辩证关系,既要确保政治成为法治的根本保证,又要确保法治成为政治的坚强保障。检察工作是政治性很强的业务工作,也是业务性很强的政治工作。应勇检察长针对如何在检察工作中把握好政治和法治关系提出了具体要求:"要坚持从政治上着眼、在法治上着力,把讲政治与讲法治有机结合起来,把执行党的政策与执行国家法律统一起来,在法治轨道上维护稳定、促进发展、保障善治,以行动践行对党忠诚。"② 一方面,要时刻保持"用政治视角、政治思维、政治效果来审视检察业务工作"③ 的高度警醒,将坚持政治建检体现到贯彻党中央决策部署的行动上,体现到全面贯彻执行党的路线方针政策上,体现到履职尽责、做好本职工作的实际成效上,"高质效办好每一个案件,做到严格执法、公正司法,将讲政治具体化、实践化"④,在检察履职办案中推进各项检察工作高质量发展,为中国特色社会主义事业不断向前推进作出新的贡献。另一方面,"要坚持严格依法

---

① 中央文献研究室主编:《习近平关于全面依法治国论述摘编》,中央文献出版社2015年版,第44页。
② 《大检察官研讨班在国家检察官学院开班》,载最高人民检察院网,https://www.spp.gov.cn/spp/tt/202307/t20230719_622012.shtml。
③ 应勇:《持续推进习近平法治思想的检察实践》,载最高人民检察院网,https://www.spp.gov.cn/spp/tt/202409/t20240910_665768.shtml。
④ 应勇:《高质效办好每一个案件 努力让人民群众在每一个司法案件中感受到公平正义》,载《人民检察》2024年第18期。

办事,以法律监督保障国家法律统一正确实施,在法治轨道上防范风险、维护稳定、促进发展、守护民生、保障善治,从行动上践行对党忠诚。"①

二是提高政治能力,提升履职水平。习近平总书记强调,"在干部干好工作所需的各种能力中,政治能力是第一位的"。②提高政治能力,很重要的一条就是要善于从政治上分析问题、解决问题。推进中国式现代化是一项前无古人的开创性事业,艰巨性复杂性前所未有。"特别是当前世界百年未有之大变局加速演进,局部冲突和动荡频发,全球性问题加剧,来自外部的打压遏制不断升级,我国发展进入战略机遇和风险挑战并存、不确定难预料因素增多的时期。"③各项事业发展需要应对的风险和挑战、需要解决的矛盾和问题比以往更加错综复杂,只有从政治上分析问题才能看清本质,只有从政治上解决问题才能抓住根本。只有锤炼过硬的政治能力,才能做到自觉在思想上政治上行动上同党中央保持高度一致,在任何时候任何情况下都能"不畏浮云遮望眼""乱云飞渡仍从容"。

提高政治能力就要不断提高全体检察人员的政治判断力、政治领悟力和政治执行力。首先,提高政治判断力要把握好政治方向。方向问题关系检察事业成败,要始终牢记检察机关首先是政治机关,最根本的就是坚持党对检察工作的领导,在重大问题和关键环节上要坚持"以国家政治安全为大、以人民为重、以坚持和发展中国特色社会主义为本"④,善于从政治上分析问题、解决问题。做到凡是有利于坚持党的领导和我国

---

① 应勇:《持续推进习近平法治思想的检察实践》,载最高人民检察院网,https://www.spp.gov.cn/spp/tt/202409/t20240910_665768.shtml。
② 《习近平在中央党校(国家行政学院)中青年干部培训班开班式上发表重要讲话强调 年轻干部要提高解决实际问题能力 想干事能干事干成事》,载《人民日报》2020年10月11日,第1版。
③ 《关于〈中共中央关于进一步全面深化改革、推进中国式现代化的决定〉的说明》,载《求是》2024年第16期。
④ 《中共中央政治局召开民主生活会强调 加强政治建设提高政治能力坚守人民情怀 不断提高政治判断力政治领悟力政治执行力》,载《人民日报》2020年12月26日,第1版。

社会主义制度的事就坚定不移做，凡是不利于坚持党的领导和我国社会主义制度的事就坚决不做，不断增强全体检察人员"科学把握形势变化、精准识别现象本质、清醒明辨行为是非、有效抵御风险挑战的能力"①。其次，提高政治领悟力要心怀"国之大者"，做到既为一域争光、更为全局添彩。要注重提高全体检察人员的马克思主义理论水平。在学深悟透、融会贯通中掌握辩证唯物主义和历史唯物主义，深入领会掌握习近平新时代中国特色社会主义思想，深刻把握习近平新时代中国特色社会主义思想的世界观、方法论和贯穿其中的立场、观点、方法。通过学习，全体检察人员尤其是领导干部，要深刻认识到作为贯彻落实党中央精神的重要组织者和推动者所担负的政治责任。为更好履行政治责任，全体检察人员必须不断加强对党中央各项方针政策精神的学习领会，准确把握党中央决策精神，把贯彻党中央精神体现到检察工作实践中去，用以分析形势、谋划工作，使具体检察工作的开展始终同党中央保持高度一致。最后，政治执行力是政治判断力和政治领悟力的最终体现，是检察机关将党中央精神和各项决策落实到谋划重大战略、制定重大政策、部署重大任务、推进重大工作实践中的具体体现。提高政治执行力要求做到坚决维护党中央权威和集中统一领导，时刻与党中央精神对标对表，坚持底线思维和问题导向，强化责任意识，敢于直面问题，真正将党中央的精神落到实处。

三是锻造坚强党性，永葆政治本色。讲政治最根本就是要讲党性，"在思想政治上讲政治立场、政治方向、政治原则、政治道路，在行动实践上讲维护党中央权威、执行党的政治路线、严格遵守党的政治纪律和政治规矩"②。习近平总书记强调，要"加强党性和道德教育，引导党员、

---

① 《中共中央政治局召开民主生活会强调　加强政治建设提高政治能力坚守人民情怀　不断提高政治判断力政治领悟力政治执行力》，载《人民日报》2020年12月26日，第1版。

② 《习近平在学习贯彻党的十九大精神研讨班开班式上发表重要讲话强调　以时不我待只争朝夕的精神投入工作　开创新时代中国特色社会主义事业新局面》，载《人民日报》2018年1月6日，第1版。

干部坚定理想信念，坚守共产党人精神追求"。①面对党长期面临的"四大考验""四种危险"，全面从严治党永远在路上，党的自我革命永远在路上。全体检察人员必须不断加强党性锻炼，坚守初心使命，始终为实现党的最终目标而不懈奋斗。

　　坚持党性，要树立正确的政治观。政治观的核心是坚持正确的政治方向。政治方向是党生存发展第一位的问题，事关党的前途命运和事业兴衰成败，如果在方向问题上出现偏离，就会犯颠覆性错误。习近平总书记强调，"干部的党性修养、思想觉悟、道德水平不会随着党龄的增加而自然提高，也不会随着职务的升迁而自然提高，而需要终生努力"。②因此，检察队伍建设要以锤炼坚强党性为核心，强化检察工作中的政治统领，常态化开展政治忠诚教育和党性教育，教育引导全体检察人员牢固树立正确的世界观、权力观、事业观，始终站稳政治立场，不断增强宗旨意识，始终用党性原则修身律己，强化政治素质，坚决落实最高人民检察院党组提出的"主动服务和融入党和国家大局，坚定拥护'两个确立'、坚决做到'两个维护'，持续擦亮新时代新征程检察机关的鲜明政治底色"③要求。此外，在检察干部选拔任用方面，要"把是否忠诚于党和人民，是否具有坚定理想信念，是否增强'四个意识'、坚定'四个自信'，是否坚决维护党中央权威和集中统一领导，是否全面贯彻执行党的理论和路线方针政策，作为衡量干部的第一标准"④，突出考察人选的理想信念、政治品格、道德修养，确保选出的同志真正靠得住、敢担当、能服众，坚持"首关不过，余关莫论"，做深做实政治素质考察，确保检

---

　　① 习近平：《在党的群众路线教育实践活动总结大会上的讲话》，载《人民日报》2014年10月9日，第2版。
　　② 《习近平在全国组织工作会议上强调　建设一支宏大高素质干部队伍　确保党始终成为坚强领导核心》，载《人民日报》2013年6月30日，第1版。
　　③ 应勇2024年1月14日在全国检察长会议上的讲话。
　　④ 《习近平在中共中央政治局第十次集体学习时强调　严把标准公正用人拓宽视野激励干部　造就忠诚干净担当的高素质干部队伍》，载《人民日报》2018年11月27日，第1版。

察队伍让党放心，让人民满意。

坚持党性，要树立正确的政绩观。只有党性坚强、摒弃私心杂念，才能保证检察干部的政绩观不出偏差。习近平总书记指出，"当干部就要干事，就要创造业绩，否则是立不住的。创造业绩，必须解决好为谁创造业绩、创造什么样的业绩、怎样创造业绩的问题，也就是要解决好政绩观问题"。[1] 为民造福是最大政绩。以人民为中心，既是树立正确政绩观的出发点，也是正确政绩观最终的落脚点，"树立正确政绩观，坚持严格依法、实事求是，在履职、评价、管理中，不能忘了司法为民这个'初心'、司法公正这个'关键'"。[2] 对于此前简单以数据进行考核管理的思维模式和工作模式，最高检决定取消一切对各级检察机关特别是基层检察机关的不必要、不恰当、不合理考核，不再执行检察业务评价指标体系，不再设置各类通报值等评价指标，不再对各地业务数据进行排名通报，真正聚焦于"把管理方式从过于注重数据管理调整到更加注重业务管理、案件管理、质量管理上来，引导广大检察官把注意力放在高质效办好每一个案件上，放在办好每一个案件的每一个环节上，真正做到严格依法办案、公正司法"[3]。

坚持党性，要树立正确的廉洁关。"党政机关是否保持廉洁，关系到党的存亡和人心向背，也关系到社会主义经济的命运。"[4] 廉洁自律是共产党人为官从政的底线。全体检察人员要深入学习理解廉洁纪律的内容和要求，坚持自重、自省、自警、自励，秉公用权，不用公权谋私利，主动在思想上画出红线，在行为上明确界线，注重自觉同特权思想和特权现象作斗争，从自己做起，从身边人管起，从最近身的地方构筑起预防

---

[1] 习近平：《努力成长为对党和人民忠诚可靠、堪当时代重任的栋梁之才》，载《求是》2023年第13期。
[2] 应勇：《为大局服务 为人民司法 为法治担当 以检察工作现代化更好服务中国式现代化》，载《民主与法制》周刊2024年第2期。
[3] 应勇：《高质效办好每一个案件 努力让人民群众在每一个司法案件中感受到公平正义》，载《人民检察》2024年第18期。
[4] 习近平：《对闽东经济发展的思考》，载《摆脱贫困》，福建人民出版社1992年版。

和抵制特权的防护网。各级检察机关党组织"要严格把好政治关、廉洁关,决不能让政治上廉洁上有问题的人蒙混过关、投机得逞"①,做到习近平总书记要求的"公道对待干部,公平评价干部,公正使用干部,敢于坚持原则,让好干部真正受尊重、受重用,让那些阿谀逢迎、弄虚作假、不干实事、会跑会要的干部真正没市场受惩戒"②,营造风清气正的良好政治生态。

(二)坚持以人民为中心

人民立场是习近平法治思想的根本立场,以人民为中心是我们党作为马克思主义政党区别于其他政党的显著标志。习近平总书记指出,"推进全面依法治国,根本目的是依法保障人民权益"。③ 这个重要论断旗帜鲜明地回答了"法治为了谁、依靠谁、保障谁"的问题。坚持以人民为中心,必须将人民立场始终贯穿于依法治国全过程,体现在法治实施各方面。检察队伍作为实施法律法规的重要主体,坚持司法为民,不断提高公正司法的能力水平,是贯彻落实习近平总书记"以人民为中心"思想的生动体现。

一是依法保护人民权益。我们党始终"把为民办事、为民造福作为最重要的政绩,把为老百姓办了多少好事实事作为检验政绩的重要标准"④。检察机关作为党绝对领导下的政治机关、法律监督机关和司法机关,执法办案是检察机关履行职责的基本手段、方式和途径。在执法办案中用心办好百姓身边案,加强人权司法保障,为人民司法、让人民满意是一切检察工作的出发点和落脚点。依法保护人民权益,要求全体检察人员要始终坚持以习近平新时代中国特色社会主义思想为指导,"践行

---

① 习近平:《贯彻落实新时代党的组织路线 不断把党建设得更加坚强有力》,载《求是》2020 年第 15 期。
② 《习近平在全国组织工作会议上强调 建设一支宏大高素质干部队伍 确保党始终成为坚强领导核心》,载《人民日报》2013 年 6 月 30 日,第 1 版。
③ 习近平:《论坚持全面依法治国》,中央文献出版社 2020 年版,第 2 页。
④ 《习近平在山西考察时强调 全面建成小康社会 乘势而上书写新时代中国特色社会主义新篇章》,载《人民日报》2020 年 5 月 13 日,第 1 版。

以人民为中心的发展思想,把屁股端端地坐在老百姓这一面,坚持'高质效办好每一个案件',自觉接受人民监督,虚心听取人民意见,积极回应人民关切,自觉维护人民权益,紧紧依靠人民群众的关心、支持和监督推进检察工作现代化,更好服务中国式现代化"。①全体检察人员要把司法为民宗旨融入检察工作各环节全过程,坚持和发展新时代"枫桥经验",以"如我在诉"的理念,深化做实群众信访件件有回复制度,扎实开展涉检信访矛盾源头治理,将矛盾纠纷法治化实质性化解贯穿履职办案全过程,努力做到解法结、化心结;全体检察人员要贯彻打击犯罪和保障人权有机统一,既要确保有罪的人能够依照法定程序受到应有的惩罚,还要保障无罪的人不受刑事追究;全体检察人员要深入推进"检护民生"专项行动,紧贴人民群众急难愁盼,紧贴社会治理难点堵点,推动"四大检察"高质量发展,切实办好司法救助、支持起诉、检察听证、行政争议实质性化解、未成年人综合司法保护等为民实事,切实依法保障人民群众合法权益。

二是坚守公平正义。习近平总书记指出,"公正是法治的生命线。公平正义是我们党追求的一个非常崇高的价值,全心全意为人民服务的宗旨决定了我们必须追求公平正义,保护人民权益、伸张正义"。②最高人民检察院党组要求全体检察人员要"自觉为大局服务、为人民司法、为法治担当,持续推进习近平法治思想的检察实践,以检察工作现代化支撑和服务中国式现代化"③。检察机关作为司法机关,为大局服务、为人民司法是检察机关始终不变的初心使命,为法治担当是国家法律监督机关与生俱来的职责任务,这就要求检察机关以其固有的公正属性协调各方

---

① 《最高检邀请社会各界人士代表召开座谈会 征求对最高检工作报告和检察工作的意见建议》,载最高人民检察院网,https://www.spp.gov.cn/tt/202401/t20240118_640619.shtml。
② 《习近平在省部级主要领导干部学习贯彻十八届四中全会精神全面推进依法治国专题研讨班开班式上发表重要讲话强调 领导干部要做尊法学法守法用法的模范 带动全党全国共同全面推进依法治国》,载《人民日报》2015年2月3日,第1版。
③ 应勇:《为大局服务 为人民司法 为法治担当》,载《求是》2024年第9期。

利益，消解社会不公，维护、促进社会公平正义。"司法公正对社会公正具有重要引领作用，司法不公对社会公正具有致命破坏作用。"①守护"公平正义"这一司法的灵魂和生命，要求检察机关踏踏实实在每一个司法案件中，始终坚守司法公正价值追求，通过把好事实关、证据关、程序关、法律适用关，做到实体正义和程序正义并重，在以事实为根据、以法律为准绳，积极高效响应人民群众朴素价值观的同时，做到每一个案裁判监督公平公正，确保不枉不纵，及时矫正失衡的利益、不公的现象，实现效率和公正的有机统一。此外，还要加强对每个案件的持续、跟踪监督，以实现办案政治效果、法律效果、社会效果相统一为目标，力戒机械司法、就案办案，通过"为法治担当"来真正实现"为大局服务、为人民司法"，真正实现最高人民检察院党组所要求的"通过检察履职办案，在实体上确保实现公平正义，在程序上让公平正义更好更快实现，在效果上让人民群众可感受、能感受、感受到公平正义，做到检察办案质量、效率、效果有机统一于公平正义"。②

三是让人民群众感受到公平正义。民之所望，检察所向。习近平总书记强调，"一个错案的负面影响足以摧毁九十九个公正裁判积累起来的良好形象。执法司法中万分之一的失误，对当事人就是百分之百的伤害"。③司法是否公正，人民群众最有发言权，这就要求全体检察人员在工作中，必须始终坚持以人民为中心，"把人民拥护不拥护、赞成不赞成、高兴不高兴、答应不答应作为衡量一切工作得失的根本标准"。④应勇检察长在 2024 年 1 月 14 日的全国检察长会议上强调，"让人民群众感

---

① 《关于〈中共中央关于全面推进依法治国若干重大问题的决定〉的说明》，载《求是》2014 年第 21 期。

② 应勇：《为大局服务 为人民司法 为法治担当》，载求是网，http://www.qstheory.cn/laigao/ycjx/2024-05/10/c_1130142421.htm。

③ 中共中央文献研究室编：《习近平关于全面依法治国论述摘编》，中央文献出版社 2015 年版，第 96 页。

④ 习近平：《在庆祝中国共产党成立 95 周年大会上的讲话》，载《求是》2021 年第 8 期。

受到公平正义,前提是依法、公正"。为此,全体检察人员在办案过程中,首先,既要查清事实,依法保护案件当事人的合法权益,又要坚持办案文明规范,维护当事人对司法工作的理解和信任。其次,要加强释法说理,"司法实践中,一些案件本身办得没有问题,但是却引发当事人和群众不满,很大程度上源于释法说理不够"[1]。这就要求全体检察人员在办理检察监督案件中,既要叙事清楚、说理充分,又要将法律语言转换为群众看得懂的语言,做好释法说理工作。再次,要以公开促公正,持续深化人民监督员、检察听证、检务公开等制度,深入开展法治宣传教育,履行"谁执法、谁普法"的普法责任制,做到在办案中普法,以可感可触可信的方式让人民群众感受到公平正义就在身边。最后,重视贯彻平等保护原则。"各类市场主体最期盼的是平等法律保护。一次不公正的执法司法活动,对当事人而言,轻则权益受损,重则倾家荡产。"[2] 为确保所有公民都能受到法律的平等保护,全体检察人员要把平等保护原则贯彻到检察工作全过程。任何人触犯法律都要平等受到处罚,既不允许法外特权,出现"目无法纪""以言代法""以权压法"的现象,也不能"法外开恩",搞偏向性司法,真正让人民群众感受到法律面前人人平等,感受到司法公正。

二、坚持更严标准、更高要求

法治专门队伍建设关乎司法权的公正行使。习近平总书记强调,"对法治专门队伍的管理必须坚持更严标准、更高要求"[3]。这是基于现实中"一些执法司法人员手握重器而不自重,贪赃枉法、徇私枉法,办'金钱

---

[1] 应勇:《高质效办好每一个案件 努力让人民群众在每一个司法案件中感受到公平正义》,载《人民检察》2024年第18期。
[2] 习近平:《论坚持全面依法治国》,中央文献出版社2020年版,第254页。
[3] 习近平:《坚定不移走中国特色社会主义法治道路 为全面建设社会主义现代化国家提供有力法治保障》,载《求是》2021年第5期。

案'、'权力案'、'人情案',严重损害法治权威"①等问题提出的针对性极强的要求,体现了习近平总书记对法治专门队伍这支位高权重、十分重要的法治工作队伍的特殊重视,是习近平总书记精准把握司法规律作出的科学论断。检察机关作为国家的法律监督机关,行使宪法赋予的法律监督权,承担着监督司法权、维护司法公正的重大政治责任,既要敢于监督、善于监督,更要勇于开展自我监督,要以更严标准、更高要求推进检察机关队伍建设。

（一）必须严明纪律

没有规矩,不成方圆。党的纪律是党赖以建立、生存和发展的最基本保证,"纪律严明是我们党的光荣传统和独特优势,是我们党不断从胜利走向胜利的坚强保障"。②实践证明,干部出问题,往往从不重视纪律学习、违反纪律开始。因此,新时代新征程,推进检察工作高质量发展必须高度重视检察队伍的纪律建设。一是要巩固深化党纪学习教育成果。持续深入学习领会习近平总书记关于全面加强党的纪律建设重要论述,持续开展《中国共产党纪律处分条例》学习,做到党性党风党纪一起抓,加强以案说纪、以案释法,把党纪学习教育融入日常,引导全体检察人员始终把纪律规矩挺在前面,把遵守纪律铭刻在灵魂中、熔铸在血液里。二是进一步强化纪律执行,切实把"六大纪律"落实到检察履职全过程各环节。面对一些执法司法人员办"金钱案""权力案""人情案"等问题,在检察队伍建设中要严肃党的纪律,健全纪律执行机制,坚决反对"四风",旗帜鲜明反对腐败,严肃查处违纪违法问题,深化运用监督执纪"四种形态",完善"四责协同"机制,坚持真管真严、敢管敢严、长管长严,对检察人员违纪违法问题"零容忍",不断提升检察队伍的凝聚力战斗力,更好扛起以习近平法治思想的检察实践支撑和服务中国式现

---

① 习近平:《坚定不移走中国特色社会主义法治道路 为全面建设社会主义现代化国家提供有力法治保障》,载《求是》2021年第5期。
② 《检察日报社评:坚定不移全面加强检察机关纪律建设》,载最高人民检察院网,https://www.spp.gov.cn/spp/zdgz/202407/t20240701_658491.shtml。

代化的时代重任。

(二)坚持严管厚爱

习近平总书记指出,"要坚持严管厚爱相结合,落实'三个区分开来',完善干部担当作为激励和保护机制,形成能者上、优者奖、庸者下、劣者汰的良好局面"。①好干部是选出来的,更是管出来的。严管就是厚爱,是对干部真正负责,"严格的事前监督管理,胜过遗憾的事后查处和弥补"②。对干部要求严一点,是党和人民事业发展的必然要求,也是改进作风、管理队伍的基本着眼点。

习近平总书记强调,"法官、检察官要有审案判案的权力,也要加强对他们的监督制约,把对司法权的法律监督、社会监督、舆论监督等落实到位,保证法官、检察官做到'以至公无私之心,行正大光明之事',把司法权关进制度的笼子,让公平正义的阳光照进人民心田,让老百姓看到实实在在的改革成效"。③坚持严管厚爱,一要建立管思想、管工作、管作风、管纪律的从严管理体系,做到全覆盖、全过程管理。为此,必须强化常态化管理,摸排查找检察监督工作中的关键人、关键事、关键环节,做实习近平总书记强调的"管好关键人、管到关键处、管住关键事、管在关键时"④。要加强党内监督,贯彻民主集中制,严格组织生活,用好批评和自我批评武器,特别是要把一把手管住管好。同时,还要把针对检察队伍的行为管理和思想管理统一起来,把工作圈管理和社交圈管理衔接起来,把八小时之内的管理和八小时之外的管理贯通起来,在日常监督上下功夫,坚持抓早抓小、防微杜渐,发现苗头性、倾向性问

---

① 《习近平主持召开新时代推动东北全面振兴座谈会强调 牢牢把握东北的重要使命 奋力谱写东北全面振兴新篇章》,载《人民日报》2023年9月10日,第1版。
② 《检察日报社评:严管厚爱,锻造过硬检察队伍》,载最高人民检察院网,https://www.spp.gov.cn/zdgz/201807/t20180702_383439.shtml。
③ 《习近平在中共中央政治局第二十一次集体学习时强调 以提高司法公信力为根本尺度 坚定不移深化司法体制改革》,载《人民日报》2015年3月26日,第1版。
④ 《习近平在全国组织工作会议上强调 切实贯彻落实新时代党的组织路线 全党努力把党建设得更加坚强有力》,载《人民日报》2018年7月5日,第1版。

题及时批评教育,经常敲响思想警钟,使咬耳扯袖、红脸出汗成为常态。此外,还要注意综合发挥群众监督、舆论监督等社会监督的作用,形成多方监督合力。二要更好发挥检察官惩戒委员会的作用。检察官惩戒工作是检察机关做实敢于监督、善于监督、勇于开展自我监督的重要举措,对促进和保障检察官依法公正履职发挥了重要作用。"权力和责任一体两面,有权必有责、有责要担当、失责必追究。"①最高人民检察院党组强调,要"健全司法责任认定和追究机制,实质性开展追责惩戒工作,倒逼和促进高质效办好每一个案件、每一个环节"②。为此,要推动追责惩戒工作更好地及时、常态开展,推动检察官惩戒工作实质性推进,准确贯彻落实最高人民检察院新修订的《关于人民检察院全面准确落实司法责任制的若干意见》和《人民检察院司法责任追究条例》,防止"应追不追",确保追责惩戒既严格,又规范,充分发挥检察官惩戒委员会的专业审查职能作用,切实提高司法责任认定的精准性和权威性。三要健全检察管理和内部监督机制。一方面,要完善上级检察院对下级检察院、检察长对检察官的领导和监督机制,健全检察委员会、检察长、业务部门负责人对案件监督把关机制,强化检察履职廉政风险防控,有效监督约束自由裁量权的行使。另一方面,要细化检务督察工作规则,严格执行新时代政法人员"十个严禁"、最高检"禁酒令",严格落实"三个规定"填报,全面履行"一岗双责",深入开展警示教育,筑牢内部监督防线。四要激励和约束并重,落实"三个区分开来"。全面落实从优待检各项政策措施,及时了解并保障检察人员在衣食住行、职级待遇、后勤保障等方面的需求,加大解决实际困难的力度,把从优待检的各项政策举措落实、落细;完善容错纠错机制,对改革创新、担当作为中有失误与过失的,该容的容,让每一位检察人员都能感受到组织关怀就在身边,有切

---

① 应勇:《高质效办好每一个案件　努力让人民群众在每一个司法案件中感受到公平正义》,《人民检察》2024年第18期。
② 应勇:《高质效办好每一个案件　努力让人民群众在每一个司法案件中感受到公平正义》,《人民检察》2024年第18期。

实的荣誉感、归属感、获得感。

三、推进革命化、正规化、专业化、职业化

习近平总书记强调,"推进法治专门队伍革命化、正规化、专业化、职业化,确保做到忠于党、忠于国家、忠于人民、忠于法律"。① 推进检察队伍革命化、正规化、专业化、职业化是密不可分、相辅相成的。其中,革命化是内核,正规化是基础,专业化是关键,职业化是标志,四者既相互联系又内在统一,共同构成检察队伍建设的科学指标。

(一)革命化

革命化是政治性和斗争性的统一。敢于斗争、善于斗争是中国共产党人的鲜明品格,也是推动党和国家事业取得历史性成就、发生历史性变革的关键所在。当前和今后一个时期,我国发展进入各种风险挑战不断积累甚至集中显露的时期,面临的重大斗争不会少,新时代新征程,推进以检察工作高质量发展更好支撑和服务中国式现代化进程,必须在党的领导下依靠顽强斗争打开检察事业发展新天地,推动检察队伍建设革命化。

一是抓好马克思主义理论教育。马克思主义是指导我们党改造客观世界和主观世界的锐利思想武器,是推进社会革命和自我革命的强大思想武器。新征程上,要继续学好用好马克思主义立场、观点、方法——这一做好新时代检察监督工作的看家本领,以其指导全体检察人员认识世界、改造世界。检察队伍要刻苦钻研马克思主义基本原理,特别是新时代党的创新理论成果,努力掌握其中蕴含的立场观点方法、道理学理哲理,做到知其言更知其义、知其然更知其所以然,持续将科学的世界观、方法论转化为中国式现代化建设的科学思维方法,坚定走中国特色社会主义法治道路的决心和信心,接好坚持马克思主义信仰、为共产主

---

① 《习近平在中央全面依法治国工作会议上强调 坚定不移走中国特色社会主义法治道路 为全面建设社会主义现代化国家提供有力法治保障》,载《人民日报》2020年11月18日,第1版。

义远大理想和中国特色社会主义共同理想而奋斗的班。

二是发扬担当和斗争精神。当前,中国特色社会主义进入新时代,"我们比历史上任何时期都更接近、更有信心和能力实现中华民族伟大复兴"。① 习近平总书记强调,"我们千万不能在一片喝彩声、赞扬声中丧失革命精神和斗志,逐渐陷入安于现状、不思进取、贪图享乐的状态,而是要牢记船到中流浪更急、人到半山路更陡,把不忘初心、牢记使命作为加强党的建设的永恒课题,作为全体党员、干部的终身课题"。② 必须有强烈的担当和斗争精神,必须准备付出更为艰巨、更为艰苦的努力。一方面,全体检察人员要主动投身于斗争实践。"宰相起于州郡,猛将发于卒伍。"真正优秀的干部,大多是经基层一线摔打和实践磨砺出来的。基层实践离群众最近,也是各种矛盾和问题最集中的地方,更是干部经风雨、见世面、长才干的最好课堂,只有经历了基层历练,才能在关键时刻经受住考验、担当起重任。因此,全体检察人员要"发扬历史主动精神,在机遇面前主动出击,不犹豫、不观望;在困难面前迎难而上,不推诿、不逃避;在风险面前积极应对,不畏缩、不躲闪"③,一定要挺起脊梁、冲锋在前,在斗争中经风雨、见世面。另一方面,"要在选人用人上体现讲担当、重担当的鲜明导向。把敢不敢扛事、愿不愿做事、能不能干事作为识别干部、评判优劣、奖升降的重要标准,把干部干了什么事、干了多少事、干的事组织和群众认不认可作为选拔干部的根本依据"。④ 要在斗争一线考察识别干部,对不担当不作为、失职渎职的要严肃问责,对紧要关头当"逃兵"的要就地免职,选拔任用敢于负责勇

---

① 习近平:《新时代新征程中国共产党的使命任务》,载《求是》2024年第13期。
② 《习近平在中央政治局第十五次集体学习时强调 全党必须始终不忘初心牢记使命 在新时代把党的自我革命推向深入》,载《人民日报》2019年6月26日,第1版。
③ 习近平:《努力成长为对党和人民忠诚可靠、堪当时代重任的栋梁之才》,载《求是》2023年第13期。
④ 《习近平在中共中央政治局第十次集体学习时强调 严把标准公正用人拓宽视野激励干部 造就忠诚干净担当的高素质干部队伍》,载《人民日报》2018年11月27日,第1版。

于担当、善于作为、实绩突出的干部,加大遴选有基层经历干部的力度,多选一些在重大斗争中经过磨砺的干部,以应对新时代新征程上许多新的历史特点的伟大斗争。

(二)正规化

推进检察队伍正规化,就是要进一步加强制度建设。"制度是关系党和国家事业发展的根本性、全局性、稳定性、长期性问题。"① 新时代以来,我们党对制度建设的认识取得了一系列新进展,实践上取得了一系列新突破,开辟了以"中国之制"推进"中国之治"的新境界。新征程上,检察队伍建设工作中的已有制度需要不断健全,新领域新实践需要不断探索。唯有如此,才能以制度建设巩固当下成果,也才能以制度建设进一步推进检察队伍建设。

一是完善检察队伍培育管理制度。习近平总书记强调,"好干部是选拔出来的,也是培育和管理出来的"。② 人才是第一资源,是强检之本,人才培养事关党的检察事业创新发展,最高人民检察院党组提出"要把党和国家人才观、法治人才观、检察人才观贯通起来,树立全局人才观、全员人才观、开放人才观、科学人才观的检察人才'四观'"③,为检察机关做好检察人才工作提供了重要理念指引。为此,在检察队伍建设中,要树立全局观,聚焦服务党和国家事业所需、党的检察事业所需、法律监督工作所需,做好检察干部的"选育管用"工作,真正把人才"第一资源"转化为推动检察工作高质量发展的强大动力;要树立全员人才观,担当起"不能让一个检察人员掉队"的责任,通过优化检察官助理履职管理,加强对检察官助理分阶段培养训练,全面提升检察官助理履职能力;通过有序推进符合条件的司法行政人员与检察官、检察辅助人员相

---

① 习近平:《在庆祝改革开放 40 周年大会上的讲话》,载《求是》2018 年第 24 期。
② 习近平:《贯彻落实新时代党的组织路线 不断把党建设得更加坚强有力》,载《求是》2020 年第 15 期。
③ 《最高检:更大力度、更实举措、更优机制抓好检察人才工作》,载最高人民检察院网,https://www.spp.gov.cn/tt/202308/t20230825_626160.shtml。

互交流,有计划组织司法行政人员与地方党政机关干部交流使用,拓展司法行政人员发展空间;通过完善聘用制书记员聘任、使用和分级管理机制,激励各类检察人员真抓实干、担当作为;要树立开放人才观,以更宽广的视野、更务实的举措深化与社会各界的协作配合,通过专家学者挂职、特邀检察官助理、设立专业咨询委员会等制度,借力"外脑"、汇聚合力,共同推动检察工作高质量发展;要树立科学人才观,不仅要深入调研"四大检察"专业人才成长规律,有针对性地施策,使各类检察人才能够各有所长、迅速成长,在检察职业生涯各得其所、各展其才,还要面向基层、面向一线,调研各地方、各层级人才成长需求,因地制宜、精准施策,完善"选育管用"制度,确保人才建设务实管用。

二是严格责任追究和监督制度。有权必有责、有责要担当、失责必追究,检察队伍的正规化建设离不开对权力行使的监督制约。党的二十届三中全会进一步提出,要落实和完善司法责任制。为此,要持续深化巩固司法责任制改革中确立的"谁办案谁负责、谁决定谁负责"办案要求。不仅要深入贯彻落实《关于人民检察院全面准确落实司法责任制的若干意见》,准确界定检察委员会、检察长、检察官职责权限以及检察官助理、书记员、检察技术人员、司法警察的职权范围,还要通过细化权责清单、完善责任认定和追究机制,对办案行为进行严格规范,压紧压实司法责任,从而推动检察权公正、规范、高效、廉洁运行,努力践行"高质效办好每一个案件"的价值追求。

(三)专业化

专业化是检察队伍建设的关键性内容。检察队伍专业化体现着法治专门队伍的能力和水平,极大程度上影响着检察队伍的地位权威。习近平总书记指出,"专业素养是专业知识、专业能力、专业作风、专业精神的统一,而不仅仅是专业对口那么简单。选人用人要适应这种要求,开阔视野、着眼全局，在众多可能的人选中把最适合的人选选出来"。①《中共中央关于加强新时代检察机关法律监督工作的意见》进一步要求："围绕检察机关专业化建设目标，全面提升检察人员专业知识、专业能力、专业作风、专业精神。"

推进检察队伍专业化，首先要以专业知识为基础，加强专业化检察队伍建设。专业知识是政治理论和业务知识的总和，是检察队伍履职尽责的基础。随着党和国家各方面工作不断向前推进，检察工作越来越专业化、专门化、精细化，知识更新变得至关重要。因此，检察队伍要不断加强学习，深入学习掌握中国特色社会主义法治理论，不断以党的创新理论和前沿专业知识来武装头脑、指导实践、推动工作，全面提高检察队伍的政治能力和业务水平。1993年2月，时任福州市委书记习近平在福建省检察长会议上提出："要组织干警学习、了解、熟悉、掌握经济工作的知识和规律，进一步解放思想，转变观念，提高在发展社会主义市场经济中搞好检察工作的自觉性，努力为发展社会主义市场经济提供主动服务、超前服务、优质服务。"当前，重点领域、新兴领域、涉外领域立法不断推进，数字经济、互联网金融、人工智能、大数据、云计算等新技术新应用快速发展，催生了一系列新业态新模式，既引发了一系列法律问题，也催生了一系列法律空白，这就要求全体检察人员与时俱进，在不断学习贯彻习近平法治思想的同时，加强对国情、社情、民情的全面认识，加强对经济工作等知识和规律的学习，及时跟进新兴领域立法发展，提高运用法律解释填补法律空白和漏洞的能力，为履行法律监督职能奠定坚实的知识根基，有效应对和化解时代变迁对检察工作带来的新挑战和新风险。

其次，专业化的检察队伍需要具备专业能力。专业能力是运用专业知识应对本职工作的公正司法能力，是确保办案政治效果、法律效果、社会效果相统一的基本能力。当前，在开展检察工作的过程中，一些地

---

① 中共中央文献研究室主编：《习近平关于全面从严治党论述摘编》，中央文献出版社2016年版，第144页。

方还存在不敢监督、不善监督甚至不愿监督等问题。其中，专业能力存在短板是重要原因。为此，一方面，要深入研究不同检察监督工作的规律，结合刑事检察、民事检察、行政检察和公益诉讼监督工作特点，探索制定将"三个善于"，即"善于从纷繁复杂的法律事实中准确把握实质法律关系，善于从具体法律条文中深刻领悟法治精神，善于在法理情的有机统一中实现公平正义"①，具体落实到每一个案件办理全过程各环节的指引性规范。另一方面，要贯彻落实好《全国检察教育培训规划（2023—2027年）》，不断完善符合检察官、检察辅助人员、司法行政人员职业特点和岗位要求的专业素能培养体系，通过区域联合培训等机制，注重"坚持实战、实用、实效导向"②，加大应用型、实战型的检察培训力度，聚焦刑事检察中防止和纠正冤假错案问题，聚焦民事检察中的审判监督、虚假诉讼问题，聚焦行政检察中"不敢""不力"等问题，聚焦公益诉讼检察中检察公益诉讼法立法问题，聚焦检察侦查中与监察机关、公安机关等衔接配合问题，全面提升检察队伍的"政策运用能力、防控风险能力、群众工作能力、科技应用能力、舆论引导能力"③。

再次，专业作风是党的作风在司法领域的体现，其涵盖坚定理想信念、践行为民宗旨、服务大局发展、公正高效办案、恪守司法廉洁等多层次、多领域的内容。良好的专业作风是检察队伍高效履职的保障。为此，要坚持问题导向，全面对照开展问题排查，以整治整改成效持续提升监督工作质量、效率和效果。此外，专业精神是检察文化建设的重要组成部分，是提升干部素质、增强团队凝聚力、推动事业发展的重要基石。其中，弘扬"忠诚、为民、担当、公正、廉洁"新时代检察精神是新时代检察文化建设的核心。因此，要着力推进文化润检、文化强检，通过教育引导、舆论宣传、文化熏陶、实践养成、制度保障，将新时代

---

① 应勇：《学思践悟习近平法治思想　以"三个善于"做实高质效办好每一个案件》，载《人民检察》2024年第8期。

② 应勇2024年1月14日在全国检察长会议上的讲话。

③ 《习近平在中央政法工作会议上强调　全面深入做好新时代政法各项工作　促进社会公平正义保障人民安居乐业》，载《人民日报》2019年1月17日，第1版。

检察精神内化为检察队伍的价值追求，外化为检察人员的自觉行动，为检察工作高质量发展提供坚强思想保证、强大精神力量、有利文化氛围。

最后，专业知识、专业能力、专业作风和专业精神是专业素养的根基。检察人员的专业素养是政治素养和业务素养的有机统一，其中，政治素养是最根本、第一位的专业素养，其核心在于确保检察队伍绝对忠诚、绝对纯洁、绝对可靠。因此，过硬检察队伍建设要切实做到讲政治与抓业务有机统一，统筹专业知识、专业能力、专业作风和专业精神，一体抓实政治建设、业务建设，切实提升新时代检察队伍的法律监督能力。

（四）职业化

检察队伍的职业化是其全面正确履行法律监督职责的重要保障。检察队伍的高门槛、高负荷、高风险等特点，决定了需要有与之相适应的单独职务序列和职业保障制度体系，唯其如此，才能拓宽检察队伍的职业发展空间，将优秀的法律工作人才留在一线。

一是深化检察官单独职务序列管理，实现身份、待遇保障。此前很长一段时间，检察人员是按照综合管理类公务员进行管理的，检察人员的录用、考核、职业发展与其他公务员没有实质区别，导致检察人员管理难以体现检察机关作为法律监督机关的性质，难以体现检察工作的特点和规律，也难以体现检察机关内部各类别人员的不同作用。因此，为满足科学管理、建设高素质专业化检察队伍的客观需要，党的十八届四中全会通过的《中共中央关于全面推进依法治国若干重大问题的决定》指出，"建立法官、检察官、人民警察专业职务序列及工资制度"。2015年10月，中央组织部、中央政法委、最高人民法院、最高人民检察院联合印发《法官、检察官单独职务序列改革试点方案》，开展法官、检察官单独职务序列和工资制度改革试点。随着司法责任制改革不断深化，检察队伍单独职务序列管理和人员分类管理不断推进，检察官等级与行政职级脱钩，等级设置、晋升方式、晋升年限、选升比例、考核惩戒和工资制度等方面不断完善，不仅充分体现了检察官职业特点，有力保障了检察官依法履职，还有效增强了检察队伍的职业尊荣感，大大提高了检察队伍建设的职业化水平。

二是健全检察官办案责任制，实现职权保障。检察官办案责任制是司法体制改革的重要举措。曾经存在的检察官办案主体地位不显等问题，一定程度上违背了司法工作中特别强调的亲历性原则，形成了责任不清的局面。通过司法责任制改革，确立了检察官的主体地位和职业身份，明晰了办案责任，促进了检察官"权、责、利"之间的统一，激发了检察队伍的主观能动性。与此同时，防止干预司法"三个规定"等机制，有利于建立起对检察队伍依法履职的有效保护，检察办案质效和人民群众满意度明显提升。

三是重视职业道德建设，提高职业素养。习近平总书记强调，"执法不严、司法不公，一个重要原因是少数人员缺乏应有的职业良知。许多案件，不需要多少法律专业知识，凭良知就能明断是非，但一些案件的处理就偏偏弄得是非界限很不清楚。"[①] 职业良知来源于职业道德，如果一个人没有良知，学再多的法律，也难以成为法治事业的建设者，不仅如此，缺少良知的人，法律懂得越多，可能还越热衷钻法律的空子和歪曲法律，对法治事业的危害更大。事实上，法律规范内含法治精神，"法律规范有限而司法实践无穷，如果对法律规范仅作字面理解，而不是放在政治、社会、历史、文化的背景下领悟，很难做到准确适用法律，也很难做到高质效办好每一个案件。"[②] 因此，检察队伍建设要强调坚持德才兼备、以德为先，教育引导广大检察人员自觉用职业道德约束自己，恪守"忠诚、为民、担当、公正、廉洁"的检察官职业道德规范，认识到不公不廉是最大的耻辱，"做到对群众深恶痛绝的事零容忍、对群众急需急盼的事情零懈怠，树立惩恶扬善、执法如山的浩然正气，"[③] 从而以理论上的坚定保证行动上的坚定，以思想上的清醒保证用权上的清醒，自觉做

---

① 习近平：《严格执法，公正司法》（2014年1月7日），载《论坚持全面依法治国》，中央文献出版社2020年版，第45—50页。

② 应勇：《高质效办好每一个案件 努力让人民群众在每一个司法案件中感受到公平正义》，载《人民检察》2024年第18期。

③ 习近平：《论坚持全面依法治国》，中央文献出版社2020年版，第47页。

到最高人民检察院党组所要求的"从具体法律条文中深刻领悟法治精神，在法治精神、法治原则指引下准确适用具体法律条文"①，高质效办好每一个案件，努力让人民群众在每一个司法案件中感受到公平正义。

---

① 应勇：《高质效办好每一个案件　努力让人民群众在每一个司法案件中感受到公平正义》，载《人民检察》2024年第18期。

公务员分类管理视角下的检察人员分类管理

郝玉明[*]

职位分类是公务员管理的基础。干部人事制度改革明确了对各类机关工作人员实行依法管理并创建公务员制度，公务员制度创建初始既已明确实行职位分类管理。改革开放几十年来，伴随公务员制度体系的不断发展和完善，公务员分类管理理论探索与制度实践不断深化，为推进检察人员分类管理提供了顶层设计指导。党中央和主管部门明确了围绕司法体制改革深化推进检察人员队伍建设总体要求，结合《中华人民共和国检察官法》贯彻落实《中华人民共和国公务员法》，推动检察人员分类管理制度实践不断向前发展，并取得显著成效。进入新时代新征程，实现中国式现代化需要不断深化推进治理体系与治理能力现代化，检察人员承担了更为重要的司法职责使命，仍需在新时代党的组织路线统领指引下，按照统一的公务员分类管理改革进程继续深化检察人员分类管理。

一、公务员分类管理理论与实践溯源

分类管理的起源应追溯到工业革命时期。社会化大生产及社会分工带来了劳动生产力的快速提高，适应管理需要产生了科学管理思想及其理论体系，其中包含职业分类管理和职位分类管理。从国内外管理实践来看，则是美国较早实行职位分类管理，我国于1987年党的十三大明确

---

[*] 郝玉明，中国人事科学研究院研究员、公务员管理研究室副主任。

提出推行干部分类管理。

（一）分类管理早期理论溯源

从理论溯源上看，社会分工和科学管理理论为分类管理提供了理论基础。英国古典经济学家亚当·斯密在1776年《国民财富的性质和原因的研究》中阐述了分工以及分工的缘由，"劳动生产力的最大增进，以及运用劳动时所表现的更大的熟练、技巧和判断力，似乎都是分工的结果"[①]；"有了分工，同数劳动者就能完成比过去多得多的工作量，其原因有三：第一，劳动者的技巧因业专而日进；第二，由一种工作转到另一种工作，通常须损失不少时间，有了分工，就可以免除这种损失；第三，许多简化劳动和缩减劳动的机械的发明，使一个人能够做许多人的工作"[②]；"人们壮年时在不同职业上表现出来的极不相同的才能，在多数场合，与其说是分工的原因，倒不如说是分工的结果"[③]。这些关于分工以及职业的早期论述为职业分类管理奠定了早期理论基础。

工业革命带来了社会化大生产及生产规模的急剧扩大，为解决新的管理问题推动了管理实践与管理理论的快速发展。美国古典管理学家弗雷德里克·泰勒在1911年《科学管理原理》中阐述了科学管理理论，包括：为了提高劳动生产率而进行工时和动作研究（工作定额原理）、必须为每项工作挑选"第一流的工人"、要使工人掌握标准化的操作方法（标准化原理）、制定并实施鼓励性的计件工资制度、对工人和雇主都要认识到提高劳动生产率对二者都有利（心理契约革命）、把管理职能和执行职能分开、推行职能制和直线职能制、实行组织机构上的管理控制原理等。[④]这为工作分析和职位分类管理提供了早期理论基础和技术方法。

---

① ［英］亚当·斯密：《国民财富的性质和原因的研究》（上卷），郭大力、王亚南译，商务印书馆2007年版，第5页。
② ［英］亚当·斯密：《国民财富的性质和原因的研究》（上卷），郭大力、王亚南译，商务印书馆2007年版，第8页。
③ ［英］亚当·斯密：《国民财富的性质和原因的研究》（上卷），郭大力、王亚南译，商务印书馆2007年版，第15页。
④ 孙耀军主编：《西方管理学名著提要》，江西人民出版社1995年版，第62页。

（二）分类管理中美实践溯源

从分类管理实践溯源上，可从中美推行分类管理实践对比加以考察。美国较早完成产业革命，并较早实行了职业分类和职位分类管理。产业革命采用大规模的工厂生产取代了小规模的手工作坊，这种工业化进程和资本家对生产效率和超额利润的追求催生了职位分类首先在企业管理领域的广泛应用。随着社会经济的迅速发展，社会管理事务增多，社会职业日渐复杂，导致了政府职能范围的扩大，管理事项越来越多，分工越来越细，工作种类和职位越来越多，管理难度越来越大。政府公务人员数量急剧增加，分属不同的系统和部门，既有行政管理人员，也有专业性和技术性较强的技术人员，亦有打字、收发、司机等行政辅助人员，为了提高行政管理效率，美国开始对政府文官实行职位分类管理。美国自1923年颁布第一个联邦政府《公务员职位分类法》以来，历经1949年颁布第二个《职位分类法》、1978年《公务员改革法》后，美国公务员一般职序列由最初的将近30个职组、近600个职系简化到23个职组、420个职系。① 可见，经过了将近百年的改革发展实践探索，美国的职业分类和职位分类制度体系相对比较成熟。

我国探索推进干部分类改革的实践探讨则要追溯到党的十三大时期。在1987年党的十三大提出针对计划经济时期大一统的"国家干部"实行分类管理改革后，国家人事部组织专家学者对在我国实行职位分类管理从理论和实践上展开了开创式的研究。1989年，国家人事部时任职位职称司司长王雷保组织编写出版了《公务员职位分类教程》，该书首次明确提出"人事分类是人事行政的基本工作，也是人事行政其他工作的基础和依据。有效的人事行政离不开科学的人事分类，从一定意义上说，没有分类，也就没有管理"。② 这是我国推行干部人事制度改革后关于分类管理较早也是较为系统的理论论述。

---

① 吴志华：《美国公务员制度的改革与转型》，上海交通大学出版社2006年版，第91—93页。

② 王雷保主编：《公务员职位分类教程》，机械工业出版社1989年版，第17页。

党的十一届三中全会召开后，开启了改革开放和干部人事制度改革的历史进程，逐步实现了机关、事业和企业单位干部"大分类"和公务员职位分类管理。改革开放初期，传统的干部人事制度不能适应经济体制、政治体制改革的新形势要求，建立在计划经济体制基础上的干部人事制度的弊端日益凸显，主要表现在以下四个方面：一是干部队伍庞杂，缺乏科学分类；二是管理权限过分集中，管人与管事脱节；三是管理方式陈旧单一，阻碍人才成长；四是管理制度不健全，用人缺乏法制。[①]1987年，党的十三大明确提出对"国家干部"实行分类管理，将"国家干部"分为：党的机关工作人员、国家行政机关工作人员、国家权力机关工作人员、国家审判机关工作人员、国家检察机关工作人员、企业单位工作人员、事业单位工作人员、群众团体工作人员8个大类；1993年颁布的《国家公务员暂行条例》确立了国家行政机关实行职位分类管理，其余机关参照执行；2005年颁布的《中华人民共和国公务员法》将党的机关、人大机关、行政机关、政协机关、审判机关、检察机关、民主党派和工商联机关7个大类机关除工勤人员以外的工作人员纳入公务员队伍并统一实行公务员职位分类管理。在公务员制度法规实行职位分类基本框架下，持续探索开展了行政执法类公务员和专业技术类公务员分类管理改革，从试点到试行规定，再到修订完善，在习近平新时代中国特色社会主义思想理论指引下，中国特色的干部分类管理实践持续改革深化、不断向前发展。

二、公务员分类管理改革制度发展

党的十一届三中全会确立了改革开放基本路线，开启经济体制和政治体制改革，并启动干部人事制度改革，实行干部分类管理。我国干部分类管理包括两个方面：一是打破干部管理"大一统"模式，实行机关、事业和企业干部分类管理；二是在机关内部，建立公务员制度，对机关

---

① 杨士秋：《治国之举——建设中国特色公务员制度》，中国人事出版社2011年版，第16页。

公务员实行职位分类，划分综合管理类、专业技术类和行政执法类三个大类进行分类管理。①

随着公务员制度的发展完善，公务员分类管理经历了《国家公务员暂行条例》和《中华人民共和国公务员法》两个时期。从《国家公务员暂行条例》（1993年颁布实施）规定"国家行政机关实行职位分类制度"，到《中华人民共和国公务员法》（2005年颁布、2006年实施）将行政机关、党的机关、人大、政协、法院、检察院、民主党派7个大类机关统一纳入公务员队伍，职位分类管理的实施范围相应扩大。

（一）《国家公务员暂行条例》时期的分类管理

1993年《国家公务员暂行条例》提出的职位分类主要适用于国家行政机关。其第8条规定："国家行政机关实行职位分类制度。各级国家行政机关按照国家有关规定，在确定机构、职能、编制的基础上，进行职位设置；制定职位说明书，确定每个职位的职责和任职资格条件，作为国家公务员的录用、考核、培训、晋升等的依据。"作为《国家公务员暂行条例》的配套政策文件，1994年人事部印发了《国家公务员职位分类工作实施办法》，对职位分类作出了更为详细具体的规定。为推进职位分类工作，人事部积极探索开展了专业技术类和行政执法类公务员管理试点，2000年在公安系统开展了专业技术类公务员任职制度试点，2004年在上海市工商局开展了企业注册官试点。②

（二）《中华人民共和国公务员法》时期的分类管理

2006年1月1日《中华人民共和国公务员法》正式实施，公务员队伍范围扩大到七大类机关，职位分类的适用范围相应扩大。其第14条规定："国家实行公务员职位分类制度。公务员职位类别按照公务员职位的

---

① 郝玉明：《我国公务员分类管理改革的进展与对策建议》，载《中国人事科学》2018年第10期。

② 杨士秋：《治国之举——建设中国特色公务员制度》，中国人事出版社2011年版，第46页。

性质、特点和管理需要，划分为综合管理类、专业技术类和行政执法类等类别。国务院根据本法，对于具有职位特殊性，需要单独管理的，可以增设其他职位类别。各职位类别的适用范围由国家另行规定。"第15条规定："国家根据公务员职位类别设置公务员职务序列。"《中华人民共和国公务员法》在《国家公务员暂行条例》基础上对公务员职位分类继续向前推进，加大了试点推进力度。在公安、工商、质检、税务等部门开展了公务员分类管理改革试点，2010年深圳市启动了分类改革试点；2010年中央公务员主管部门会同公安部启动了人民警察警员职务套改，150多万名公安民警按照分类管理框架进行套转，对应综合管理类、行政执法类和专业技术类建立了警官、警员和警务技术3个职务序列。[①]

（三）党的十八大以来公务员（含检察人员）分类管理新进展

经过多年的探索和试点实施，2016年7月中办、国办印发《专业技术类公务员管理规定（试行）》《行政执法类公务员管理规定（试行）》（以下简称"两个试行规定"），标志着公务员分类管理进入实质运行阶段，也意味着长期以来按照单一综合管理类进行管理的时代就此结束。在公务员法确立的制度框架下将机关中履行专业技术职责和行政执法职责的公务员划分出来，实现综合管理类、专业技术类、行政执法类各类别公务员的分渠道发展，实行分类招录、分类培训、分类考核等分类管理，标志着国家公务员管理取得新突破，迈入新阶段。[②]2023年9月，党中央对《专业技术类公务员管理规定》《行政执法类公务员管理规定》（以下简称"两个规定"）作出修订并由中办印发，进一步深化推进公务员分类管理。

党的十八大以来，中央全面深化司法体制改革，不断完善司法人员

[①] 杨士秋：《治国之举——建设中国特色公务员制度》，中国人事出版社2011年版，第50期。

[②] 郝玉明：《我国公务员分类管理改革的进展与对策建议》，载《中国人事科学》2018年第10期。

分类管理制度，建立健全符合职业特点和司法规律的检察官单独职务序列，持续推进检察官助理、书记员职务序列改革，检察人员分类管理制度框架基本成形。事实上，检察机关从2000年前后既已展开了检察人员分类管理改革探索，从制定检察工作规划、检察改革实施意见到制定检察人员队伍建设规划、检察人员分类管理框架方案等，一直在积极稳妥推进检察人员分类管理改革。[①] 为了与公务员职务与职级并行同步推进，2019年中共中央组织部、最高人民法院、最高人民检察院印发《关于法官助理、检察官助理和书记员职级设置管理的通知》，对检察官助理和书记员分类管理和职级设置进一步作出规定。2022年中共中央组织部、最高人民检察院印发《检察官单独职务序列规定》，建立了员额制检察官制度，将检察人员分类管理继续向前推进。

综上所述，伴随干部人事制度改革历史进程，公务员制度从建立到健全、完善，公务员分类管理改革不断深化。从2016年分类管理"两个试行规定"，到2023年分类管理"两个规定"，沿着职位分类管理路径，基于职位分类的公务员考试录用、考核奖励、培训监督、工资待遇等系统性分类管理制度不断向前发展。在党中央的统一领导下，按照司法体制改革的要求，根据《中华人民共和国公务员法》《中华人民共和国检察官法》相关规定，检察人员分类管理不断深化推进，构建了检察官、检察官助理、书记员、司法行政人员分类进行管理的制度体系。

三、推进检察人员分类管理面临的重点难点问题

检察人员分类管理是在公务员分类管理基本框架下，围绕司法体制改革而不断探索推进，分类管理制度框架已基本确立，分类管理已取得显著成效。适应中国特色社会主义现代化发展要求、适应国家治理体系与治理能力现代化要求，仍然要求不断提高司法体制运行质量和效率。深化推进检察人员基于职位分类的管理体系，势必要打破传统的"身份

---

① 江国华、梅扬：《检察人员分类管理制度改革析论》，载《河北法学》2017年第5期。

管理"惯性，强化分类、分渠道的专业化、职业化，势必面临与行政管理的制度化、规范化之间的协调衔接等难点问题，有待进一步研究解决。

（一）分类管理中"分"与"统"的对立统一关系仍需妥善处理

实行分类管理是公务员管理科学性、有效性、针对性的要求，是实现各个业务系统干部队伍建设专业化、职业化的基本途径，从行政执法类、专业技术类的分类管理，到检察人员分类管理，都面临"分"与"统"的协调统一关系处理问题。

首先是"分"。要推行分类管理就要做到科学分类，"怎么分"是前提，也会直接影响到分类后"怎么管"，需要完善相应的分类管理各项配套制度文件。在"怎么分"方面，需要明确各个类别和职组职系的划分标准，确保职位分类标准清晰明确、便于操作，科学合理地从综合管理类公务员中确定划入专业技术类和行政执法类公务员的对象范围；需要在检察人员中合理圈出进入员额制检察官人员范围，以及检察官助理、书记员等检察辅助人员的划分标准，确保能够科学、精准划分人员群体类别，确保符合检察人员履职需要，确保符合检察机关管理实际。

其次是"统"。"分"后还要有"统"，二者相辅相成，不能割裂。划分类别后，在实行按各自职位类别、职系职组进行分类管理、体现各自专业化管理特点同时，不能忽略分类后的统一衔接。专业技术类公务员、行政执法类公务员会面临与综合管理类公务员的相互跨类别的转任交流，需要制度上"有接口"，管理中能平衡，包括职务职级能够对应平衡、根据管理需要能够操作实施等。检察人员分类管理后，也同样面临各自类别人员分类后的平衡对应以及管理衔接，干部管理和队伍建设是动态的、整体的"系统"，避免出现某个单一类别人员群体形成"孤岛"，若短期解决其管理问题而不能长期建立各类别人员"进""管""出"运转体系，将会割裂"分"与"统"的关系。员额制检察官地位、待遇给予体现保障后，也应考虑员额制检察官后备队伍来源以及怎么进、怎么出、怎么管等"一揽子"政策措施，还要考虑与司法辅助人员、司法行政人员之间的协调平衡、转任交流等。

（二）分类管理后的系统性管理体系还有待加强

实行分类管理后，需要构建与分类管理相适应的、体现不同职位类别或职系特点的"进""管""出"系统性管理制度体系，实行分类招录、分类考核、分类培训、分类激励，从而构建基于分类的系统性科学管理体系，这是实行分类管理的内在要求，也是摆在主管部门和各层级各系统面前的重点难点任务。检察人员分类管理亦同理。这里还要面临破除传统的、计划体制延续下来的干部"身份管理"和"官本位"思想认识障碍，推行职位分类，就是要构建基于职位的科学管理体系，需要各个层级管理层面和公务员群体能够转变观念，提高法治思维、科学思维、战略思维，使政府管理和司法体制改革能够适应社会主义市场经济发展需要。①就检察人员分类管理而言，如何科学合理确定员额制检察官和检察辅助人员、司法行政人员的职数以及人员数、编制数，需要强化科学管理思维，紧密围绕检察机关职能职责，合理设置各类别人员职位，明确职位职责以及履职能力素质要求，才能相应配备合理的检察人员，确定并保持适度合理的队伍规模。

（三）分类管理外的保障协同还有待强化

分类管理是政府机关人事管理范畴内的一项重要管理工作，这一管理工作需要纳入整个党和国家机关管理运行大系统，各项制度体系和管理系统之间既相互独立又需相互支撑。公务员作为治国理政、从事公共管理服务活动的主体，在既定的编制和公共财政预算约束前提下进行管理，公务员主管部门的管理活动和行政行为，需要编制和财政等部门的外部协同。法官、检察官等司法人员改革，则要受到《中华人民共和国法官法》《中华人民共和国检察官法》的制约，须在上位法的许可空间内实施。公务员主管部门按照职能权限，负责对公务员进行管理，推行公

---

① 郝玉明：《推进职位分类与干部人事制度改革》，载《中国党政干部论坛》2019年第1期。

务员分类管理是公务员管理的基础性管理改革,"牵一发而动全身",势必在一定程度上突破既有的编制和财政的限制。推行职位分类管理,提高管理科学化和精细化,需要酌情增加公务员队伍数量和公共服务支出,需要在增加编制和财政预算的保障下更为顺利实施,需要编制、财政等外部制度的相应改革协同。[①] 检察人员实行单独的分类管理,有其自身的制度逻辑根源和现实管理需求,实行员额制检察官单独划类管理,就应充分体现这一独特类别人员群体的履职重要性、价值性,对其职位职责管理、任职资格管理、业绩考核管理以及薪酬福利待遇管理等,都应强化管理监督和保障支撑。

四、深化推进检察人员分类管理的对策建议

持续深化推进检察人员分类管理,要按照深化司法体制改革的总体要求,贯彻《中华人民共和国检察官法》和《中华人民共和国公务员法》有关规定,在习近平新时代中国特色社会主义思想和新时代党的组织路线指引下,既要遵从公务员分类管理普适性制度设计,也要聚焦检察人员队伍建设实际和检察事业发展需求。

(一)进一步明确检察人员分类管理的目标与定位

实行检察人员分类管理,是党中央推进司法体制改革的重大决策要求,也是加强检察机关管理效能和司法人员队伍建设的内在要求,更是实现检察官队伍革命化、正规化、专业化、职业化的基本途径。《中华人民共和国公务员法》和分类管理"两个规定"对公务员分类管理作出了明确规定,《中华人民共和国检察官法》和有关员额制检察官分类管理、检察辅助人员职级设置等政策规定为检察人员分类管理提供了制度依据。就推进分类管理本源来看,是在深化干部人事制度改革和完善公务员制度过程中进行的科学管理探索和改革创新,其主要目标在于:一是顺应

---

① 郝玉明:《推行公务员分类管理的做法与经验借鉴——基于深圳市公务员分类改革的分析》,载《中国党政干部论坛》2016年第9期。

现代政府治理和新公共管理要求而进行的公共管理变革，通过基于职位的分类管理实现公共管理的专业化和职业化，不断提高政府公共服务与绩效管理水平；二是实现公务员队伍建设与管理的科学化和公平性，包括提高公务员队伍专业素质与能力，拓宽公务员职业发展空间，以科学管理实现有效激励，并且要避免按单一综合管理类进行管理所造成的忽视专业技术类和行政执法类等各类公务员行业和职业特点等管理问题。

基于此，应进一步明确检察人员分类管理改革的目标定位。检察人员分类管理要有效解决司法逻辑和行政逻辑之间的对立统一关系，既要体现检察机关的行政管辖逻辑，实现高效管理和有效激励；也要强化司法检察的专业逻辑，实现专业司法和科学司法，确保检察权的正确行使并实现司法公正。尽管实施检察官单独职务序列分类管理也有利于实现其分途发展并拓宽职业发展空间，并相应带来薪酬增长，但这并不是检察人员分类管理改革的根本目的和唯一目标。过分强调通过分类管理改革来解决职务晋升和薪酬增长，势必出现改革目标偏离甚至异化的倾向。由于受机构规格和职数限制，导致按照单一综合管理类进行管理所面临的职务与职级晋升空间受到制约以及基层检察人员薪酬水平偏低和增长机制不完善等问题，应回归本源，通过推进建立工资增长机制、构建科学合理的社会工资调查比较机制等薪酬制度改革加以解决，而不应赋予检察人员分类管理和职级制度过多的薪酬待遇增长功能。

（二）进一步完善检察人员分类管理制度

分类管理涉及机构、编制以及职位管理等多个方面，具有相对较高的专业性、技术性要求，构建科学的分类管理体系需要进行系统性制度设计。类别设定与分类标准设定，以及分类后按类别进行系统性管理，都需要在制度层面不断完善体系设计。检察人员如何精准划分类别并按类别进行管理也是加强检察人员队伍建设的重点内容，需要兼顾普适性顶层制度指导和检察人员管理实际，需要兼顾分类与管理。

一是需要科学确定分类标准与范围，即需要明确划分检察官、检察辅助人员以及司法行政人员的范围，解决"怎么分"的问题。类别划分是分类管理的前提和首要问题，也是分类管理工作的一个难点。职系（职位）类别设置应充分考虑该职业群体管理需要，并设定明确的职系（职位）类别标准，包括职责属性与任职资格属性，依据职系（职位）类别标准而不是面向人员"量身定制"，强化职位管理而避免身份管理。职系类别划分标准不清晰或者模糊，势必造成人员分类套转中不同类别人员之间横向攀比和"不平衡"现象，甚至会出现人员归类后提出退出或转回原有类别等"倒车"现象①，应避免分类改革试点推进中出现的这种情况。要坚持依据检察机关职位的性质与特点、工作职责内容以及任职资格要求等基本标准，科学进行各类别人员划定，并适度兼顾跨类交流等管理需要，明确司法专业类别、辅助类别以及司法行政类别之间相互转任的条件、程序等要求，实现既有分类管理，又有统筹交流"接口"。

二是在解决"怎么分"之后，还要解决"怎么管"问题。各类检察人员应分别配套制定职级设置及职数比例办法、任职资格评定办法、职务套改办法以及交流转任管理办法等，解决"怎么管"的问题。在职级设置与职数比例方面，应在部门机构职能、编制核定基础上，采用科学的职位分析与评价方法，合理设置不同类别职位并明确职位职责，进而设置不同层级职级以及职级职数比例，针对不同层级检察机关机构与部门设置实际情况逐步科学化、精细化；在任职资格评定方面，应打通检察机关与外部律师资格、司法考试等任职资格互认，借助法律专业人才社会评价系统，实现机关内部分类管理标准与社会人才评价标准的一致性和互通性；在职务套转方面，应本着实现司法检察人员管理规范化、专业化和职业化的发展目标，既按规定标准条件进行检察官、检察辅助人员套转归类，又要在保持司法检察队伍基本稳定前提下，充分调动各类人员积极性，不断优化人职匹配度，对符合标准条件人员允许适度跨类交流，建立各类检察人员整体性分类管理体系。在检察官实行独立职务序列、与领导职务以及综合管理类、行政执法类、专业技术类公务员

---

① 郝玉明：《推行公务员分类管理的做法与经验借鉴——基于深圳市公务员分类改革的分析》，载《中国党政干部论坛》2016年第9期。

职级层次不一一对应情况下，需要妥善研究处理检察官队伍的"进"与"出"管理，构建顺畅有序的转任交流机制，避免形成检察官队伍"孤岛"以及由此引发的管理问题。

（三）构建完善基于职位分类的检察人员系统性管理制度

实施检察人员基于职位的分类管理，是检察机关公务员管理的一项系统性、基础性改革。分类后将会带来整个检察人员管理体系的变革，需要构建基于职位分类的一系列配套管理制度体系。一是构建基于职位分类管理的考录、考核、薪酬、培训、奖惩、辞职辞退等"进、管、出"的"一揽子"检察人员管理制度；二是探索建立与分类管理配套的薪酬制度体系，包括对现有的工资制度体系进行分类细化、结合各类检察人员不同职系和职位特点制定相应的业绩评定办法、岗位津贴补贴办法以及绩效考核奖励办法等。这些系统性配套措施，既是为实现检察人员分类管理运行机制提供保障，也是改进和加强检察人员队伍建设激励约束机制的内在要求。

（四）进一步强化检察人员分类管理外部保障

在党的统一领导下，实行职位分类管理作为公务员管理的一项重要的基础性制度，在整个干部人事制度改革中处于重要地位，也在社会主义政治制度体系中与组织人事系统内外部相关制度具有密切关联。人员分类管理需要和机构编制、工资制度、财政预算以及社会保障等各项管理制度协同推进，并需要各项相关制度提供支撑保障。

就检察人员分类管理来看，一是需要机构编制主管部门在"三定方案"上给予前置性架构调整确定，在此基础上方可确定机构和部门职能以及职位体系设置，接着开展职位分类等一系列分类改革；二是需要工资政策提供分类后的配套支持，检察人员类别划分后，应匹配相应的、有所区分的薪酬福利待遇，尤其要体现对检察官司法检察责任重要性和高强度超负荷案件审理工作量的适度回报，也要兼顾检察辅助人员以及行政人员业绩评价后给予适度奖励；三是需要财政主管部门适度增加预算保障，划分职位类别后，公务员管理实现精细化和专业化，管理分工更加清晰和细化，应适度兼顾公务员编制和公务员队伍规模的弹性调整，并相应配给公共部门人员经费保障；四是需要人力资源保障部门根据分类后的管理需要研究制定相应的人员保障政策，提高司法检察人员职业安全保障等。

总之，深化推进检察人员分类管理，既要纳入公务员制度、干部人事制度改革体系，与公务员分类管理同步推进，又要紧密结合社会主义现代化建设对司法检察和司法体制改革的需要，始终坚持实行科学管理和职位分类的基本方向，不断提高各级各类司法检察人员对分类管理改革的思想认识，深化理论研究，完善制度设计，不断提高检察人员分类管理的规范化、科学化水平。

建设堪当新时代检察工作重任的高素质检察队伍

王懂棋　吴　昊*

习近平总书记强调，要"以政法工作现代化支撑和服务中国式现代化，为全面推进强国建设、民族复兴伟业提供坚强安全保障"。①检察工作是党和国家工作的重要组成部分，也是中国式现代化、政法工作现代化的重中之重。政治路线确定之后，干部就是决定因素。检察队伍的素质如何，直接影响和制约着中国式现代化、政法工作现代化的进程。以高质效检察工作维护国家安全和社会稳定、促进社会公平正义、服务保障高质量发展，离不开一支忠诚干净担当的高素质专业化检察队伍。

党的十八大以来，习近平总书记从坚持和加强党的全面领导，全面依法治国，全面建设社会主义现代化国家、全面推进中华民族伟大复兴等方面，对建设高素质干部队伍作出了一系列原创性论述。习近平总书记强调，"全面建设社会主义现代化国家，全面推进中华民族伟大复兴，关键在党，关键在人"。②"关键在人，就要建设一支宏大的高素质干部队伍。"③习近平总书记就政法队伍建设作出重要指示强调，新形势下，政法

---

* 王懂棋，中共中央党校（国家行政学院）教授、博士生导师；吴昊，中共中央党校（国家行政学院）博士研究生。

① 《习近平对政法工作作出重要指示强调　坚持党的绝对领导忠诚履职担当作为　为全面推进强国建设民族复兴伟业提供坚强安全保障》，载《人民日报》2024年1月15日，第1版。

② 《习近平对党的建设和组织工作作出重要指示强调　深刻领会党中央关于党的建设的重要思想　不断提高组织工作质量》，载《人民日报》2023年6月30日，第1版。

③ 《习近平著作选读》（第一卷），人民出版社2023年版，第129页。

队伍肩负的任务更重，人民群众要求更高。要坚持把思想政治建设摆在第一位，按照政治过硬、业务过硬、责任过硬、纪律过硬、作风过硬的要求，锐意改革创新，加强正规化、专业化、职业化建设，努力建设一支信念坚定、执法为民、敢于担当、清正廉洁的政法队伍。要把能力建设作为一项重要任务，全面提高政法干警职业素养和专业水平。要坚持从严治警不动摇，努力营造风清气正、干事创业的良好生态。①

一、新时代建设高素质检察队伍的重要性

世界之变、时代之变、历史之变正以前所未有的方式展开，全面深化改革涵盖领域的广泛性、触及利益格局调整的深刻性、涉及矛盾和问题的尖锐性、突破体制机制障碍的艰巨性、进行伟大斗争形势的复杂性，都是世所罕见的。解决好这些问题，关键在人。习近平总书记在党的二十大报告中指出："全面建设社会主义现代化国家，必须有一支政治过硬、适应新时代要求、具备领导现代化建设能力的干部队伍。"

建设高素质干部队伍是马克思主义政党的必然要求，也是中国共产党从革命、建设到改革始终强调的重中之重。马克思和恩格斯在《共产党宣言》中曾深刻指出高素质的内容和重要性。"在实践方面，共产党人是世界各国工人政党中最坚决的、始终鼓舞大家前进的一部分；在理论方面，他们比其余的无产阶级群众更善于了解工人运动的条件、进程和一般结果。"②1938年10月，在党的六届六中全会上，毛泽东同志高瞻远瞩地提出了"才德兼备"的干部标准，他指出："中国共产党是在一个几万万人的大民族中领导伟大革命斗争的党，没有多数才德兼备的领导干部，是不能完成其历史任务的。"③1940年11月，党内负责干部工作的

---

① 《习近平就政法队伍建设作出重要指示强调　坚持把思想政治建设摆在第一位　努力建设信念坚定执法为民敢于担当清正廉洁的政法队伍》，载《人民日报》2016年4月26日，第1版。
② 中共中央马克思、恩格斯、列宁、斯大林著作编译局编：《马克思恩格斯全集》（第四卷），人民出版社1958年版，第479页。
③ 《毛泽东选集》（第二卷），人民出版社1991年版，第526页。

陈云同志在《关于干部工作的若干问题》中论及"挑选干部的标准"时，明确提出"用干部的标准，概括起来有二：政治，能力。两者不能缺一，以政治为主"。① 习近平总书记强调，"我们党之所以能够始终保持强大的创造力、凝聚力、战斗力，成为革命、建设、改革事业发展的中流砥柱，团结带领人民战胜各种艰难险阻、取得一个又一个胜利，一个十分重要的原因就在于高度重视培养造就能够担当重任的干部队伍"。② 正是看到高素质干部队伍与实践的紧密联系，中国共产党历来就把建设高素质干部队伍作为组织工作的先导性、基础性、战略性工程。在艰苦的革命斗争时期，中国共产党先后创办了湖南自修大学、安源党校、农民运动讲习所、上海大学等众多学校，延安时期创办了中央党校、中国人民抗日红军大学、陕北公学等各级干部学校。新中国成立后，全国省市以上的党校得到恢复、组建，各级党校和省市委党校的教学任务不断扩大，党校体系初步形成。为了培养财经、政法等方面的干部人才，建立了新中国创办的第一所大学——中国人民大学。此后，又陆续建立了各种专业性培养机构，如1985年成立全国法院干部业余法律大学、1988年成立中国高级法官培训中心、1989年创办中国高级检察官培训中心。中国共产党干部队伍建设的百年历程和深刻经验揭示，建设高素质干部队伍是坚持和加强党的全面领导，坚持和发展中国特色社会主义，实现中华民族伟大复兴的坚强组织保证。

从检察机关工作环境和职责使命看，当前，面对国内国际两个大局，改革发展任务更为繁重，各种矛盾风险挑战的源和点相互交织、相互作用，检察机关担负着促进公平正义、保障社会稳定、维护国家安全的特殊使命，检察工作在整个国家治理中的作用与地位凸显。因此，检察工作必须与时俱进，同中国式现代化进程相适应。一方面，随着经济社会快速转型发展，矛盾纠纷不断增多且形式内容日益多样化、复杂化、疑

---

① 《陈云文选》（第一卷），人民出版社1995年版，第213页。
② 习近平：《努力造就一支忠诚干净担当的高素质干部队伍》，载《求是》2019年第2期。

难化,维护国家和公共利益的需求持续强化,检察工作如果不能适应新变化,有效定分止争、化解矛盾,促进公平正义,矛盾风险就会累积、传导乃至扩散,极大威胁社会和谐稳定。进一步看,检察机关作为国家与社会治理强有力的组织,在社会事务的各个方面的深度介入,不再拘泥于诉讼单一领域,而是积极参与公共治理活动。如我国作为全球第二大经济体、第一大贸易国、第二大外资流入国,人员、资金、商品跨界流动愈加频繁,这必然要求营造公平有序的良好营商环境,供给高水平的检察服务保障。除此之外,在保障创新驱动发展、维护金融市场安全、推动网络空间依法治理、服务乡村全面振兴、强化生态历史文化遗产司法保护、保护特定群体合法权益、履行反腐败检察职责、推进社会治理等领域,同样需要检察机关在立足主责主业的同时,开展深度扩展性工作,更有力地主动回应国家社会对发展与安全日益提高的要求。并且,在互联网、大数据、人工智能、区块链等技术加速创新,数字社会快速发展的时代背景下,调查取证、审查逮捕、审查起诉、案件管理等办案方法手段也需要更新优化,着力提升工作效率和效能。另一方面,科技革命浪潮下,传统地域性活动在全球化进程中"脱嵌"为"世界历史",各国互联互通新格局已经成形,我国"一带一路"建设和高水平对外开放纵深推进,随之而来的是,我国主权、安全、发展利益面临的风险挑战也越来越多、越来越大。习近平总书记在主持二十届中央政治局第十次集体学习时强调:"要从更好统筹国内国际两个大局、更好统筹发展和安全的高度,深刻认识做好涉外法治工作的重要性和紧迫性,建设同高质量发展、高水平开放要求相适应的涉外法治体系和能力,为中国式现代化行稳致远营造有利法治条件和外部环境。"[1]比如,跨国跨境毒品、腐败、电信网络诈骗、偷运人口、赌博和洗钱等犯罪呈持续增长态势,安全领域威胁层出不穷,对国际司法合作的需求大幅上升,尤其在对跨国犯罪进行追诉与法律监督以及和各方交流方面都需要积极寻求对外协助

---

[1] 《习近平在中共中央政治局第十次集体学习时强调 加强涉外法制建设 营造有利法治条件和外部环境》,载《人民日报》2023年11月29日,第1版。

与配合。我国"走出去"企业海外投资规模持续扩大，涉外案件、矛盾纠纷数量也随之不断攀升，一些国家违反国际法和国际关系基本准则，以各种借口对我国海外公民和企业采取歧视性限制措施，采取贸易、税收、监管、制裁等法律手段进行无理遏制打压，打着"法治"的幌子行保护主义、霸权主义之实，严重破坏全球产业链、供应链、价值链安全稳定。为有力有效反制，维护我国安全和发展利益，越来越需要强化涉外检察工作支撑。

新时代新征程，检察工作面临新形势、新要求，检察队伍必须转变工作理念，加强专业素能建设，优化工作方式，提供更多优质实在可靠的法治服务公共产品，回应中国式现代化建设进程中法治工作提出的新问题新要求，创造更高水平的公平正义，以习近平法治思想的检察实践支撑和服务中国式现代化。

二、高素质检察队伍的基本内涵和特质

对高素质的概念进行界定，需要从普遍性、特殊性和个体性三个环节加以考虑。一方面，我们需要立足中国共产党自身的历史，立足科学社会主义发展史，从共产党人承担的历史任务、历史使命中理解高素质干部队伍。另一方面，我们需要从中国与世界的关系，从社会主义与资本主义体系的较量和人类文明发展中深入理解高素质干部队伍。简要概之，中国共产党强调的高素质表现为政治性、主体性、专业化的统一。[①]

（一）政治性

所谓政治性，是指政治主体在政治活动过程中通过权力以实现主体的某种权力与利益的特性，是对政治主体的宗旨目标、价值取向、使命任务的根本定位。政治性区别于业务性、事务性、技术性等，强调的是政治理性、政治价值，突出方向、目标、任务追求。列宁明确从阶级的

---

① 王懂棋：《新时代高素质干部队伍建设的难点与路径》，载《理论视野》2023年第11期。

角度对政治的内涵进行了阐述。"如何理解政治呢？要是用旧观点来理解政治，就要犯很大的严重的错误。政治就是各阶级之间的斗争，政治就是无产阶级争取解放而与世界资产阶级进行斗争的关系。"① 中国共产党是一个有着崇高政治理想、鲜明政治立场的马克思主义政党。中国共产党在推进中国历史变革的政治进程中应运而生，在实现人民幸福和民族复兴的政治追求中发展壮大，讲政治是其本质特征和根本要求，也是高素质干部队伍的第一要素。苏共亡党亡国、东欧剧变的历史悲剧深刻表明，社会主义国家如果不能从政治上看问题，选拔培养出对马克思主义具有坚定信仰，对人民大众具有朴素情怀，严守政治纪律、政治规矩的执政骨干队伍，是注定要丧失领导地位和执政权力，最终难逃变色变质的厄运。

习近平总书记指出，"法治工作是政治性很强的业务工作，也是业务性很强的政治工作"。② "党的领导是中国特色社会主义法治之魂，是我们的法治同西方资本主义国家的法治最大的区别。"③ 人民检察队伍是党领导下的进行社会变革和国家治理，帮助党赢得和凝聚民心支持，维护社会和谐稳定和国家安全的重要组织力量。这一定位决定了检察队伍鲜明的政治属性。政治建设是检察队伍建设的根和魂，立足点是保持和增强政治性。如果脱离政治性，就会丧失根本、迷失方向。新时代，建设高素质检察队伍，既要从政治上着眼，旗帜鲜明讲政治，坚定拥护"两个确立"、坚决做到"两个维护"；又要在法治上着力，全面履行检察职能，坚定捍卫"两个确立"、忠诚践行"两个维护"。

（二）主体性

作为哲学上的核心概念之一，笛卡尔、霍布斯、康德、黑格尔、费尔巴哈等西方哲学家对主体—主体性的概念有丰富的论述，笛卡尔将人的心灵、自我意识看作主体；康德认为主体是理性但有限的存在；黑格尔

---

① 《列宁选集》（第4卷），人民出版社2012年版，第308页。
② 习近平：《论坚持全面依法治国》，中央文献出版社2020年版，第235页。
③ 中共中央文献研究室编：《习近平关于全面依法治国论述摘编》，中央文献出版社2015年版，第35页。

强调了主体与精神的辩证关系，认为主体是个人意识、绝对精神的体现，也是时代精神的产物。针对西方近代形而上学往往将主体性等同于"意识的内在性"，将主体性看作一种存在于意识内部的封闭静态的存在，倾向于将主体的实现过程归结为自我意识先验的外化设定，因而无法完全把握现实世界的真实面貌的局限，马克思、恩格斯对主体—主体性的论述实现了对以往思想的批判与超越，他们对主体性的理解脱离了自我意识哲学的范畴，从主观回归客观。马克思、恩格斯特别强调了人的生产实践，他们认为，主体的自我意识是其成为真正主体的关键。主体性不是抽象地存在于意识或精神之中，是通过其社会实践活动来塑造自己及其世界的。①

正是从人的主体性出发，中国共产党高素质干部队伍建设的理论逻辑就是将人从自然关系盲目性和社会关系的奴役性中解放出来，防止人陷入异化和物化的窠臼之中，同时在人类社会具体的、历史的生产生活活动中自我完善和自我超越，不断摆脱各种必然性的限制和支配，不断推动新的历史规定取代旧的历史规定，最终实现从"必然王国"到"自由王国"飞跃的崇高使命。而实践样态则表现为高素质干部队伍建设始终坚定共产主义远大理想和中国特色社会主义共同理想，坚持以人民为中心，立足人类文明新形态，积极探索一条促进人与物、人与政治、人与人自身、人与社会、人与自然等关系的协调发展的道路，始终做到根植人民，始终坚持以人民为中心，不断进行自我净化、自我完善、自我革新、自我提高，以干部队伍的政治判断力、政治领悟力、政治执行力引领专业能力和水平，推动主体意识的自觉、自省、自为。

（三）专业化

高素质内含专业化是马克思主义政党的重要特点。马克思、恩格斯在《共产党宣言》中指出："共产党人为着工人阶级的最近目的和利益而

---

① 赵虎：《马克思主义如何理解"主体性"》，载《学习时报》2024年4月22日，第A2版。

奋斗，但是他们在当前的运动中同时还坚持着运动的未来。"① 也就是说，马克思主义政党既关注工人阶级眼前的目的和利益，也关注长远的幸福和价值；既注重把握当下的历史，又始终坚持运动的、未来的历史。马克思主义政党贯通现实和未来，把握目的和价值的突出特性，必然要求党的干部队伍具备专业的素质、专业的知识和本领，实现党的初心使命。习近平总书记强调，"无论是分析形势还是作出决策，无论是破解发展难题还是解决涉及群众利益的问题，都需要专业思维、专业素养、专业方法"。②"要坚持干什么学什么、缺什么补什么，经济、政治、历史、文化、社会、生态、科技、军事、外交等方面的知识要结合工作需要来学习，用各种科学知识把自己更好武装起来，不断提高自己的知识化、专业化水平，努力使自己真正成为行家里手、内行领导，把工作做得更好、更加符合规律。"③

从社会转型发展形势来看，发展领域不断拓宽、知识结构深度更新、分工日趋复杂精细化、行业形态更加高级、内外联动更加紧密，在推动发展中出现的"陌生领域""疑难问题"越来越多，以往的知识、经验、方法未必适用，如果没有相应的知识更新和技能储备，简单依靠常规的工作经验和方法开展工作，就难以解决产生的新问题。因此，新时代新征程对干部队伍的能力和水平提出了更高要求，需要努力克服"本领恐慌""知识恐慌""专业恐慌"的局面。新时代背景下，中国共产党领导下的专业化不能简单等同于西方的专业化发展逻辑，要正确理解和处理好政治与专业的关系、精专和兼通的关系、知识和能力的关系、理论和实践的关系。④

---

① 中共中央马克思、恩格斯、列宁、斯大林著作编译局编：《马克思恩格斯全集》（第四卷），人民出版社1958年版，第502页。
② 习近平：《论坚持党对一切工作的领导》，中央文献出版社2019年版，第103页。
③ 中共中央党史和文献研究院、中央"不忘初心、牢记使命"主题教育领导小组办公室编：《习近平关于"不忘初心、牢记使命"论述摘编》，党建读物出版社、中央文献出版社2019年版，第214—215页。
④ 高智雄：《正确处理好干部专业化领域的几个关系》，载《学习时报》2022年3月28日，第A2版。

总的来看，高素质是一个动态的、历史的概念，不同时空有不同的表现，不同对象也有不同的概括。与此同时，高素质又是一个相对稳定的概念，它的本质具有一贯性。2013年6月28日，习近平总书记在全国组织工作会议上提出好干部要做到"信念坚定、为民服务、勤政务实、敢于担当、清正廉洁"的二十字好干部标准。之后，习近平总书记又强调政法队伍要做到"三个必须"、立法执法司法干部要做到"五个过硬"和"四个忠于"等标准和要求。简要概之，综观检察队伍发展建设史，可以把高素质检察队伍的特质概括为信念坚定、司法为民、敢于担当、清正廉洁，这是政治性、主体性、专业化的有机统一。

三、建设高素质检察队伍的现状和挑战

党的十八大以来，各级检察机关坚持全面从严治检，以政治建设为统领，加强专业素能建设，努力建设忠诚干净担当的检察队伍，检察队伍向心力、凝聚力、战斗力、执行力不断得到加强。在中国式现代化建设新征程上，人民群众在民主、法治、公平、正义、安全、环境等方面有了内涵更丰富、标准更高的要求。但检察队伍存在的一些深层次问题，制约了检察队伍履职尽责。如何坚持以人民为中心，增强检察队伍专业素能，提供更多优质法治产品、检察产品，更好满足人民日益增长的美好生活需要，这是当前检察机关亟待破解的课题。

（一）队伍素质结构需要调整优化

从总体上看，一是省市县三级检察机关领导班子年龄结构偏大、专业化程度有待进一步提升。以东部S省调查数据为例，全省检察机关班子成员平均年龄为50.45岁，50岁以上占比66.45%。二是队伍梯次结构不明显，一些地区市县级院班子成员年龄结构老化现象比较突出，年龄梯次比例失调，出现了干部断层，后续力量不足现象。S省只有极少数市级院配备了40岁左右的班子副职，不到20%的基层院配备了35岁左右的班子副职。三是从知识、专业结构看，部分检察院班子成员学历特别是第一学历偏低、知识结构不合理、法律专业性不强等问题较为突出。S

省检察机关班子成员中具有全日制本科及以上学历的仅占40.05%，全日制法学本科的领导班子成员占比仅为26.85%。四是一线办案队伍配置比例低、办案压力较大。由于司法制度改革影响，一方面，员额检察官基本控制在总编制数的39%左右，检察官人数相较于改革之前大幅度缩减；另一方面，检察机关领导成员占据较多员额指标而实际承担办案量又比较少，使得真正处于办案一线的检察官数量减少且相对承担更多的案件量。同时，司法行政人员数量被严格限制在25%比例以下，配比偏少，但近年来检察机关政治与行政方面的事务性工作需要大量增加，导致增加临聘人员或通过占用挤压检察官、检察技术人员等其他人员时间来完成。五是基层检察队伍力量相对薄弱，与现实办案需求之间的张力较大。司法制度改革后，司法系统"入口关"收紧提高，高学历法学人才留在基层服务意愿不强，而省、市级检察机关检察官到基层任职也存在诸多挑战。六是后备人才储备不足，由于检察官入额的周期长、难度大，相当一部分司法从业人员对于检察官职业的热情淡化，有的甚至离开检察系统，导致后备人才储备不足。

（二）全面从严治检需要纵深推进

党的十八大以来，全国各级检察机关深化全面从严治检，检察机关党风廉政建设取得了显著进展。但是，仍有少数检察人员无视法律和纪律规定，执法犯法，以案谋私，以案谋钱，严重损害检察机关形象，影响恶劣，教训深刻。当前，检察权运行制约监督机制尚待完善，司法不公、司法腐败问题仍有发生，检察系统腐败问题滋生的土壤和条件尚未根除，全国检察机关党风廉政建设和自身反腐败工作形势依然严峻复杂。

（三）制度机制改革需要持续发力

一是上级院干部协管作用发挥不足。"双重管理"赋予了上级院对下级院领导班子的协管职责，《干部双重管理工作规定（试行）》对上级院干部协管范围、程序等进行了明确，协管工作有了较大的提升。但实践工作中，还不同程度存在"不敢管""不会管""管不好"等问题，协管责任落实不到位。如仍存在对平级交流到检察机关任班子成员的干部协管作用发挥不充分、上级院对协管对象了解不够深入全面等问题，导致实际上难以有效地对基层院的领导干部进行管理。二是任职交流渠道还需进一步拓宽。检察机关任职固化、难进难出问题仍一定程度存在，检察干部在系统内外、上下交流面临一些现实困难，"引进来"人选范围较小，干部"走出去"的意愿不强。一方面，由于检察官任职门槛高，对人选的学历层次、职业资格、法律工作经历等提出更严要求，符合任职条件人员范围变窄，交流入口变小，可供综合比选的余地进一步紧缩，从系统外"引进来"的难度加大。另一方面，由于检察官实行单独职务序列，转任到其他党政机关后，其行政职级受新单位职级职数限制，与原检察官等级及待遇存在较大差距，干部交流到系统外的意愿明显下降。三是同其他系统部门间的对接受到体制壁垒阻碍，协调成本大，政策衔接不畅。如在推动实现各级院党组副书记应配尽配、落实级别待遇方面，与党委组织部门政策间沟通协调难度大。四是激励约束不够充分，检察队伍激励渠道不足，激励措施往往单一，效果较弱。如虽然检察官晋升实施单独职务序列，但受考核要求和人数限制影响，四级高级检察官以上级别的检察官选升困难，且晋升时主要还是参考其行政级别，因此机关领导占据了多数晋升名额，这就导致许多一线检察官升任到一定级别后，面临"天花板"效应。因此，导致职级晋升对业务激励作用不足，一定程度上影响了干事创业的动力活力，且容易滋生懈怠情绪，工作上容易出现求平保稳的倾向。①

四、建设高素质检察队伍的实践路径

为政之要，惟在用人。强国建设、民族复兴关键在育人用人。各级检察机关要贯彻落实新时代党的组织路线，坚持新时代好干部标准，准确分析把握检察队伍建设的特点和规律，一体推进好理论武装、选贤任

---

① 龙宗智、吕川：《检察机关人员分类管理的问题、矛盾与应对》，载《国家检察官学院学报》2022年第4期。

能、育才聚才、严管厚爱、强基固本各项工作，与时俱进提升检察人员政治素质、业务素质、职业道德素质，以高质量检察队伍建设，为推进新时代检察工作高质量发展提供坚强组织保证和人才支撑。

（一）内外兼修，着力培养高素质专业化检察队伍

建设高素质专业化检察队伍，一是靠个人努力；二是靠组织培养。从个人自身来讲，个人必须努力，这是干部成长的内因，也是决定性因素。在党的十九大报告中，习近平总书记提出要增强学习本领、政治领导本领、改革创新本领、科学发展本领、依法执政本领、群众工作本领、狠抓落实本领、驾驭风险本领八个方面要求。在党的二十大报告中，习近平总书记进一步强调要增强干部推动高质量发展本领、服务群众本领、防范化解风险本领。加强干部斗争精神和斗争本领养成，着力增强防风险、迎挑战、抗打压能力，带头担当作为，做到平常时候看得出来、关键时刻站得出来、危难关头豁得出来。习近平总书记指出，"干部成长无捷径可走，经风雨、见世面才能壮筋骨、长才干。要做起而行之的行动者、不做坐而论道的清谈客，当攻坚克难的奋斗者、不当怕见风雨的泥菩萨，在摸爬滚打中增长才干，在层层历练中积累经验"。①

从组织层面来讲，一是构建科学有效的选人用人识别机制，严把"入口关"；二是加强检察队伍能力素质的针对性培训，克服本领恐慌、能力恐慌，解决不会为的问题。三是更好满足专业化的需求，实现组织需求、岗位需求、专业需要、干部自身需求的内在统一。具体来看，一是始终把政治建设放在首位，突出政治忠诚、政治定力、政治担当、政治能力、政治自律五个方面的培养，完善经常性思想政治教育机制。二是持续开展专业能力建设，通过强化法治思想引领，提升专业培训的质效，健全多渠道、多层次、上下联动的岗位实践锻炼，培养过硬业务素

---

① 中共中央党史和文献研究院、中央"不忘初心、牢记使命"主题教育领导小组办公室编：《习近平关于"不忘初心、牢记使命"论述摘编》，党建读物出版社、中央文献出版社2019年版，第244—245页。

能。三是完善队伍管理。领导干部是"关键少数",要选优配强领导班子,优化班子结构,实现年龄梯次、专业优势、来源渠道的合理配备。要按照专业分类,分层培养其他干部。通过优化检察官与检察官助理管理,推动员额能进能出。要重视司法行政人员、检察技术人员、司法干警、聘用制人员的发展与规范使用。四是以人才队伍建设为支撑,重视人才"第一资源",围绕国家区域重大战略实施,精准引进民事、行政、知识产权、金融证券、网络信息、数字技术、职务犯罪侦查等各类检察工作急需的专业人才,要完善检察人才评价体系,科学使用人才。

(二)严管厚爱,把高素质专业化检察队伍用起来

"坚持严管和厚爱结合、激励和约束并重"是干部队伍建设的重要原则。习近平总书记指出,"好干部是选出来的,更是管出来的。严管就是厚爱,是对干部真正负责。要坚持从严教育、从严管理、从严监督,把从严管理干部贯彻落实到干部队伍建设全过程"。[①] 要坚持严管厚爱相结合,落实"三个区分开来",完善干部担当作为激励和保护机制,形成能者上、优者奖、庸者下、劣者汰的良好局面。

一是始终坚持自我革命,全面从严管党治检,抓实内部监管,严格正风肃纪。人民检察院是法治机关,是国家监督体系的重要组成部分,在推进全面依法治国、建设社会主义法治国家中发挥着重要作用。党的十八大以来,检察队伍主流是好的,但仍然有一些检察人员不忠、不公、不廉、不为,违纪违法人数占比始终比较高,严重影响司法公正形象,反映检察机关党风廉政建设形势依然严峻。要认真落实党风廉政建设责任制、巡视巡察、经济责任审计、重大事项请示报告、"一报告两评议"、防止干预司法"三个规定"记录报告、任职回避等制度,健全从严管理监督检察队伍的制度体系。对不担当、不作为、乱作为或不能胜任的领导干部,及时清理调整。要从严监督办案,落实案件评查、错案责任追

---

① 中共中央文献研究室编:《习近平关于力戒形式主义官僚主义重要论述选编》,中央文献出版社2020年版,第112页。

究和惩戒制度，健全、落实冤错案件纠正、司法责任追究机制，建立健全检察人员涉嫌违反检察职责线索移送和责任追究程序启动机制，依纪依规依法严肃追究违法办案责任，以追责问责倒逼责任落实，用清白之人掌公器、促公正、伸公义。要把法治与纪律教育管理严在日常、抓在经常，通过警示教育等方式，充分运用"身边人""身边事"，有针对性地开展警示教育。

二是重视调动检察队伍的主动性，激发担当的活力。主体性是高素质干部队伍建设的逻辑起点，也是"人事相宜""人岗相适"中的关键所在。要满足干部主体的物质需要。干部是社会环境中的具体的、现实的人，要建立与他所在地域、所从事岗位的相对匹配的薪酬体系，不能以讲政治的名义忽视干部的物质需要，更不能把干部谈物质利益、谈生活压力误解为对党不忠诚。要重视对干部主体放权赋能。改革开放的成功实践充分证明，有效授权、岗位自主性可以极大地调动社会积极性、激发社会活力。[1] 具体来看，就要加强检察队伍职业保障建设，激励检察人员担当作为。如落实省以下检察院检察官员额动态调整制度，推进员额统筹配置、能进能出、动态调整；健全考核机制，科学评价检察人员业绩，切实解决干与不干、干多干少、干好干坏一个样的问题，强化结果运用，使敢于担当、奋发有为的好干部得到褒奖和鼓励，使慢作为、不作为、乱作为的干部受到警醒和惩戒。要健全职业保障，拓宽晋升渠道，畅通职业发展通道，完善落实定期体检、带薪休假、健康疗养、荣誉表彰、安全保障等制度。要积极联络协调其他条块部门，建立沟通机制，争取相关政策支持。

三是高度重视基层检察队伍建设。基层检察机关直面司法一线，既是提供法治产品、为民服务的最前沿，也是检察力量的最薄弱环节、最突出短板，检察队伍出现的问题也大多发生在基层。要树立大抓基层的鲜明导向，把加强基层检察队伍建设作为检察事业长远发展的固本之策。

---

[1] 王懂棋：《新时代高素质干部队伍建设的难点与路径》，载《理论视野》2023年第11期。

数据显示，截至2023年，50人以下的检察院占比62%，30人以下的检察院占比21%。针对"小队伍"与"大业务"之间的现实张力，要加强对基层队伍的政策倾斜，在业务培训、人才引进、资源分配等方面给予重点支持，持续选派基层优秀业务骨干到上级检察机关挂职和上级检察机关专家能手到基层交流挂职，持续健全完善领导干部挂点联系、政工部门牵头统筹、业务部门对口指导、院与院之间结对共建等机制，有效解决基层检察队伍实际困难。

第二部分

党的政治建设

以革命化正规化专业化职业化为方向
不断提升新时代检察队伍建设水平

朱建华*

党的十八大以来，以习近平同志为核心的党中央在推进全面依法治国、建设中国特色社会主义法治体系、建设社会主义法治国家新的伟大实践中，创造性地发展了中国特色社会主义法治理论，创立了习近平法治思想。其中关于政法队伍建设，明确提出"五个过硬""四个忠于""四个铁一般""信念坚定、执法为民、敢于担当、清正廉洁"等重大要求，构成了习近平法治思想关于政法队伍建设的核心内容，为新时代加强政法队伍、检察队伍建设提供了根本遵循。江苏检察机关深入学习贯彻习近平法治思想和习近平总书记对政法工作、检察工作、江苏工作的重要讲话和重要指示精神，以革命化、正规化、专业化、职业化为方向，一体推进思想政治、领导班子、干部人才、纪律作风建设，为新时代江苏检察工作走在前、做示范提供坚强人才支撑和组织保障。

一、深刻领悟"以党的政治建设为统领"重大论断，坚持把政治建设作为推进检察队伍建设的首要任务

政治工作是党的建设的重要途径和抓手，是党的优良传统和突出政治优势，也是检察队伍高质量发展的重要保障。检察机关是国家法律监督机关，检察队伍履行着维护国家安全、确保社会稳定、促进公平正义、保障安居乐业的职责任务，对党忠诚是检察队伍与生俱来的红色基

---

* 朱建华，江苏省人民检察院党组成员、政治部主任。

因和政治本色。检察机关政治建设的首要任务就是在立根固本上下功夫，坚持把政治标准作为第一标准，确保队伍在政治上信得过、靠得住、能放心。

（一）始终坚持党的领导

"政法姓党"是政法机关永远不变的根和魂，检察机关作为党绝对领导下的法律监督机关，是党和人民手中的"刀把子"，讲政治是第一位的要求，必须始终牢记检察姓"党"。90多年人民检察制度的发展历程充分证明，作为世界独一无二的中国检察制度，之所以一路走来、逐步成熟定型，最根本的就是坚持党对检察工作的绝对领导，这是检察工作的最高原则、最大优势。检察机关要始终把党的绝对领导贯彻到检察工作和队伍建设全过程、各方面，健全完善贯彻落实习近平总书记重要指示批示精神和党中央决策部署的工作机制，严格落实《中国共产党政法工作条例》和重大事项请示报告制度，以实际行动坚决拥护"两个确立"、坚决做到"两个维护"，不断擦亮新时代新征程检察机关的鲜明政治底色。要着力推进政治机关建设，牢牢抓住检察机关政治属性，形式多样开展政治理论教育，使党员干部在潜移默化中接受党的教育、拥护党的领导，不断增强政治机关意识、党员意识，努力打造具有特色亮点的机关党建文化品牌。

（二）深入加强理论武装

回顾党的百年奋斗历程，我们党始终高度重视理论学习、高度重视理论武装，每逢重大历史关头，都用党的创新理论武装全党，每次党内集中教育也都把理论学习作为首要任务并贯穿始终。检察人员履行法律监督职能，不仅需要掌握全面的法律专业知识，也需要具备较强的政治判断力、政治领悟力、政治执行力。如果没有厚实的政治理论素养，缺乏扎实的政治历练，就有迷失方向、背离无产阶级革命立场的危险。检察机关要做到从政治上着眼、在法治上着力，必须严格落实"第一议题"制度，第一时间传达学习习近平总书记重要讲话和重要指示精神，健全落实传达学习、任务分工、跟踪问效、定期报告、监督问责的全链条工作机制。要认真落实党委（党组）理论学习中心组学习规则，常态化组织领导干部政治轮训，紧跟党中央决策部署，周密制订学习培训计划，充分开展学习研讨，促进"关键少数"先学一步、深学一层。要用党的创新理论武装青年干部头脑，形式多样组织交流研讨，厚植青年检察干部思想根基，教育引导自觉做习近平法治思想的坚定信仰者和忠实践行者。

（三）着力抓好思想教育

无论是延安时期力行整风运动、改革开放初期开展全面整党，还是20世纪90年代的"三讲"教育，抑或21世纪以来深入学习实践科学发展观活动，一代代中国共产党人在学习教育中不断提高理论水平和实践能力。开展思想教育，接受思想洗礼，是共产党人的必修课，更是开展党内集中教育的题中之义。检察机关要紧跟党中央统一部署，紧密结合检察机关实际，突出检察特色，细化落实每次重大主题教育举措，推动检察队伍风清气正、充满活力，促进检察人员理想信念更加坚定、宗旨意识更加牢固、自我要求更加严格。要不断完善检察机关经常性思想政治教育机制，与时俱进创新做好思想政治工作，教育引导检察人员在接受教育中感悟思想伟力、践行对党忠诚、凝聚奋进力量、指导履职实践。

二、深刻领悟"抓住领导干部这个'关键少数'"重要论述，坚持把领导班子建设作为推进检察队伍建设的重要抓手

党的十八大以来，习近平总书记就加强和改进领导班子建设发表了一系列重要论述，反复强调要坚持抓住领导干部这个"关键少数"，为我们加强领导班子建设指明了前进方向、提供了根本遵循。检察机关要主动担当、积极作为，以有力举措推动加强领导班子建设，为依法忠实履行法律监督职责提供重要保证。

（一）着力选优配强

检察机关领导班子"双重管理"赋予了检察机关协管职责，要协同

落实《全国党政领导班子建设规划纲要（2024—2028年）》，着眼检察事业长远发展，注重系统谋划，以选优配强一把手检察长为重点，充分发挥协管职能，主动沟通协调，进一步优化设区市院检察长结构。要加强对下指导，引导设区市院突出政治标准，坚持德才兼备的选人用人导向，将对党忠诚、严守党的政治纪律和政治规矩、领导能力丰富、业务精湛、善于运用法治思维和法治方式推动检察工作的优秀干部选拔到班子成员岗位上来。要突出专业化选配，注重差异化、互补性选配，统筹考虑班子成员的年龄、经历、专业等因素，通过不断调整优化，使班子形成合理的年龄梯次、覆盖"四大检察"业务的专业结构，确保结构更优、功能更强。

（二）激励担当作为

新时代新征程，党中央赋予检察机关法律监督更重的政治责任、法治责任、检察责任，领导干部必须担当作为，坚决扛起职责使命。随着全面依法治国方略的深入推进，检察机关"四大检察"格局不断巩固深化，服务经济社会高质量发展、推动检察工作高质量发展，都需要更好发挥领导干部办案"头雁"效应，推动形成权责一致、运行有效、自觉践行的领导干部办案制度体系，助推各项司法责任制综合配套改革措施系统集成。要高度重视领导带头办案工作，健全正负面清单、通报、考核等机制，引导入额院领导重点办理重大复杂敏感案件、新类型案件和在法律适用方面具有普遍指导意义案件，以"头雁效应"激发"群雁活力"。

（三）切实提升能力

领导干部在整个检察队伍建设中起着"龙头"作用，随着经济社会发展和司法体制改革深入推进，对领导干部的政治能力、职业素养、专业化水平提出更高要求。检察机关作为专司法律监督的政法机关，应强化"打铁还需自身硬"的意识，着力提升领导干部践行法治、引领法治实践高质量发展的能力。要坚持把政治教育融入业务培训，常态化开展政治能力培训，提高把握方向、把握大势、把握大局的能力和辨别政治是非、保持政治定力、驾驭政治局面、防范政治风险的能力。要以业务素能建设为核心，制定开放式检委会规程，推进三级院检察委员会高质量建设，利用党组会、检委会，及时组织学习新出台的法律法规、司法解释、指导性案例。

三、深刻领悟"建设德才兼备的高素质法治工作队伍"重大要求，坚持把干部人才建设作为推进检察队伍建设的关键举措

习近平总书记指出，"全面推进依法治国，建设一支德才兼备的高素质法治队伍至关重要"。进入新时代，随着司法责任制改革、检察工作高质量发展，检察机关作为国家法律监督机关，对检察队伍的素质、结构提出了新的更高要求，建设一支政治坚定、业务精通、作风优良、执法公正的检察队伍，更好地为中国式现代化提供司法保障具有重要的现实意义，必须进一步深化培养措施，不断提升检察人才和干部队伍建设水平。

（一）统筹推进干部选育管用

推进干部队伍建设是一项系统工程，需要科学谋划、综合施策。检察机关要着眼适应新时代发展和检察事业需要，以为检察事业育才的崇高使命、为检察工作高质量发展聚才的历史责任，统筹推进干部选育管用。要坚持党管干部原则，充分发挥党组领导把关作用，在每批次干部选任时充分沟通酝酿，经党组会集体研究确定任职人选。坚持新时代好干部标准，树立正确用人导向，把选贤任能作为关键性、根本性问题来抓，以坚决拥护"两个确立"、坚决做到"两个维护"作为首要标准，以检察工作实绩、贡献度作为干部选任的重要依据，把在办理重大案件、重点任务中表现突出的干部选出来，把工作有激情热情、勇于攻坚克难、有斗争本领的干部用起来。要坚持跟踪培养、递进式培养，有计划地把年轻干部放在吃劲岗位接受考验、重要岗位经受锻炼，在完成重大任务

中增长才干。

（二）大力加强检察人才培养

国家发展、民族振兴靠人才，党的检察事业创新发展也靠人才。进入新时代，以检察工作高质量发展支撑和服务中国式现代化的目标越来越清晰，对检察人才的数量、质量和结构提出了新的更高要求，必须进一步深化人才强检措施，坚持"选育管用"一体推进，不断提升检察人才建设水平。要坚持精准引才，用足用好各类人才招录引进政策，加强知识产权、金融证券、涉外法治等紧缺法治人才培养。要加强复合培育，注重在重大案件、重要活动、重点任务中历练培养检察人才，推进检察人才跨地域、跨层级、跨系统学习锻炼，以实战检验人才培养效果。要突出领军人才培养，实施"一人一策"精准培育，常态化举办检察人才高级研修班，推动检察人才深入院校、社区、基层一线开展巡讲，传播社会主义法治理念，不断提高检察人才的影响力。

（三）持续深化人员专业化建设

习近平总书记指出，"政法系统要把专业化建设摆到更加重要的位置来抓。专业化建设要突出实战、实用、实效导向，全面提升政法干警的法律政策运用能力、防控风险能力、群众工作能力、科技应用能力、舆论引导能力"。检察队伍作为捍卫党的领导和人民民主专政国家政权的重要力量，必须专业过硬、本领过硬。要坚持巩固深化人员分类管理改革成果，释放检察官单独职务序列改革红利，用足用好员额资源，加大高等级检察官职级晋升力度，推动检察官逐级遴选，鼓励检察官扎根基层、奋发有为，形成上下良性流动。要深化落实最高人民检察院《关于进一步加强人民检察院检察官助理管理工作的意见》，探索开展高阶段检察官助理评选工作，进一步完善履职机制，畅通职业通道，增强职业认同，激发队伍活力。要建立健全从下级检察机关和系统外招录选调优秀司法行政人才机制，加强检察人员到综合部门交流锻炼，优化司法行政人员发展空间。

四、深刻领悟"全面从严治党永远在路上"重大判断,坚持把纪律作风建设作为推进检察队伍建设的根本保障

习近平总书记指出,"要加强纪律建设,把守纪律讲规矩摆在更加重要的位置"。我们党是用革命理想和铁的纪律组织起来的马克思主义政党,组织严密、纪律严明是党的光荣传统和政治优势,加强纪律建设是全面从严治党的治本之策。检察机关作为党绝对领导下的政治机关、法律监督机关和司法机关,必须始终坚持把全面从严管党治检作为长期战略、永恒课题,坚决扛稳抓牢主体责任,聚焦"关键少数"、聚焦司法办案、聚焦关键环节,毫不松懈把严的基调、严的措施、严的氛围长期坚持下去。

(一)扎紧制度笼子

习近平总书记强调,"没有健全的制度,权力没有关进制度的笼子里,腐败现象就控制不住"。检察机关作为保障国家法律统一正确实施的司法机关和国家监督体系的重要组成部分,要坚持把强化自身监督放在与强化法律监督同等重要的位置,持续推动司法责任制落实,正确处理司法责任制改革后有序放权和有效监管的关系,健全检察权运行监督制约机制,保证检察权始终依法规范行使。加大内部监督工作力度,树立事前预防意识,注重事中嵌入跟进,强化事后追责惩戒,推动完善"事前预防、事中嵌入、事后追责"的全链条检察权运行监督制约体系,规范明确检察官职权行使边界。立足于"监督的再监督",督促各级责任人员切实履行管理职责,做到放权不放任、监督不缺位、用权受监督。

(二)抓好正风肃纪

习近平总书记曾多次引用英国哲学家培根的话:"一次不公正的裁判,其恶果甚至超过十次犯罪。因为犯罪虽是无视法律——好比污染了水流,而不公正的审判则毁坏法律——好比污染了水源。"检察机关作为法律监督机关,打铁必须自身硬。要深入开展专项政治督察,刀刃向内深入查找当前检察工作在理念、体系、机制、能力等方面的问题和不足,扎扎

实实推动整改。严格落实中央八项规定及其实施细则精神，定期召开机关作风联席会议分析形势、研究工作，密切关注"四风"苗头性、倾向性问题，强化检察人员"八小时外"管理，对违规吃喝等问题紧盯不放。加强监督执纪和案件查办，积极配合纪检监察机关以零容忍的态度查处检察人员违纪违法问题，持续释放"不敢腐"的强大震慑力。

（三）加强警示教育

习近平总书记强调，"要加强警示教育，让广大党员、干部受警醒、明底线、知敬畏"。要巩固深化党纪学习教育成果，常态化学习贯彻《中国共产党纪律处分条例》，引导党员干部自觉挺纪在前，督促做到学纪、知纪、明纪、守纪。要开展经常性警示教育，结合召开警示教育大会、组织观看警示教育片、开展检视剖析、加大违纪违法典型案例通报力度等方式，以案释纪、以案明纪，让干部受警醒、有震撼、明底线、知敬畏，持续强化法纪观念。要坚持党性党风党纪一起抓，将纪律教育和党性教育、廉洁文化教育贯通起来，通过组织参观党风廉政教育基地、观摩职务犯罪庭审、开展"廉政微党课进支部"、邀请干部亲属参加"家院共建"等活动，不断强化检察人员遵守党纪的政治自觉、思想自觉、行动自觉，筑牢拒贪抵腐和职业道德防线。

伟大时代孕育伟大理论，伟大理论指引伟大实践。在新时代全面依法治国生动实践中孕育形成的习近平法治思想，是习近平新时代中国特色社会主义思想的"法治篇"，是新时代法治中国建设的伟大思想旗帜和行动指南。我们必须全面贯彻习近平法治思想，坚决落实习近平总书记关于政法队伍建设的重要要求，努力建设高素质专业化检察队伍，坚持常抓不懈、久久为功，为推进习近平法治思想的检察实践提供坚强组织保障和有力人才支撑。

以高质效融党建
引领筑牢检察队伍高质效办案思想根基

周泽春[*]

党的二十届三中全会从"深化党的建设制度改革"的高度对锻造过硬队伍部署了系列重要改革任务。推进检察工作高质量发展,关键在于锻造一支忠诚干净担当、堪当重任的检察队伍。打造过硬队伍,关键要认真贯彻落实全国检察机关队伍建设工作会议精神,一体加强党的政治建设、领导班子建设、人才队伍建设、专业能力建设、职业保障建设和纪律作风建设;重点在突出政治建设的统领作用,深化实化"从政治上着眼、在法治上着力"的工作理念,推动党的建设与检察工作深度融合,引领全体检察人员更深更实领悟践行高质效办好每一个案件的基本价值追求,切实把"努力让人民群众在每一个司法案件中感受到公平正义"这一习近平法治思想对公正司法的原则性、基础性要求落到实处,更好地为大局服务、为人民司法、为法治担当。

一、深刻领会"从政治上着眼、在法治上着力"的内涵要求,夯实推进政治建设的思想根基

理念是行动的先导。最高检党组立足贯彻落实习近平新时代中国特色社会主义思想,推进习近平法治思想的检察实践,站位检察工作长远发展全局,提出了"从政治上着眼、在法治上着力"等一系列新时代检察理念,要求全体检察人员做到讲政治与讲法治有机统一。通过创新党建

---

[*] 周泽春,湖北省人民检察院党组成员、政治部主任。

业务融合的方法路径,持续抓紧抓实政治建设这一检察队伍建设的根本任务,就必须自觉从党的创新理论中准确把握"从政治上着眼、在法治上着力"等新理念的实践要求,夯实与时俱进创新深化政治建设的思想根基。

(一)"从政治上着眼"是筑牢对党绝对忠诚、擦亮政治底色的根本保证

检察机关首先是政治机关,检察队伍主体是党员干部,必须始终把讲政治的要求摆在首位。一方面,讲政治是马克思主义政党的基本属性。任何政党都有政治属性,都有自己的政治使命、政治目标、政治追求。马克思主义政党具有崇高的政治理想、高尚的政治追求、纯洁的政治品质、严明的政治纪律。列宁指出,"政治就是参与国家事务,给国家定方向,确定国家活动的形式、任务和内容""政治同经济相比,不能不占首位"。毛泽东同志指出,"没有正确的政治观点,就等于没有灵魂",强调党的干部"要有远大的政治眼光和政治家的风度"。检察机关在队伍建设中必须始终把引导全体检察人员旗帜鲜明讲政治作为首要任务,持续统一思想、统一意志、统一行动,确保始终做到坚定拥护"两个确立"、坚决做到"两个维护"。另一方面,讲政治是党长期探索的基本经验。党的十八大以来,习近平总书记围绕建设什么样的长期执政的马克思主义政党、怎样建设长期执政的马克思主义政党的重大时代命题,提出了一系列新理念新思想新战略,形成了习近平总书记关于党的建设的重要思想,其中专门强调要坚持以党的政治建设统领党的建设各项工作,要求必须把党的政治建设摆在党的建设首位。检察队伍的政治建设也必须牢牢锚定党的创新理论部署要求,坚持党的政治领导,夯实政治根基,涵养政治生态,防范政治风险,永葆政治本色,不断提高政治判断力、政治领悟力、政治执行力,让检察队伍的鲜明政治底色更亮。

（二）"在法治上着力"是具体践行政治要求、全面履行检察职能的基本路径

法是党的主张和人民意愿的统一体现，没有离开政治的法治。习近平法治思想"十一个坚持"，首要就是"坚持党对全面依法治国的领导"。党的领导是中国特色社会主义法治之魂，是中国特色社会主义法治道路的本质特征。检察工作是政治性很强的业务工作，也是业务性很强的政治工作。检察机关作为党绝对领导下的政治机关、法律监督机关和司法机关，必须坚持党的中心工作推动到哪里，检察工作就跟进到哪里，找准时代方位，把准切口定位，把讲政治的要求具体地、实践地落实到保障国家法律统一实施中，落实到运用法治力量坚决捍卫党的全面领导中，落实到进一步全面深化检察改革、加快推进检察工作高质量发展，更好支撑和服务中国式现代化的进程中，以检察工作实绩夯实党的执政根基。

（三）做实讲政治与讲法治有机统一是锻造过硬队伍、推进检察实践的必然要求

习近平总书记关于党的建设的重要思想，明确要求要坚持造就忠诚干净担当的高素质干部队伍。习近平法治思想鲜明提出要提高法治工作队伍思想政治素质、业务工作能力、职业道德水准，着力建设一支忠于党、忠于国家、忠于人民、忠于法律的社会主义法治工作队伍。习近平新时代中国特色社会主义思想的"党建篇""法治篇"一以贯之地要求建设过硬队伍，突出强调既要政治过硬又要本领高强，也是检察队伍建设突出政治建设统领作用的基础所在。这就要求检察机关在政治建设中必须牢牢把握"从政治上着眼、在法治上着力"的工作理念，推动党建与业务深度融合，一体提升政治能力和业务能力，以讲政治与讲法治有机统一，持续锻造过硬检察队伍。

二、聚焦跟不上不适应高质量发展的短板弱项，持续推进高质效融党建的湖北实践

党的政治建设是党的根本性建设，决定党的建设的方向和效果。最

高人民检察院党组鲜明提出,要把思想政治建设摆在第一位。对标新时代新征程检察队伍司法理念、履职能力、职业素养不适应新时代检察工作高质量发展要求的主要矛盾,结合党建与业务融合不够紧密等一些跟不上、不适应高质量发展要求的瓶颈难题,湖北检察机关突出党建引领,以打造融党建品牌破题,持续探索以党建带队伍促工作的湖北实践。

（一）聚焦载体跟不上的短板,瞄准"一个关口"打造融党建品牌"龙头"

党建和业务融合不够紧密的问题,其重要原因在于缺乏跟上适应高质量发展要求的、行之有效的载体抓手。从湖北检察机关来看,在对全省检察人员开展的思想状况调查问卷中,收集到的关于理论武装、党建工作方面的2494条意见中,要求创新学习形式的占39.01%。对此,湖北省检察院党组系统梳理、深入分析根源症结,以基层党组织为单元,建立了"以党的创新理论说办案、讲工作"（以下简称"说讲"）的融党建工作机制,着力打通从党的创新理论到检察实践的"最后一公里"。在具体实施上,一是注重"学"的高度。把习近平法治思想、党的二十大精神和上级部署要求作为"说讲"的出发点,实行"集体学""个人说""大家谈"三步走,引导检察人员在具体案件的把握中更加深刻领悟习近平法治思想的核心要义。二是注重"讲"的深度。要求检察人员选取在办案件为标靶,深入研讨案件的基本事实、法律适用、风险研判、社会导向、政策把握、处理方式等,引导检察人员从思考到表达、从理论到实践,确保党的创新理论、决策部署切切实实转化为检察履职。三是注重"用"的广度。突出形式可拓展、内容可叠加,将活动开展与"三会一课"、主题党日等党建活动相结合,与案例研讨、检察官沙龙等活动相结合,倡导氛围轻松、简单准备、随时开讲,让检察人员真正有兴趣、有热情、有收获。自机制建立以来,全省检察机关各级党组织共开展活动2万余场次。

（二）聚焦效果跟不上的短板，突出"两个结合"深化融党建品牌"赋能"

党建与业务融合不够紧密，既存在重业务轻党建的现象，也存在重学习轻实践的问题。最高检党组在巡视反馈中也指出有的地方存在理论武装效果不佳、青年干部参与度不高、结合检察工作不紧密等现象。湖北省检察院党组着眼做好"结合"文章，一年一个主题推动"说讲"活动机制逐步拓展深化。一方面，与检察办案紧密结合。对落实新时代检察理念、实现"三个效果"有机统一要求较高的案件进行系统梳理，研究确定信访申诉案件、捕后判轻缓刑案件、监督意见未采纳案件等7类23项必说必讲案件类型；实行一案（事）"五说五看"（说理念、说政策、说风险、说责任、说能力，看法律监督加强没有、看受害人损失挽回没有、看矛盾纠纷化解没有、看源头问题解决没有、看"三个效果"相统一达到没有），引导检察人员切实把习近平法治思想的要求转换为案件办理的方向。另一方面，与落实机制紧密结合。制定出台"三抓两促"标准，将"说讲"活动与办案影响风险研判机制"绑定"，让检察人员通过研讨深化理论认识，研判案件可能产生的社会影响、风险隐患，进而把握案件的核心实质和处理走向，更好做实"三个善于"的要求。在省院机制的牵引带动下，全省市、县两级院逐步拓展深化，形成"说讲+故事分享""说讲+案例研讨"等一批子品牌，助力办理了一批有影响、效果好的案件。

（三）聚焦功能跟不上的短板，发挥"三个作用"带动队伍建设品牌"上新"

党建与业务融合不够紧密，还在于对检察队伍建设的牵引带动作用发挥还不够充分。主要表现在有的检察人员新时代检察理念转变还不够快，存在就案办案、机械办案的现象；有的对政治要求理解不透彻，导致执行中仍有偏差；等等。湖北省检察院党组以"说讲"活动为抓手，通过高质效融党建强政治、促业务、带队伍。一是以融党建促素能提升。积极推动融党建等活动纳入各级各类教育培训课程，组织全国全省业务标兵能手带头开展"说讲"等融党建活动，先后培育出全国检察业务专家7名、全省检察业务专家77名，全国全省入库人才达到612名。二是以融党建促干部培养。一方面，着力提升各级院领导干部参与度。院领导结合落实双重组织生活制度参与所在支部"说讲"等融党建活动，率先垂范。同步加强各级院领导班子政治能力培养，把政治素质作为考察重要标准，切实把政治过硬、经历多岗位历练、工作实绩突出、善于抓班子带队伍的干部选拔出来。另一方面，充分突出青年干部主体地位。将融党建活动作为青年干部案例研讨、创新大赛重要环节，写入青年干部培育措施，带动培育出党的二十大代表刘亮、全国"人民满意的公务员"何娅茜等一批"80后""90后"先进典型。三是以融党建促激发活力。大力推进文化强检、文化润检，将"说讲"等融党建活动纳入加强检察文化建设的意见，引导全省各级院结合地域特点、职能特色打造文化品牌。一体将"说讲"等融党建活动作为真心实意为基层办实事、解难题的重要阵地，引导检察人员围绕基层所思所盼想办法、谋思路、提措施，探索出基层院建设强基固本提升行动和基层院高质量发展综合指引等新路子，9个基层院获评全国模范检察院、全国先进基层院。

三、探索上下协同联创联建，创新构建品牌矩阵引领检察队伍建设走深走实

习近平总书记"7·9"重要讲话系统总结了党的十八大以来中央和国家机关党的建设六条重要经验，其中一条就是只有全面落实党建责任制，坚持党组（党委）领导班子带头、以上率下、以机关带系统，机关党建工作才能形成强大合力。湖北检察机关将持续深入贯彻习近平总书记"7·9"重要讲话精神，围绕落实党的二十届三中全会关于完善党的建设制度机制的决策部署和最高人民检察院《关于加强新时代检察队伍建设的意见》，充分发挥检察一体化优势，以融党建为锚点，以探索三级院党建工作联创联建机制为引线，推动检察队伍建设品牌推陈出新。

（一）责任链条联贯

深化落实"两个责任"，把筑牢守责尽责堤坝作为深化联创联建机制、压实融党建责任、推动队伍建设的重点，深化党建责任三级联述联评机制，将党建责任制、重点任务、重要机制落实情况纳入政治督察和对下级院考评内容，切实推动全省检察机关各级党组织责任链条上下贯通、一体落实。

（二）党建品牌联创

探索建立以条线为主体三级院党建品牌联创联建机制，实行同一条线阵地一体共建、队建一体开展、品牌一体培育。探索建立健全政治理论联学、"说讲"活动联合、主题党日联办、党建责任联评、支部工作法联建、红旗党支部联创等工作机制。省院带头建立三级院党建品牌联创联建点，各市级院同步参照开展，持续评选发布推广一批联创联建典型事例，引导全省凝心聚力共同打造有影响、有实效的党建工作品牌。

（三）素质能力联强

坚持更高标准推进专业化建设，将"说讲"等融党建活动纳入三级联创联建活动"必修课"，切实发挥其转理念、强本领、促工作作用。持续拓展覆盖面，推动融党建、联创联建等活动一体纳入新录用检察人员初任培训、初任检察官统一职前培训课程体系，作为实战式、互动式教学重要载体。探索在业务竞赛、辩论赛、庭审观摩、跟庭考评等实战化练兵中，运用联创联建方法进行研讨、点评、分析，引导检察人员沉浸式学思践悟习近平法治思想。

（四）干部人才联育

将联创联建作为培养人才、育强青年的重要阵地，将融党建活动持续有机融入深化实施无职数比例限制的检察官等级差额晋升机制，探索开展检察官助理"准检察官"模式分级培养，深化拓展青年干部先锋队、青年干部创新大赛、年轻干部培养"三个一批"工程等措施，力争培养更多德才兼备、堪当重任的检察后继人才。

（五）检察文化联建

深刻领会党的二十届三中全会关于文化体制机制改革的总要求，全面贯彻全国检察宣传文化工作会议精神，严格落实意识形态工作责任制，持续开展理想信念教育和政治忠诚教育，不断培育和践行社会主义核心价值观，努力提供更多与检察工作、湖北特点相契合的文化供给，打造更多更响的湖北检察文化品牌，努力锻造忠诚干净担当的新时代检察铁军，为推动习近平法治思想的检察实践提供坚强的组织保障。

加强政治能力建设
擦亮检察队伍的鲜明政治底色

易克刚[*]

习近平总书记强调，在干部干好工作所需要的各种能力中，政治能力是第一位的。检察机关作为党绝对领导下的政治机关、法律监督机关和司法机关，政治能力始终是检察队伍最核心最关键的能力。新时代检察队伍建设主要矛盾已由学历层次偏低、职业保障不足转变为司法理念、履职能力、职业素养不适应检察工作高质量发展要求。广西检察机关面临旧的主要矛盾尚未彻底解决，新的主要矛盾又叠加凸显，加强队伍能力建设成为破题的关键举措。为破解这一难题，广西检察机关以政治建设为统领，持续强化理论武装、融合培训、政治历练，全面加强政治能力建设，锻造堪当时代重任的高素质专业化检察队伍。

一、持之以恒强化理论武装，擦亮检察机关坚定拥护"两个确立"、坚决做到"两个维护"的鲜明政治底色

习近平总书记强调，政治上的坚定、党性上的坚定都离不开理论上的坚定。这一论述深刻揭示了理论坚定与政治坚定的内在关系，加深了全党对新时代理论学习、理论武装重大意义的认识。党的十八大以来，党的检察事业实现新的跨越发展，检察队伍建设取得明显成效，很重要的一条经验就是我们始终坚持在理论学习中淬炼思想，永葆鲜明的政治底色。

---

[*] 易克刚，广西壮族自治区人民检察院党组成员、政治部主任。

（一）发挥领导干部领学促学作用

党的二十届三中全会强调，"健全用党的创新理论武装全党、教育人民、指导实践工作体系，完善党委（党组）理论学习中心组学习制度，完善思想政治工作体系"。这指引我们要围绕落实法治领域改革任务，以深化党组理论中心组学习为导向，示范带动全区检察机关强化理论武装，提升检察人员政治能力。一是深化理论联学。制定《全区检察机关党组理论中心组三级联学实施方案》，围绕年度工作重点、业务工作弱点、服务大局堵点，自治区检察院党组理论中心组成员会同市、县两级院班子成员深入一线调查研究，一体推进理论学习与业务建设叠加融合、提质增效。二是深化理论研究。聚焦推动检察理论研究工作提质增效，结合"检护民生"专项行动，院领导深入基层一线开展检察为民理论研究与实践探索，一项研究成果在全国检察理论研究年会上获评二等奖。三是学思践悟、推动学习转化。深入开展三年质量建设提升行动和"建功新时代 创新在基层"等活动，积极推动学习成果转化为高质效办好每一个案件的实践成效。

（二）加强年轻干部思想政治引领

习近平总书记强调，"新时代青年要树立远大理想，树立对马克思主义的信仰、对中国特色社会主义的信念、对中华民族伟大复兴中国梦的信心"。目前，45岁以下青年干警已占检察队伍总数的62%以上，是检察队伍的中坚力量。广西检察机关推行"三个学习"方法强化思想政治引领，抓实年轻干部理论武装。一是推行"宗旨教育+"学习法。大力实施"青年干警理想信念宗旨教育计划"，举办青年干警素能提升班，把政治忠诚教育、纪律警示教育等作为重点融入学习课程。二是推行"行动学习+"学习法。引导青年检察人员聚焦政治理论学习、时政热点讨论、业务难题研究，广泛开展学习研究和研讨交流，开发"提升青年检察人员办案效果'三统一'的能力"项目，获评广西"机关党建+行动学习"第一批重点项目。三是推行"青年理论宣讲+"学习法。自治区检察院组建"桂检青年理论宣讲团"，选培优秀青年检察人员为宣讲员，统筹做好政治理论学习宣讲、党史宣讲和法治宣讲等工作，提升理论与实践契合度，全方位提升青年普法宣介、公众表达和应变处突等各方面素能，深化以学促讲、以讲促学成效。

（三）打造检察机关理论学习品牌

为解决检察机关一些基层党组织理论学习活动存在形式单一、政治理论学习与业务学习不紧密、基层党组织活力不足等问题，广西壮族自治区检察院创新打造"一月一主题"理论学习品牌，采用"123+N"模式[①]一体推进理论学习与业务学习、实践叠加融合。"一月一主题"已持续开展91期，成为自治区院全体检察人员思想淬炼、政治历练、实践锻炼、专业训练的重要平台，获评全国检察机关理论学习优秀案例。在"一月一主题"品牌示范引领作用下，市、县两级院打造了"检阅心语""六微""理论课堂+红色讲堂+业务学堂"等理论学习品牌，全方位多角度抓实党员干部思想政治教育，提升检察业务素能。

（四）健全党建工作联建联创机制

党的二十届三中全会强调，"党的领导是进一步全面深化改革、推进中国式现代化的根本保证""要确保党始终成为中国特色社会主义的坚强领导核心"。这指引我们要坚持党的领导是根本、加强党的建设是关键，不断健全完善党建工作机制。一是建机制强保障。制定加强新时代广西检察队伍建设的若干措施，指导建立上下级检察院党建业务联创联建机制，上下协同抓实党建业务工作。二是明晰联建联创重点。坚持守正创新，突出"理论联学、品牌联创、组织联建、活动联抓、成效联动"等方面，全区三级检察院创新开展联建联创，积极发挥党建带队建、党务促业务的作用。三是强化指导、推动落实。采取自治区、市两级院领导联系基层院和基层党支部的"双联系"指导工作机制，在强化理论武装、

[①] "123+N"："1"是坚持"一条主线"，即以学习贯彻习近平新时代中国特色社会主义思想为主线；"2"是坚持"两个目标"，即党建与业务相融合、理论与实践相结合；"3"是坚持"三级联动"，三级院检察人员广泛参与；"N"是坚持"形式多样"。

推动工作、帮助解决困难上加强交流指导。目前，指导柳州等市院率先开展市县两级院党建工作联建联创已取得一定实效，并在全区推广相关经验做法。

二、持之以恒强化融合培训，大力提升检察人员"从政治上着眼、在法治上着力"的能力水平

应勇检察长强调，"要融合推进政治建设和业务建设"。锻造过硬检察铁军要以提高政治能力、更新法律监督理念、强化法律监督能力为重点，深化实化政治和业务融合培训，以"红心"强"匠心"、铸"检心"，助力高水平检察队伍建设。

（一）抓实政治教育引导

政治与业务融合培训的根本在于抓实政治教育引导，要切实用好习近平新时代中国特色社会主义思想正本清源、固本培元。加强统筹谋划和长远规划，制订出台政治能力提升三年计划，把习近平新时代中国特色社会主义思想、作为教育培训的"首课""必修课"，对全体检察人员政治轮训，着力提升政治能力。学思践悟新思想新要求。把学习宣传贯彻党的二十届三中全会精神作为当前和今后一个时期的重大政治任务，分层分类分阶段开展大学习大研讨大宣讲，推动检察人员深刻认识全面深化改革的重大意义和要求，增强政治自觉。强化政治机关意识专题教育，通过举办"桂检大讲堂"、推进党建业务深度融合暨党风廉政建设等专题培训班，引导全体检察人员把"从政治上着眼、在法治上着力"的要求落实到具体工作中。

（二）抓实专业能力培训

专业化是推进检察队伍建设、实现检察工作高质量发展的必由之路。要围绕学习贯彻党中央和最高检对检察工作高质量发展的部署要求，把"高质效办好每一个案件"作为检察履职办案的基本价值追求，强化专业能力培训，练好检察内功。一是强化"术业有专攻"的政策导向。开展覆盖全区三级院各业务条线检察人员的专项培训，引导检察人员深化对

"三个善于"的理解、认识、运用。二是强化创新意识。不断探索检察业务与科技应用深度融合的方式方法，引导培养检察人员的数字思维和数字技能，塑造新质法律监督能力。三是强化以赛促训。实施"党员先锋＋业务标兵"行动计划，定期组织参与各类培训竞赛，实现党建与业务、队伍建设"双融双促"。

（三）加强检察理念更新

理念是检察工作的先导，检察理念更新根本源于对习近平新时代中国特色社会主义思想、习近平法治思想的融会贯通。一是深入践行中国特色社会主义检察理念，积极推进检察工作理念变革和创新。健全完善落实"四个以学"常态长效机制，深刻感悟习近平新时代中国特色社会主义思想的真理力量和实践伟力，全面掌握这一重要思想的世界观、方法论和贯穿其中的立场观点方法，更好地将中国特色社会主义检察理念学在日常、融入工作。二是牢固树立宗旨意识。把践行中国特色社会主义检察理念和"忠诚、为民、担当、公正、廉洁"的检察职业道德结合起来，引导检察人员自觉践行以人民为中心，把人民对美好生活的向往作为奋斗目标。三是与时俱进深化改革。深入学习贯彻落实党的二十届三中全会精神，按照最高检党组的新部署，深入推动检察机关自身改革，确保严格依法履职，持续做实高质效办好每一个案件，努力让人民群众在每一个司法案件中感受到公平正义。

（四）深化涉外法治交流

涉外法治事关全面依法治国，事关我国对外开放和外交工作大局。要立足区位优势和人才资源优势，不断深化涉外法治学习交流，更好服务保障高水平对外开放。一是发挥中国—东盟成员国检察官交流培训基地优势。积极打造中国—东盟成员国检察官交流培训基地成为中国与东盟国家检察机关司法交流合作的重要枢纽，宣讲习近平新时代中国特色社会主义思想和中国特色社会主义司法制度的重要阵地。二是承办中国—东盟商事法律论坛。围绕服务 RCEP 高质量实施，成功承办"2023

年中国—东盟商事法律论坛",促成7项务实成果,推动加强与东盟国家在投资贸易等民商事法律方面信息互联互通,促进中国与东盟成员国检察机关之间更为紧密、务实、高效的司法合作。三是组建、用好涉外法治人才库。从全区三级检察院择优选拔79名检察人员组成涉外法治人才库,选派成员参加涉外法治业务培训、课题研究,参与办理重大涉外案件、重要外事活动,着力打造一支政治立场坚定、专业素质过硬、通晓国际规则、精通涉外法律实务的涉外法治人才队伍。

三、持之以恒强化政治历练,着力锻造求真务实、担当实干的检察队伍

习近平总书记强调,要自觉加强政治历练,接受严格的党内政治生活淬炼,不断提高政治判断力、政治领悟力、政治执行力,使自己的政治能力同担任的工作职责相匹配。新时代新征程,支撑和服务中国式现代化,检察机关负有重要政治责任,强化政治历练、提升检察队伍的政治能力是必然要求。

(一)突出领导干部政治标准

领导班子是建设新时代检察队伍的"龙头"和关键,"龙头"强与不强,决定整个干部队伍的战斗力强弱。要落实党的二十届三中全会强调的"深化党的建设制度改革"要求,建强建好领导班子。一是把政治标准作为考察领导干部的首要标准。考察能否坚决贯彻落实习近平总书记关于广西工作论述的重要要求和党中央、自治区党委各项决策部署,做到忠诚于党、忠诚于人民,坚定拥护"两个确立"、坚决做到"两个维护"。二是把政绩观作为考察领导干部的关键因素。注重看在发挥院党组把方向、管大局、保落实的领导职责与推动深化检察改革是否有机统一。看是否把注意力都放在提高高质效办案上,是否下决心取消一切不必要、不恰当、不合理考核,坚持实事求是、遵循司法规律,做到严格依法办案、公正司法。三是把履行从严管党治检政治责任作为考察领导干部的重要依据。综合考虑领导干部在落实全面从严治党治检责任方面的表现,

考察了解检察人员违纪违法、执行防止干预司法"三个规定"、落实最高检巡视组反馈意见整改等情况。

（二）做实政治素质考察

最高人民检察院《关于加强新时代检察队伍建设的意见》明确要求，"制定落实检察人员政治素质考察办法，建立重要行为纪实制度，经常性开展政治体检"。这指导我们要坚持突出政治标准、严格政治把关、强化政治要求，做深做实政治素质考察，着力建设忠诚干净担当的高素质专业化队伍。一是健全完善考察考核制度。严格落实党中央、最高检、自治区党委关于进一步加强政法队伍政治建设的部署要求，探索制定检察机关干部素质考察办法，进一步提升检察人员政治素质考察制度规范化水平。二是明确考察考核内容。聚焦政治忠诚、政治定力、政治担当、政治能力、政治自律等五个方面重点考核，并建立政治表现十项负面清单，强化反向考核，对存在负面清单问题的考察对象予以"一票否决"。三是丰富拓展考察考核方式。采取日常了解、任前考察、年度考核和任期考核、专项调研、"四必"甄别、调查核实等方式，全方位、多角度、近距离考察考核。四是深化考察考核结果运用。把考察考核结果作为干部选拔任用、管理监督、教育培养、激励惩戒的重要依据，并建立干部政治素质档案，对政治表现进行全面记实，为精准识别干部提供重要参考。

（三）强化年轻干部政治历练

应勇检察长指出，"当前，检察机关年轻干部队伍总体状况是：不缺数量、欠缺培养，不缺学历、欠缺历练"。这指导我们要把强化政治历练作为提升政治能力、锤炼政治担当有力抓手。一是建立机关内部跨部门轮岗交流工作机制。有序推动45岁以下中层正副职轮岗交流任职，培养复合型领导干部。选派司法行政人员到业务部门轮岗交流，全面提升法律思维。对没有接访工作经验的青年检察人员，安排到信访工作岗位跟班锻炼3个月。对新招录的选调生，试用期1年均安排在办公室、政治部等综合部门锻炼，培养全局思维。二是建立跨层级、跨地区、跨单位挂职跟班锻炼工作机制。健全全区检察机关"四个互派"交流学习计划，推进与发达地区检察院、法院之间，检察系统与区内法院、行政机关之间，上下级检察院之间，业务水平较高与相对偏弱的市级检察院之间互派干部开展3个月至1年的交流学习，促进提升专业能力。三是建立艰苦地区锻炼工作机制。有计划组织青年检察人员到对口支援单位锻炼6个月至1年，到乡村振兴定点帮扶村驻村锻炼两年，表现优秀的，同等条件下优先提拔选用。四是建立办理重大疑难复杂案件、重大攻坚项目等工作机制。组建优秀年轻干部人才库，有序安排参与重大案件办理、重点活动开展、重大课题调研、重要文件制定、列席检委会旁听案件研讨和业务学习等，让年轻干部在"一线"磨筋骨、长才干。

传承红色基因　赋能新时代检察队伍建设

胡朗民[*]

习近平总书记强调，"用好红色资源，传承好红色基因，把红色江山世世代代传下去"。红色基因承载着党的梦想和追求、情怀和担当、牺牲和奉献，是建设高素质专业化检察队伍的宝贵精神财富。90多年前，人民检察制度在江西红土圣地启航，开启了光辉曲折的发展历程。进入新时代新征程，伴随检察工作的高质量发展，检察队伍建设也不断取得新进步新成效，同时也面临一些问题。当前，检察队伍建设的主要矛盾已由学历层次偏低、职业保障不足转变为司法理念、履职能力、职业素养不适应的问题。面对内外部环境和主要矛盾的变化，红色基因中蕴含的智慧和力量依然是推动队伍建设破难题、解新题的动力源泉。各级检察机关要牢记习近平总书记关于推进红色基因传承的重要论述，赓续传统、守正创新，着力加强检察队伍思想政治建设、履职能力建设、纪律作风建设，努力锻造为大局服务、为人民司法、为法治担当的过硬检察铁军，为推进习近平法治思想的检察实践提供坚强组织保证和人才支撑。

一、传承对党忠诚的红色基因，持续擦亮检察队伍坚定拥护"两个确立"、坚决做到"两个维护"的鲜明政治底色

习近平总书记强调，"我们党一路走来，经历了无数艰险和磨难，但任何困难都没有压垮我们，任何敌人都没能打倒我们，靠的就是千千万万党员的忠诚"。在革命年代检验党员干部是不是忠诚，要看能不

---

[*] 胡朗民，江西省人民检察院党组副书记、副检察长。

能为党和人民事业冲锋陷阵、舍生忘死，在和平时期就要看能不能紧跟党的路线方针政策，紧跟党中央重大决策部署，就是要坚定拥护"两个确立"、坚决做到"两个维护"。当前，一些检察人员在对标党的理论和路线方针政策上还有偏差，在推动上级决策部署执行上还有温差，司法办案"从政治上着眼、在法治上着力"还有落差，反映了政治意识、政治能力、政治担当还要进一步提升，必须深刻汲取红色基因忠诚向党的精神内核，切实把思想政治建设摆在首位，着力锻造绝对忠诚、绝对纯洁、绝对可靠的检察铁军，让坚定拥护"两个确立"、坚决做到"两个维护"成为检察队伍最鲜明的政治底色。

（一）强化政治机关意识教育

检察机关是人民民主专政的重要工具，是党和人民手中掌握的"刀把子"，政治属性是检察机关的第一属性，旗帜鲜明讲政治是第一要求。检察人员履行法律监督职能，不仅需要专业的法律知识，也需要深厚的理论素养、丰富的政治历练，只有在党言党、在党为党，始终牢记第一身份是共产党员、第一职责是为党工作，站稳政治立场、坚守政治原则，才不会迷失方向、背离初心。要强化科学理论武装，巩固拓展主题教育成果，落实"第一议题"制度，健全全员政治轮训制度，常态化开展理论联学扩学共学等，不断提升检察人员的政治判断力、政治领悟力、政治执行力。突出政治引领，健全习近平总书记重要讲话和重要指示精神传达学习、研究部署、跟踪问效、整改落实闭环机制，严格执行重大事项请示报告制度，加强巡视巡察、政治督察，推动党中央决策部署落地落实。严格政治标准，做深做实干部政治素质考察，运用正负面评价清单，强化以例说事，健全评价指标、考核方法体系，用好巡视巡察、审计、信访、个人有关事项报告核查等各方面成果，强化对理论学习、监督办案和工作实践的全方面、多渠道了解，把功夫下在平时，工作做在日常，确保检察队伍绝对忠诚可靠。

（二）强化理想信念教育

理想信念是立党兴党之基，也是党员干部安身立命之本。没有坚定的理想信念，就经不起风吹浪打，就容易滋生私心杂念。一些检察人员腐败问题发生，根子就是理想信念动摇，世界观、人生观、价值观这个"总开关"出了问题。当前检察工作面临复杂形势和繁重任务，更需教育引导检察人员坚定理想信念，强化党性锤炼，筑牢信仰根基。要推进党史学习长效化，统筹用好革命遗址旧址、文物史料、英烈模范的红色资源基因库，发挥红色文化激励、塑造作用，增强贯彻落实党中央决策部署的历史自觉。推进党性教育系统化，因地制宜开发红色教育现场教学点，组织参观见学，开展"三会一课"、主题党日、读书会、重走长征路等"情境式""体验式"党建活动，重温入党誓词、入党志愿书，从《传承红色基因检察历史人物》等红色书籍中汲取力量，感悟伟大建党精神，砥砺担当奋进。推进斗争实践经常化，严肃党内政治生活，用好批评和自我批评的武器，常态化整顿软弱涣散基层党组织，强化政治功能和组织功能，永葆先进性和纯洁性。

（三）强化意识形态教育

意识形态关乎旗帜、关乎道路、关乎国家政治安全，必须时刻保持政治清醒，坚决反对一切削弱、歪曲、否定党的领导和我国社会主义制度的错误言行，坚决防范抵制西方"宪政""三权鼎立""司法独立"等政治法律陷阱。要紧紧围绕坚定不移走中国特色社会主义法治道路，立足司法办案，对每一个案件都透视背景、分析风险、研判影响、适用政策，审慎稳妥处理，切实把讲政治和讲法治统一起来，把执行党的路线方针政策和执行国家法律统一起来，在实施法律中贯彻党的意志，在依法办事中执行党的政策。进一步加强检察人员政绩观教育，绷紧"严格依法、实事求是、遵循规律"这根弦。大力培育和践行社会主义核心价值观，开展"以政治说办案、讲工作""检察官讲述办案故事""百院千人万里行普法"等活动，依托办案传播社会主义法治文化。

二、传承担当善为的红色基因，不断强化检察队伍求真务实、担当实干的过硬本领

中国共产党的党史就是一部担当、善为的光辉历史。担当精神与解放思想、实事求是、艰苦奋斗一样，都是中国共产党人的红色基因。检察机关在创建之初，就要求配备"强将"和"精干力量"，具有担当精神。《工农检察部的组织条例》明确规定，工农检察机关的工作人员"必须是党和苏维埃最高的干部""坚决的有阶级觉悟"。新中国成立后人民检察署刚建立，突出加强在职干部的政治和业务学习。检察机关恢复重建后强调，建设一支又红又专的检察队伍。当前，检察队伍的总体情况是好的，但同面临的形势和任务相比，担当意识、担当能力还有所欠缺，要加快提升检察队伍司法理念、专业能力、实践本领，强化求真务实、担当实干的鲜明履职特征，为高质效办好每一个案件的检察履职办案基本价值追求提供能力支撑。

（一）以理念引领增强担当意识

思想是行动的先导。90多年的人民检察史凝聚了司法为民的初心使命，诠释了检察机关法律监督工作严格依法、实事求是、遵循规律的特性。新时代，最高检党组坚持理念变革，提出"三个善于""高质效办好每一个案件"等一系列新理念，为监督办案提供了重要的认识论和方法论。要加强新时代司法检察理念培训、研讨，落实指导性案例和典型案例常态化学习机制，阐释好理论背后的政治考量、案例背后的问题症结，在分析研究解决问题的基础上强化执法司法理念引领，防止就案办案、机械办案。增强法律职业意识，完善各类人员专业素能开放式、传导式培训，深化检察官与法官、人民警察、律师、行政执法人员培训，积极推进跨区域联合培训，以"换位"提"站位"，以"共学"促"共识"。

（二）以一线实践练就担当本领

检察工作不是"纸上谈兵"，只有在一线锻炼中学经验、悟方法、解难题，才能真正"经风雨、见世面"，开阔眼界、提升能力。要强化内

部培养，广泛开展理论政策、文稿撰写、司法办案等比武竞赛，强化诉辩对抗、庭审观摩、跟庭考评等实战化练兵，发挥职业导师传帮带作用，以老同志带新干部、检察官带助理、标兵能手带骨干等组合方式，"一对一"指导帮助，强化检察职业道德、思想素质、业务能力和工作作风传承。拓宽外部渠道，推动上下挂职锻炼，到外省检察机关实训，到党政部门跟班学习、参加专项工作，选派优秀年轻干部到基层院蹲苗；深化检校合作，协同开展理论研究、互聘互派、教育培训、实践教学等工作；从行政机关选聘特邀检察官助理，辅助办案、提供专业意见。

（三）以分类施策激发担当动能

检察工作任务繁重，需要充分调动发挥全体检察人员积极性创造性，特别是要结合干部成长规律和阶段特点，突出分类施策，完善干部队伍建设机制，激励干部履职尽责、积极作为。要抓好领导班子"关键少数"，加强对领导班子运行和领导干部履职尽责情况的调研分析，强化干部协管，有序推进空缺岗位配备和轮岗交流，优化班子来源结构、年龄结构、学历结构；健全完善党组工作规则、检委会议事规则，落实民主集中制，严格执行领导干部带头办案等制度，更好发挥领导班子政治引领、业务把关、示范带动的关键作用。发挥中层骨干"关键力量"，对部门正副职实行单独考核，把部门工作、条线业绩与个人实绩挂钩，聚焦"拢好心、管好人、干好事"，团结带领部门人员狠抓上级决策部署的具体落实，坚决防止"中梗阻"。育好年轻干部"关键群体"，针对年轻干部不缺数量缺培养、不缺学历缺历练的问题，把到基层和艰苦地区锻炼成长，担任主办检察官、领衔办理大要案、承担重大研究课题等专项工作作为重要途径，完善"揭榜挂帅"、"赛马"制度，在实干实战中增强专业本领；分级建立优秀年轻干部信息库，动态更新干部经历、能力特点等信息，"一市一策"推进年轻干部队伍建设。

三、传承纪律严明的红色基因，涵养检察队伍"打铁必须自身硬"的高度纪律自觉

纪律严明是中国共产党的光荣传统和独特优势，是我们党区别于其他一切政党的政治基因。从肇始于井冈山的"三大纪律八项注意"，到"进京赶考"前在西柏坡立下"六条规定"，再到党的十八大后出台中央八项规定，我们党始终以铁一般的纪律锻造铁一般的革命队伍。检察铁军是党和人民的"刀把子"，用铁纪磨砺才能"越磨越锋利"。当前，执法司法环境严峻复杂，检察人员违纪违法问题依然多发，一些检察人员不忠、不公、不廉、不为，抓纪律作风建设一刻也不能放松。检察机关要传承发扬纪律严明的红色基因，巩固深化党纪学习教育成果，纵深推进全面从严管党治检，努力涵养新时代新征程检察队伍"打铁必须自身硬"的高度纪律自觉。

（一）注重检视整改

坚持批评与自我批评，经常检讨自己工作中的错误与缺点，并及时纠正自己的错误是我们党的优良作风。检察机关要把检视整改作为自我修正、自我净化的动态过程，躬身入局主动查找问题、有解思维坚决整改问题、反躬自省回头复盘问题，形成闭环、取得实效。要拿起戒尺、用好镜子，结合集中性纪律教育、巡视巡察、政治督察、调研分析、案件质量评查等，深入开展对照检视，既要反思是否存在思想偏差、行为逾界、清廉失守等方面问题，也要检视担当是否到位、落实有无质效、监督是否有力，积极主动整改。用好案例、深化警示，加大对领导干部、年轻干部、新提任干部等重点群体的纪法培训、廉政提醒力度；按照同类人、同龄人、身边人分层分类剖析典型案例、开展警示教育，真正把自己摆进去，"见不贤而内自省"。宣传典型，潜移默化，深挖本土廉洁文化资源，讲好廉洁故事、清廉典型，做到"见贤思齐"。

（二）注重匡风正气

1926年8月，《中央扩大会议通告——坚决清洗贪污腐化分子》颁

布，行文使用了大量诸如"坚决""迅速""不容情""立即执行"等一系列严厉措辞，表明党中央坚定的反腐决心。廉政建设永远在路上。检察机关要坚持零容忍，在清除害群之马中匡风正气。强化与驻院纪检监察组会商配合，坚决支持配合纪检监察机关查处检察人员违纪违法问题，强化违纪违法问题分析通报，做到有案必查、有腐必惩。坚决纠治司法不正之风，突出整治有案不立、压案不查，检察履职办案不规范、不作为、慢作为、乱作为等问题；坚决纠治"四风"，开展群众身边腐败问题专项治理，严查"吃公函""吃食堂""吃老板""吃下级"等问题，坚决纠正"快递送礼"以及借培训考察、党建活动等名义公款旅游等隐形变异问题。突出常态化，开展全覆盖、经常性的谈心谈话，紧盯重大节日等关键节点开展纪律作风专项督察，严守政商交往、检律交往边界，严格执行八小时外行为禁令，对苗头性、倾向性问题及时提醒严肃批评。

（三）注重制度防控

制度建设是一项长期、系统工程，具有管根本、管长远的作用。中国共产党百余年奋斗史，就是一部党的制度建设史。检察机关要进一步强化制度意识，切实发挥制度管人管事管案作用，为检察权运行"加把锁"。要对照最高人民检察院《关于人民检察院全面准确落实司法责任制的若干意见》和新修订的《人民检察院司法责任追究条例》，围绕职权配置、责任落实、检察权管理、司法责任追究、司法惩戒与纪检监察执纪执法衔接配合等及时修订或细化制度机制。强化检察业务管理，聚焦落实认罪认罚从宽制度、刑事案件不捕不诉、民事抗诉等重点领域，完善业务数据分析研判、流程监控、案件质量评查等机制，加强廉政风险监测。严格执行防止干预司法"三个规定"，坚持月记录、月通报，认真开展违纪违法案件倒查、被记录报告检察人员核查，通报曝光典型案例，形成有力震慑。

坚持以党的政治建设为统领
锻造忠诚干净担当的检察铁军

曲 音[*]

习近平总书记强调："党的政治建设是一个永恒的课题。要把准政治方向，坚持党的政治领导，夯实政治根基，涵养政治生态，防范政治风险，永葆政治本色，提高政治能力，为我们党不断发展壮大、从胜利走向胜利提供重要保证"。进入新时代，党领导下的人民检察事业欣逢最好发展时期，同时也面临更高履职要求。近年来，新疆生产建设兵团检察院坚持以习近平新时代中国特色社会主义思想为指导，将党的政治建设自觉融入、落实到检察履职全过程各环节，更加紧密地把讲政治与讲法治融为一体，着力锻造忠诚干净担当的检察铁军，更好服务保障兵团经济社会高质量发展。

一、坚持政治建检、铸牢忠诚检魂，把牢检察队伍建设的正确政治方向

应勇检察长指出："既要从政治上着眼，旗帜鲜明讲政治，坚定拥护'两个确立'、坚决做到'两个维护'；又要在法治上着力，全面履行检察职能，坚定捍卫'两个确立'、忠诚践行'两个维护'"。检察机关作为党绝对领导下的政治机关、法律监督机关和司法机关，必须把政治建设与业务建设深度融合，以政治建设实效审视检察履职成效，以检察履职成效检验政治建设自觉，自觉把政治责任、法治责任、检察责任融入

---

[*] 曲音，新疆生产建设兵团人民检察院党组成员、政治部主任。

党和国家事业，为中国式现代化贡献检察力量。兵团检察机关深入贯彻落实党中央和最高检、兵团党委部署要求，聚焦推进中国式现代化，忠诚履行兵团职责使命，大力弘扬兵团精神、胡杨精神和老兵精神，赓续红色血脉，让坚定拥护"两个确立"、坚决做到"两个维护"成为兵团检察队伍鲜明的政治底色。

（一）提升政治素养，夯实思想根基

政治属性是检察机关的鲜明属性。强化政治建检，就是要持续学思践悟习近平新时代中国特色社会主义思想，筑牢政治忠诚，从思想上正本清源、固本培元，不断提高政治判断力、政治领悟力、政治执行力。要把习近平新时代中国特色社会主义思想、习近平法治思想、党的二十大精神等作为日常学习和政治轮训的必修课，充分发挥领导领学、带学、促学作用，依托兵团党委党校、行政学院等进行专家辅导、视频教学、集中研讨等多种形式，持续推动以学铸魂、以学增智、以学正风、以学促干，真正把学习成果转化为忠诚核心、拥护核心、跟随核心、捍卫核心的思想自觉、政治自觉和行动自觉。要坚持问题导向，常态化开展政治督察，及时反馈意见，跟踪被督察单位抓好整改落实，达到以督促改、以改提效的预期目标，努力提升各级院领导班子建设水平。

（二）筑牢政治忠诚，强化使命担当

对党忠诚是共产党人首要的政治品质。新中国成立后，党中央根据国情和新疆实际，作出组建生产建设兵团的战略举措，驻疆部队广大官兵响应号召，拿起生产建设的武器，积极投身到保卫边疆、建设边疆的伟大事业中。70年来，一代代兵团人艰苦奋斗，忠诚履行国家赋予的屯垦戍边、维稳戍边光荣使命，靠的就是对党绝对忠诚。弘扬兵团精神，就是要把政治忠诚作为兵团检察队伍建设的"根"和"魂"，坚持从政治上着眼、在法治上着力，把讲政治落实到具体的检察业务上，创新融合路径，完善"党建+"模式，深入开展岗位练兵、业务竞赛、跟班锻炼、专案指导等素能提升工程，打造兵团检察特色的党建品牌和亮点。

坚持把政治素质考察贯穿队伍建设各环节、全过程，建立政治素质正负面评价清单，把一时与一贯、定量与定性、察人与察事结合起来，全方位、多渠道了解检察人员的政治表现，综合分析研判检察人员的政治素质，开展经常性政治体检，强化政治素质考察结果运用，推动树立讲政治、重担当、善作为的鲜明导向。

（三）强化政治思维，站稳政治立场

政治思维对政治现象的认识和分析、政治问题的处理和解决、政治决策的制定和执行、政治制度的建设和运行起到至关重要的作用。做好新时代新征程的兵团检察工作，必须把握好政治与法治的内在联系，强化政治思维。要善于从政治上大局上看问题，善于运用政治视角、政治思维、政治效果来审视检察工作，遇事多想政治要求，办事多想政治规矩，处事多想政治影响，成事多想政治效果。特别是在办理案件过程中，坚持把高质效办好每一个案件作为履职办案的基本价值追求，高度重视办理群众身边的"小案"，坚持治罪与治理并重，善于从纷繁复杂的法律事实中准确把握实质法律关系，善于从具体法律条文中深刻领悟法治精神，善于在法理情的有机统一中实现公平正义，实现"办理一案、教育一片、治理一方"的综合效果。

二、坚持政治标准、端正用人导向，不断激励检察人员实干担当、善作善为

党的二十届三中全会强调："要坚持党管干部原则，鲜明树立选人用人正确导向，大力选拔政治过硬、敢于担当、锐意改革、实绩突出、清正廉洁的干部。"好干部是选拔出来的，也是培育和管理出来的。要坚持新时代好干部标准和民族地区"四个特别"政治要求，一体推进检察队伍"选育管用"，优化培养途径，突出年轻干部的政治历练、专业训练和实践锻炼，切实把各级检察机关领导班子和干部队伍建好建强，引领带动广大检察人员实干担当、奋发有为。

（一）以"选"精准引才，用好用活人才

习近平总书记指出，"要实行更加积极、更加开放、更加有效的人才引进政策，聚天下英才而用之"。针对兵团人才短缺的现状，必须加大引才的力度。要严把选人用人政治标准关，做深做实干部政治素质考察，坚持把政治忠诚放在首位，突出考察干部在重大政治考验、完成重大专项工作、承担急难险重任务等关键时刻的政治表现。坚持面向新疆外省（区）市"双一流"高校招录法律专业硕士毕业生，面向基层院遴选检察官，面向纪委监委、其他政法机关选任熟悉检察侦查、行政、公益诉讼检察等方面业务人才，千方百计引进各类急需紧缺的民商法、知识产权、涉外法治等专业人才。受地域偏远、条件艰苦、工作任务繁重和待遇偏低等因素影响，针对基层院引人留人难的问题，适当放宽招录条件，以优惠政策面向新疆外省（区）市选调干部人才，提升人才队伍外部"输血"和内部"造血"能力。

（二）以"育"提升能力，补齐短板弱项

习近平总书记强调，"干部成长无捷径可走，经风雨、见世面才能壮筋骨、长才干"。业务能力是履行法律监督主责主业的基本能力，检察队伍革命化、正规化、专业化、职业化的关键在于检察人员的专业素能。针对一些检察人员跟不上司法办案要求和新时代刑事检察"不优""不强"、民事检察"不专、不会"、行政检察"不敢、不力"、公益诉讼检察"不精"、检察侦查"不强"等问题，兵团检察院坚持以全国对口援疆为契机，面向基层院选派优秀年轻干部到内地援疆省（区）市业务培训、跟班学习、挂职锻炼，提升基层检察人员依法履职能力。要充分发挥检察一体化优势，统筹南北疆办案专班力量，以集中侦办疑难复杂案件的方式锻炼攻坚克难能力。完善南北疆互派干部学习锻炼工作机制，助力南疆检察工作高质量发展。践行新时代"枫桥经验"，选派干部参加驻（连）村工作，深入开展"去极端化"、扫黑除恶斗争、乡村振兴战略、市域社会治理等，让优秀年轻干部在一线历练中践初心、担使命。

（三）以"管"抓实监督，净化政治生态

随着全面从严治党向纵深推进，党内存在的很多问题都同政治问题相关联，原因在于党的政治建设没有抓紧、没有抓实、没有抓好。一些干部政治上出问题，对党的危害不亚于腐败问题，有的甚至比腐败问题更严重。实践证明，全面从严治党只有从政治上认识问题才能找到病根，否则就会陷入头痛医头、脚痛医脚的被动局面。没有全面从严治检的革命性锻造，就不会有堪当时代重任的检察铁军。要紧盯"关键少数"，始终保持"赶考"的清醒，深刻领悟"全面从严治党首先从政治上看"的战略考量，牢牢把握旗帜鲜明讲政治的根本要求，坚持严的主基调，落实党风廉政建设主体责任，充分履行督察、巡视职能，促进检察人员廉洁公正司法，聚焦"两个维护"，提升政治能力，强化政治监督，一体推进"三不腐"机制。坚持权责统一，盯紧权力运行各个环节，定期梳理检察权运行风险点，健全内外部、上下级制约监督机制，压减权力设租寻租空间，实现检察权依法公正高效廉洁运行。

（四）以"用"建强班子，筑牢坚强堡垒

实践证明，领导班子建设是检察队伍建设的重中之重，"领头雁"首先要带好建强，充分发挥示范引领作用，形成干事创业的凝聚力、战斗力。针对领导班子年龄结构偏大、知识和学历结构不优、专业化程度不高，与高质效办好每一个案件要求还有差距的现实问题，兵团检察院主动靠前，跟进发挥协管职能，建立选人用人、队伍建设情况向上级汇报制度，健全领导班子整体功能综合分析研判机制，建立与组织部门沟通协调、日常走访机制，当好参谋助手，真正把政治素质好、专业能力突出、"四个意识"强、始终与以习近平同志为核心的党中央保持高度一致、不折不扣贯彻落实上级决策部署的优秀年轻干部选拔到各级检察机关领导班子中来，筑牢坚强堡垒，凝聚干事创业的强大合力。

三、坚持政治引领、深化文化润检，大力培育"忠诚、为民、担当、公正、廉洁"的新时代检察精神

2020年9月，习近平总书记在第三次中央新疆工作座谈会上强调："要弘扬民族精神和时代精神，践行胡杨精神和兵团精神，激励各级干部在新时代扎根边疆、奉献边疆。"兵团在履行屯垦戍边历史使命中形成的"热爱祖国、无私奉献、艰苦创业、开拓进取"的兵团精神，是民族精神和时代精神的具体实践和生动写照，是中国精神的重要组成部分，面对新时代新疆工作的形势任务，就是要充分发挥"三大功能""四大作用"，传承红色基因、赓续红色血脉，用好用活兵团丰富鲜活的红色资源，融入检察文化建设，加快打造兵团检察特色的品牌工程，大力培育"忠诚、为民、担当、公正、廉洁"的新时代检察精神，让讲政治践忠诚、勇担当善作为成为兵团检察队伍的鲜明本色。

（一）增强斗争本领，把牢舆论导向

习近平总书记强调，"斗争精神、斗争本领，不是与生俱来的。领导干部要经受严格的思想淬炼、政治历练、实践锻炼，在复杂严峻的斗争中经风雨、见世面、壮筋骨，真正锻造成为烈火真金"。理论上清醒，政治上才能坚定，斗争起来才有底气、才有力量。要把习近平新时代中国特色社会主义思想、习近平法治思想、新时代党的治疆方略和党中央对兵团的定位要求作为兵团检察工作的根本遵循，引导全体检察人员想问题、办案子、强监督首先从中找遵循、找依据、找办法，不断提高政治敏锐性和政治鉴别力，做到无论是司法办案还是综合行政工作，看事情、想问题、作决策注重把握好政治因素，守好检察机关意识形态领域安全，确保检察工作始终坚持正确方向。

（二）弘扬兵团精神，助力文化润检

检察文化是衡量检察人员人格信念和行为准则的尺度，是检察队伍建设重要保障。检察文化一旦形成，将会潜移默化地发挥文化润检的功能。要深刻认识文化润检、文化强检对凝聚检察合力、构筑检察人员精

神家园的重要意义和深远影响，大力弘扬兵团精神、胡杨精神和老兵精神，深入开展文化品牌选树、"检察官办案风采展示"、"新时代检察故事汇"等系列活动，深挖兵团检察文化品牌内涵，鼓励参与创作契合兵团检察题材的文化作品。聚焦优秀办案团队、精品案例故事等，将兵团地域文化、检察文化与法治文化有机结合，着力打造一批兵团特色的"一院一品""一院多品"检察文化品牌和亮点。

（三）注重典型引领，弘扬新风正气

榜样的力量是无穷的，精神的力量是伟大的。一个典型就是一面旗帜，可以起到影响一面、带动一片的作用。要把选树典型作为一项系统工程来抓，以授予"改革先锋"荣誉称号的石河子市人民检察院张飚、全国"双百政法英模"的奎屯垦区人民检察院张芳等先进典型为引领，统筹用好表彰奖励、职业保障等制度机制，激励干事创业、担当作为。深入开展先进典型、身边榜样宣传推介活动，挖掘和选树一批可敬可学、富有时代特色的检察英模。建立健全奖惩机制，推进领导干部能上能下，形成能者上、优者奖、庸者下、劣者汰的正确导向，提振兵团检察人员踔厉奋发、实干担当的精气神。

第三部分

领导班子建设

检察机关领导班子和领导干部日常了解方法和路径研究

王海江[*]

领导班子和领导干部队伍建设是检察队伍建设的重中之重，也是推进检察工作高质量发展的重要保障。党的二十届三中全会对深化干部人事制度改革作出重要部署，提出要"大力选拔政治过硬、敢于担当、锐意改革、实绩突出、清正廉洁的干部"。为确保选出来的领导干部鲜明体现选人用人正确导向，人岗匹配、人事相宜，符合进一步全面深化检察改革，加快推进检察工作高质量发展要求，首要前提就是加强领导班子和领导干部日常了解，做到科学精准知事识人，这既是坚持新时代党的组织路线，健全党管干部、选贤任能制度的必然要求，也是建设堪当重任的高素质专业化检察队伍的重要保障。

一、充分认识加强检察机关领导班子和领导干部日常了解的重要意义

政治路线确定以后，干部就是决定因素。用好一个干部、建强一个班子，就能带动一方事业、促进一方发展。组织部门要提高政治站位，转变工作理念，本着对事业高度负责的态度，切实领会好加强领导班子和领导干部日常了解的重要意义。

（一）党中央建立知事识人体系的要求

习近平总书记指出，"用人得当，首先要知人。知人不深、识人不

---

[*] 王海江，北京市人民检察院党组成员、政治部主任。

准，往往会出现用人不当、用人失误"，强调要"建立日常考核、分类考核、近距离考核的知事识人体系，带上'望远镜''显微镜'，对干部近距离、多角度考察，使选出来的干部组织放心、群众满意、干部服气"。新修订的《党政领导干部选拔任用条例》增加了"加强日常了解和分析研判"专门条款，明确要求组织（人事）部门应当深化对干部的日常了解，坚持知事识人，把功夫下在平时，全方位、多角度、近距离了解干部。同时，深化领导干部日常了解，也是落实党中央《关于防止干部"带病提拔"的意见》《关于加强对"一把手"和领导班子监督的意见》等重大制度安排的重要内容。

（二）履行好领导班子协管职责的基础

《中共中央关于加强新时代检察机关法律监督工作的意见》明确，要按照有关规定，做好上级检察机关党组对下级检察机关领导班子协管工作。最高人民检察院《关于加强新时代检察队伍建设的意见》指出，要选优配强领导班子，配合做好领导班子整体功能综合分析研判，及时、高质量提出调整配备建议。做好领导班子协管工作，前提和基础是全面精准了解下级院领导班子和领导干部，这样才能发挥好"协"的作用、履行好"管"的责任，为党委职能部门选优配强领导班子和领导干部队伍提出精准建议。

（三）针对性加强改进政治工作的前提

习近平总书记指出，"思想政治工作从根本上是做人的工作"。做好人的工作，首先就是要做到全面准确了解掌握干部队伍的政治表现、思想状况、履行职责和廉洁自律情况，及时掌握干部"活情况"，确保思想政治工作的精准性、针对性。全面加强领导班子和领导干部日常了解，有助于及时发现、准确掌握检察队伍中苗头性倾向性问题，及时跟进开展思想政治工作，更有效发挥高质量检察政治工作在引领推进检察工作发展中的重要作用。

（四）进一步加强队伍严格管理的需要

新修订的《推进领导干部能上能下若干规定》明确，"各级组织（人事）部门应当把功夫下在平时，深化对干部的日常了解，定期分析研判考核考察、巡视巡察、审计、统计、个人有关事项报告、民主评议、信访举报等有关领导班子和干部队伍情况，动态掌握干部现实表现"。分得清干部队伍的能者、优者、庸者、劣者，是落实好领导干部能上能下制度的前提，能够准确帮助党组分析研判"谁能上""谁该下"。因此，全面加强领导班子和领导干部日常了解，也是从严管好检察队伍的必然要求。

二、准确把握当前加强领导班子和领导干部日常了解存在的问题不足

随着新时代组织人事工作高质量发展，各地各部门在加强领导班子和领导干部日常了解方法和路径方面积累了许多有益经验，但开展协管工作及深入下级院专题调研发现，仍不同程度存在工作理念不适应、方式方法有差距等问题。具体体现在以下五个方面：

（一）主动知事识人意识能力还有差距

部分检察院干部部门局限于按照党组工作要求开展干部考核、任前考察等工作，主动搭建平台、拓展渠道，加强领导干部日常了解的意识和主动性不强，没有把无意识、被动的识人行为转变为有意识、主动的识人举措。一些基层院干部考察工作不够深入细致，只是将干部考察作为一般落实程序，没有从为党组选人用人"守好门""把好关"的站位和高度，将干部考察工作做深做实做细。日常工作接触中也发现，部分检察组工干部尚未意识到知事识人是做好组织工作的基本功，不善于透过现象看本质、从细微处见真实，与习近平总书记对组工干部要有"瞻山识璞、临川知珠"的识人慧眼要求还有较大差距。

（二）研究人和研究事结合得不够紧密

"知事"和"识人"作为一个整体，强调既要"知事"，又要"识人"，两者缺一不可。古语"为职择人则治，为人择职则乱"，也是倡导要围绕事业需要科学选人，依据岗位要求择优用人。当前，部分检察院干部部门在选人用人时，普遍存在把更多的精力放在"人"上，对岗位需要的核心能力和关键条件，以及干部能力是否符合岗位要求，考虑不深、研究不够、办法不多。另外，由于基层检察院组工干部对检察工作、检察业务发展的主动学习、跟进学习不够，导致对形势任务、岗位需求等"事"的跟进了解也普遍存在不足，必然影响到知事识人的质量水平。

（三）领导干部日常了解手段相对单一

实践中，一些干部部门运用较多的日常了解手段主要是任职谈心谈话、干部考察等方式。谈心谈话主要集中在提拔任用前，非提拔任用谈心谈话开展得少，各层级联动推进谈话"全覆盖"以及将谈心谈话固化为机制方面仍有不足。另外，各地检察院干部部门普遍存在干部日常了解过程中，"听其言"居多、"观其行"不足，主动将日常了解的范围从工作圈延伸到生活圈、朋友圈、社交圈等"八小时"以外，综合运用多种方式及时掌握干部"活情况"不够。

（四）平时考核日常评价功能发挥不足

公务员平时考核既有"指挥棒""风向标"作用，又有"显微镜""透视镜"功效。只有通过平时考核全方位、多角度地了解干部的德才表现、禀赋能力、重要情况和群众口碑，才能有效破解"平时不算账、年终凭印象"的难题。日常调研和部署开展的全市检察机关党建督查测评均发现，一些单位开展平时考核工作存在"形式化""简单化"倾向，考核标准不够明确，结果运用不够充分，难以有效发挥日常了解干部、激励干部作用。

（五）信息共享和集成效应还不够充分

深化干部日常了解、落实全程记实制度、做到精准知事识人，离不开对领导班子和领导干部教育管理监督等各类信息的系统集成、综合运用。但实践中，由于与知事识人相关的巡视巡察、信访举报、审计、教育培训、表彰奖励、参加重大任务等信息记录，分散在纪检监察、审计、检务督察、机关纪委、宣传教育等各职能部门，导致对领导干部日常了解信息整合碰撞不够全面、充分、实时，无法为知事识人和选人用人提供充足的依据。

三、探索完善领导班子和领导干部日常了解的方法路径

近年来，北京市检察院将加强下级院领导班子和领导干部日常了解，作为做好干部协管工作、高质量推进领导班子和领导干部队伍建设的重要基础性工作，在实践探索中总结了一些有益经验，同时以制定实施《北京市人民检察院关于加强下级院领导班子和领导干部日常了解工作办法》为牵引，着力进一步加强知事识人实践创新。

（一）北京市检察院实践经验

一是坚持把政治标准放在首位。牢记"看北京首先要从政治上看"的要求，突出把检察人员政治忠诚、政治定力、政治担当、政治能力、政治纪律作为日常了解主要内容，坚决落实四个"注重选拔"、四个"坚决不用"要求，注重把日常了解触角延伸到攻坚克难一线、服务群众一线、化解矛盾一线，动态把握干部政治言行和一贯表现；注重在机构改革、领导班子换届、职务调整等重要人事变动期间，观察干部对待进退流转的态度，识别政治觉悟和大局观念；探索将政治品质与道德品行考察了解相结合，将家庭美德、个人人品修养纳入政治素质考察范畴，对政治素质不合格的干部"一票否决"。

二是注重多渠道主动知事识人。近年来，北京市检察院政治部按照干部协管要求，积极履行好协助党组知事识人的主体责任，主动定期深入下级院开展领导班子和领导干部队伍情况调研，认真开展检察人员思想情况分析研判，建立领导干部定期谈心谈话、与派驻纪检监察组定期沟通会商等机制，全面了解掌握领导班子和领导干部队伍"活情况"。在

实践总结基础上，制定实施《北京市人民检察院关于加强下级院领导班子和领导干部日常了解工作办法》，深化对领导班子和领导干部的全方位、多角度、近距离日常了解。

三是强化斗争实践中考察评价。注重多层次选派领导干部参与中央及市委巡视、对口援助等重大任务，推荐年轻领导干部参与牵头重大疑难复杂案件办理和重要法律监督专项工作，把改革发展的主战场、维护稳定的第一线、服务群众的最前沿作为考察识别干部的大考场，着重了解干部在完成急难险重任务、处理复杂问题、应对重大考验中的表现，观察干部对重大问题的思考、对群众的感情、对待名利的态度、为人处事方式、处理复杂问题能力，在深入了解干部表现的同时，也为干部成长成才搭建了平台。

四是全面运用好考核考评手段。探索检察人员分级分类考核，针对检察官、检察辅助人员、司法行政人员不同人员类别履职内容和岗位职责，设置差异化评价指标体系，实现共性与个性有机统一。平时考核指标分配突出重点和实绩，将5%—10%统筹指标定向给予在重大任务、重要专项工作中表现突出的部门和人员，切实发挥好考核指挥棒、风向标作用。制定实施《检察人员专项考核工作细则（试行）》，先后开展"刑罚执行重点案件专项检察""减刑、假释、暂予监外执行专项监督抽查核查"等一系列专项考核，发现了一批迎难而上、敢于攻坚克难的优秀干部，为干部培养选拔和日常管理提供精准科学依据。

（二）深化探索方法路径

一是提升主动日常了解意识能力。各级检察机关干部部门要提高政治站位，主动扛起协助党组履行日常了解干部的主体责任，树牢"知事识人在平时、常态了解是关键"的认识，坚持"见缝插针、无孔不入"地观察了解干部，从不同侧面、维度收集领导班子和领导干部各类信息。同时，应敢于打破思维束缚，"下沉二级"了解干部，有意识将识人触角向前延伸、向下延伸，将识人的视野扩展到基层一线。

二是突出日常了解侧重点关键点。领导班子日常了解重点要看政治上是否团结一致、坚强有力，履职上是否敢于担当、善于作为，政绩上是否群众满意、普遍认可，作风上是否求真务实、真抓实干；领导干部日常了解重点要看政治品行、理论水平、专业能力、工作实绩、作风状态、廉洁自律情况，特别应突出对领导干部政治忠诚、政治立场、政治担当、政治能力、政治自律等情况的了解识别，全面掌握领导干部"活情况"。同时要紧紧围绕党中央决策部署和最高检、北京市委落实要求，将领导班子和领导干部日常了解内容与不同时期阶段性重点工作有机结合。

三是强化知事识人整体性系统性。要坚持把研究人和研究事结合起来，统筹考虑事业发展与干部成长两个关键性因素，把了解事认识人、谋准事用对人作为根本出发点。既要"知大局"，熟知世情、国情、党情，对"国之大者"领悟到位，准确把握事业发展需要什么样的人；也要"知岗位"，注重立足职位分析，找出职位需要的核心能力和关键条件，掌握不同类别领导班子的专业化配备要求，努力实现人岗相适、人事相宜。探索团队式分析评价干部方法，从副职履职情况分析正职履职情况，从分管内设机构负责人履职情况分析副职履职情况，从内设机构负责人历年履职情况分析判断其发展潜力。

四是扩展日常了解干部方法途径。定期有重点、针对性深入下级院实地调研，有计划列席下级院领导班子民主生活会、班子成员履行"一岗双责"情况报告会等，在集中换届、届中调整等关键节点前对各检察院领导班子开展全覆盖调研，全面了解本系统领导班子和领导干部。将谈心谈话作为日常了解重要手段，坚持定期谈话与重点跟进谈话相结合，经常性深入干部群众、相关知情者了解领导班子和领导干部具体情况。有计划选派各级领导干部在重大任务和重要专项工作中经受锻炼，有序推进交流任职，广泛搭建展示才干平台，在实践历练中近距离了解领导干部日常表现。

五是注重考准考实干部日常表现。进一步发挥平时考核考在日常、查在平时作用，通过从严从实从细做好平时考核，多维度、全方位、深层次为干部日常表现精准"画像"，不断提升知事识人精准度。抓好专项考核工作，在专项工作、重点任务、重大项目完成后及时开展盘点，掌握领导干部参与了哪些工作、发挥了什么作用、做出了什么贡献，动态掌握领导干部担当作为的实绩表现。探索在工作岗位以外了解干部有效途径，把干部生活圈、微信朋友圈等线上线下社交网纳入日常了解范围，通过走访家访等形式，向身边人了解干部的思想、家庭、生活等情况，全面掌握其个人私德、家庭美德。

六是强化各类信息共享整合运用。综合分析研判是日常了解干部的后半篇文章，关系到能否全面客观、科学精准地把干部评价到位。坚持将日常了解与综合研判贯通融合，纵向分析历年领导班子和领导干部考核测评、全面从严治党责任考核以及相关院党建督查测评等情况，从研判发展变化趋势过程中了解领导班子和领导干部履职情况。加强内部职能部门信息深度整合，全面吸收运用政治督察、审计、信访、培训、奖惩等方面的情况，加强与派驻纪检监察组沟通会商，及时听取意见建议，全面分析、系统比较、相互印证，动态立体掌握领导班子和领导干部情况。

以"四个突出"锻造"硬核班子"不断提高领导班子建设质量

李 健[*]

建设好领导班子是夯实党执政组织基础的关键，也是抓好改革发展稳定各项工作的关键。当前，在奋力推进中国式现代化的时代背景下，检察机关欣逢最好发展时期，也面临着更高履职要求，对忠诚干净担当的领导班子需求更为迫切，对如何建设领导班子也有着新的标准要求。内蒙古检察机关必须深入贯彻落实《全国党政领导班子建设规划纲要（2024—2028）》，不断提高领导班子建设质量，努力锻造忠实践行习近平新时代中国特色社会主义思想的坚强领导集体，为完成好习近平总书记交给内蒙古的"两件大事"贡献检察智慧和力量。

一、突出培根铸魂，着力锻造政治过硬的领导班子

习近平总书记指出，"领导干部要忠诚干净担当，忠诚始终是第一位的"。检察机关是党绝对领导下的政法机关，是党和人民的"刀把子"，讲政治是检察事业的核心、检察工作的灵魂。领导班子作为推动检察工作高质量发展的"指挥部"，要旗帜鲜明讲政治，始终把政治过硬作为领导班子建设的"根"和"魂"，注重政治引领，强化理论武装，做实文化润检，确保检察领导干部绝对忠诚、绝对纯洁、绝对可靠。

（一）把握好对党忠诚这一"政治灵魂"

在推进检察工作高质量发展新征程上，要持续深入开展理想信念教

---

[*] 李健，内蒙古自治区人民检察院党组成员、副检察长。

育和政治忠诚教育，落实"沿着习近平总书记指引的方向"领航前行计划，常态化开展"感党恩听党话跟党走"群众教育，让坚定拥护"两个确立"、坚决做到"两个维护"成为检察领导干部的鲜明政治底色。要坚持党对检察工作全面领导，牢牢把握检察机关政治属性，善于从政治上分析和处理业务问题，在检察办案中落实和维护党的领导，绝不能讲条件、打折扣、搞变通。要严肃政治纪律和政治规矩，严格落实重大事项请示报告制度。要严格执行民主集中制，持续解决党内政治生活庸俗化、交易化等问题，严格落实领导干部双重组织生活制度，不断提高民主生活会质量。

（二）把握好理论武装这一"根本所在"

理论武装永不止步，永远在路上。特别是当前我们正行走在推进检察工作高质量发展的奋进之路上，势必会遇到各种可以预料和难以预料的艰难险阻，必须持续强化理论武装这一有力法宝。要将习近平新时代中国特色社会主义思想作为党组理论学习中心组学习的首要内容、检察领导干部教育培训的主题主线，抓实领导班子读书班、"第一议题"、专题党课等学习制度，建立"党组中心组＋党支部＋党员"三级联动学习机制，引导领导干部沉下心来读原著、学原文、悟原理，从中体悟核心要义、感知真理光辉。要健全落实以学铸魂、以学增智、以学正风、以学促干长效机制，把理论武装与具体工作结合起来，坚持学思用贯通、知信行统一，引导检察领导干部把自己摆进去、把职责摆进去、把工作摆进去，注重从党的创新理论中找理念、找思路、找方法、找举措，以理论学习提升干事之能、以实绩实效彰显学习之效。

（三）把握好以文化人这一"关键变量"

文化作用的发挥，如春风化雨、潜移默化。新征程上，内蒙古检察机关要大力培育"忠诚、为民、担当、公正、廉洁"的新时代检察精神，以先进文化引领检察工作创新、滋养检察领导干部为政素养。要塑造新时代内蒙古检察之魂，通过思想文化建设使检察领导干部时刻不忘初心、牢记使命，自觉做党和国家的忠诚保卫者、社会公平正义的坚定捍卫者、宪法和法律尊严的积极维护者、人民群众利益的忠实守护者，高质效办好每一个案件。要端正新时代内蒙古检察之风，通过思想文化建设大力弘扬求真务实、不尚空谈的硬作风，用实干诠释忠诚，用业绩检验担当；大力倡导追求卓越、拒绝平庸的正能量，以奋发有为为荣；大力营造"有为才有位""有为必有位"的好氛围，让实干、能干的人心情舒畅、劳有所得。

二、突出选优配强，着力锻造坚强有力的领导班子

习近平总书记指出，光有思想和部署，没有优秀的人来干，那也难以成事。为政之要，惟在得人。作为一个单位贯彻落实党中央决策部署、推动检察工作的"火车头"，选优配强检察机关领导班子既是夯实党的执政根基的关键之举，也是推动检察工作高质量发展的现实要求。要靠前协管、主动协管，坚持新时代好干部标准，多措并举、系统施策，努力把全区检察机关领导班子锻造得更加坚强有力。

（一）主动协管，解决好班子"强不强"的问题

近年来，内蒙古检察机关注重长远"谋"班子，研究制定领导班子建设规划纲要，积极推动领导班子职数科学核定，市级院、基层院均核定1名比照党政机关部门正职的副检察长，政治部主任、专委职数核定全覆盖，破解了多年未能解决的"行政级别断层"难题。但有的地方对领导班子动态情况不了解，该提人选时提不出来；部分基层院领导班子副职选任工作周期相对较长；同地方党政部门干部交流任职较少。新征程上，要应变局、育新机、开新局、谋复兴，关键是要把领导班子配强。要主动靠前协管，注重做好领导班子建设规划，明确未来3—5年全区三级院班子建设的"路线图"。主动向地方党委主要负责同志汇报干部工作，踩准干部选配"步点"，参谋到关键处、合适时、重要人，实现"选好一个人、带动一班人"的效果。要协调党委组织部门，优化干部选任流程，提升班子配备效率，实现应配尽配。要打破交流壁垒，选派上级院优秀年轻干部到下级院担任领导班子成员，选派下级院领导班子成员

到上级院担任部门负责人，激活干部队伍"一池春水"。

（二）规划引领，解决好梯队"稳不稳"的问题

内蒙古属于边疆民族地区，受地理区位条件影响，对人才的吸引力不够，优秀年轻干部储备的"蓄水池"相对较小，后备力量相对不足，选用干部时常常感到"捉襟见肘"。有的地方干部年龄、学历"两极分化"，再加上人员流失等情况，致使当地干部"青黄不接"。要注重统筹谋划，健全落实优秀年轻干部日常发现、跟踪培养、适时使用、从严管理的常态化工作机制。实施"人才培养工程"，研究制定检察机关优秀年轻干部培养规划，分类储备后备干部。要注重培养历练，按时"浇水施肥""加油给料"，有意识地把他们放到吃劲岗位或急难险重任务中磨炼，在经风雨、见世面中长才干、壮筋骨。2027年前，自治区院45岁左右、市级院40岁左右、县（旗）级院35岁左右的班子成员，45岁左右市级院检察长、40岁左右县（旗）级院检察长应达到一定数量。

（三）抓好统筹，解决好结构"优不优"的问题

近年来，内蒙古检察机关注重优化班子结构，全区三级院班子成员平均年龄由2022年的48.7岁降低至47.3岁，全日制法学本科及以上学历占比提高了5个百分点，从党政机关选任16名基层院检察长，为检察工作发展带来新生动力。但是与发达地区相比，领导班子年龄结构偏大、学历结构不优、专业化程度不高等现象仍然存在。优化领导班子结构，是摆在当前的首要任务。要突出政治标准，坚持个体强整体优、结构服从功能，完善依岗选人、依事择人工作机制，协同做好盟市、旗县检察领导干部选配工作，不断优化检察机关领导班子结构。坚持将"一把手"的选配作为重中之重，综合年龄、经历、专业等因素，及时主动向地方党委推荐。坚持老中青梯次配备，配合地方党委统筹用好各年龄段干部。突出选配的专业化和年轻化，通过遴选、比选等方式，大力选拔法律专业干部、年轻干部、有基层经历的干部。坚持拓宽视野、不拘一格，积极从其他党政机关引进人才，不断完善班子专业结构、经历机构。统筹

做好检察机关女干部、少数民族干部和党外干部培养选拔工作。

三、突出能力建设，着力锻造堪当重任的领导班子

习近平总书记指出，"我们处在前所未有的变革时代，干着前无古人的伟大事业，如果知识不够、眼界不宽、能力不强，就会耽误事"。检察领导干部作为检察队伍的"关键少数"，在推进检察工作高质量发展进程中发挥着"关键作用"，必须提升三个"关键能力"，努力创造经得起实践、人民和历史检验的检察新业绩。

（一）提升政治能力，确保"靠得住"

在干部干好工作所需的各种能力中，政治能力是第一位的。近年来，内蒙古检察机关常态化落实领导干部政治轮训制度，实施干部政治素质考察"正反向测评"，持之以恒提升领导干部政治能力。但还存在一些不足，部分领导干部的政治站位、政治能力还跟不上，单纯业务思维，就案办案、机械司法仍然存在。只有不断提升政治能力，才能"任凭风浪起，稳坐钓鱼台"。新征程上，要持续实施检察机关领导干部政治能力提升计划，定期举办基层院检察长专题研讨培训班，有计划地组织其他领导班子成员政治轮训，不断提升政治判断力、政治领悟力、政治执行力。要更新司法理念，落实好"三个善于"的实践要求，统筹考虑天理、国法、人情，将法条、法意、法魂深度融合起来。要做实政治素质考察，细化考察标准，建立完善"共性＋个性"考察清单，用好考察谈话基本手段，用好重大任务重大斗争"试金石"，切实把严把住政治关。

（二）提升履职能力，确保"干得好"

近年来，内蒙古检察机关深入实施"素质能力提升工程"，全面开展全员全年全科"三全式"培训和真案真庭真人"三真式"实训，落实领导干部上讲台、检察长进党校、领导干部带头办理疑难复杂案件等制度规定，检察领导干部履职能力不断提升。但也要清醒地看到，随着党和国家事业的蓬勃发展，各项工作专业化、专门化、精细化程度越来越高，对干部专业素养、业务能力提出了更高要求。相比之下，部分检察领导

干部的履职能力还有许多与全面深化改革、推进检察工作高质量发展不适应、不符合的地方。新的征程上，要持续实施检察领导干部履职能力提升计划，采取案例教学、实战演练等方式，用好中检网、干训网等平台，分层分级分类抓好任职培训和专业化能力培训，不断完善履职尽责的知识体系，补齐能力短板。要注重实践历练，持续抓实"法检"互派挂职、协作交流，推荐优秀干部到最高检、发达地区挂职锻炼，在实践中锤炼本领、提升能力。

（三）提升斗争能力，确保"顶得上"

斗争一线是培养锻炼干部的平台，也是干部成长的舞台。近年来，内蒙古检察机关建立帮助基层院工作机制，选派领导班子成员参与乡村振兴等"急难险重"工作，选派44名初任检察官到基层院实质性任职，让他们在"解难题"中提升自我，在"扛硬活"中历练成长。面对严峻复杂的形势任务，检察机关个别领导干部缺乏担当精神，斗争本领还不够强，实干精神也不够足，守着好条件却没有创造出好业绩。新的征程上，要把发扬斗争精神、提高斗争本领作为班子成员素质培养的重要内容，掌握斗争规律、讲求斗争方法，坚持有理有利有节，在原则问题上寸步不让，在策略问题上灵活机动。要积极搭建一线锻炼平台，引导检察领导干部在带头应对突发事件、完成急难险重任务、办理疑难复杂案件中经历"风吹雨打"，多捧"烫手山芋"，多当几回"热锅上的蚂蚁"，不断砥砺斗争精神、提升斗争能力。

四、突出严管厚爱，着力锻造作风过硬的领导班子

习近平总书记强调，"坚持严管和厚爱结合、激励和约束并重，更好激发广大党员、干部的积极性、主动性、创造性"。在大多数情况下，领导干部都扮演着管理者角色。己正，才能正人。要综合运用考核、激励、管理等措施，以有效监督把"关键少数"管好用好，着力锻造作风过硬的领导班子。

（一）树牢考核"风向标"

近年来，内蒙古检察机关建立健全与党委组织部对下级院班子共同考核机制，进一步完善考核评价体系，突出"考什么""怎么考""怎么用"，既把握党政干部的共性要求，又体现检察职业特点，一定程度上助推领导班子整体功能实现新提升。但与党中央和最高检要求相比，还存在考核不够精准、考核结果运用刚性不足等具体问题。考核不能只是"看起来很美"，要在考评精准量化、结果刚性兑现、导向鲜明有效上下足功夫。要画好"标准像"，建立具有检察特色的领导班子考核制度体系，积极协助当地党委做好下级院领导班子考核工作。要当好"示范者"，深化入额院领导直接办案工作，完善考核、通报等机制，充分发挥办理疑难复杂新类型案件的带头、示范、引领作用，以"头雁效应"激发"群雁活力"。要下好"及时雨"，强化考核结果运用，将考核结果与班子评先评优、干部提拔使用、晋级晋升、绩效工资严格挂钩，引导领导干部真抓实干、担当作为。

（二）用好激励"强心剂"

近年来，内蒙古检察机关不断完善能上能下用人机制，选准用好敢担当善作为的干部，营造了鼓励干事、宽容失误的良好氛围和敢于担当、勇于负责的从检环境。但也有个别单位在干部选拔任职年龄上存在认识误区，把干部"年轻化"简单化、绝对化，一些年龄、学历不占优势的干部干事创业的积极性受挫。干部是推动党和国家事业发展的主力军，肩负着重大历史使命和责任。在新时代新征程中，要在干部选用中强化重实干、重实绩的用人导向，大力选拔牢固树立正确政绩观，真抓实干、埋头苦干、做出业绩的干部。对一些在年龄、学历、经历等方面不占优势但非常能干的干部，也要用当其时、用当其位。要持续落实递补入额人选优先入额机制，对获得最高检业务竞赛荣誉的递补人选优先进入检察官队伍，让荣誉者更有干劲、让实干者更有方向。要落实好习近平总书记"三个区分开来"的重要要求，做好容错纠错工作，以组织担当促干部担当。要健全领导干部关心关爱激励机制，从精神鼓励、政治关心、生活关爱、经济激励等方面细化具体措施，注重解决干部"后顾之忧"。

（三）扣紧管理"紧箍咒"

好干部是选出来的，更是管出来的。全面从严治党永远在路上，稍有松懈歪风就有可能反弹，消解掉来之不易的良好局面。要巩固深化党纪学习教育成果，引导检察领导干部学纪、知纪、明纪、守纪。要严格落实巡视巡察、经济责任审计、"三个规定"、领导干部和检察官任职回避、个人有关事项报告等制度规定，加大因私出国（境）管理力度，规范领导干部配偶、子女及其配偶经商办企业行为，筑牢廉洁自律防线。要认真落实推进领导干部能上能下规定和实施细则，坚决把"不正、不能、不干"等不适宜担任现职的干部调整下去，推动形成能者上、优者奖、庸者下、劣者汰的良好局面。

加强地方检察院领导班子建设的路径研究

陈 镝[*]

习近平总书记强调,"领导班子是一个地方、一个单位的'火车头'"。近年来,福建检察机关以习近平新时代中国特色社会主义思想为指导,坚持党管干部原则,积极配合地方党委,全面履行领导班子协管职责,突出问题导向、靶向治疗,选优、配强、管好全省三级院领导班子,为推进检察工作高质量发展提供了坚强的人才支撑。本文结合福建实际,研究提出加强地方检察院领导班子建设的基层实现路径。

一、坚持把提高政治能力放在第一位,增强领导干部履职能力

习近平总书记强调,"我们要应变局、育新机、开新局、谋复兴,关键是要把党的各级领导班子和干部队伍建设好,建设强"。增强领导干部履职能力,必须聚焦法律监督主责主业,着眼以"三个善于"做实"高质效办好每一个案件",与时俱进提升领导干部的政治素养和专业能力,确保领导干部在检察工作高质量发展进程中扛大梁、攻难关。

(一)坚持带头讲政治,着力把准政治方向

习近平总书记强调,"我们党对干部的要求,首先是政治上的要求"。检察机关首先是政治机关,党的绝对领导是检察工作的最高原则,也是最大优势,任何时候任何情况下都不能有丝毫动摇。要始终坚持党对检察工作的绝对领导,把党的政治建设摆在首位,严格落实《中国共产党

---

[*] 陈镝,福建省人民检察院党组成员、政治部主任。

政法工作条例》《党委（党组）落实全面从严治党主体责任规定》，充分发挥党组把方向、管大局、作决策、抓班子、带队伍、保落实的作用。要巩固拓展主题教育成果，健全党组会议"第一议题"学习制度，充分发挥"关键少数"领学带学促学作用，持续提升领导干部政治能力，做到观察形势把握政治因素、谋划推动工作落实政治要求、处理解决问题防范政治风险。依托"新福建检察大讲堂"开展政治轮训，切实把学习成果内化为坚定拥护"两个确立"、坚决做到"两个维护"的自觉，外化为主动作为的创造性实践。

（二）严格党内生活，着力提高政治能力

习近平总书记强调，"在干部干好工作所需的各种能力中，政治能力是第一位的"。福建检察机关贯彻落实《关于新形势下党内政治生活的若干准则》，全面加强和规范党内政治生活，严格落实领导干部双重组织生活，班子成员主动增强表率意识，培育形成严格党内组织生活的良好氛围。要分层分类、有计划组织开展领导干部政治轮训，切实做到讲业务必讲政治、抓业务必强政治、选干部必重政治。充分发挥福建作为习近平新时代中国特色社会主义思想的重要孕育地和实践地这一独特优势，深入开展争优争先争效活动。领导班子要带头深入开展专题调研，深入贯彻福建省委"四下基层"工作意见，提升看全局看长远水平。要用好用活红色法治资源，组织到红色检察基因传承教育基地（龙岩）等开展政治训练，健全党组理论学习中心组学习制度，提高领导班子政治能力，确保领导班子让党放心、让人民满意。

（三）强化履职培训，着力提升业务素能

检察工作政治性、政策性、专业性和实践性都很强，检察工作的火热实践是最好的"练兵场""试金石"。要紧紧围绕实施新时代民营经济强省战略、建设两岸融合发展示范区、打造东南法治建设高地等重大任务，充分发挥国家检察官学院福建分院教学主阵地作用，加强领导干部履职能力培训。切实推动入额院领导办案制度走深走实，常态化举办领

导班子综合素能培训班，全面开展领导干部上讲堂、检察官教检察官、先进典型进课堂，选派院领导、资深检察官、省级以上业务专家上台授课。强化检校人才合作，加强领导履职能力培训，创新推行共享式、开放式、传导式、一体式培训理念，加大应用型、实战型领导人才的检察培训力度，与时俱进提升领导干部法律监督能力，切实提升领导干部综合素能。

二、坚持高质效履行协管职能，持续优化班子结构、提升整体功能

建设新时代检察队伍，领导班子是龙头也是关键。班子强则人心聚，人心聚则事业兴。要着眼未来5—10年领导班子建设需要，以新一轮党政领导班子建设五年规划纲要为指引，坚持个体强整体优、结构服从功能，精准科学选好干部、配强班子，优化各级院领导班子结构，实现年龄梯次配备合理、专业优势互补、来源渠道广泛。

（一）注重发现储备培养

树立检察人才"一盘棋"思想，建立优秀干部储备库，健全发现识别机制，加大领导干部储备，实行集中掌握、动态管理、统筹优选、储用结合，推进分级分类管理使用，持续壮大领导班子建设的"蓄水池"。动态做好市县两级院干部信息库更新维护，对调研、走访中掌握的优秀中层干部、优秀年轻干部、各类人才分类建库管理，定期分析市县两级院领导班子和中层干部结构特点和变化趋势，用好用实"提醒函"制度，针对存在的问题精准发函提醒，推动市县两级院抓好整改落实，切实提高编制和领导职数利用率。结合届中调整等工作，积极协调地方党委组织部门，注重选拔优秀年轻干部担任市县级院分管日常工作副职。在人选政治素质好、实绩突出、群众公认的前提下，加大从分管日常工作副职中选任"一把手"力度。

（二）注重提升整体效能

根据检察事业发展需要，统筹考虑年龄、专业、经历等结构，选优

配强领导班子成员，提升班子整体效能。注重加强年轻干部、女干部、党外干部等结构性人选培养使用，为选优配强班子蓄足"源头活水"。切实将"一把手"的选配作为重中之重的任务，在届中调整和集中换届的重要时间节点，综合考虑年龄、经历、专业等因素，把政治标准放在首位，注重选拔政治过硬、经验丰富、勇于担当、公道正派、清正廉洁的检察人员担任正职，及时主动向地方党委推荐符合条件的优秀干部作为检察长人选。在基层院班子选配中，班子成员中一般要有1名35岁左右的年轻干部，兼顾女干部配备。坚持检察官法规定的任职资格和条件，注重选拔既有业务专长，又有较强参政议政能力和一定组织领导能力的党外干部，优化班子结构。

（三）注重夯实基层基础

根深则叶茂，本固则枝荣。要把加强市县级院领导班子建设作为检察事业长远发展的固本之策，把政策、力量更多向基层倾斜。健全完善市县级院班子成员数据库，做好领导班子整体功能综合分析研判，实时掌握班子配备动态，高质效提出调整配备建议。福建检察机关针对仅省检察院及个别市县院配备分管日常工作副职的实际情况，坚持问题导向，回应基层关切，专门就市县级院分管日常工作副职配备问题与省委组织部反复沟通协调，第一时间联系掌握全国各地情况，推动省委组织部到检察机关开展专题调研，最终明确市县级院可按照同级党政部门正职职务层次，配备1名分管日常工作副职。

三、坚持加大领导干部交流力度，激活新时代检察队伍的"一池春水"

"为官择人者治，为人择官者乱。"习近平总书记指出，培养复合型领导干部，跨领域交流是行之有效的途径。受职业属性影响，检察机关领导班子成员与党政机关交流相对较难，外部晋升渠道不畅、内部晋升通道较窄，领导干部交流途径相对受限。要加大干部交流统筹力度，有计划、分阶段、分批次推动领导干部跨系统、跨层级、跨地域有序交流、多岗位锻炼。

（一）巧妙融入"大盘子"

加强检察机关领导班子建设，必须融入地方领导干部队伍建设"大盘子"。福建省检察院针对部分市级院在日常管理中对下级院人员情况掌握不够，主动研提选干部、配队伍建议少，主动协管意识不够强，不同程度上存在"不敢管""不会管""管不好"等问题，加强与各级组织人事部门沟通协调，用好公务员招录、选调生引进、人员调入等手段，主动向党委及组织部门沟通协商，积极争取相关政策支持。要发挥熟悉检察干部情况的优势，精准及时提出调整配备建议，确保在人选建议上达成最大共识，协同配齐配强领导班子。

（二）坚持把握"硬条件"

始终坚持党管干部原则，认真落实《中共中央关于新形势下加强政法队伍建设的意见》，严格执行党政领导干部选拔任用及市县级政法机关领导干部交流等有关规定，坚持人岗相适、人事相宜，积极配合地方党委及其组织部门，盘活领导职数资源，着力优化两级院领导班子结构。主动用好领导干部纵向、横向交流举措，拓宽领导干部交流途径，注重选派领导班子成员到困难矛盾多的地方和艰苦复杂环境中去锻炼，让领导干部走出"舒适圈"，走进"深水区"，以硬脊梁、铁肩膀、真本事应对变局、开拓新局。

（三）切实发挥"一体化"

发挥检察机关上下一体化履职的组织优势，坚持一体推进，构建环环紧扣、有机衔接的三级院领导班子建设工作机制。及时跟进配合地方党委，统筹考虑、通盘把握、分步推进、跟进优化，努力使市县两级院领导班子配备日趋合理，班子整体功能和内在活力显著增强。指导各地对所辖两级院领导班子成员进行全面摸底和分析研判，及时积极与地方党委及其组织部门沟通交流，协调解决班子配备中存在的困难和问题，协助市级院党组更加精准地选干部、配班子，使班子年龄结构得到改善，学历层次和专业结构明显优化，干部来源和经历结构更加丰富。

四、坚持抓实年轻干部培养选拔，努力锻造堪当时代重任的检察事业可靠接班人

习近平总书记多次强调，"实现中华民族伟大复兴，坚持和发展中国特色社会主义，关键在党，关键在人，归根到底在培养造就一代又一代可靠接班人"。要健全落实优秀年轻干部日常发现、跟踪培养、适时使用、从严管理的常态化工作机制，着力建设一支忠实贯彻习近平新时代中国特色社会主义思想、符合新时代好干部标准、数量充足、充满活力的高素质专业化年轻干部队伍。

（一）健全培养选拔机制，抓好后继有人

健全上下联动的全链条接续培养锻炼机制，建立优秀年轻干部和优秀选调生数据库，开展选调生推优工作，坚持跟踪培养、动态管理、优进绌退，保持优秀年轻干部"一池活水"。突出抓实选育管用，深入实施青年理论学习提升工程，推进"墩苗育苗"，有计划地选派年轻干部到基层吃劲岗位和艰苦地区扎实锻炼，对看准的大胆培养、早压担子，用当其时、用其所长，选送年轻基层院检察长到最高检挂职锻炼，提升政治站位和综合履职能力。

（二）遵循干部成长规律，加大使用力度

坚持把年轻干部培养作为领导班子建设的重要内容，遵循年轻干部成长规律，有计划地加强跟踪培养，针对性安排办理大要案、多岗位交流任职、参加重点专项工作、上下挂职交流等多种途径，做好"墩苗育苗"工作。切实建好用好年轻干部"蓄水池"，实行优进绌退、动态管理，变"现用急找"为"前瞻储备"，水到渠成地把能办案、善监督的优秀干部选出来、用起来。

（三）加强教育管理监督，促进健康成长

加强全方位管理和经常性监督，建立年轻干部政治、业务"双导师"

帮教制度，定期召开年轻干部思想动态分析会。建立政治素质档案，对年轻干部对待组织安排、承担急难险重任务的态度表现，进行行为纪实。抓实日常谈心谈话，推动全省三级院领导干部特别是主要领导干部带头与年轻干部谈心谈话，做到干部岗位变动必谈、参加重大专项工作必谈、出现苗头性问题必谈、受到组织处理必谈、发生家庭变故必谈，了解掌握工作和生活情况，帮助解决实际困难，及时"咬耳扯袖""红脸出汗"。

五、坚持加强领导干部纪律作风建设，着力建设清正廉洁的领导班子

习近平总书记鲜明指出，"作风问题本质上是党性问题""要强化监督，着力改进对领导干部特别是一把手行使权力的监督，加强领导班子内部监督"。要把严的基调、严的措施、严的氛围长期坚持下去，永远吹冲锋号，推进全面从严管党治检向纵深发展，着力打造清正廉洁、纪律严明、作风过硬的领导班子。

（一）推进全面从严管党治检

积极推动各级院党组书记履行党建"第一责任人"和班子成员"一岗双责"，压紧压实三级院党组全面从严管党治检政治责任。推进领导干部带头严格执行中央八项规定及其实施细则精神，新时代政法干警"十个严禁"，最高检"禁酒令"，检察人员配偶、子女及其配偶禁业清单，深化纠治"四风"和司法办案不正之风。严格执行《中国共产党纪律处分条例》，加强经常性纪律教育，深化运用监督执纪"四种形态"，综合发挥党的纪律教育约束、激励保障作用。加强对领导干部"八小时外"行为的管理监督，加大领导干部违纪违法问题查处力度，一体推进"三不腐"。

（二）推进领导班子党风廉政建设

贯彻落实《中共中央关于加强对"一把手"和领导班子监督的意见》，坚决落实上级院党组对下级院领导班子特别是"一把手"的协管责任，强化对"一把手"和领导班子监督实效。健全"一院一档"制度，

开展基层院"一把手"用车用房用钱情况专项监督检查，持续推进为基层减负和赋能，切实强化对市县级院"一把手"和领导班子的动态监督。强化家庭家教家风建设，持续深化廉政教育，加强廉洁文化建设。

（三）推进领导干部教育激励保护

全面落实从优待检政策措施，健全职业保障机制。全面准确落实司法责任制，抓实廉政风险防控，健全防止干预司法"三个规定"等重大事项记录报告制度常态化落实机制，完善领导干部依法履职不实举报澄清保护和容错免责机制。妥善把握事业为上、实事求是、依纪依法、容纠并举"四项原则"，深入落实"三个区分开来"要求，让领导干部担当履职无后顾之忧，切实激励领导干部履职尽责。

优化"选育管用"全链条机制
源源不断培养选拔使用优秀年轻检察干部

刘建军[*]

党的十八大以来,以习近平同志为核心的党中央高度重视年轻干部队伍建设。习近平总书记对年轻干部工作发表一系列重要讲话,提出一系列新思想新观点新论断,把党对年轻干部工作的规律性认识提高到新高度。培养优秀年轻干部,是事关检察事业长远发展的基础性、战略性工程。党的检察事业薪火相传、生生不息,离不开一支既政治过硬又本领高强的年轻干部队伍。检察机关要深学细悟习近平总书记关于培养选拔优秀年轻干部的重要论述精神,着眼进一步全面深化检察改革、加快推进检察工作高质量发展的需要,持续优化"选育管用"全链条机制,构建科学完善、务实管用、运转高效的年轻干部培养体系,源源不断培养选拔使用忠诚干净担当的高素质专业化优秀年轻干部。

一、注重"选苗拓源",健全完善"视野宽阔、渠道多元"的选拔体系

"选育管用"四个环节,既各有侧重,又密不可分、层层递进、相互影响促进。其中,"选"是基础、是源头、是前提。做实优秀年轻干部工作,首先要加强源头储备,畅通渠道入口,多渠道识别储备干部。

(一)强化源头建设,拓宽引入宽广度

"治天下者,用人非止一端,故取士不以一路。"加快构筑检察人才

---

[*] 刘建军,山东省人民检察院党组成员、政治部主任。

战略高地，需要牢固树立科学人才观，广开进贤之路、广纳天下英才。一是多渠道引入筑牢塔基。用好用活公务员考录、遴选、调任等政策，进一步拓宽招录进人渠道，积极补充优秀高素质年轻干部。2021年以来，山东检察机关利用空缺编制招录公务员1162人，其中全日制本科以上学历、法律专业分别占99.11%、84.14%，全日制研究生以上学历达到552人，占比44.44%，人员学历专业结构明显优化。二是精准化引入注重适配。科学分析岗位需求，有针对性地设置招录、遴选、调任条件和程序，比如，山东省检察院2024年度遴选1名文稿起草人员，在遴选条件上要求具有两年以上综合文稿起草经历，在遴选程序上加试"文稿写作水平"，提升引入人员岗位适配度。三是高起点引入名校英才。着眼于为高素质专业化人才建设奠定基础，面向北京大学等"双一流"名校，定向选调招录优秀毕业生80人。山东省检察院2024年度招录优选生4人，其中北京大学毕业生2人，占比50%。

（二）强化考察调研，注重识别精准度

"为政之要，首在得人；得人之道，首在识人。"要健全常态化发现识别机制，为年轻干部精准"画像"，科学知事识人。一是突出政治识别。把政治标准放在首位，完善年轻干部考察评价办法，通过明确政治素质正反面清单标准等有效措施，运用座谈调研、谈心谈话等多种方式，做实干部考察工作。二是注重平时识别。把功夫下在平时，才能全方位多角度近距离了解干部，精准掌握优秀年轻干部情况，有效识别干部。山东省检察院在无任用推荐调研中专门设置优秀年轻干部专项，常态化开展市县院领导班子和年轻干部专题调研，扎实做好基础工作。三是强化一线识别。更加注重在一线识人用人，形成工作在一线落实、实绩在一线检验的浓厚氛围。青岛市院会同市委组织部、政法委等部门以"四不两直"方式，到专案组、临时工作专班等一线考察18次，发现"好苗子"30余人。

（三）强化人才建设，注重储备区分度

"天下之治者在人才。"只有涵养好年轻人才"蓄水池"，各类人才才能竞相喷涌，人才之力才能竞相迸发。根据人才成长、干部调整等情况，建立省级检察人才库，其中年轻干部占比52%，形成规模适当、结构合理、梯次分布的人才队伍。重点抓好领军型检察人才储备，建立百余人的青年领航人才库，每年联合知名高校举办青年领航人才高级研修班。2名年轻干部入选省委法律专家库，9人入选省优秀年轻干部信息库。启动"齐鲁公诉登峰工程"，积蓄培育一批高层次、专家型年轻公诉精英。

二、注重"育苗培优"，健全完善"学干结合、精准高效"的培养体系

做实优秀年轻干部工作，"育"是关键。只有及时培土、浇水、施肥，年轻干部之"苗"才能根深苗壮、本固枝荣。

（一）突出"常态化"政治历练

习近平总书记强调，"优秀年轻干部必须对党忠诚，坚定不移听党话、跟党走"。检察机关首先是政治机关，要以政治历练提升年轻干部政治能力。一是筑牢政治忠诚。毫不动摇坚持党的绝对领导，在落实习近平总书记重要指示要求和党中央决策部署中勇当先锋队、突击队，擦亮坚定拥护"两个确立"、坚决做到"两个维护"的鲜明政治底色。二是提升政治素养。坚持不懈用党的创新理论正本清源、固本培元。山东省检察院成立青年工作委员会，实施青年理论学习提升工程，成立11个青年理论学习小组，打造了以"鲁检青年行"为统揽、以"创新理论学思行""党性教育实践行"等"六行并进"为支撑的"1+6+N"体系化青年工作模式，常态化组织年轻干部列席党组理论学习中心组集体学习并发言，教育引导年轻干部自觉做党的创新理论的笃信笃行者。三是落实政治要求。研究制定《山东省人民检察院关于加强检察队伍政治能力建设的若干措施》，为提升年轻干部政治能力明确22项举措。深化党建与检察业务深度融合，开展"百名检察榜样、百场基层党课"宣讲，组织检察英模、业务专家、标兵能手等检察榜样，向青年检察人员宣讲"从政治上着眼、在法治上着力"的生动实践，教育引导年轻干部把政治建

设要求融入检察履职全过程。

（二）突出"实战化"专业训练

新时代检察工作对专业素质能力要求越来越高，必须把专业化建设摆到更加突出位置。一是以精准化培训夯实基础。把高质量教育培训作为检察队伍建设的基础和先导，制定全省检察教育培训规划干部专业化能力教育培训框架，一体加强师资、课程等建设，提升培训的时代性、系统性、针对性、有效性。开展"点单送教"活动，基层院干部根据培训需求"点单"，省院统筹培训资源、将精品课程送到基层一线。二是以结对式带教助力成才。实施年轻干部成长"青蓝计划"，由业务专家及骨干作为"蓝方"，可塑性强、发展潜力大的年轻干部作为"青方"，以结对带教方式，帮助年轻干部成长成才。全省第一批308对"青蓝"人员教学相长、青蓝相济，成效显著。三是以实战化练兵提升素能。立足"案怎么办就怎么练""办案需要什么就苦练什么"的原则，突出实战实训实效，切实抓好岗位练兵，练就高质效办案的"真功夫"。在全省检察机关开展为期三年的"百庭观摩、千庭评议"专项活动，有效解决年轻干部出庭能力不足的短板。四是以全员性竞赛培育行家。印发业务竞赛组织管理办法，竞赛条线全覆盖，在全员学、全员训基础上，以赛促学、以赛促训，发现和培养各条线各领域的行家里手。

（三）突出"沉浸化"实践锻炼

应勇检察长在山东调研时指出，检察机关年轻干部存在不缺学历缺阅历、不缺知识缺经验、不缺专业缺经历等问题。年轻干部从"校门"走进"机关门"，缺乏基层"墩苗"和"一线"锻炼的机会和阅历，更应该到基层一线接受实践培养和锻炼。注重在经济发展一线摔打锤炼，深刻理解和把握"国之大者"。2021年以来，山东省检察院先后选派94名年轻干部参加省派"四进"攻坚、安全生产督导等任务，让他们在处理复杂矛盾、解决困难问题中增强服务大局本领。注重在乡村振兴一线涵养强化宗旨意识，践行司法为民初心，选派20名年轻干部参加第一书记和基层党建工作队、选调生基层锻炼等工作,增强服务群众本领。注重在对口援助一线互学互鉴、增知强能。全省检察机关选派123名年轻干部参加对口援助,在与受援单位共同工作中提升履职本领。选派年轻干部到公安、司法、审判等部门交流锻炼,增强办理新类型案件本领,凝聚司法办案共识。

三、注重"护苗修身",健全完善"严管厚爱、效能突出"的监督管理体系

"管"是年轻干部工作之要,严管厚爱是年轻干部成长的"护身符"。做实优秀年轻干部培养,必须准确把握从严监督管理和鼓励担当作为的内在统一关系,既用严管加压,又用厚爱加力,确保年轻干部正确成长方向。

(一)加强从严管理

习近平总书记强调,"好干部是选出来的,更是管出来的"。要压实各级党组织的主体责任,通过常态化谈心谈话、家访、廉政教育、警示教育等,督促引导年轻干部把"根"扎牢、把"苗"立正,扣好廉洁从检"第一粒扣子"。发挥制度管长远、管根本的作用,完善正风肃纪长效机制,落实落细"三个规定",修订《关于贯彻落实中央八项规定实施细则的若干规定》,出台各类制度28项,健全完善检察权运行制约监督机制,做到以制度管人、管事、管案,筑牢年轻干部拒腐防变"堤坝"。精准适用监督执纪"四种形态",特别是第一种形态。对苗头性倾向性问题,第一时间预警,及时批评教育,促进警钟长鸣。

(二)加强关心关爱

习近平总书记强调,"要把关心年轻干部健康成长作为义不容辞的政治责任"。一是做细思想工作。建立检察人员思想季度动态分析机制,主要负责同志与年轻干部代表定期集体谈心谈话,党组全面、准确、深入掌握年轻干部思想状况,并及时对症下药、靶向施策,确保把思想工作做到年轻干部"心坎里"。二是落实政策待遇。着力从思想引导、事业关

爱、生活关心各方面着力，全面落实交通补贴、带薪休假、健康体检等政策待遇，定期组织文体活动和心理健康咨询疏导，引导年轻干部培养健康向上的兴趣爱好，舒缓精神压力，解除后顾之忧。三是护航健康成长。激励年轻干部奋发作为，尤其注重事业上关爱年轻干部，落细落实"三个区分开来"要求，完善容错纠错保护机制，营造激励先进、宽容失败的良好氛围。

（三）加强考核激励

习近平总书记强调，"打造忠诚干净担当的高素质专业化干部队伍，建立健全考核激励制度，关心关爱基层干部特别是条件艰苦地区干部，激励干部锐意进取、大胆开拓、担当作为"。一方面，突出实干实绩导向，发挥考核"指挥棒""风向标"作用，将考核结果作为年轻干部选拔任用、评先奖优的重要依据，形成崇尚实干、带动担当、加油鼓劲的正向激励体系。聊城市检察院制定绩考融合工作方案，提升考核效益，连续5年荣获全市服务高质量发展绩效考核一等奖。另一方面，加大先进典型宣传表彰力度，制定《全省检察机关先进典型选树管理办法》，建立典型发现培育、选树宣传、发挥作用、保障激励等管理机制，发现和推选表现优异的年轻干部。会同省委组织部，建立指导性案例及重大案件承办人、全国检察业务竞赛标兵能手常态化及时奖励机制，让年轻干部学有标杆、做有榜样。

四、注重"壮苗成材"，健全完善"担当作为、有为有位"的任用体系

"用"既是"选育管"的落脚点，同时也是最好的培养。做实优秀年轻干部培养，必须为优秀年轻检察干部施展才华提供"舞台"，使才干涌流、人尽其才。

（一）建立"嵌入式"使用机制

习近平总书记强调，"对有培养前途的优秀年轻干部，要不拘一格大胆使用"。要坚持新时代党的组织路线和好干部标准，健全常态化选拔任

用机制，大胆提拔使用忠诚干净担当、业绩突出的年轻干部，让年轻干部有奔头、有希望。2021年以来，山东省检察院多次选拔任用年轻领导干部，选人用人工作总体评价连续多年位居省直机关前列。济南市检察院制定《关于培养选拔优秀年轻干部实施意见》等制度，系统推进年轻干部培养使用。

（二）建立"预警式"监测机制

年轻干部工作不可能"毕其功于一役"，必须坚持长远规划与动态管理的辩证统一，坚持总量控制、分年调控，常态化保持年轻干部合理数量和比例，保持老中青合理结构。在全省检察机关实施三年"强基"计划，每年初盘点岗位出缺和人选储备情况，按照新提拔干部中年轻干部占比一般不少于年度总量1/5的比例，研究提出年轻干部配备提升计划。探索实行年轻干部配备"红黄绿"动态监测预警机制，对市县级院领导班子平均年龄50岁以下、中层干部平均年龄45岁以下的，标记为"绿码"，持续关注年龄结构变化；班子平均年龄超过53岁、中层干部平均年龄超过48岁的，标记为"黄码"，定期提醒预警，条件允许的优先调整补充年轻干部；班子平均年龄超过55岁、中层干部平均年龄超过50岁的，标记为"红码"，及时通过提拔交流等方式优化年龄结构。

（三）建立"双向式"交流机制

树立全省检察机关年轻干部"一盘棋"思想，实施优秀年轻干部资源优配计划，健全上下交流机制。2021年以来，全省各地市组织了年轻干部上下交流任职。结合政法系统"双百"干部挂职锻炼等工作，山东省检察院先后组织3批年轻干部到基层院挂职担任副检察长，市县级院常态化组织年轻干部互派交流挂职，并将挂职表现作为提拔使用的重要依据，推进年轻干部在多个岗位锻炼成长。近年来，全省检察机关一批年轻挂职干部晋升了职务职级，部分进入了领导班子，15名年轻干部在全国检察业务竞赛中获标兵、能手称号。

新时代高质量推进检察机关领导班子建设研究

钱耀忠[*]

领导班子是检察机关一切工作的主导力量，是落实党中央决策部署、推动法律监督工作高质量发展的"指挥部"。地方各级检察机关领导班子成员的政治素养、专业能力、纪律作风如何，是事关检察工作高质量发展、服务中国式现代化的重要因素。本文通过对青海省检察机关领导班子建设现状进行系统审视，旨在探讨和提出新时代高质量推进检察机关领导班子建设的思路和举措，为提升检察机关领导班子整体效能提供参考。

一、青海省检察机关领导班子建设的主要做法及成效

党的十八大以来，习近平总书记就加强新时代政法队伍建设作出一系列重要指示，深刻指出："要加强和改进党对政法工作的领导，选好配强政法机关领导班子，不断提高政法队伍思想政治素质和履职能力，培育造就一支忠于党、忠于国家、忠于人员、忠于法律的政治队伍，确保刀把子牢牢党握在党和人民手中。"沿着这一主基调出发，近年来，青海省检察机关认真落实党中央和最高检、省委决策部署，紧紧围绕省院党组提出的"提质量、创亮点、强素质、固基层、保廉洁"工作目标，一体推进领导班子思想政治、专业能力、纪律作风建设，切实提升班子整体功能，为新时代青海检察工作高质量发展提供有力组织保证。

---

[*] 钱耀忠，青海省人民检察院党组成员、政治部主任。

（一）坚持政治建检，充分发挥班子的方向引领作用

坚持把习近平总书记系列重要讲话精神和党中央重大决策部署列入各级检察院党组中心组学习计划，印发学习宣传贯彻党的二十大及二十届历次全会精神的通知、工作安排和《青海省检察机关深入学习宣传研究阐释贯彻落实习近平法治思想工作方案》，举办覆盖全省三级院领导班子的学习贯彻党的二十大精神专题培训班，深刻领悟"两个确立"的决定性意义，进一步增强"四个意识"、坚定"四个自信"、做到"两个维护"。制定《党组落实"第一议题"制度办法》，第一时间组织学习研讨习近平总书记关于政法工作、检察工作重要指示精神以及党中央和最高检、省委有关重要会议、文件精神，研究提出贯彻落实措施。制定深入贯彻习近平总书记考察青海重要讲话精神的"22条意见"和修订《关于中央领导同志和省委、最高检领导同志指示批示精神督查落实办法》，确保习近平总书记重要指示批示、党中央和最高检、省委部署要求一贯到底、落地落实。

（二）坚持以上率下，充分发挥班子的示范引领作用

制定《领导干部和业务小组带案带事带问题下沉调研指导办法》，2021年以来，由党组成员带队、覆盖全省8个市州、56个县区的专项调研督导，下沉调研指导150次，发现问题155个，制定整改措施129项，建章立制18项，5批次检视查摆问题392个，全部完成整改。建立"蹲点＋巡回"指导办案制度，省、市州两级院班子成员、业务骨干组成业务指导小组，定期下沉基层院进行以案代训、带案指导、靶向治疗。省院向基层院下派业务骨干32人，市州院切实承担"一线指挥部"领导职责，"一把手"带队赴基层院调研指导、督促检查192次，协调解决实际问题和困难109项，充分调动基层院的主动性、创造性。坚持把检察长接待、阅批群众来信、下访巡访作为化解信访积案的重要方式。三级院检察长带头接待来访群众、办理群众来信、主持公开听证，以"关键少数"示范带动全体检察人员及时有效解决群众诉求。

（三）坚持从严治检，充分发挥班子的廉洁引领作用

认真学习贯彻习近平总书记关于加强作风建设的重要论述，制定《全面从严管党治检主体责任、"一岗双责"清单》《司法办案廉政风险防控措施》《深化落实"三个规定"实施细则》，压实各级院党组全面从严治检主体责任。部署开展"违规公款吃喝排查""检察人员酒驾醉驾倒查""检察人员违纪违法线索核查""群众反映强烈案件回访评查""廉政制度执行情况检查"等5个评查检查专项行动，一体推进不敢腐、不能腐、不想腐机制建设，确保队伍廉洁、办案公正。根据省委以案促改专项教育整治和作风突出问题专项整治部署，梳理归纳检察机关领导班子作风突出问题专项整治问题清单，研究制定整改措施21条，全力解决作风领域顽瘴痼疾。聚焦"高质效办好每一个案件"的基本价值追求，在全省检察机关部署开展"马虎症""拖延症"专项整治，有效解决检察干部工作态度不认真、作风不扎实，办案办事动作拖沓、效率低下等突出问题。

二、青海省检察机关领导班子建设的问题检视

高质量推进检察机关领导班子建设是一项复杂的系统性工程。着眼新形势新任务，青海省检察机关领导班子建设虽取得了明显成效，但囿于一系列主客观因素，领导班子整体功能未能得到充分发挥，尚需进一步探索和完善。

（一）领导班子政治建设有待进一步加强

对照新时代推进党的政治建设新要求，少数领导班子还不同程度存在政治担当不够、民主集中制执行不彻底等问题。有的领导班子成员缺乏参与决策的积极主动性，存在"随大流"现象；有的领导班子成员缺乏政治大局观，不善于从政治和大局上观察分析问题，存在"老好人"思想；有的领导班子成员对分管工作部署多、落实少，下压任务多、履责尽职少，责任担当意识不强。

（二）领导班子队伍结构有待进一步优化

一方面，班子年龄"老化固化"现象还不同程度存在。从目前全省检察机关领导班子队伍的年龄构成来看，市州院领导班子年龄结构偏大，市州院检察长平均年龄55岁、班子成员平均年龄53.4岁，基层院检察长平均年龄44岁，没有形成老、中、青结合的梯次结构。另一方面，部分领导班子成员自身素质能力还不够强，特别是边远艰苦地区检察机关，由于受地方经济发展水平、地域自然环境、人才短缺的影响，领导班子成员的专业知识、领导才能、管理能力等存在不同程度的欠缺。

（三）领导班子履职动能有待进一步激活

对于检察机关的领导班子成员而言，既肩负与其他党政机关领导一样的抓班子、带队伍、抓业务的共性责任，又肩负带头办理案件、履行法律监督职责的司法个性责任。在司法体制改革的持续推进下，领导干部办案的案件数量等数据指标已基本达标，但仍存在办挂名案、凑数案，办案领域单一的问题，加之适用于领导职务特点和工作职责的办案考核评价体系尚未完善，监督机制不健全，导致"头雁效应"发挥不足。

三、高质量推进检察机关领导班子建设的路径思考

（一）筑牢政治建检之魂，强化领导班子政治担当

习近平总书记强调："要以党的政治建设为统领，牢固树立'四个意识'，坚决维护党中央权威和集中统一领导，牢牢把握正确政治方向。"党的政治建设是党的根本性建设，是领导班子建设的灵魂。检察机关应始终坚持把政治建设摆在首位，牢牢把握检察机关的政治属性，大力推动检察机关领导班子政治建设。一是强化学习制度执行，在铸牢政治忠诚上走深走实。坚持把政治标准和政治要求贯穿领导班子建设全过程，推动各级院领导班子特别是"一把手"发挥示范引领作用，始终在思想上政治上行动上同以习近平同志为核心的党中央保持高度一致，坚定不移走中国特色社会主义法治道路；健全学习贯彻党的创新理论制度，建

立完善"周学、月谈、季讲、年评"的常态化学习机制,以理论上的清醒推动领导班子成员保持政治上的坚定。二是完善政治轮训制度,在提升政治能力上走深走实。一方面,优化政治轮训的内容和方式。采取集中轮训、分散自学、线上学习、线下研讨、实践教学等多种方式开展政治轮训,结合检察工作实际,将习近平法治思想、党的最新理论成果、党史党纪学习、警示教育等纳入轮训内容,提升领导班子政治素养和政治能力。另一方面,健全轮训管理机制。根据不同层级领导班子成员的特点和需要,制定详细的政治轮训计划;健全轮训评估机制,对轮训的效果进行定期评估和反馈,征求参训班子成员的意见和建议,并加以改进,同时将评估结果作为领导干部考核的重要依据。三是强化班子政治担当,在严格执行民主集中制上走深走实。完善领导班子议事规则和决策程序,坚持依法决策、民主决策,坚决做到党组公开酝酿、公开讨论、公开发表意见、公开决议、公开执行。引导班子成员牢固树立"一票权"的观念,做到会前深入调研论证,会中积极参与讨论,会后抓好分工落实,使人人身上有担子、有担当、有动力,不断提高领导班子民主集中制贯彻落实质效,增强班子凝聚力、战斗力。

(二)夯实选优配强之本,增强领导班子整体功能

领导班子结构优不优、功能强不强直接决定领导班子的战斗力。要在识准干部、选好队伍、配强班子上下功夫,持续优化检察机关领导班子结构。一是坚持党管干部原则,认真落实《全国党政领导班子建设规划纲要(2024—2028年)》,依托地方党委干部队伍规划,做好结合文章,加强领导班子建设系统规划,制定未来3—5年检察系统班子建设的"路线图"和"施工图"。各级院检察长向地方党委主要负责同志,政治部经常向同级组织部门汇报干部工作,主动提出班子配备和干部调整意见,不断优化领导班子年龄、专业、经历结构。二是全面做好优秀年轻干部锻炼培养和选拔任用规划,通过组织优秀年轻干部挂职锻炼、学习深造、急难险重任务考验等多种方式,加速优秀年轻干部成长。大胆起用优秀年轻干部,领导班子空缺的优先选拔优秀年轻干部,采取本院提、

市院派、交流任等方式，着力扭转班子老化、朝气不足的被动局面。积极争取党委组织部门支持，把检察系统优秀年轻干部纳入地方干部建设大盘子，真正一体"统起来""用起来"。三是强化系统观念，从实现各地区检察事业高质量发展的目标任务出发，系统考察和权衡每位班子成员的长处及作用于班子整体的正负功能，形成择长而用、优势互补、科学合理的领导班子配置模式，促使班子发挥最大效能。树立鲜明的重实干重实绩的选人用人导向，按照新时期好干部标准，把政治标准摆在首位，坚持以事择人、人岗相适，既把握党政干部的共性要求，又体现检察职业特点，确保选出的干部德配其位、才配其位。

（三）抓住素质强检之能，提升领导班子看家本领

习近平总书记指出："要持续加强领导班子建设，加强专业能力建设，着力打造一支政治强、业务精、作风优的高素质专业化机构编制干部队伍。"检察机关领导班子要着眼提高推进检察工作高质量的能力本领，强化素能建设。一是加大领导干部交流力度。探索完善跨地区交流机制，推动市县两级领导干部在不同地区、多个岗位锻炼，拓宽成长路径；探索完善上下交流机制，对缺乏基层工作经历、在艰苦环境历练少的年轻干部，有计划地交流到基层院工作，同时把在基层院工作时间长的干部交流到市、州院工作；探索完善内外交流机制，积极协调地方党委和组织部门，加大检察机关领导干部与其他政法部门领导干部间的交流力度，畅通检察机关领导干部与行政机关领导干部间的交流渠道。二是加强班子履职能力培训。紧贴组织需求、岗位需求、干部需求，以方法论培训为重点，抓好班子成员任职培训和现代化管理能力培训；深入开展刑事、民事、行政、公益诉讼等检察业务培训，加强专业实训，提高班子成员的法律监督履职能力。三是注重落实好领导干部带头办案制度。各级院领导干部特别是检察长，既是引领者，也是"第一责任人"，领导干部要带头办案、带头阅卷、列席审判委员会，通过亲历办案，发现深层次问题，更好地提升办案质量，真正实现"努力让人民群众在每一个司法案件中感受到公平正义"目标。

（四）强化从严监督之要，确保领导班子坚强有力

领导班子不仅是配出来的，更是管出来的。习近平总书记在党的二十大报告中强调，要增强对"一把手"和领导班子的监督实效。检察机关要着力完善对领导班子的全覆盖监督体系，从严从紧监督管理。一是加强政治监督。坚决落实上级院党组对下级院领导班子，特别是"一把手"的协管责任，完善上级院党组对下级院党组政治监督工作办法，细化各项监督举措，推进政治监督具体化、精准化、常态化；严格政治标准，严肃政治纪律和政治规矩，聚焦贯彻落实党中央、最高检和省委重大决策部署、履职尽责、廉洁自律等方面，做深做实领导班子成员政治素质考察，突出把好政治关、廉洁关。二是加强院领导司法办案监督。毫不放松狠抓"马虎症""拖延症"专项整治，聚焦"高质效办好每一个案件"基本价值追求，建立院领导办案台账，全面如实记录办案情况。以抽查和案件评查的方式加强院领导办案的落实，健全院领导办案通报机制，定期通报办案数量、案件类型、案件质量和办案效果等情况，督导各级院领导班子成员带头办理大案要案，发挥"头雁效应"。三是强化日常监督。严格落实《中共中央关于加强对"一把手"和领导班子监督的意见》，定期对领导班子履职情况进行调研，对不担当、不作为、乱作为或不能胜任的领导干部，及时向党委组织部门提出免职或调整意见，推进领导干部能上能下常态化。持续巩固拓展主题教育成果，常态化开展党纪学习教育，定期开展警示教育，以案示警深化标本兼治，增强领导班子成员纪律意识和廉洁意识。

第四部分

人才队伍建设

强化重才导向育才路径用才平台
打造铁一般的检察人才队伍

王德群[*]

习近平总书记在党的二十大报告中强调，必须坚持"人才是第一资源"，坚持"人才引领驱动"，"深入实施人才强国战略"。党的二十届三中全会审议通过《中共中央关于进一步全面深化改革、推进中国式现代化的决定》，强调实施更加积极、更加开放、更加有效的人才政策，完善人才自主培养机制。党的检察事业创新发展，根本要靠人才、靠队伍。当前，检察队伍建设主要矛盾已由学历层次偏低、职业保障不足转变为司法理念、履职能力、职业素养不适应检察工作高质量发展要求。天津检察机关深入学习贯彻习近平总书记关于人才工作的重要论述精神，聚焦解决检察队伍建设主要矛盾，把牢天津检察队伍建设的时代方位，以实施《天津检察工作高质量发展三年规划》为主线，念好重才育才用才"三字经"，着力构建一体化全周期的检察人才队伍建设体系，为检察工作高质量发展注入源源不断的强大动力。

一、突出一个"新"字，树立"重才"导向

通过转变思维定式、改变发展方式、创新工作模式，塑造新一代检察人，实现法律监督质效和检察服务保障能力的全面提升，是检察工作主动适应推进中国式现代化时代要求而推进的系统性变革。推进检察工作高质量发展是一项长期艰巨的历史任务，要以新思路、新要求、新驱

---

[*] 王德群，天津市人民检察院党组成员、政治部主任。

动、新机制，系统谋划、整体推动检察人才队伍建设。

（一）用新思路引领人才建设方向

应勇检察长在与第五批全国检察业务专家座谈时提出，树立全局人才观、全员人才观、开放人才观和科学人才观，为做好新时代检察人才工作提供了理念指引。天津检察机关认真落实最高检党组部署要求，出台《天津市检察机关人才库管理规定》，研究提出"一总三抓四型五到位"工作思路，即：党组统一领导、政治部牵头抓总、各条线具体实施，遵循人才成长规律，全方位抓培养、多途径抓锻炼、创造性抓使用，从专家型、复合型、应用型、技能型（专门型）人才四个层次，落实管理到位、培训到位、宣传到位、选用到位、保障到位，为全市检察人才建设准星定向。要始终坚持以习近平新时代中国特色社会主义思想为指导，深化落实最高检"三个善于"要求，以全局观念、系统思维、一体化视野理念为引领，不断完善检察人才队伍建设的顶层设计、系统规划和战略方案，推动检察人才长效培养与检察业务高质量发展同频共振、互促双赢。

（二）用新要求凝聚人才培养合力

检察机关作为党绝对领导下的政治机关、法律监督机关和司法机关，是推动在法治轨道上全面建设社会主义现代化国家的重要力量，必须坚持党的中心工作推动到哪里，检察工作就跟进到哪里，紧紧围绕党中央决策部署，更加有力为大局服务、为人民司法、为法治担当，更好支撑和服务中国式现代化。天津市人民检察院党组紧紧围绕党和国家法治事业所需、检察工作高质量发展所需、检察人员高质效履职办案所需，立足天津检察人才队伍建设新情况，要求各级院"一把手"和班子成员牢固树立正确的政治观、人民观、时代观、法治观、政绩观，强化政治能力、服务大局能力、检察管理能力、创新能力、群众工作能力和数字检察应用能力，做到对党和国家中心工作、上级部署要求和检察工作重点"心中有数"。要求中层领导干部做信仰坚定、担当为民、发扬民主、改革创新、坚持原则的表率，推动形成"一级做给一级看，一级带着一级干"的带动传导型人才培养模式。

（三）用新驱动激发人才队伍动能

人才强检建设重在激活检察人才发展引擎，驱动、激励检察人才增强职业荣誉感，以更强凝聚力推动检察工作高质量发展。天津各级检察机关大力实施"文化育检"工程，结合院史、地域文化特点，提炼检察精神或院训，持续增强检察文化凝聚力；推进"减压工程"，充分用好图书馆、院史展馆、文化庭院、廉政教育基地等检察文化场地，推出"焦裕禄勤政为民工作室""爱心妈妈""潮白文学社""道德讲堂"等在全国检察或全市政法系统有影响力的检察文化品牌，以文化人、以文聚才，持续增强检察队伍向心力。

（四）用新机制拓展人才培养模式

我国检察制度始终都在适应时代需要和形势变化，与时俱进改革创新，这就要求持续深化人才发展制度机制改革，赋能检察队伍建设。天津检察机关坚持高站位谋划、高起点实施，以"旗帜性引领、专业化办案、特色化发展"为指导，深挖优势领域专业，汇聚全市检察系统高专精尖人才，创新建立专业化办案团队建设机制，出台《天津市检察机关专业化办案团队建设指导意见》，采取跨条线、跨层级、跨区域联合的方式，突出实案、实景、实战，持续打造集"要案攻坚、实务办案、课题研发、培训教学"于一体的专业人才梯次发展平台，推动检察人才在实战中丰富业务技能"元素表"、淬炼干事创业"金刚钻"；以全面提高基层检察人员思想政治素质、职业道德素质和业务素质为着力点，健全精准滴灌的教育培训机制，持续提升发现案件线索、审查运用证据、适用法律政策、分析研判数据、促进源头治理等专业能力，同步涵养沟通协调、调研功底、文字水平、应急本领和综合素养，打造堪当时代重任的综合型检察人才。

二、写好一个"和"字,创新"育才"路径

检察人才队伍建设中,应以新时代检察人才标准为导向,探索"加法"培育路径,实现人才共性特征与检察个性特质的有机统一。检察人才兼具中国特色社会主义建设人才、法治人才的共性特征,又彰显检察特质,应具备以坚定理想信念为根基的政治素质、以专业办案本领为支撑的履职素能和以司法为民情怀为底色的职业素养。

(一)拓展政治和业务融合路径

坚持建设德才兼备的高素质法治工作队伍是习近平法治思想的重要内容,是建设社会主义法治国家的基础工程。讲政治与讲法治相统一,是德才兼备的育人理念在检察人才培养上的具体体现。检察机关要牢牢把握检察工作是"政治性极强的业务工作,也是业务性极强的政治工作"的定位,把"从政治上看"融入检察履职全过程,大力推进党建与业务深度融合,坚持做到"四个必须":所有培训必须安排政治培训内容、所有班次必须设置政治培训模块、所有课程必须体现政治理论学习内容和要求、培训成效考核必须评估政治效果,真正把"从政治上着眼、在法治上着力"落到实处,教育引导广大检察人员深刻领悟"两个确立"的决定性意义,进一步增强"四个意识"、坚定"四个自信"、做到"两个维护",确保检察队伍忠诚可靠。

(二)拓展理念和素能共促路径

理念是检察工作的先导。天津检察机关在素能培训活动中,专题开展全市检察机关"三个善于"理念大研讨活动,广泛开展"坚持讲政治与讲法治有机统一""坚持'四大检察'内在统一于法律监督宪法定位""坚持敢于监督、善于监督、勇于自我监督""合目的性、合规则性、合理性相统一"等检察司法新理念的研讨交流培训、正向典型示范、反向案例检视等活动,引导检察人才以高度的政治自觉、法治自觉、检察自觉在司法办案和各项检察工作中认真践行,有力推进理念更新和素能提升,通过一桩桩案例、一次次研讨、一件件司法实践,不断提高检察

人员妥善处理"法理情"关系的能力,做实高质效办好每一个案件。

(三)拓展高端和实用并举路径

"问题是创新的起点,也是创新的动力源。"就当前天津检察人才队伍建设情况来看,人才层次、结构不均现象突出,基层院拔尖人才规模较小。对此,天津检察机关树起"人才高地"尖峰,实施"壮苗工程",加大高层次人才培养力度,常态化落实领导干部交流轮岗制度,统筹推进检察长和重点培养的副职异地交流、跨部门交流;开展"雏鹰行动",选送优秀年轻干部到基层法院、检察院交流锻炼,对表现突出的优先提拔使用或入额;推动"瞪羚计划",搭建与知名法学院校、法律职业共同体互聘互派、实践教学、理论研究的平台,促进检察业务专家既"墙内开花"又"墙外飘香"。夯实"人才高地"基石,做实实用型人才培养工作,实现"学练赛"活动全覆盖,开展检察实务课堂、专项业务培训、案例研讨评析、庭审和审讯观摩、岗位技能演练交流、岗位业务竞赛等活动,让业务本领真实用、检察人才能实战、人才建设有实效。

(四)拓展重点和全面兼顾路径

面对新时代人民群众对民主法治公平正义的新期待,面对新型案件复杂多元化态势,高素质检察人才既要具备"一专"的深度,又应具备"多能"的广度。天津市检察院制定《全市检察机关检察人才培养发展规划》,把想干事、能干事、干成事的干部选出来,放到重要岗位墩苗历练,同时,积极创造条件,对重点培养对象进行全方位锻炼,健全检察业务专家考评使用机制,以"重点选培"储备"重点人才";注重全方位培养、考察检察人员的综合能力,让检察人员多接几次急活难活、多办几个大案要案、多担几份苦事杂事,在当"热锅上的蚂蚁"、捧"烫手山芋"中成熟起来,以"全面锻炼"培养"全能人才"。

三、展现一个"活"字,拓展"用才"平台

使用是最好的培养,要结合检察人事制度改革,强化检察人员职业保障,完善检察官选任条件和程序,健全检察官逐级遴选、交流、奖惩

等机制,逐步建立分类科学、结构合理、职责明晰、管理规范的分类管理制度,使广大检察人员各展其才、各得其所,奋力打造用才高地、人才福地。

（一）为检察人才"搭梯子"

体制顺、机制活,则人才聚、事业兴。成立人才建设工作领导小组,为人才成长设立时间表、规划路线图,建立评审考核、管理使用、合作交流、激励保障等制度机制,并充分发挥组织协调作用,积极对接上级单位,充分利用最高检组织的"西部巡讲活动"等平台,推荐业务骨干赴新疆、西藏、青海、甘肃等地巡讲授课,推荐优秀检察人才赴西部地区挂职锻炼,推荐一批检察业务专兼职教师入选全国师资库,让检察人才在更高平台、更广舞台锤炼本领、展现风采。

（二）为检察人才"引路子"

"不拒众流,方为江海。"坚持以用为要,瞄准"结构优良、专业合理、学历较高"的目标,采取宏观揽、上门请、内部挖、统一招、分类录等方法,多渠道引进人才。优化检察官结构,深入推动全市检察体制改革,面向下级院逐级遴选检察官,面向律师、从事法律教学研究人员公开选拔检察官,保障检察官队伍过硬;优化班子结构,健全上下交流、上挂下派机制,在全系统组织"一把手"提拔交流任职,从下级院选拔优秀检察人才任市院处级领导干部,进一步优化领导班子履历、年龄、专业、学历结构;优化招录结构,加强对检察队伍现状分析,建立健全信息联动机制,加强专业指标考核,为检察人才建设注入源头活水。

（三）为检察人才"压担子"

"玉不琢不成器,人不磨难成才。"要坚持因地制宜、精准施策,有针对性地加强检察人才培养。针对年轻检察人员有学历、缺阅历的问题,加大直接调训、交流任职、跟踪培养力度,有计划地选派年轻人才到重大斗争一线历练,到条件艰苦、情况复杂、矛盾集中的地方磨炼,鼓励年轻人才在实践斗争中经风雨、见世面、长才干。针对检察人才总量偏少的问题，要求检察业务专家承担重大研究课题调研、承办上级交办大要案、指导全市重大疑难复杂案件、直接参与检答网答复咨询，充分发挥业务专家"传帮带"作用，营造人人渴望成才、人人努力成才、人人皆可成才、人人尽展其才的良好环境。

（四）为检察人才"打底子"

过硬的能力是检察人员办案监督的底气，是检察事业行稳致远的"底盘"，要持续提升教育培训质效，以检察人才之"能"促检察事业之"进"。探索开展重点班次、重点课程预讲制，开展集中培训开班前备课试讲工作，用充足准备保障培训质量；定期开展"检察讲坛""检察沙龙"活动，将政治理论、国际形势、社会热点等纳入培训内容，用前沿理论武装头脑；打造"检察人讲精品课"培训品牌，每年开展"送教下基层"活动，编印《"送教下基层"实务培训精品课程菜单》，以"点单"模式推进检察官教检察官，用专业知识指导办案实践；积极开展"法律职业共同体""跨地域职业共同体"联合培训，广泛开展翻转课堂、模拟庭审、情景教学、以赛代训、案例研讨等实战实训活动，用多元培训提升综合素能，以高水平的教育培训促进检察人员强筋壮骨。

事业激励人才，人才成就事业。新时代检察机关要更加紧密地团结在以习近平同志为核心的党中央周围，深入实施人才强国战略，全面深化人才强检建设，以更大力度、更实举措、更优机制，打造铁一般的检察人才队伍，为新时代新征程检察事业高质量发展提供坚实的人才保障。

遵循人才成长规律
推进检察人才建设实践

王朝晖[*]

习近平总书记强调，"人才是创新的第一资源"。《中共中央关于进一步全面深化改革、推进中国式现代化的决定》指出："教育、科技、人才是中国式现代化的基础性、战略性支撑。"具体到检察机关，人才就是兴检之本，强检之基，是推进检察工作高质量发展的第一资源。最高人民检察院《关于加强新时代检察队伍建设的意见》明确提出，要"以人才建设为支撑，切实把第一资源转化为推动高质量发展的强大动力"。这就要求我们深刻认识和理解，检察人才队伍建设是检察队伍建设的重要内容，是检察工作高质量发展的重要支撑，不抓检察人才队伍建设，就相当于放弃检察工作的发展。山西检察机关积极探索人才成长科学规律，在推进检察人才建设实践中认识规律、尊重规律、把握规律，不断提高人才工作科学化水平。

一、遵循厚德育人规律，狠抓队伍思想理论武装

习近平总书记强调，"培养干部，要抓好党性教育这个核心，抓好道德建设这个基础，加强宗旨意识、公仆意识教育"。新时代好干部的标准是德才兼备、以德为先。古今中外的历史反复证明，德领才、德蕴才、德润才，厚德育人是人才成长的第一规律。检察机关必须坚持把理论武装放在人才建设的首要位置，通过深入学习贯彻习近平新时代中国特色

---

[*] 王朝晖，山西省人民检察院党组成员、政治部主任。

社会主义思想，学思践悟习近平法治思想，教育引导检察人员树立远大志向，坚定理想信念，主动融入党和国家发展大局，深刻领悟"两个确立"的决定性意义，增强"四个意识"、坚定"四个自信"、做到"两个维护"，切实提升为大局服务、为人民司法、为法治担当的能力水平。

（一）把政治学习常态化

山西检察机关以连续 7 年在全省部署开展的贯彻习近平新时代中国特色社会主义思想"大学习、大调研、大落实、大提升"四大活动为统领，严格落实"三会一课"、第一议题等制度，推动常态化学习习近平新时代中国特色社会主义思想，及时跟进学习习近平总书记重要讲话和重要指示精神，强化政治意识，提升政治判断力、政治领悟力、政治执行力。

（二）把党性教育常态化

山西检察机关坚持把加强党性教育作为人才培养的重要任务，优先安排各类检察人才参加各级党校举办的专题培训，集中组织检察人才赴武乡关家垴歼灭战战斗遗址、王家峪八路军总部旧址、北村八路军总部旧址等地接受党性教育，举办全省检察机关"紧跟核心走、奋勇争一流"演讲比赛，营造浓厚政治氛围，持续擦亮政治底色。

（三）把融合淬炼常态化

山西检察机关立足党建工作实际，组织开展"一支部一品牌"党建理论学习品牌创建活动，推动将感性认识和理性认识相结合，在学思践悟、对比碰撞中淬炼理想信念。立足检察工作实际，组织开展"党建与业务融合优秀事例评选活动"，强化典型引领，着力破解"两张皮"现象。立足司法办案实际，组织开展"三个效果有机统一交流会"活动，透过政治看办案，推动政治与业务深度融合。各种活动搭建起理论与实践、政治与业务的融合平台，推动不断夯实人才成长之基、筑牢忠诚之本。

二、遵循竞争成才规律，明确人才选拔标准和程序

人才出于比较，竞争才有活力。山西检察机关紧密结合自身人才队伍发展实际，严格把握检察人才培养对象的选拔标准，明确检察人才选拔培养的基本原则，紧密结合检察业务工作发展，不断优化检察人才选拔程序，稳步推进人才培养工作。在人才选拔工作中，注重营造人才选拔培养的良性环境，加大审核把关力度，坚持宁缺毋滥原则，坚决防止弄虚作假、照顾迁就、勉强凑数等问题的发生。同时，上级院统筹人才整体培养计划，指导下级院把握好提前量，给政治素质过硬、专业基础扎实、上进心强、具备培养潜力的好苗子留足成长时间和空间。

（一）坚持德才兼备

树立培养人才导向、营造良好环境，明确"优中选优、精益求精"原则，针对不同类型的人才需求，按业务条线分级分类选拔，按照"个人申请、组织推荐、层层审核、党组研究、择优入选"的程序，挑选政治过硬、业务精湛、表现优异、实绩突出的同志充实到人才选拔备选库，将获得过全国、全省检察业务标兵、业务能手等荣誉的人员作为重点培养对象。

（二）坚持集体把关

各级院政工部门会同本院案件管理、检察理论研究部门以及各业务部门，对各层次和各专业序列的检察人才相关申报材料进行审核，对符合人才选拔条件的人选，召集相关条线业务部门负责人对是否符合申报该条线业务类别进行审核，并提出相应意见。

（三）坚持宁缺毋滥

对评选人才进行全方位考察，不但要求政治素养、业务素质过硬，更要求在廉洁自律、纪律作风、职业道德方面也必须过硬，并且明确提出对未能通过本单位政治、纪检、民主评议的人员，即使是理论水平再高、业务能力再强，也不容许向上级院推荐为人才培养对象。

（四）坚持人才入库

人才库建设是队伍建设的有效抓手，也是人才培养、管理的基础环节。最高人民检察院《关于加强新时代检察队伍建设的意见》明确要求，省、市级院分级建立健全各类检察人才库，实行动态管理。山西检察机关坚持加强人才库建设，在原有各级院各条线人才库的基础上，深入推进全省、全市检察机关人才库的系统搭建和规范化管理，争取达到与最高检提出的业务专家、业务标兵、业务骨干三个层次人才建设布局的人才库建设全覆盖。

三、遵循技能传承规律，不断丰富人才培养方式

实践表明，通过以老带新等方式，让新人从边际参与入手，工作技能传承会事半功倍。山西检察机关充分把握检察人才建设规律，坚持选育结合、选育同步，通过采取引导、教育、帮带、练兵等多种形式，不断丰富检察人才的培养、锻炼方式。

（一）抓实青年检察干部培养

多年来，山西省检察院结合青年检察人员特点，综合运用理论讲授、政策解读、案例教学、现场体验、模范引领等方式连续组织18期"青年学堂"研学，为青年干部成才指引方向。其中，常态化安排获得全国、全省表彰的先进人物为青年干部授课，用榜样的力量激励青年干部成才。注重对青年干部的传帮带，积极鼓励青年干部找先进模范、竞赛标兵、政策通等工作经验丰富的老同志结对子、拜师傅，为青年干部搭好成才之梯。

（二）强化先进典型示范作用

全省检察政工部门加强日常监督管理，认真落实谈心谈话制度，及时了解检察人才的真实思想状况，激励引导争当先进、勇立新功。注重发挥先进典型示范引领作用，在检察人才中不断培育选树先进典型，激励广大检察人员对标身边榜样，争先创优、比学赶超，形成良性竞争环境。

（三）突出培养数字人才

聚焦数字青年骨干人才建设，充分利用专题培训、外出学习等方式，邀请专家为数字青年骨干人才授课，积极选派数字青年骨干人才参加省院数字检察实训和数字检察理论课题研究。举办全省检察机关大数据法律监督模型竞赛，推动数字青年骨干人才脱颖而出，助力青年数字检察骨干人才成为全省数字检察工作的"生力军"和"突击队"，持续提升全省检察数字工作水平。

（四）聚焦人才全面赋能

优先推荐检察人才参加各类培训，确保人才培养能够获得更多政治和业务方面的培养机会。注重发挥检察人才专长，专门举办各类讲座，推出"检察官教检察官"系列培训，让检察人才传授工作经验、讲授专业知识，不断提升人才培养的整体素能。

四、遵循实践成才规律，全面提升履职能力

实践出人才，这是人才培养最根本、最管用的规律。山西检察机关深刻认识人才成长这一规律，树立检察人才要放到实践中锤炼的理念，畅通人才实践锻炼通道，通过把人才放进案卷堆里"埋一埋"、挑起责任重担"压一压"、推进业务竞赛岗位练兵中"比一比"、扔进繁杂事务工作中"磨一磨"，让检察人才在实践磨砺中不断成长。

（一）压担子

为淬炼各条线检察业务的"领头雁""排头兵"，树牢"实战实用"的培训导向，通过推送人才培养对象赴国家检察官学院对口专项培训、选派优秀干部到省院机关和外省检察机关对口部门跟岗锻炼等形式，开展集中培养、定点培养和岗位培养，搭建人才成长的"绿色通道"；业务部门通过专业轮案、指定分案等方式，提高业务尖子专业化办案比重，让各类人才在实战中积累经验，练就过硬本领。

（二）搭台子

山西检察机关人才结构从整体来看，领军型人才较少；单一业务类型人才多，复合型人才较少。省级院理论型人才较多，实战型人才较少；市级院和基层院则是实战型人才较多，理论型人才匮乏。为解决这些突出问题，各级院政工部门采取多种育才措施，大力推进人才成长。太原市检察院政治部通过检察沙龙、检委会（扩大）学习、结对帮扶、检察论坛、同台竞技、庭审观摩、交流提升、检察文化建设等9大培养措施，为检察人才培养搭建了广阔的学习、交流、练兵、展示平台，全力推动检察人才业务能力的不断提升。

（三）铺路子

检察政工部门需要跳出检察看检察，不断丰富人才培养的渠道和路径，以更广的视野为检育才。忻州市检察院与市生态环境局、市规划和自然资源局联合印发《关于互派干部实践锻炼的实施办法》，选派检察人才按"3+2"模式（即派出单位工作3个工作日、派入单位工作2个工作日）开展实践锻炼，培养锻造"跨界"业务能手，取得了良好效果，形成了人才建设和业务工作双赢的工作局面。

五、遵循共生效应规律，广泛营造区域人才成长环境

人才建设需要紧密结合当地工作实际，认真研究检察人才建设的重点、难点，不断丰富"教、学、练、战"一体化人才培育机制，打造各具特色的人才成长环境。加大针对涉及财税、金融、海关、知识产权等领域业务人才的专项培养力度，努力推动检察人员及时填补知识空白，优化知识结构，多层次加强复合型检察人才的培养，努力构建各业务条线各有重心、层层推进的人才选拔培育工作格局。

（一）推动人才培养由"松散型"走向"紧密型"

以一线办案急缺骨干为重点，围绕法律法规、司法解释、司法政策以及检察业务领域的新型、疑难、复杂问题开展专项业务培养。运城市检察

院政治部把检察人才的选拔、培育、管理、使用放在运城检察工作高质量发展的重要位置，经过广泛调研，征求基层院和各业务条线意见后，研究制定了《运城市检察机关人才库管理办法》，涵盖了普通、重大刑事犯罪检察等15个条线，改变了之前两级院人才培养的单打独斗模式。吕梁市检察院政治部为检察人才建设专门设计了"检察实务研究"讲堂，引导全市检察官围绕单项罪名办理中遇到的疑难复杂问题展开研究，并通过面向全市检察干部每周一讲的形式，让检察官把研究成果、办案心得展示出来，培养了一批"单项罪名专家型人才"，提升了全市检察干部精准监督、精准用法、精准办案的能力。

（二）推动人才培养由"个别参与"到"全员参与"

坚持干什么学什么、缺什么补什么，根据不同类别、不同层级、不同岗位需求，针对性开展人才培养。太原市检察院政治部制定《太原市人民检察院关于加强检察人才培养的实施意见》，建立起市院党组统揽、"一把手"亲自抓、两级院联动抓、政治部门牵头抓、业务部门参与协助抓的人才建设工作格局。全面构建"教、学、练、战"一体化培训机制，搭建多元开放、全员参与的人才培养平台；制定《太原市人民检察院2023年度人才培养实施方案》《太原市人民检察院2023年度人才培养工作图表》，挂图作战、压茬推进。

（三）推动人才培养从"部门调配"走向"全院联动"

认真把握基层小院人才培养规律，实施人才培养与办案组织深度结合，充分发挥基层院办案组织"小而全"的特点，灵活开展各专业人才培养。长治市武乡县检察院为破解人少案多、专业人才匮乏的小院发展难题，潜心打造"小快灵"办案团队，坚持以强带弱、以老带新，突出年龄互补、专业互补、性格互补，按照"自愿选择为主、指定安排为辅"的原则，全院统筹调剂，组建形成11个协同高效、优势互补、各具特色的"小快灵"办案团队，推动实现一体综合履职与人才培养一体推进。

（四）推动人才培养通过"以点带面"到"整体提升"

检察教育培训工作的目标是尽一切努力，让每一名检察人员都能参加培训，最大化满足检察队伍提升整体素质的培训需要，工作的着眼点在检察队伍的整体"面"上。检察人才建设则是抓"点"的工作，是优中选优培养少数骨干的工作。两者是检察队伍建设中的"点"和"面"的关系，"面"是基础，"点"是关键，"面"强"点"更强，以"点"带"面"，才能带动检察队伍整体素质的提升。全省检察机关将充分发挥人才选拔的"引子"作用，同步狠抓检察教育培训工作，"引出"齐抓共管、全员参与、竞相成才的人才培养环境，推动实现整体能力的大提升。

新时代基层检察人才队伍建设困境及破解路径探析

彭 宏[*]

习近平总书记强调："知识就是力量，人才就是未来。"最高检始终把检察人才工作摆在先导性、基础性、战略性位置来抓，在《关于加强新时代检察队伍建设的意见》中强调，以人才队伍建设为支撑，切实把"第一资源"转化为推动高质量发展的强大动力。近年来，在新时代党的人才强国战略的指引下，辽宁检察机关聚焦大局之所需、人民之所需、检察之所需，深入实施人才培育工程，坚持以"三个善于"培养人才，检察队伍建设工作取得了长足进步。但与此同时，部分基层检察队伍的梯次结构不均衡，高层次、专业化、复合型人才紧缺，人员调配流动的体制机制性障碍尚存，在一定程度上影响了基层检察队伍建设高质量发展，亟须加以重视并加快推动解决。

一、基层检察人才队伍建设困境

当前，辽宁省基层检察队伍建设的主要矛盾表现在司法理念、能力素质等不适应、跟不上检察工作高质量发展，主要表现在以下几个方面：

（一）基层检察人才总体数量不足

从总体上看，受编制、职数、条件等因素影响，部分欠发达地区人才总量相对不足，人才供需矛盾较为突出，很多单位只得采取临聘人员等方式应对繁杂的工作；从类别上看，基层检察院中一般性人才较多，

---

[*] 彭宏，辽宁省人民检察院党组成员、政治部主任。

高学历、高素质、高层次、复合型领军人才储备不足；从发展上看，基层检察工作事务繁杂、部分院环境条件相对艰苦，拴心留人氛围不足，基层检察院多成为优秀人才的职业锻炼过渡，部分基层检察人才满5年最低服务期限后，通过调出、遴选等方式到上级及其他机关工作，造成基层优秀人才流失严重。

（二）基层检察人才结构多维失衡

在年龄结构上，部分基层检察院人员年龄梯次结构不平衡，中青年骨干人才短缺，存在扎堆、断层现象；在专业结构上，刑事检察人才多于民事检察人才，而数字检察、涉外法治、知识产权、金融证券等专业人才量质齐缺；在布局结构上，通过招录引进的人才，城区高度聚集甚至过剩，条件艰苦、地处偏僻的基层检察院相对匮乏，个别地区招人难、留人难，导致编制长期空缺；在性别结构上，基层检察机关普遍存在女多男少的现象。经统计，2024年全省通过招录等进入检察系统人员男女比例为3∶7。

（三）基层检察人才培养发展规划模糊

目前，基层检察院对人才成长缺乏长期规划、跟踪培养机制，培训质量不高、方法单一、手段不新，针对性和实用性不强。能力素质参差不齐，缺少多层次、多岗位历练，司法理念、履职能力、职业素养还不适应新时代检察工作高质量发展。检察人才考核激励机制作用发挥不充分，对三类人员考核指标的设定未充分体现其职业特征，且因不同部门检察官履职内容不同，考核针对性不强，结果运用不充分，表现在考核结果只作为干部年度评先选优的重要依据，与干部选拔任用直接关联度不高。

（四）基层检察人才双向流动受阻

人才流动以被动任用、组织安排为主，缺乏人才主动自荐的平台和通道，跨领域、跨部门、跨区域的人才流动机制不够健全、渠道不够畅通，基层检察人员往往在同一个单位、岗位工作多年，交流轮岗、上挂外派的机会较少。受年限、职数等条件限制,逐级遴选参与程度不高,基层优秀人才无法体现真正价值。检察官、检察辅助人员和司法行政人员交流转任困难,检察队伍建设缺乏动能和活力。受制度、程序等多种条件影响,上级院检察官助理到基层检察院入额意愿不强。2017 年以来,全省符合初任到基层检察院任检察官条件的检察官助理为 214 人,仅有 33 名检察官助理到基层检察院入额,占比仅为 15.4%。

二、基层检察人才建设困境产生的原因

（一）人才资源配置的统筹谋划不够

一是人才规划缺乏战略性。部分基层检察院构建人才发展规划意识薄弱,长远战略眼光缺乏,通盘考虑不够,缺少针对不同领域、不同层次、不同岗位的人才引进培育计划,对人才的宏观配置、综合调配能力不强。二是人才政策缺乏连贯性。部分干部管理制度衔接不畅,容易损害部分检察人员的切身利益甚至贻误其长远发展,打击了基层检察人才工作的积极性。三是人才管理缺乏精准性。干部部门和各基层单位虽然掌握了一定数量的人才信息,但在管理上存在信息化程度不高,尚无法实现人才信息高度集成。人才信息精准推送、人才使用科学匹配的障碍,容易造成基层检察人才资源浪费。

（二）人才梯队优化的体制机制不活

一是引育机制方面,高端人才引进难度较大,缺少必要的跟踪服务,造成人才工作不安心、积极性主动性不强。二是流通机制方面,受人员类别、职数和工作性质等影响,跨部门、跨区域、跨类别交流学习机会少,综合能力提升较难较慢,阻碍了人才的合理高效流动。三是激励机制方面,不同能力层次的人才在同等条件下工作,激励保障机制不够健全,对名校毕业生、高层次人才、特殊人才的吸引力不足,人才激励政策的效果有待放大。四是评价机制方面,缺乏以能力、贡献、实效为导向的人才评价体系,季度考核、年度考核、培训考核等结果在检察人员进退留转方面应用不够。

（三）人才素质提升的内生动力不足

一是思想上"躺平"。有的检察人员安于现状，懒政怠政，面对急难险重的任务左躲右闪，怕出问题、怕担责任，工作上只求过得去、差不多，缺乏攻坚克难的勇气。二是作风上"内卷"。有的检察人员价值导向有偏差，拈轻怕重，不愿吃苦，缺乏舍我其谁、敢为人先的拼搏精神和斗争动力。三是能力上"透支"。面对新形势、新要求，有的检察人员对学习的重要性认识不充分，知识陈旧、观念落后、思维僵化、方法单一，推动工作的新思路、新办法有所欠缺。

三、破解基层检察人才队伍建设困境的路径

"为政之要，惟在得人；育材造士，为国之本。"加强基层检察人才建设，必须深刻领会习近平总书记关于深入实施人才强国战略的重要指示精神，聚焦服务党和国家事业所需、党的检察事业所需、法律监督工作所需，坚持全面贯彻新时代人才工作新理念、新战略、新举措，牢固树立人才是"第一资源"的理念，持续深化人才强检建设，突出抓好"选育管用"各环节、全过程，为党的检察事业创新发展提供坚强人才保证和智力支撑，推动检察工作高质量发展。

（一）选好选优：科学选才机制、拓宽选才视野、打通选才通道

一是打造科学选才机制。坚持党管人才，深刻把握新时代好干部五条标准，聚焦法律监督这个主责主业，回归高质效办案这个本职本源，坚持长远谋划、系统规划，好中选优、优中选强，全员全方位培养锻炼检察人才，不断提高依法履职的素质能力。严把质量关，强化领导干部特别是"一把手"的能力培养，注重业务标兵和办案能手的发掘培养，制定与检察事业发展相一致的专家型、应用型及复合型检察人才培养规划，全力锻造"头雁领航"检察业务尖兵。搭建"党建+小切口"交流、学习、研讨的综合沙龙平台，组织公诉人论辩交流等活动，健全检察官教检察官、领导干部上讲台等制度，切实把学习成果切实转化为推动检

察工作高质量发展的实际成效，营造出检察人才"群雁高飞"生动局面。

二是拓宽选才引才视野。紧紧围绕服务保障检察中心工作，坚持选人用人正确导向，积极铺设引才的"桥梁"，多渠道、有针对性地做好人才引进工作，用足用好各类人才招录引进政策，牢牢抓住"四大检察"这个法律监督基本盘，在知识产权、金融证券、涉外法治等紧缺法治人才引进培养方面持续发力，通过公务员招录、选调生、检察官遴选、外调引入等措施，特定岗位设置男女比例，优化笔试面试比例分值等，进一步改善检察人才队伍年龄、专业、来源和结构，为基层检察人才工作注入源头活水，激活满池春水。

三是畅通选才交流通道。人才流动起来，在不同领域、不同岗位获得多样经历，能够最大限度激发人才的内在潜能。按照检察官、检察辅助人员和司法行政人员分类管理要求，科学有序推进三类人员交流转任，不断优化遴选检察官方案，进一步突出业务考核，畅通检察人员职业发展通道，最大限度引导基层检察官回归司法办案本位。积极探索检察官助理这支队伍建设，建立符合检察官助理职业特点的全链条选育管用机制，形成"早规划、早选择、早下去、早回来"的职业规划，打通"下得去、回得来"的良性循环。

（二）育好育强：强化思想淬炼、强化专业训练、强化实践锻炼

建立和完善符合检察人才发展规划，紧盯思想淬炼、实践锻炼和专业训练，构建多维育才体系，搭建人才成长通道，为不同类型检察人员实现价值提供发展平台，持续推进人才资源梯队建设。

一是强化思想淬炼。把党的政治建设放在人才队伍建设的首位，把学懂弄通习近平新时代中国特色社会主义思想作为首要任务，精研细学习近平法治思想，推动理论武装刻骨铭心进头脑，不断夯实筑牢检察人才发展根基。坚持以人民为中心，秉承对公平正义的追求，努力让人民群众在每一个司法案件中感受到公平正义，让追求公平正义成为每一名检察人员的价值取向和自觉行动。组织开展覆盖全员的政治理论学习，

将党纪学习教育、党史学习教育、政治教育、警示教育、英模教育等作为各级检察人员的必修课、常修课，开展思想政治和形势政策教育，持续擦亮检察人才队伍坚定拥护"两个确立"、坚决做到"两个维护"的鲜明政治底色。

二是强化专业训练。检察工作是政治性极强的业务工作，也是业务性极强的政治工作。聚焦"高质效办好每一个案件"的履职办案要求，持续推动个人学习与教育培训相融合、学习与实践相融合、综合素能与专项培训相结合。在常态化抓实各类培训基础上，着眼发展高质量检察教育培训、建设高质量检察教育培训体系，紧盯前沿发展，借助外脑外力，加大组织检察业务专家、优秀青年干部、急需紧缺人才培养、新进人员等专项培训力度，蓄力打造高端精品培训，促进形成人才辈出的良好态势。分条线开展"学、练、赛、考"等精准化实战化岗位练兵活动，着力弥补知识弱项、能力短板、经验盲区。以实战、实用、实效为导向，把履职能力提升作为核心，举办各类业务竞赛，不断强化检察机关人才培养"自我造血"功能和"高精尖"人才队伍建设。

三是强化实践锻炼。牢固树立"使用是最好的培养"理念，有计划地将青年检察人员放到重大复杂案件、急难险重岗位、艰苦困难地区去磨砺成长，着力提升青年检察人员"三个善于"能力。青年检察人员整体学历层次明显提升，但专业知识与社会阅历、能力素质不匹配这一矛盾也客观存在，针对青年检察人才培训，在高质量业务素能培训的基础上，注重理论学习与实践锻炼相结合的方式，将实践锻炼作为青年检察人才快速成长的重要平台，通过岗位交流、下沉基层等针对性、实践性较强的方式，有计划、有目的、有步骤地进行多方位、递进式的培养历练，一体推进政治素质、业务素质、职业道德素质的综合提升，促进一大批青年检察人才经风雨、见世面、壮筋骨、长才干。

（三）管好管实：坚持严管厚爱、坚持正确导向、坚持科学评价

深入落实全面从严管党治检的总要求，进一步筑牢"严"的导向，

通过对人才队伍的严格管理、正向激励、科学考评，促进检察人才科学健康成长。

一是坚持从严管理。通过开展多渠道、多层次、经常性的正反两方面系列教育，把"慎独、慎微、慎权、慎欲"的观念灌输到每个检察人员头脑中，特别注重加强对年轻检察人员的教育管理，引导各级检察人员自重、自警、自励。把监督执纪"第一种形态"作为全面从严管党、从严治检的"第一道防线"，坚持抓早、抓小、抓苗头，早打"预防针"、常敲"警示钟"，使红脸出汗成为常态。深化落实"三个规定"，持续做深做实"有问必录"，梳理总结督察中发现的苗头性、倾向性问题，破解检察机关工作人员"八小时外"监管难题，坚决处理检察人员违纪违法行为，塑造清正廉洁、执法为民的检察形象，确保各级检察人员守住底线、不越红线，干成事、不出事。

二是坚持正确导向。把实干实绩作为用人的前提与基础，拒绝唯资历、唯平衡、唯年轻的片面思维，以业绩优劣分高低、以价值创造论英雄，切实凭业绩用人、为发展选人。坚持德才兼备、以德为先，树立"有为有位、担当有位"的正向激励的鲜明导向，持续优化检力资源配置。坚持能者上、优者奖、庸者下、劣者汰。对在改革创新、业务竞争等本职岗位工作成效突出的、作出重要贡献的，该用的用、该奖的奖，让实干者、有功者得实惠、受褒奖；对不负责任、不敢担当、不愿作为的，该调的调、该下的下、该出的出，让消极避事者、碌碌无为者受警醒、受惩戒。同时，探索建立容错纠错机制，旗帜鲜明保护担当者、支持干事者、宽容失误者、问责不力者，大力营造风清气正的政治生态和蓬勃向上的干事创业良好环境。

三是坚持科学评价。破立并举完善考核指标体系，与时俱进出台人才评价配套政策，实行"一岗一策""一类一策"，精准规划人才培养、使用、管理等全链条、各环节。突出考准考实，按照分类评议、逐级负责、上下互评、群众公认的原则，客观、真实、动态地反映干部基本情况及工作业绩，利用大数据建立干部个人成长电子档案，科学匹配各级各类人才发展规划。把研究人和研究事结合起来，不但看干部人才做了什么，还要看干部人才做了多少、效果如何，通过定期走访、信息收集，结合所在单位领导、同事以及服务对象和人民群众的评价，及时分析研判。在现行考核考察手段的基础上改进方式方法，通过约谈恳谈、近距离接触干部、综合研判等方式，全面、准确、深入地了解人才动态，对照新时代好干部五条标准，对干部精准画像并量化打分，努力建设德才兼备的高素质检察队伍，奋力锻造忠诚干净担当的新时代检察铁军。

（四）用好用活：抓实班子建设、抓稳中层骨干、抓强后备力量

坚持党管干部、党管人才原则，切实将检察需要、岗位需要与人才选拔结合起来，立足近期接替和远景储备，形成梯队合理、接替有序、科学完备的检察队伍体系。

一是选好、配齐、建强"火车头"。领导班子是各级检察院的"火车头"，班子强则队伍强。要主动靠前、系统谋划、精准发力，争取地方党委的更大支持，采取"一院一策"，从年龄、学历、经历、能力等多方面入手，主动靠前协管、不断优化结构，提升整体功能，破解班子成员选用瓶颈，把领导班子司法理念、履职能力跟不上等问题作为攻坚重点，树立"有为有位、担当有位"的用人导向，上下合力确保市县两级院领导班子结构和功能更加优化，领导现代化能力更加过硬，为基层检察工作创新发展注入强大动力。

二是夯实、加压、淬炼"中坚层"。中层干部是单位的中坚力量，起着承上启下、纵横协调的桥梁纽带作用，是各项工作抓落实、见成效的关键环节，也是选拔任用领导干部的重要后备力量。要严格选任程序，确保政治坚定、勇于担当、群众公认的年轻干部选拔上来；坚持合理搭配，统筹年龄、学历、专业、能力等因素，形成梯次配备、梯度推进；引入竞争机制，使中层干部有上有下，激发干事活力。树立实干导向，对有潜力的中层干部敢于压担子、有计划安排他们接受锻炼、砥砺意志、锤炼本领，充分搭建中层干部成长舞台，让中层干部成为承上启下、承前启后、承点启面的发展中坚力量。

三是补充、培育、历练"后备军"。年轻干部培养事关检察事业薪火相传和长远发展，要始终坚持选人用人正确导向，紧紧围绕服务保障检察中心工作，科学编制后备人才补充计划，常态化建立符合人才发展规律的后备干部人才库、业务专家人才库、标兵能手人才库等人才分级分类管理体系，对纳入人才库的干部日常发现、分类管理、跟踪培育，持续完善跟踪管理机制和重点培养计划，实现动态化管理。通过信访岗位锻炼、驻村帮扶、援疆援藏、下沉"蹲苗"等方式，确保后备人才开眼界、经风雨、多历练，逐步改善基层人才队伍梯次结构不合理。

树牢新时代检察人才理念
高质量推进检察人才队伍建设

秦明兰[*]

为深入贯彻落实习近平总书记关于人才工作的重要指示精神，应勇检察长强调：全面深化人才强检，必须更新人才建设理念，树立全局人才观、全员人才观、开放人才观、科学人才观。观念决定思路，人才赢得未来。检察机关应以观念更新为引领，拓宽人才培养视野，扭住人才培养重点，创新人才培养机制，着力建设政治过硬、本领高强、作风优良的检察人才队伍，努力为新时代新征程检察事业创新发展提供坚实的人才保障。

一、坚持全局人才观，必须突出重点、抓住关键，牢牢把握选人用人标准

检察人才队伍建设是党和国家人才队伍建设的重要组成部分。深入贯彻落实习近平新时代中国特色社会主义思想，深入实施人才强国战略，加强新时代检察人才队伍建设，必须从党和国家事业大局、检察工作高质量发展全局高度，把精准识才用人工作做优做实，真正让"第一资源"成为推动检察工作高质量发展、服务保障中国式现代化的核心动力。

（一）始终把政治标准摆在首要位置

检察机关是政治性极强的业务机关，也是业务性极强的政治机关。检察机关应当把政治过硬作为选人用人工作的第一要求和首要标尺，重

---

[*] 秦明兰，湖南省人民检察院党组成员、政治部主任。

视用好日常了解、调研谈话等方法手段，重视落实交换比较、凡提"四必"等必经程序，深入了解干部政治忠诚、政治定力、政治担当、政治能力、政治自律等方面情况，切实把忠诚于党和人民，坚定拥护"两个确立"、坚决做到"两个维护"，全面贯彻执行党的理论和路线方针政策的干部用上来，对政治上不合格、伪忠诚、假忠诚的"两面人"，坚决不能提拔重用，已在领导岗位上的坚决调整下来。

（二）始终把素能标准摆在主要位置

"德者，才之帅也；才者，德之资也。"过硬的能力素质是履行"为大局服务、为人民司法、为法治担当"检察职能、高质效办好每一个案件的重要支撑。各级检察机关应当从全面推进强国建设、实现民族复兴伟业的高度，紧紧围绕检察工作高质量发展的战略定位和使命任务，坚持以能力为要、以事业为上的原则，采取公开选拔、"揭榜挂帅"等方法，真正把那些政治过硬、素能过硬、业绩过硬，经过实践锻炼、适应岗位需求的专业人才选出来、用起来，始终做到不让"懒人"占位、"庸人"堵道、"能人"误车。

（三）始终把守纪标准摆在重要位置

纪律是"警戒线""高压线""生命线"。一名党员干部如果不能做到严格自律、遵规守纪，能力越强则犯错误、栽跟头的可能性越大。各级检察机关应当注重坚持守纪标准，善于从干部的日常工作、言行举止中，全面考察了解干部遵守政治纪律、组织纪律、廉洁纪律、群众纪律、工作纪律、生活纪律的情况。要树牢"严管就是厚爱"理念，坚持抓早抓小，见微知著，严格要求，加强监管，让干部习惯接受全面监督，自觉做到自重自省、自警自律，确保职业生涯走得稳、走得远。

二、坚持全员人才观，必须开阔视野、固强补弱，不断完善人才梯次结构

当前，检察机关一定程度上存在中间年龄段骨干断层断档、梯次脱节等问题。各级应当从检察事业长远发展的高度，以优化资源配置为目标，以关注检察队伍年龄、性别、专业、能力等情况为重点，着眼使命，突出重点，固强补弱，进一步推动检察人才队伍年龄梯次配备、专业优势互补。

（一）注重领军人才培养，促进队伍整体提升

《中共中央关于加强新时代检察机关法律监督工作的意见》明确提出，要加快实施检察领军人才培养计划。领军人才是加强检察队伍革命化正规化专业化职业化建设的"火车头""领头雁"。各级应当围绕"四大检察"全面协调充分发展，加强紧缺人才针对性培养，积极探索建成精通侦查、金融、知产、大数据等方面知识的检察专业人才集群。建立健全省级检察业务专家评选机制，持续开展"优秀办案团队""优秀检察官"评比表扬，建立高水平检察业务专家库，积极推荐领军人才参加省内外高层次专业培训、高水平学术交流，着力打造业务骨干—业务标兵—业务专家的人才梯队，重视解决民事检察"不专、不会"、行政检察"不敢、不力"、公益诉讼检察"不精"、检察侦查"不强"等问题。

（二）注重年轻干部培养，优化队伍年龄结构

青年检察人才是检察事业的未来，检察事业的长远发展离不开青年干部的传承接续。各级应当全面落实"薪火工程""青蓝工程""墩苗工程"要求，加大优秀年轻干部提拔使用、推荐交流力度，积极探索试行高等级职级职数与领导职数统筹联动机制，为大力选任优秀年轻干部盘活职数资源。加强优秀年轻检察干部实践磨砺，有计划安排青年人才到基层院办案一线磨砺，到条件艰苦、情况复杂、矛盾集中的地方和岗位经受考验、增长才干。要加快构建年轻干部日常发现、动态管理、持续培养的全链条培育机制，落实年轻干部最低配备比例提示和预警调控制度，积极推动按比例配备优秀年轻干部。

（三）注重多领域人才培养，推动队伍素能互补

法律监督工作涉及各行业、各领域，检察机关充分履行法律监督职能，既要注重提升检察人才的法律素养，也要注重提升检察人才的人文

素养；既要注重培育检察业务人才，也要注重培育综合行政人才。当前，检察机关应当高度重视司法行政部门"空心化"问题，克服重业务、轻行政的错误思想，积极争取组织人事部门支持，加强和改进基层院司法行政人员招录遴选办法。要加大综合行政条线先进典型评选力度，采用传帮带方式带动人才队伍成长，提升行政工作专业化建设水平，努力建设一支与检察工作高质量发展相适应的综合行政检察人才队伍。

三、坚持开放人才观，必须盘活资源、突破壁垒，有效畅通人才交流渠道

"天地交而万物通，上下交而其志同""流水不腐，户枢不蠹"。检察人员实行分类管理后，人员流动相对较小，容易形成内部封闭。加强检察人才队伍建设，要在做好系统内部人才交流的同时，重视做好向系统外输送和人才引进，确保实现检察队伍的"一池活水"。

（一）畅通人才入职通道

要加强与编制机构、组织人事部门的沟通协调，用好用活招录、转任、遴选等政策，持续做好事业编、工勤编占用政法专项编制问题清理工作，更多设置紧缺人才引进工作岗位。要加大从高校专家学者、优秀律师、知名法律工作者、专业技术人才中引才力度，积极面向政法机关、纪委监委，公开遴选熟悉民事行政、职务犯罪侦查等方面人才，畅通特殊紧缺人才入职通道。要注重拓宽选才视野，加强引进法学专长突出、参政议政能力强的党外干部，确保省、市、县三级院党外人才储备能够满足选拔党外副检察长需要。

（二）畅通人才内部流动

要建立健全跨部门信息联动和信息共享工作机制，通过建立综合办案组织、召开跨部门检察官联席会议等方式，加强交叉领域案件分析研究，推动"四大检察"融合发展。要畅通不同类别检察干部交流渠道，对综合能力较强的检察官、检察官助理，在尊重个人意愿的前提下，鼓励转任司法行政人员，鼓励有培养潜力且符合任职条件的司法行政人员

转任检察官助理,并在职务上给予优先考虑。要稳妥推开从聘用制检察人员中招录检察官助理和司法行政人员,切实解决聘用制检察人员流动快、职业前景迷茫的问题。要通过结对共建、挂职锻炼、人员互派、跟班学习等方式,推动上级院与下级院干部互动交流、相互学习,实现人才资源共享。

(三)畅通人才外送出口

积极与党委组织部门沟通汇报,强化省级院党组协管干部职责,落实关于进一步推进市州、县市区政法机关领导干部交流的要求,督促指导各地加大检察机关领导干部易地任职和交流力度,大力推荐优秀检察人员到党政机关、其他政法机关、国有企事业单位任职、挂职,努力提高向系统外交流干部的质量。落实中共中央办公厅、国务院办公厅《关于加强新时代法学教育和法学理论研究的意见》,加强检察机关和法学院校、研究机构挂职交流、互派锻炼工作,持续推进"检察实务专家进校园"活动,大力支持检察人才参与法学教育和理论研究工作。

四、坚持科学人才观,必须着眼长远、遵循规律,积极完善相关配套机制

"十年树木,百年树人。"人才培育和成长涉及选、育、管、用、留等各个方面,是一个基础工程、系统工程、综合工程,离不开合适的土壤和良好的环境。必须坚持用有效的制度机制作为保障,充分发挥制度机制固根本、利长远、管全局的重要作用,绵绵用力,久久为功,方能有所成效和建树。

(一)完善落实有为有位、能上能下的用人机制

高素质人才最看重的是展现能力、实现价值的平台。各级检察院要严格落实推进领导干部能上能下实施细则,坚持业绩导向,定期对市县院领导班子履职情况开展深度调研,对不适宜担任现职的班子成员及时提出调整意见。要建立健全员额动态管理、统筹使用机制,完善初任检察官遴选工作办法,优化检察官逐级遴选制度机制。要加快推进市县检

察院领导经省检察官遴选委员会审核把关后直接入额，妥善解决市县两级检察院领导入职未入额的问题。要严格落实员额退出和任职回避制度，区分员额退出不同情形，设置不同退出程序，促进检察官严进宽出、有序退转。

（二）完善落实精准考核、奖惩分明的激励机制

干好干坏、干多干少一个样，良莠不辨，优劣不分，本身就是对优秀人才的贬损和伤害。各级要按照公务员法、检察官法要求，更加重视考核评价工作，优化考核指标，简化考核流程，实现对检察官、检察官助理、司法行政人员、聘任制书记员的科学考核，完善考核结果与评先评优、员额进退等衔接机制，引导检察人员实干担当、积极作为。要进一步规范表彰表扬工作，常态化开展先进典型、身边榜样宣传推介，明确对先进典型在教育培训、提拔使用、晋职晋级时优先考虑，充分调动和激发检察队伍的工作积极性主动性。

（三）完善落实按需培训、精准调训的强能机制

科学制订政治与业务相融合的各类培训计划，坚持线上线下相结合，分层次分条线落实检察人员业务轮训。要围绕职务犯罪侦查、金融知产、食药监管、环资保护、网络安全等开展"订单式"培训，加大对薄弱环节的培训力度，建立健全法律职业共同体培训、区域联合培训培养制度。要着眼办理复杂案件、新型案件、疑难案件需要，积极推行专案跟班学习，全面加强专业化能力训练。要建立资深检察官担任青年人才职业导师制度，鼓励优秀青年检察官牵头重大专项工作和重大疑难案件办理，注重在具体工作任务中跟进搞好传帮带。要建立由省级院资深检察官和业务骨干组成的"检察业务指导轻骑队"，赴基层院开展巡讲及业务指导，点对点、面对面指导大要案办理。

（四）完善落实职责清晰、层层负责的责任机制

进一步巩固深化检察人员分类改革成果，厘清不同层级、部门、岗位之间的职责边界，健全责任清单，制定责任分工方案，逐条逐项明确

落实部门，压实工作责任。坚持"三个区分开来"，持续健全容错纠错机制，正确把握干部在工作中出现失误错误的性质和影响。要积极完善受到失实检举控告予以澄清的工作办法，为担当者担当，为负责者负责，全力保护干部干事创业积极性，切实做到真心爱才、悉心育才、倾心引才、精心用才，真正把各方面优秀人才集聚到党和人民的检察事业中来。

育强"头雁矩阵" 带动"群雁起飞"构建新时代检察人才"雁阵格局"

梁经顺[*]

国家发展靠人才,民族振兴靠人才。人才是推动高质量发展最强大最持久的动力。面对高质量发展的人才需求,人才工作的关注点从人才"有没有""多不多"转向更多考虑"优不优""强不强",检察人才的选拔、培养和使用,对推动检察工作高质量发展至关重要。重庆检察机关以打造领军型人才为牵引,在检察队伍建设中形成头雁引领、雁阵协同、群雁齐飞的人才发展模式,有力推动建设堪当时代重任的高素质专业化检察队伍。

一、抓实检察人才工作,不断推进党的检察事业创新发展

人才是第一资源,干事创业,关键在人。当前,我国比历史上任何时期都更加渴求人才,而具有杰出性、引领性、创新性的领军人才是人才资源中尤为宝贵的资源。培养一批讲政治、有理论、精业务、有实践、善监督、会办案的检察人才,是检察机关人才队伍建设的当务之急,也是确保检察事业后继有人的"百年大计"。

(一)加强检察人才建设是落实"聚天下英才而用之"人才理念的时代要求

千秋基业,人才为本。党的二十大报告指出,"全面提高人才自主培养质量,着力造就拔尖创新人才,聚天下英才而用之"。中国共产党的

---

[*] 梁经顺,重庆市人民检察院党组成员、政治部主任。

百年奋斗史,也是一部集聚人才、团结人才、造就人才、壮大人才的历史。新民主主义革命时期,党提出要"大量吸收知识分子",积极把各方面优秀人才汇聚到革命队伍中来。新中国成立后,党发出"向科学进军"的号召,大力培养选拔懂政治、懂业务、又红又专的干部。改革开放后,着眼推进改革开放和社会主义现代化,党倡导"尊重科学、尊重人才",充分调动广大科技人员的积极性、主动性和创造性。党的十八大以来,以习近平同志为核心的党中央坚持科技是第一生产力、人才是第一资源、创新是第一动力,全面加强党对人才工作的领导,确立人才引领发展的战略地位,推动新时代人才工作取得历史性成就、发生历史性变革。应勇检察长与第五批全国检察业务专家座谈时强调,深入贯彻习近平总书记关于人才工作的重要指示精神,以更大力度、更实举措、更优机制,久久为功加强检察人才工作。加强检察人才建设,不仅是对人才理念的一脉相承,也是对国家人才战略的积极响应。

(二)加强检察人才建设是推进检察工作高质量发展的现实需求

人才兴则检察兴。习近平总书记指出,"实施依法治国基本方略,建设社会主义法治国家,必须有一支高素质队伍"。法治人才是党和国家人才队伍的重要组成部分,检察人才作为政法队伍的重要组成部分,守护着社会公平正义的最后一道防线。深入推进人才强检建设是推动检察工作高质量发展的重要保障。近年来,检察工作实现职能重塑、机构重组、机制重构,党和人民赋予检察机关更重政治责任、法治责任、检察责任,检察队伍建设的主要矛盾已由学历层次低、职业保障不足等,转变为司法理念、素质能力等不适应、跟不上检察工作高质量发展要求。推进检察工作高质量发展,必须加强检察队伍现代化理念、体系、机制、能力建设,大力营造"人人渴望成才、人人努力成才、人人皆可成才、人人尽展其才"的检察人才建设环境,形成"检察成就人才、人才成就检察"的生动景象,真正把人才"第一资源"转化为推动检察工作高质量发展的强大动力。

（三）加强检察人才建设是践行高质效办好每一个案件基本价值追求的有力保障

党的二十大报告提出，"努力让人民群众在每一个司法案件中感受到公平正义"。最高检党组提出的"高质效办好每一个案件""三个善于"，是深入践行习近平法治思想，落实新时期党和人民对检察工作更高要求、推动检察工作高质量发展的重要举措。近年来，通过深化司法责任制、内设机构、人员分类管理等改革，重庆市检察队伍结构更趋合理、素质日益提升、保障更加有力，涌现出了一大批优秀检察人才。但是，对照经济社会高质量发展的新任务、高质效办好每一个案件的新要求，高素质领军人才存在储备不足、培养不力、释能不够等问题，直接影响办案质量、效率和效果。新时代检察人才队伍建设的重要目标是不断提高检察官专业素能，加强领军人才和高层次、专业化人才培养，打造数量充足、结构优化、布局合理、素质精良的检察人才队伍，积蓄高质效办好每一个案件关键力量，确保每一个案件都能得到公平、公正、高效的处理，让人民群众能感受、可感受、感受到公平正义。

二、聚焦专业化培育，建好建强"头雁方阵"

雁行万里靠头雁。检察人才队伍建设，育好"领头雁"至关重要。检察业务专家是检察业务工作的"排头兵""领头雁"，是检察工作高质量发展的中坚力量。总体来看，重庆市高层次、领军型、复合型检察人才相对匮乏，高层次人才培养还存在不平衡的问题，成为制约人才强检建设的瓶颈。要牢固树立"人才是第一资源"理念，紧扣新时代检察人才队伍建设的重要目标，全方位引进、培养、用好检察人才，加强高层次、专业化人才培养，努力造就检察领军人才"头雁方阵"。

（一）瞄准需求引"头雁"

坚持精准引才，瞄准"需"处发力、紧扣"需"处供给，针对办理环境保护、知识产权、金融证券、网络犯罪等新型案件的专业人才和检察技术、会计审计等特需人才普遍不足问题，积极探索特殊人才引进通道，加大源头储备，做大做强高层次领军人才"基本盘"。要不断拓宽选才渠道，用足用好招录、遴选、商调等人才政策，加快引进各类紧缺急需的专业化人才，为专业人才开辟"绿色通道"，扩大人才队伍"蓄水池"。要积极向组织部门报告，与高等院校建立合作机制，推进检校法治人才共享共育，加大选调生的推介、招录、选任工作力度，选调政治素质、能力素质过硬的研究生充实检察队伍。要拓展柔性引才范围，持续组织青年干部到重庆大学等知名高校培训，健全专家咨询委员会和行政机关专业人员兼任检察官助理工作机制，引入"外脑"为检察工作高质量发展献智出力。

（二）建立机制强"头雁"

健全人才工作机制是高素质人才队伍建设长远发展的基础和保障。着眼干部队伍长远发展，重庆市检察院把领军型人才培养使用作为"一把手工程"，围绕"选、育、管、用、立"完善精准引才、系统育才、科学用才机制，出台《进一步激励全市检察人员新时代新担当新作为的实施意见》《大力发现培养选拔优秀年轻干部的实施意见》等一系列科学务实的人才工作制度，着力破除人才引进、培养、使用、评价、流动、激励等方面的体制机制障碍，以更宽广视野、更开放胸襟构建"近者悦、远者来"的选才引才用才格局，激发检察人才施展才华、释放能量、建功立业。

（三）搭建平台育"头雁"

从调研分析来看，重庆市刑事检察人才梯次培养面临较大挑战，公益诉讼、检察侦查等领域人才较为匮乏，民事检察、行政检察等人才不足局面尚未彻底扭转，精通检察业务和经济金融、知识产权、新兴业态、数字建设等专家型、复合型人才紧缺，跟不上司法办案需求和检察职能拓展。针对这些问题，要贯彻落实《全国检察教育培训规划（2023—2027年）》，有针对性地提升业务素能、练好检察内功，持续破解民事检察"不专、不会"、行政检察"不敢、不力"、公益诉讼检察"不精"、检察侦查"不强"等问题，常态化组织业务专家、标兵能手等"种子选手"参与跨区域、跨条线、跨行业培训，加大跨省培训交流、练兵比武力度，向系统外及兄弟省市学习切磋。坚持把业务竞赛作为专业化人才培养的抓手，联合四川检察机关举办川渝论辩赛，选拔论辩人才，联合江苏、广东、上海等8省市检察机关深入开展赛事交流，通过上课堂、上讲台、上辩论席，开阔视野、锤炼本领，持续打造业务尖兵。

三、聚焦示范性引领，有力激发"雁阵效应"

群雁高飞头雁领，头雁领航才能激发群雁效应。检察领军人才对外树立检察权威、提升检察形象，对内具有很强的"头雁"效应和"催化"作用，对整个队伍能力水平提升至关重要。要发挥"头雁"引领、示范、带动作用，牢固树立"人人皆可成才"理念，遵循人才成长规律，架设人才成长"阶梯"，突出抓好年轻干部政治历练、业务训练，有计划地将检察人才放到重大复杂案件、急难险重岗位磨砺成长，激发"雁阵效应"，为检察事业后继有人提供"源头活水"。

（一）注重以老带新，接力培养"头雁"

重庆市检察机关出台进一步发挥标兵能手作用的规范性文件，健全落实检察业务专家、标兵能手和先进模范"一人一档"培养使用机制，建立业务竞赛老带新、新助老、跟班学习等机制，成立检察业务专家流动站，搭建业务巡讲、检校协作等平台，通过检察官教检察官、巡回授课、与青年干警结对等方式，全链条做好"传帮带"，激励检察领军人才发挥作用，带动培养更多标兵能手和行家里手。精选有大赛经验、业绩能力突出的"老选手"，持续深耕专业领域，力争推出更多具有示范引领价值的理论成果、制度成果，为新晋选手辅导指导，传授经验；选拔优秀青年干警全程跟班学习，主动上专案、领新案、办大案，朝着高素质、专业化领军人才迈进，为接好"接力棒"奠定基础；以十佳和优秀公诉人、业务标兵能手等"榜样面对面"课程为重点，定期举办系统内"青干班"，针对性培训，重点跟踪培养，全市检察机关"青干班"被重庆市委党校作为精品班展播。

（二）注重梯次培养，选育储备"雏雁"

认真落实关于大力培养选拔优秀年轻干部的实施意见，定期开展优秀年轻干部调研，注重从办理大要案、业务竞赛、专项活动中发现一批好苗子，分类建立全市检察机关优秀年轻干部信息库以及公益诉讼、检察理论、涉外法治等8个人才库，既"伯乐相马"又"赛场选马"，选准后备人才。对照高层次人才培养标准，制订"新鲜血液、骨干力量、攻坚团队、领军人物"四个阶段培养计划，加大后备人才培育力度，通过检察业务专家带动，有意向性地安排后备人才办理重大案件、承担重大课题、参与重点工作，有针对性地放到办案一线、艰苦地区、重要岗位"补课""墩苗"，选到上级院"加钢""淬火"，厚植领军人才成长"沃土"，推动全国检察业务专家、各条线标兵能手在数量和质量上有新突破。

（三）注重实战训练，带精带强"群雁"

发挥检察一体化优势，突破院际、层级限制和管理模式，汇集全市业务骨干，以高层次领军人才为重点，在专业领域深耕打造各类团队品牌，成立覆盖"四大检察"包括办理金融、知识产权、网络等案件的9个类别26个专业团队，通过专案交办、案例研讨、庭审观摩、讲师团巡讲等方式，加强团队成员核心能力建设。着眼"高质效办好每一个案件""三个善于"要求，突出实战实用实效导向，广泛开展各层级多类型业务竞赛、精品案件评选、"检察官—律师模拟庭审大赛"等岗位练兵活动，增强检察人员推动检察工作高质量发展本领、服务群众本领、防范化解风险本领。

四、聚焦精准化使用，推动形成"雁阵格局"

群雁齐飞成雁阵，抓好"第一资源"转化，使人才成为高质效办案的支撑力量。这不仅要精准引才、系统育才，更要把检察人才用在关键时、用到关键处。要坚持党管人才原则，树立重实干、重实绩、重担当的用人导向，统筹用好干部选拔、检察官遴选、职务职级（等级）晋升、表彰奖励、评先评优等政策措施，不拘一格使用人才，让检察人才有干劲、有奔头、有盼头，各得其所、人尽其才、才尽其用。

（一）"指路子"畅通人才发展渠道

激发各类人才生机活力，深化检察人员分类管理，持续推动完善检察官遴选制度，不断优化检察官助理培养，拓展司法行政人员发展渠道，让各类人员成为高质效办案的承担者、推动者、保障者。健全高层次人才跨层级、跨区域调配使用机制，推动人才队伍在全市三级院、"一区两群"地区院之间规范有序流动。要针对全国检察业务专家、标兵能手量身定制培养计划、优化成长路径，打破隐性台阶，把优秀检察人才及时推荐上去、交流出去。充分发挥检察系统上下贯通的组织优势，通过三级院拉动交流，一批有培养前途的年轻干部下沉到基层一线"墩苗"历练，推动一批办案经验丰富、综合能力突出的基层领导干部突破"发展天花板"到上级院任职。

（二）"搭台子"完善人才评价标准

坚持公道正派选人用人，真正让人才工作考核评价由"软指标"向"硬杠杠"转变。创建包含基层院检察长等4个类别的检察机关领导干部数字画像档案模型，设置政治思想、工作业绩、评价口碑、资历学历、作风纪律"五个维度"16项分析研判指标，通过链接具体事例、统计数据，以分层分类、计分排名的方式，动态立体、全面及时呈现检察人员现实表现。坚持全方位分析岗位、全口径筛查干部、全要素比选择优，结合选任岗位的职责、能力、结构、互补等需要，把符合相应条件的干部全部挑选出来，开展岗位匹配度分析，广泛听取各层次的意见，从中选出最合适的动议人选。真正让人才工作考核评价由"软指标"向"硬杠杠"转变。

（三）"给位子"树立正确用人导向

坚持从检察工作实际出发，以事择人、以岗定人，对于经受检验、相对成熟的优秀年轻干部,要敢于打破论资排辈、平衡照顾等隐性平台,用当其时、用其所长,大胆提拔使用检察领军型人才。对业务专家、标兵能手量身定制成长计划,"一人一档"跟踪培养使用,形成吃苦者吃香、优秀者优先、有为者有位的鲜明导向,推动形成"检察成就人才,人才成就检察"的生动景象。

坚持"引育管用"全链条发力
为安徽检察工作高质量发展集聚人才力量

盛大友[*]

人才是兴检之本、强检之基，是推进检察工作高质量发展的"第一资源"。应勇检察长强调，要以更大力度、更实举措、更优机制，久久为功加强检察人才工作，努力建设一支政治过硬、本领高强、作风优良的检察人才队伍。随着安徽深度融入"长三角"一体化发展，打造"三地一区"、建设"七个强省"战略目标，对检察履职提出更高要求，对检察人才需求也更加迫切。近年来，安徽省检察院党组始终把人才工作摆在先导性、基础性、战略性位置，下大力健全落实精准引才、系统育才、统筹管才、科学用才"全链条"机制，不断深化人才强检建设，为加快推进检察工作高质量发展，护航现代化美好安徽建设提供坚实人才智力保障。

一、积极拓宽渠道，充分盘活资源，在精准引才上聚焦用力

检察事业"接续"需要人才队伍"接力"。加强人才储备、补齐人才缺口，既要广拓渠道招贤揽才，也要多方联动引智借力，盘活各类资源、用足各项政策，刚柔并济夯实人才队伍"基本盘"。

（一）靶向谋划"开源引流"

安徽地处"长三角"腹地，各地地理条件迥异，经济社会发展差距

---

[*] 盛大友，安徽省人民检察院党组副书记、副检察长。

较大，部分地方人才竞争优势相对不足。做好引才选才工作，必须加强对全省人才数量、结构、分布的动态掌握，综合各地功能定位和发展需求，统筹运用招录、遴选、选调等政策工具，在"进人员"和"聚人才"上双向发力。近年来，安徽省检察院对各地招录、遴选计划实行统一审核，差异化调控岗位条件设置和专业门类比例。注重加大对皖北、皖西等20个经济欠发达县域基层院引才扶持力度，用足用活区县打包招录、放宽岗位条件和专业限制等政策措施，在"招得来"上优先发力，蓄满人才队伍"源头活水"。积极拓宽优质人才引进渠道，与省内外重点高校建立引才合作机制，组织"院校检察行"宣介活动，会同组织部门，开展从知名高校定向选调应届毕业生，实行笔试送考入校、报销面试产生费用，最大限度彰显检察求才热忱。

（二）精准选才"去芜存菁"

"引进人"更要"引对人"，工作中必须坚持靶向精准、以用为要。近年来，安徽省检察院紧跟检察业务发展需要，加快引进急需紧缺人才，摸底编制《急需紧缺和复合型专业人才需求目录》，积极争取组织部门支持，采取设置法学类（含特设）专业条件、提高研究生招录比例、探索开展公开选调等方式，先后引进民事行政、金融知产、检察侦讯，以及具有"法学+N"背景专业人才100余名，有力支撑和保障"四大检察"发展。在引才选才工作中，注重优化方式方法，实施遴选考录独立命题、专业面试，并探索引入"结构化小组面试"方式，通过考生轮流答题和相互点评，更好实现横向比较、择优比选。在各级院建立"专业命题人才库""面试考官队伍库"，健全梯队培养和考核评价机制，加强动态管理，着力提升甄才选才科学性、精准度。

（三）协作联动"融慧聚智"

检察工作涉及经济社会发展稳定多个方面，要树立"不求所有，但求所用"的开放人才观，善于集聚各方面人才智慧和力量为我有用，解决专业人才不足难题。近年来，安徽检察机关大力加强专家咨询委员会建设，积极邀请、选聘专家学者为检察重大问题、重要理论研究和重大疑难复杂案件办理，提供咨询论证意见。自上而下建立"府检联动"工作机制，与行政执法等部门常态化开展互派人员交流、邀请提前介入、开展协作联动，发挥系统外专业力量作用。全面落实行政机关专业人员兼任检察官助理制度，围绕长江、淮河、新安江生态廊道和皖南、皖西生态屏障建设，构建属地管辖和集中管辖相结合的生态环境检察监督机制，探索开展特邀检察官助理跨层级、跨地域、跨线上线下交叉聘任履职，完善工作协作、成果共享和联合表彰等机制，有力推动"单向借力"向"双向奔赴"转变。

二、紧盯发展之需，全面砺身强能，在系统育才上聚焦用力

培养是做好人才工作的基础环节，是促进人才辈出的根本之举。必须紧跟检察履职和发展需要，全方位历练提升检察人员的专业知识、专业能力、专业作风、专业精神，锻造更多检察"工匠"。

（一）在教学练战中"淬火"

教育培训是人才培养的主阵地。要始终坚持缺什么补什么、需要什么训什么，持续加大分级分类培养力度，与时俱进练好内功。近年来，安徽检察机关在连续制定实施轮训规划，大规模开展业务培训的基础上，积极开展检察人才"订单式""进阶式"培训，分层分类举办检察人才高级研修班、公诉精英集训营、"长三角"一体化检察监督素能提升班等专题班次，促进检察人才拓展思路视野，精进专业能力。注重在竞争高压中完善人才常态化冒尖机制，全面加大情景教学、对垒演练等课程比重，组织全条线比武竞赛，开展控辩大赛、庭审评议、文书评选等练兵活动，摔打历练专业能力，挖掘培养优秀人才。

（二）在服务发展中"增智"

护航经济社会高质量发展，是检察机关职责所系。近年来，新发展格局激发安徽各区域板块振兴发展新动能，客观要求检察机关更新人员

知识结构，提升服务改革发展能力。为此，安徽检察机关全方位加大知识产权、金融证券、数字经济、环资保护等业务知识培训力度，充分利用中检网院、安徽干部教育在线等平台网络课程，拓展政治、经济、社会等领域培训。紧扣沿江智造走廊、自贸试验区建设等，研究制定保障民营经济与新兴产业发展"双十"举措，参与筹建安徽（合肥）创新法务区，开展护航新质生产力发展专题培训，组织检察官赴企业"百日体悟实践"，提升优化法治化营商环境能力。积极围绕区域发展及基层治理中面临的突出共性问题，深化法律职业共同体培训，协调行政执法、金融监管等部门联合开展培训，不断丰富人才知识储备，凝聚执法司法共识。

（三）在为民实践中"锻造"

为民司法是检察工作的核心价值所在，也是检验和衡量检察人才德能的"试金石"，必须站在厚植党的执政基础的高度，提升检察人才高质效"办好群众身边小案"的能力和自觉。近年来，安徽检察机关坚持全面、深入、系统学思践悟党的创新理论，大力推进党建业务深度融合，以基层党组织为单元，组织"案说政治""检心为民""错案检视"以及指导性案例、典型案例研讨讲学等活动，引导检察人才在思想碰撞、交互对比中，领会把握"三个善于"，秉持正确司法理念。积极创新实践载体，自上而下建立"府检联动"工作机制，聚焦劳动保障、个人信息保护、食品药品等重点领域，开展"检护民生"专项行动，持续推进"检察为民办实事"，建立新入职、新入额、新晋升人员到控申接待窗口岗位锻炼制度，引导检察人才在服务群众最前沿厚植为民情怀，增强服务本领。

（四）在科技赋能中"蝶变"

数字检察是检察工作转型升级的新引擎，也是检察人才培养的新基地。近年来，安徽检察机关主动融入安徽数字科技发展快车道，抓住数字江淮、城市大脑建设等有利契机，积极推进全省检察大数据中心、政法机关信息资源共享平台以及"智慧皖检"应用体系建设，分层级、常态化组织人才骨干参加信息化培训，举办大数据、区块链、人工智能等前沿科技讲座，加强移动办案系统、智慧公益平台、远程提审等系统培训，提升检察人才数字思维和科技应用能力。为加强"小切口"建模能力培养，连续组织全省大数据检察监督应用模型竞赛，与科大讯飞等科技企业建立联合实验室，创新孵化优秀成果，鼓励、扶持检察人才在数字应用、研发一线增智强能、蝶变成长。

三、注重上下贯通，厚植成长沃土，在统筹管才上聚焦用力

人才是核心，管理是关键。必须牢固树立向管理要生产力、战斗力的理念，注重发挥检察一体化优势，上下贯通，统筹发力，系统健全人才管理体系，不断激发成长动力和成才潜力。

（一）统分结合健全人才体系

人才体系建设是个系统工程，既要统筹做好顶层设计，也要分级分类细化实施。近年来，安徽省检察院党组积极履行人才队伍抓建责任，定期分析研究工作，先后部署人才建设"四项工程"，实施人才行动"四年计划"，为全省检察人才工作定好"任务书"、画好"路线图"。在省、市两级院区分检察业务、理论研究、综合行政等不同类别，分批次选拔、组建"专家人才库""标兵人才库""骨干人才库"，并建立健全检察业务专家评审、优秀检察官评选、人才库管理办法等制度机制，按照"选、育、管、用"一体推进原则，明确选拔培养、退出递补、管理使用等措施，实行动态管理、资源共享、统筹使用。积极鼓励和支持各级院立足自身优势，打造人才品牌，探索各具特色的人才发展模式。

（二）上下联动打造优育平台

安徽中小检察院较多，基层管理基础较为薄弱，队伍建设不规范，人才培养不精准等问题普遍存在，必须强化系统观念，着力打破基层眼界不宽、资源不足的制约，上下联动创设育才平台，提升人才建设质效。

近年来，安徽检察机关坚持以省、市院为主导，深化检校合作育人，健全理论研究攻关、专家互聘互派、法学实践教学、学历教育培训一体化工作格局，完善人才研修和定向培养机制，加强高层次人才培养。健全完善检察人才上下交流机制，在省、市层面系统建立上挂下派、横向互派、调用办案、对口援助"四位一体"交流锻炼机制，先后选派200余名人才骨干到上下级检察机关、其他政法单位、行政执法等部门学习交流、挂职锻炼，打破检察机关自身发展"内循环"，让检察人才丰富经历阅历，增强综合素能。

（三）齐抓共管加强作风建设

过硬纪律作风既是检察履职的基本前提，也是人才成长的重要保障。安徽检察机关始终坚持严的基调、严的措施、严的氛围不动摇，压紧压实各级管党治检责任，建立落实"三个规定"定期通报、倒查核查等工作机制，紧盯履职办案重点环节开展专项督察，健全完善权力清单、追责惩戒、内部审计、案件评查等系列制度机制，深入开展酒驾、赌博、违规吃喝等专项整治，有力营造风清气正育人环境；出台加强干部日常教育管理监督规定，健全经常性警示教育、谈心谈话和监督提醒等机制，跟踪了解工作状态、思想动态以及个人重大事项等情况，统筹融合检察人员考核，做深做细履职绩效过程管控、效果评价，建立反馈改进、精准培训、严格奖惩等制度，发挥激励、导向作用，确保检察人才始终在状态、不走偏、不出事。

四、坚持知人善任，激发动能活力，在科学用才上聚焦用力

人才以用为本，用起来才是生产力，用活了才有创造力。要坚持正确选才用才理念，不断完善量才而用、人尽其才、才尽其用的制度机制，努力为检察人才施展才华提供"舞台"，造就"检察成就人才、人才成就检察"的生动景象。

（一）畅通职业发展积聚"向心力"

要提高人才队伍"向心力"，必须优化人才成长路径，拓展职业发展空间，全面加强履职保障，增强检察人才"荣誉感""获得感"。近年来，安徽检察机关主动协调地方党委和有关部门，大力推进非公务员占编清理，积极争取市县院党组副书记配备、基层高等级检察官职数市级统筹等政策支持，努力为检察人才引进和职业发展预留更多空间。完善搭建检察官逐级遴选通道，省级院实施向下两级院遴选检察官，有规划地落实初任检察官到基层任职，系统推开从下级院择优选拔上级院部门领导职务，积极畅通人员交流转任渠道，不断优化检察职业发展模式，增强人才职业发展预期。全面落实等级晋升、工资薪酬、退休待遇等政策，健全检察宣传、表彰和奖励等制度，完善从优待检、暖警爱警、关爱扶助等制度机制，切实让检察人才有想头、有奔头、沉下心。

（二）科学统筹使用发挥"辐射力"

发挥人才作用，提高人才效能，是人才工作的根本任务。近年来，安徽检察机关注重人才资源共享，大力开展地域毗邻检察机关办案协作，健全完善联合调查取证、协作办理疑难案件、检察官统一调用等工作机制，有针对性地加强检察人才跨层级、跨区域调配使用。统筹安排检察人才参加重大案件办理、理论攻关、专项行动等大项工作，结合基层院业务部门结对共建等，选派优秀人才到基层蹲点指导和对口帮扶，真正把人才力量"统起来""用起来"。积极发挥人才传帮带作用，实施省级以上业务专家带教"青蓝计划"，融合推进"政治领航""业务领路"，帮促青年人才拔节成长，20多人晋级入选省级业务专家和全国业务标兵。建立"专办、专研、专培"一体化培养模式，打造职务犯罪、经济金融、数字检察等核心办案团队品牌64个，有力推动全省检察工作高质量发展。

（三）及时提拔任用激发"内动力"

坚持从检察工作实际出发，以事择人、以岗定人，大胆提拔和放手使用检察人才，尤其是对于组织看准看好的青年人才要适当打破"隐形台阶",充分信任,用当其时,以好的用人导向吸引人才、激励人才。近年来,安徽检察机关高度重视年轻干部队伍建设,系统建立全省检察机关优秀年轻干部名单,坚持每年一批,统筹教、学、研、练资源,跟踪实施"青年英才培养工程",全方位加强业务、管理、领导能力培塑,充实领导干部后备力量。同时,定期开展领导班子运转、干部履职以及人岗匹配等情况调研分析,切实把人才选用到最合适岗位上。近年来,安徽省检察院择优遴选、连续培养优秀年轻骨干200余名,50余人被提拔担任省院机关部门负责人和市县院领导班子成员,有力营造了人尽其才、用当其时的良好氛围,有效激发人才队伍干事创业内生动力。

全面落实人才强检战略
建强新时代检察人才队伍

马剑勇[*]

人才是创新之核、发展之要、强国之基。党的二十大报告强调,必须坚持人才是第一资源。党的二十届三中全会对人才发展体制机制改革作出全面部署。检察机关在中国特色社会主义现代化建设中肩负着重要职责和使命,以检察工作高质量发展服务保障中国式现代化的长远之计、固本之策,关键在人,关键靠一支高素质的检察人才队伍。

近年来,宁夏检察机关坚持以习近平新时代中国特色社会主义思想为指导,全面落实人才强检战略,始终把新时代人才队伍建设作为检察工作的先导性、基础性、战略性工程,以提高检察队伍能力素质为根本,以增强法律监督能力为重点,思想淬炼、政治历练、专业训练、实践锻炼同向发力,革新培训理念、拓宽培养渠道、优化结构布局、健全体制机制一体落实,逐步形成检察人才培养与检察事业发展基本相适应的人才队伍建设新格局。

一、抓实政治引领,筑牢新时代检察人才队伍建设政治根基

习近平总书记强调,"坚持党对人才工作的全面领导。这是做好人才工作的根本保证"。新时代检察人才队伍建设必须把党的领导贯穿全过程各方面,切实把党的政治优势、组织优势转化为人才发展优势。

---

[*] 马剑勇,宁夏回族自治区人民检察院党组副书记、副检察长。

（一）坚持政治建设是"第一建设"

坚持党对人才工作的全面领导，是我国人才体系的鲜明政治优势，是坚持正确政治方向、做好新时代人才工作的根本保证。检察机关作为党绝对领导下的政治机关、法律监督机关、司法机关，坚持党的领导是中国检察制度宪法属性和政治属性的重要体现，也是检察工作的最高原则。加强新时代检察人才队伍建设，必须坚持以习近平新时代中国特色社会主义思想为指导，深入学习贯彻党中央关于新时代人才工作的新理念新战略新举措，全面落实党管干部、党管人才原则，确保新时代检察人才工作沿着正确的方向前进。宁夏检察机关出台《关于坚定维护以习近平同志为核心的党中央集中统一领导的实施意见》，修订党组工作规则，充分发挥院党组把方向、管大局、保落实的领导作用，为以检察工作高质量发展服务保障中国式现代化提供智力支持和人才资源。

（二）坚持政治标准是"第一标准"

习近平总书记在党的二十大报告中强调要"坚持把政治标准放在首位"。检察机关是党和人民的"刀把子"，"为谁培养人才、培养什么样的人才"直接关系检察事业的发展和未来，关系"刀把子"能否牢牢掌握在党和人民手中。必须坚持把政治标准作为检察人才第一位的标准，把政治要求作为检察人才最根本的要求，坚持一切工作"从政治上看"。建立健全检察人才政治素质识别和评价机制，在引才、育才、用才、留才等工作中严把政治关，对政治上不合格的实行"一票否决"，持续擦亮检察人才队伍绝对忠诚、绝对纯洁、绝对可靠的政治底色。宁夏检察机关研究制定《干部政治素质考察实施办法》，细化政治品德评价标准，科学设定"政治体检表"，建立检察人才政治档案，确保检察人才政治要求与职责使命相匹配。

（三）坚持政治能力是"第一能力"

"既要从政治上着眼，又要在法治上着力"，这一新时代检察工作的根本要求，决定了政治能力始终是检察人才第一位的能力。要坚持把思想淬炼作为首要任务，依托党组理论中心组学习、党支部"三会一课"、主题党日、青年理论学习小组学习会等载体，常态化开展政治机关意识教育和"忠诚在心"党性教育、"使命在肩"政绩观教育、"纪律在前"党规党纪教育，不断提高政治判断力、政治领悟力、政治执行力，擦亮检察人才坚决拥护"两个确立"、坚决做到"两个维护"的鲜明政治底色。注重将政治历练融入日常、抓在经常，有计划地选派检察人才到基层一线、信访维稳、吃劲岗位接受磨砺，在强化法律监督、保障国家法律统一正确实施中提高善于从政治上分析问题、解决问题的能力，着力增强防风险、迎挑战、抗打压本领。

二、健全制度机制，破解新时代检察人才队伍建设发展瓶颈

系统育才、精准引才、科学用才、用心留才，离不开良好的体制机制。党的二十届三中全会聚焦深化人才发展体制机制改革作出顶层设计和战略谋划，必须准确把握政策内涵，不断健全完善制度机制，进一步提升检察人才政策的系统性和整合度，着力破除制约检察人才发展的体制机制障碍。

（一）健全完善检察人才规划实施机制

人才工作是全局性、战略性工程，必须围绕精准引进、系统培育、统筹管理、科学使用统筹谋划，科学编制并有效实施检察人才队伍建设总体规划，精心绘制人才队伍建设"路线图"，以规划引领检察人才队伍发展，保持检察人才队伍建设连续性和稳定性。规划实施要立足新形势新任务新要求，坚持下位规划服从上位规划、下级规划服务上级规划、等位规划相互协调的原则，进一步理顺与《国家"十四五"期间人才发展规划》《新时代法治人才培养规划（2021—2025年）》等各类规划之间关系，主动融入全面依法治国基本方略和人才强国战略。宁夏检察机关坚持"规划先行"理念，先后两次制定全区检察机关人才队伍建设发展规划，出台《关于加强新时代宁夏检察机关队伍建设的实施意见》，明确

近期、中期、远期目标，构建开放型、有活力、可持续的检察人才工作制度机制和政策体系。

（二）健全完善检察人才引育管用机制

党的二十届三中全会强调，要完善人才自主培养机制。加强新时代检察人才队伍建设，引才是关键，育才是根本。必须着眼检察工作高质量发展急迫需要和长远需求，坚持两点论与重点论相统一，把人才选拔、培养、使用、管理贯通起来，既注重外部引进，更坚持自主培养，统筹抓好"双轮驱动"，着力破解检察人才"不够用"的问题和"不被用"的矛盾。用足用好招录、遴选、选调等政策工具，加大从高等院校、政府部门、法律服务机构引进急需紧缺人才力度。积极争取户籍倾斜、适当放宽招录条件等政策支持，有效缓解艰苦边远地区检察机关招人难留人难问题。注重内部挖潜，培优育强领军型检察人才、青年检察人才、检察理论人才"三支队伍"，为战略人才梯队"蓄好水""育好苗"。宁夏检察机关制定专家人才库建设管理办法，深入实施"3331工程"（用三年时间，力争实现县（区）、市、自治区三级检察机关领导岗位年轻干部各达到"30%"的配备目标，培养一支政治过硬、数量充足、素质优良、充满活力的政法优秀年轻干部队伍），部署开展"全区检察业务专家""全区青年检察人才"评审工作，确保检察人才"蓄水池"更加充盈。

（三）健全完善检察人才有序流动机制

人才有序流动是优化人才配置、激发人才活力的重要途径，只有破除妨碍人才有序流动的各类障碍和制度"藩篱"，才能激活人才队伍的"一池春水"。要建立健全检察人才队伍状况定期分析研判和预测预警机制，前瞻性制订人才引进和培养计划。建立健全人员编制、检察官员额统筹和动态调整机制，常态化开展检察官入额遴选和检察官逐级遴选，加强检察官助理队伍建设，实行检察人才动态化管理，下大力气解决检察官遴选"上不来"、检察官助理入额"下不去"等突出问题。建立健全公开、平等、竞争、择优的人才使用机制，发挥检察机关一体履职、综合履职优势，推进检察人才跨层级、跨区域的调配使用机制，贯通从管到用、以管促用的全链条。坚持系统思维、一体推进，积极争取将司法行政人员统筹纳入属地干部调整交流"大盘子"，打破"体内循环"的流动壁垒，盘活人才资源，切实解决司法行政人员晋升空间有限和"空心化"等问题。坚持正确的人才流动导向，鼓励人才向艰苦边远地区和基层办案一线流动。

三、强化夯基固本，全面提升新时代检察人才队伍履职本领

聚焦检察人才队伍司法理念、素质能力等不适应、跟不上检察工作高质量发展要求的新变化，积极构建培训理念先进、方式方法科学、组织架构健全、运行机制高效的全方位教育培训体系，着力提升高质效办好每一个案件的过硬本领。

（一）以新理念引领检察人才工作新实践

习近平总书记强调，"理念是行动的先导，一定的发展实践都是由一定的发展理念来引领的"。检察人才工作理念是先导，必须聚焦"高质效办好每一个案件""三个善于"等新时代检察理念，与时俱进更新检察人才工作理念，牢固树立全局人才观、全员人才观、开放人才观、科学人才观。深入贯彻"四个面向"的全局人才观，紧紧围绕党和国家中心工作，促进检察人才发展同检察工作高质量发展高度匹配、深度融合。深入贯彻"人人皆可成才、人人尽展其才"的全员人才观，形成"检察成就人才，人才成就检察"的良性闭环。深入贯彻"聚天下英才而用之"的开放人才观，完善法学专家到检察机关挂职机制，深化检察机关与行政机关互派干部挂职、行政机关专业人员兼任检察官助理等制度，不求所有、但求所用，借助"外脑""外智"补齐人才短板。深入贯彻"实事求是、以人为本"的科学人才观，尊重人才成长规律，坚持"一院一策"工作思路，因地制宜、因人而异搭建人才成长平台，优化人才评价标准，

畅通人才发展途径，着力解决人才管理培养"一刀切""齐步走""五唯化"等问题，推动形成"近者悦、远者来"的人才生态。

（二）以新举措提升检察人才培训新质效

立足新发展阶段、贯彻新发展理念、构建新发展格局、推动检察工作高质量发展，必须锚定检察人才履职能力培训的主攻方向，坚持问题导向、需求导向、目标导向、结果导向相结合，创新优化教育培训方式方法。聚焦民事检察"不专、不会"、行政检察"不敢、不力"、公益诉讼检察"不精"、检察侦查"不强"等问题，狠抓初任培训、任职培训、在职培训，大力开展专项业务培训。根据业务专家、业务标兵、业务骨干等不同层次，以及检察业务类、理论研究类、综合行政类等不同岗位人才履职能力需求，实行"自助式""订单式"分层分类培养。全面打造"先进典型进课堂""领导干部上讲台""检察官教检察官"等培训品牌，探索开展跨部门、跨区域联合练兵，完善落实"上下互挂""赴外挂职"等机制，形成"理论讲座+案例教学+现场实训"的实战实训新模式。宁夏检察机关采取制定五年教育培训规划、优秀年轻干部挂职锻炼和内部交流轮岗办法，创建"贺兰山生态修复""黄河流域生态环境保护"等现场教学点，不断增强教育培训实效性。

（三）以新要素构建检察人才培训新体系

健全完善的教育培训体系，是实现高质量教育培训、高水平服务保障检察工作发展的关键支撑。提高检察人才教育培训的质量和活力，重点要优化整合培训资源，加大改革创新力度，积极构建横向到边、纵向到底、整体联动、层层推进的教育培训体系。深入实施"数字检察"战略，高度重视教育培训工作的信息化含量，用好中国干部网络学院、中国检察教育培训网络学院等平台，通过视频会议、网络直播、智慧课堂等开设"空中课堂"，借助现代传媒和技术手段开展全要素信息化教育培训，实现教育培训技术的无缝对接和教育培训资源的全面共享。依托国家检察官学院、区域内高等院校，探索开展"检校合作"新模式。充分发挥检察人才作用，持续扩充教育培训师资力量。坚持把教育培训质量评估作为检验教育培训成果的重要途径，采取跟班督学、接续培训、年底验收、限期补课等措施，加速推进教育培训成果转化。

四、坚持严管厚爱，激发新时代检察人才队伍干事创业活力

检察人才队伍的积极性和创造力是确保检察工作高质量发展的关键。要坚持严管和厚爱结合、激励和约束并重，积极营造想干事、能干事、干成事的浓厚氛围，持续激发检察人才队伍高质效履职的强大动力。

（一）加强全周期监督管理

坚持从制度建设、警示教育、谈心谈话等多方面入手，以严的基调持续加强检察人才队伍全方位管理和经常性监督。紧盯检察权运行制约点、内部管理薄弱点、问题易发要害点，健全检察人员监督信息会商沟通机制，完善案件办理流程监控和数据管理体系，精准加强检察权运行内部监督制约。善始善终抓好党纪学习教育各项任务落实，注重用"身边事"教育"身边人"，确保警示教育在身边、在平时、在长久。建立检察长与检察人才谈心谈话机制，及时纠正苗头性、倾向性问题，促进茁壮成长。严格落实"三个区分开来"要求，细化检察人员依法履职不实举报澄清和容错免责清单，让检察人才担当履职无后顾之忧。

（二）做实科学化考核评价

坚持"破五唯"和"立新标"并举，在考实、评准、用好上下功夫，加快形成导向鲜明、科学精准、规范有序、公平公正的检察人才考核评价机制。坚持简便易行、务实管用原则，系统推进各类考核相互融合、相互促进，实现"多考合一、一考多用"。优化考核指标设置，更加突出能力素养和工作实效。坚持分级分类、因人施策原则，坚持谁了解谁评价、谁评价谁负责原则，突出评价精准性，下放考核评价权。坚持把考核结果作为检察人才选拔使用、职级晋升、交流任职、评先选优等重要依据，强化考核结果运用，坚决防止检察人才一选了之、重选轻管现象。

（三）注重多元化激励保障

创建科学的人才激励机制，以体制机制优化激发人才活力。全面落实从优待检各项政策措施，建立健全检察人才心理评测和干预机制，用足用活检察官单独职务序列和其他检察人员职务职级并行制度，定期开展"最美公务员""我身边的榜样"等先进典型选树活动，充分发挥制度的激励保障作用和先进典型的示范引领作用。树立全天候、全方位、全过程的人才服务理念，坚持事业留人、感情留人、待遇留人，探索建立人才诉求"一键受理"、人才服务"一站供给"、人才发展"一帮到底"的服务闭环，用心用情用力解决好人才的"后院""后代""后路"问题，切实形成尊重人才、尊重创造和优秀人才脱颖而出的生动局面。

西藏检察机关人才队伍建设的调研与思考

措旺拉姆[*]

千秋基业,人才为本。人才是推动发展的第一资源,是党和人民事业兴旺发达的宝贵财富。新时代新征程,检察工作欣逢最好发展时期、面临更高履职要求,也对检察人才队伍建设提出了新的更高要求。西藏检察工作要跟上全国步伐,关键在人,短板也在人,推进西藏检察工作高质量发展,迫切需要坚实的人才队伍作保障,必须充分发挥人才资源的引领和支撑作用。

一、要旗帜鲜明坚持党管人才原则,牢牢把握新时代西藏检察人才队伍建设的正确方向

习近平总书记强调,"坚持党对人才工作的全面领导。这是做好人才工作的根本保证"。历史和实践充分证明,党管人才既是政治优势、制度优势,也是组织优势、发展优势。对于西藏检察机关而言,要始终坚持党管人才原则,把党的绝对领导落实到检察人才队伍建设各方面各环节,始终确保检察队伍建设的正确方向。

(一)加强对人才的政治引领

坚持党管人才是确保正确政治方向的内在需要,党管人才的重要价值取向是实现增人数和得人心的有机统一。《中共中央关于加强新时代检察机关法律监督工作的意见》强调要"确保检察人员绝对忠诚、绝对纯洁、绝对可靠",西藏作为边疆民族地区,是国家安全的重要屏障,必须

---

[*] 措旺拉姆,西藏自治区人民检察院党组成员、政治部主任。

坚持把政治标准作为第一标准，确保检察人才队伍政治上信得过、靠得住、能放心。近年来，西藏自治区检察院制定《关于加强新时代西藏检察机关党的政治建设的实施意见》，持续开展政治机关意识教育和对党忠诚教育，不断加强和改进思想政治工作，创新理论学习方式方法，提升思想政治工作吸引力，西藏检察人员对党忠诚的政治本色进一步筑牢。加强政治建设，要坚持用党的创新理论武装头脑，理论强，才能方向明、人心齐、底气足，要坚持不懈用习近平新时代中国特色社会主义思想凝心铸魂，筑牢检察人才思想根基。要始终把思想政治建设摆在首位，持续加强和改进思想政治工作，不断加强检察人员思想淬炼、政治历练、实践锻炼。坚持把提高政治觉悟、增强政治能力作为检察队伍建设的重要内容，增强检察人才的政治认同和向心力，加强思想沟通和感情交流，引领检察人才心怀"国之大者"，深怀爱国之心、砥砺报国之志，激励他们主动担负起时代赋予的历史使命，不断提高政治判断力、政治领悟力、政治执行力，为西藏检察工作高质量发展贡献智慧力量。

（二）树立强烈的人才意识

意识是行动的先导，树立强烈的人才意识是下好人才"先手棋"的关键。西藏属于欠发达地区，人才吸引力较差，人才资源短缺制约工作高质量发展的深层次结构矛盾越发明显，更需要树立强烈的人才意识。近年来，西藏自治区检察院坚持把引揽人才、稳定队伍作为检察队伍建设的头等大事，制定《关于加强新时代西藏检察人才工作的若干措施》《西藏检察机关贯彻落实〈关于加强新时代检察队伍建设的意见〉的实施意见》，大力实施"育引用留"四大工程，以建机制、搭平台、强服务等为抓手，积极营造检察成就人才、人才成就检察的生动局面。做好人才工作，要充分认识该项工作的重要性，牢固树立人才是"第一资源"的理念，将人才工作作为事关长远的关键性、根本性问题抓实抓好，以更高的站位、更宽的视野发现人才、发展人才、用好用活人才，为西藏检察工作高质量发展广泛集聚人才智力资源。要树立强烈的责任意识，切实增强做好人才工作的使命担当，用心把握人才政策、用心研究人才发展，用心抓好工作落实，以高度的责任感和工作热情，向长远、抓关键、管根本，千方百计地做好发现、培养和凝聚人才工作。要解放思想、开阔视野，要有敢于创新、敢为人先的思想和胆识，不断探索把握人才工作规律，并把这些规律应用到创新实践中，在实践中促进创新、在创新中不断完善。

二、要创新举措推进引才育才用才，集聚更多优秀人才建功西藏检察工作高质量发展

习近平总书记强调，"要从党和国家事业发展需要出发，以更高的站位、更宽的视野发现人才、使用人才、配置人才"。推进西藏检察工作高质量发展，服务保障全面建设社会主义现代化新西藏，把边疆建设得更好，需要大批优秀检察人才。

（一）精准引才

引才是解决人才短缺问题、破解人才瓶颈最直接、最有效的手段。近年来，西藏检察机关通过受援借力、区外干部选调、急需紧缺人才引进等方式，实现人才队伍稳中有进。要坚持把党和国家法治事业所需、检察工作高质量发展所需、检察人员高质效履职所需、法治西藏建设所需作为人才引进的首要原则，依托自治区各类人才政策，统筹打好高层次、复合型人才柔性引进、急需紧缺人才引进等组合拳，及时补上"缺口"；要结合实际需求和检察职业特点，加强与组织部门沟通协调，因地制宜引才，用足用好招录、选调等政策，积极争取统一招录、分类招录和特殊招录政策，争取适当放宽艰苦偏远检察院招录条件，先想办法把人招进来，及时吸纳、补充检察工作高质量发展所需的各类专业人才，优化检察队伍学历、专业、资格结构。

（二）系统育才

习近平总书记指出，"从长远看，关键还是要靠本地干部队伍和人才，因此要把稳定和用好本地人才作为破解贫困地区、人才匮乏的关键举措，着力打造一支带不走的人才队伍"。人才培养是检察人才队伍建

设的基础环节,是促进人才辈出的根本之举。西藏检察机关人才基数小,队伍整体处于一般性人才不足、专业人才匮乏、高端人才基本没有的处境。近年来,西藏检察机关以政治轮训、业务培训"两驾马车"为牵引,通过持续狠抓分层分类培训,开展检校合作,创新"一站式"帮扶等,有力提升了西藏检察人员专业素能。要加强自主培养,挖掘和开发现有人才潜能,全面盘活本土人才资源。要发挥高校培养人才重要阵地作用,持续深化检校合作,建立健全集理论研究、学历提升、学术交流、检察实务、教育培训为一体的检校合作机制,促进提升法治人才培养的针对性和实效性,更好培育检察人才。要突出实战实训,分层分类科学管理人才、培养人才,既注重培育检察业务人才,又注重培养综合管理人才、理论研究人才,健全建立跨省培养、跟班学习、多岗位锻炼、岗位练兵等上下联动、左右贯通的全链条培养锻炼机制,开创"人人皆可成才、人人尽展其才"的生动局面。

(三)科学用才

无论是引进人才还是培养人才,最终的目的都是用好人才,让每个人才都能发挥最大作用、体现最大价值。近年来,西藏检察机关坚持用好上挂下派强化岗位锻炼,把办案一线和基层作为培养年轻干部的主阵地,让干部在吃劲岗位经历练、有成长。树立"凭能力用干部、以实绩论英雄"鲜明导向,积极推动优秀青年检察人才培养使用,年轻干部选育管用初见成效,干部人才队伍梯次结构更加合理。用好人才,要打破思想上的条条框框,坚持唯才是举、唯才是用,不论资排辈、不求全责备。建立以公开、平等、竞争、择优为导向的选人用人机制,健全能上能下的选人用人机制,推动形成能者上、优者奖、庸者下、劣者汰的用人导向和从检环境。要注重研究不同类型人才特点,根据工作需要和人才实际情况以事择人,推动人岗相适、用其所长。要加强优秀年轻干部培养,健全完善培养选拔优秀年轻干部的常态化工作机制,把到基层和艰苦地区锻炼成长作为重要途径,在重大案件、重要活动、重要任务中激励检察人才"勇挑担子",着力培养一批优秀年轻干部,为检察事业发展储备后备力量、提供人才支撑。要坚持"不求所有，但求所用"，在"盘活"自身人才的基础上，"用活"外部人才，深化专家咨询委员会、特邀检察官助理等机制，形成一支"编外"检察人才队伍。

三、要用心用情营造拴心留人环境，让各类西藏检察人才安心安身安业

环境好，则人才聚、事业兴。良好的环境是吸引人才、留住人才、发挥人才作用的基础。西藏海拔高、条件艰苦、各类基础设施与内地检察机关有一定差距，在人才竞争中不具备吸引力，更需要在良好人才发展环境上下功夫。

（一）深化人才发展体制机制改革

吸引人才、用好人才、留住人才，最好的环境是良好的体制机制。西藏检察机关不断完善包含政治品德、司法理念、职业道德、知识结构、司法能力、工作实绩等要素的检察人员评价标准体系，多角度、全方位评价检察人员履职担当情况，将评价结果与职级等级升降、入额退额、选拔任用、奖金分配等衔接，切实做到以实绩论英雄。优化人才环境建设，要突出强化现代化建设的人才支撑，创新党管人才工作机制，建立健全科学决策、分工协作、沟通交流、督促落实机制，着力构建各级院党组统一领导、政工部门牵头抓总、职能部门协同配合、用人部门发挥主体作用、全体人员广泛参与的人才工作格局，全方位培养、引进、用好检察人才，着力打造数量充足、结构优化、布局合理、素质精良的检察人才队伍。要围绕人才评价、激励、服务、培养等关键环节，不断破除制约人才发展的体制机制障碍，不断健全完善以能力和业绩为导向的人才评价机制，加快形成精准科学、规范有序、竞争择优的人才评价体系。要改革人才激励机制，建立健全重实绩、重贡献，向优秀人才和关键岗位倾斜的分配激励机制，打破平均主义，激发人才干事创业热情，推动形成尊重劳动、尊重知识、尊重人才、尊重创造的良好环境，让检察人才安心、安身、安业。

（二）营造保障有力的生活环境

留才重在留心，留心才能留人。西藏检察机关持续优化检力资源配置，加大向办案一线和基层倾斜力度，统筹建设了基层院图书室、食堂、氧吧等"暖心"工程，为高海拔基层院优先供氧供暖，积极营造拴心留人的良好环境。改善艰苦环境，要树立为人才服务就是为检察工作高质量发展服务的理念，完善人才服务保障机制，用心用情用力服务人才，为人才当好"后勤部长"，让人才充分感受聚才留才诚意。要完善人才发展投入机制，完善和落实有利于稳定检察人才队伍的职级等级晋升、工资薪酬、退休待遇等政策，做实以适当待遇留人。要积极协调当地党委政府解决基层院建设中的困难和问题，将资金、项目、人才等优先向困难基层院倾斜，切实帮助检察人才解决家庭实际困难，为高海拔地区检察机关解决供氧、供暖、供水等问题，创造较好的留人环境。

（三）提升价值认同

只有让人才体会到实现价值的自豪感、贡献社会的成就感，才能更好地激发人才创新创造的澎湃动力。西藏检察机关常态化开展先进典型、身边榜样选树活动，激活用好公务员及时奖励政策，激发检察人员想为敢为有为内生动力，涌现出一批以全国模范检察官、个人一等功、全国优秀公诉人为代表的先进个人。营造尊重人才的环境，要加强与检察人才的思想沟通、情感交流，畅通检察人员反映意见建议的渠道，及时了解检察人才的真实想法和诉求，积极回应人才关切，有针对性地解决问题，积极营造重视人才、关爱人才、优待人才的良好环境。要完善检察人员依法履职不实举报澄清和容错免责机制，建立检察官依法履职风险防范和人身安全保障机制。要建立完善典型挖掘培育、评选表彰、宣传推广、礼遇关爱等机制，积极搭建成才平台，大力开展各条线优秀人才评选表彰，注重在基层一线、重大斗争前沿、急难险重任务中发现挖掘先进典型，构建层次清晰、重点突出、特色鲜明的典型群体格局，广泛宣传长期扎根一线、立足本职岗位、创新创业奉献的优秀检察人才典型，积极营造重视人才、关爱人才、优待人才的良好环境。

第五部分

专业能力建设

聚焦新时代上海干部特质
持续提升检察机关年轻干部素质能力

荚振坤[*]

年轻干部是党和国家事业发展的生力军，是中国特色社会主义事业的接班人，也是推动人民检察事业创新发展的中坚力量和人才保障。近年来，上海检察机关坚持以习近平新时代中国特色社会主义思想为指导，认真学习领会习近平总书记关于干部队伍，特别是年轻干部队伍建设的指示要求，深入贯彻落实市委、最高检关于加强年轻干部队伍建设的具体部署，围绕新时代上海干部"充满激情、富于创造、勇于担当"特质，结合检察工作实际，深入谋划推动年轻干部队伍建设高质量发展，为上海"五个中心"建设和加快建成具有世界影响力的社会主义现代化国际大都市做出应有贡献。

一、在党的诞生地牢记初心使命，坚持以更高站位提升政治能力

党的十九大报告提出"党的政治建设是党的根本性建设"，要求"把党的政治建设摆在首位"。上海是党的诞生地、初心始发地、伟大建党精神孕育地。上海干部应当带头弘扬革命传统、赓续红色血脉。检察机关年轻干部身处"光荣之城"、身处社会主义现代化国际大都市，眼界开阔、思维活跃，富于想象力、创造力，同时也要不断增强政治鉴别力、政治敏锐性，增强斗争精神和斗争本领。为此，上海检察机关始终把年

---

[*] 荚振坤，上海市人民检察院党组成员、政治部主任。

轻干部政治能力建设放在突出位置,以更高站位、更实措施持续提升年轻干部的政治判断力、政治领悟力、政治执行力。

(一)强化党的创新理论武装

理论修养是检察干部综合素质的重中之重,但当前一些年轻干部理论功底不够扎实,理论修养不够厚实等问题仍一定程度存在。提升年轻干部理论素养,最根本的是坚持不懈用习近平新时代中国特色社会主义思想凝心铸魂,自觉将学习党的创新理论作为"必修课",更加坚定对中国特色社会主义法治道路的认同和自信。近年来,上海检察机关创设青年领学人机制,以"领学+赛学"、沉浸式学习等方式将理论学习视野从书本扩展到实景实地,让年轻干部在理论学习中坚定理想信念。创设"75号沙龙"理论学习平台,聚焦检察工作前沿热点和实务难点,让年轻干部与专业学者、业务专家共同"品理论之味、谈实务观点",让政治意识、法治担当成为年轻干部思想自觉、行动自觉。

(二)砥砺对党绝对忠诚品格

习近平总书记深刻指出,"我们培养优秀年轻干部,千条万条,第一条就是教育他们对党忠诚"。检察机关首先是政治机关,旗帜鲜明讲政治是第一位的要求,年轻干部要始终把党性修养作为锤炼政治品格的第一要务,要把握政治与法治的内在联系,把讲政治与讲法治有机统一起来,修炼好共产党人的"心学"。上海检察机关重视抓实主题党日、联学共建、双周学习等工作,用好用活上海丰富、独特的红色资源,教育引导年轻干部更加自觉、更加有力践行对党忠诚,把红色传统、红色精神融入检察履职全过程。坚持从政治上着眼、在法治上着力,深化党建与业务深度融合,让年轻干部通过典型案事例选评更深体会背后的大政治、大民生,进一步厚植党的执政根基。针对年轻干部作为"网络人"的特点及意识形态、网络舆情等领域可能存在的风险隐患,压紧压实意识形态工作责任,强化风险意识和应对素能,切实提升年轻干部防范化解意识形态领域风险的能力。

（三）锤炼激发担当作为精神

干事创业，是干部的职责所在，也是自身价值的实现。真干才能真出业绩、出真业绩。当前，检察工作欣逢最好发展时期，也面临更高履职要求。年轻检察干部大有可为，也将大有作为。上海检察机关对标"争一流、走在前、排头兵"的目标任务，鼓励年轻干部勇挑重担，融入上海"五个中心"建设等国家战略实施和经济社会发展进程，在服务保障大局、推进检察改革创新，开展"检护民生"等重要工作，推出更多首例、首创等方面发挥更大作用。坚持标杆示范引路，培树年轻干部先进典型梯队，开展"新时代上海检察青年风采展示"活动，为年轻干部成长成才提供符合时代特征、检察行业特点、青年特性的导向，不断激励年轻干部开拓进取、担当作为。

二、对标习近平总书记对新时代干部的要求，坚持以更高标准加强选育管用

习近平总书记考察上海特别强调干部队伍建设的问题，提出上海干部干事创业要充满激情、面对困难要富于创造、迎接挑战要勇于担当的特质要求，强调必须发扬斗争精神、增强斗争本领。上海市委要求全市干部争做善作善成实干家，对标好干部标准，围绕打造充满激情、富于创造、勇于担当的干部队伍，推动形成人心思进、建功立业的生动局面。近年来，上海检察机关在年轻干部培养中认真落实中央和最高检、上海市委对干部队伍建设的重要要求，针对性抓好年轻干部的选育管用工作，抓住干部培养选拔、交流任用、考察管理等重要环节，推动年轻干部队伍建设迈上新台阶。

（一）坚持精准选育

习近平总书记对优秀年轻干部应具备的能力素质作出精准画像，要求做到"信念坚定、对党忠诚，注重实际、实事求是，勇于担当、善于作为，坚持原则、勇于斗争，严守规矩、不逾底线，勤学苦练、增强本领"。这为我们发现培养优秀年轻干部树立了鲜明标尺、提供了根本遵

循。上海检察机关深入学习贯彻习近平总书记重要指示要求，深刻认识到精准选育优秀年轻干部的基础在于做好人才储备工作，只有数量充足、质量优良，才能做到好中选优、优中选强。坚持拓展人才"进口"，定期开展优秀年轻干部专题调研，建立纵向贯通三级院、横向覆盖各类别检察人员的干部发现机制，将日常履职、重要工作、业务练赛、评选展示等活动中表现好的年轻干部纳入视野并长期跟进了解，形成覆盖各职务层次、各类别的年轻干部的动态库名单，确保"蓄水池"始终充实。

（二）坚持严格管理

好干部既是选出来的，更是管出来的。培养年轻干部既不能搞大水漫灌，也不能任其自然生长，要更加注重过程管理，做到精细耕作、科学管理。上海检察机关坚持把政治标准放在首位，制定《上海检察机关干部政治素质考察办法（试行）》，在干部职级晋升、选拔任用、评优评先等关键环节，深入了解年轻干部政治表现，出具政治性评价意见，把严把紧政治标准政治要求，确保年轻干部在政治上信得过、靠得住、能放心。完善跟踪培养机制，对全市检察机关100余名优秀年轻干部分级建立成长档案，全周期全过程掌握年轻干部成长过程。完善考核激励机制，突出一线考核，把落实重大部署、完成重点工作、推进重要项目等作为检验年轻干部能力素质的"试金石"，激发内生动力，推动干部依法高效履职。

（三）强化交流使用

年轻干部成长成才既要坚持必要台阶，也要注重放手使用，对表现确实优秀、培养潜力大的年轻干部，要敢于给平台、压担子，及时大胆使用，以鲜明导向激励年轻干部担当作为、干事创业。上海检察机关在选拔任用年轻干部中注重论能力、看水平、凭实绩，重点关注参加过国家级、市级业务竞赛、参加过急难险重任务及重点难点工作、表现突出的干部，把生动火热实践作为最好课堂，加强斗争精神和斗争本领养成，对各方面较为成熟的干部及时提拔任用。加大上下、左右交流力度，在全市三级院范围内综合研判，选拔优秀年轻干部担任领导职务，结合市委组织部"五个一批"、市委政法委"1+4"交流等工作,加大检察机关与外部其他系统、领域干部的交流力度,拓宽选人用人渠道,真正把能谋事干事成事的干部选出来、用起来。

三、对接上海经济社会发展的司法需求,坚持以更具前瞻性举措培养高素质专业化人才

习近平总书记在上海考察期间,对上海干部提出"树立全球视野和战略思维""提升领导城市发展和治理能力"等要求。上海作为我国改革开放前沿和深度链接全球的国际大都市,时代变化在此酝酿发展,各类新生领域、新鲜事物在此迭变涌现,社会关注度高、挑战风险多。身处上海,年轻干部要拥有符合上海定位、适应时代所需的专业素养。依托上海的人力资源基础,检察机关年轻干部在学历层次、知识结构等方面具有一定优势,但部分干部在专业领域仍有"本领恐慌",主要是专业能力素质上存在短板弱项,对不断出现的新领域、新情况、新问题不熟悉、不适应。如何针对当前年轻干部的不足,针对性培养专业化人才,是摆在上海检察机关面前的"高难度题",同时也是"必答题"。一方面要抓好专业能力培养这一持续、系统工程,突出实战实用实效导向,完善三级院一体化培养机制和"学用练赛"培养体系;另一方面要努力答好以下三道人才培养"必答题"。

(一)培养更有专业深度年轻人才

当前,上海"五个中心"建设持续加速,经济金融、知识产权、网络安全等领域面临许多法律监督和司法履职需求,新类型、复杂疑难案件层出不穷,对检察官专业能力要求越来越高。上海检察机关重视把好进人质量关,做好专业人才引进。针对各领域人才"缺口",近五年招录具有知识产权、行政法、国际法、经济法专业背景的人员75名,同时引进具有涉外、民商事等法律专业背景的29名高校教师到检察系统挂职;开展专业化办案团队建设,加强专业化办案、专业化研究、标杆性培养、开放性管理,组建跨院际、跨层级的知识产权、反洗钱、数字检察等新

型专业化团队 17 支、骨干成员 77 人。目前，检察专业人才队伍一定程度上仍与上海"排头兵、先行者"的地位不完全适应，必须持续深耕重点领域专业能力建设，推动高精尖人才和领军人才进一步形成规模。

（二）培养更有知识广度的年轻人才

在国家治理更加系统、城市治理更加精细的背景下，各领域法律关系呈现交融化、复杂化的发展趋势。实现高质效办好每一个案件，做到"三个善于"，要求检察人才打破领域壁垒，具备较为全面的综合素能。一方面，打破"四大检察"之间的专业区隔，培养具备融合履职能力、监督线索发现能力、调查核实能力、量刑协商能力、释法说理能力等综合型人才。通过安排年轻干部跨部门轮岗锻炼、到控告申诉窗口锻炼，在参与各领域案件办理、与群众面对面交流中，提升跨领域办案、准确适用法律、做群众工作、应对复杂情况等方面的综合能力。另一方面，打通检察业务与"大数据"信息化技术之间的区隔，学习掌握在检察业务工作中应用信息技术的能力。通过举办数字化转型实训班、安排年轻干部参与大数据法律监督模型开发等方式，以团队协作、项目开发为抓手，加强"培训+研发+竞赛展示"，在实战中提高年轻干部运用信息技术开展检察工作的能力。

（三）培养更具视野宽度年轻人才

上海对外交往活动多，外事资源丰富，开放包容的城市定位和国际化的营商环境，对检察队伍在专业化要求基础上又提出国际化的要求。上海检察机关对涉外法治理论研究领域开展人才摸排，以年轻专业人才为骨干力量，组建"上海涉外法治检察理论研究人才库"；指导市检察院二分院组建检察涉外法治工作专业团队，在浦东、长宁、静安、奉贤等 4 家基层院展开实践，探索"四大检察"涉外法治的履职路径，在办案实践中培养涉外法治人才；主动借智借力，分别与复旦大学、同济大学、上海外国语大学等签署合作协议，协同推进涉外法治检察人才培育工作。

四、对照检察队伍"打铁必须自身硬"要求,坚持以更严要求锻造过硬纪律、过硬作风

年轻干部是我们党宝贵的生力军,事关党和人民事业薪火相传、兴旺发达。习近平总书记谆谆告诫年轻干部"必须牢记清廉是福、贪欲是祸的道理"。作为国家监督体系的重要组成部分,检察机关"打铁必须自身硬",检察机关年轻干部只有始终保持忠诚干净担当,检察队伍肌体才能永葆健康活力。总的来看,上海市检察机关年轻干部队伍的主流是好的,但仍存在个别年轻干部对党规党纪不上心、不了解、不掌握,把纪律教育当成形式化、程式化的例行公事等问题。针对这些现象,上海检察机关始终坚持以严的标准要求年轻干部、以严的措施管理年轻干部、以严的纪律约束年轻干部,综合运用谈心谈话、廉政教育、靶向纠治等多种方式,持续强化对年轻干部的全方位管理和经常性监督,着力提高廉洁自律、拒腐防变免疫力。

(一)一体抓实纪律教育和警示教育

习近平总书记强调,"要加强对年轻干部的教育引导,让他们从进入干部队伍起就知道守纪律、讲规矩的重要性和严肃性"。上海检察系统的年轻干部具有文化层次较高、思想活跃、接受能力较强等特点,既需要传统的"坐、听、读、考"教育方式,对他们开展纪律教育,又要在与时俱进、不断创新方式上下功夫,做到既提神又解渴、既入脑又入心。要深化沉浸式教育,把党纪学习教育搬进庭审现场、廉政教育基地等场所,强化冲击力、震慑力、警示力。丰富互动式教育,充分运用"阅读马拉松""忘年交"结对学等平台载体,通过"比学、讲学、展学"等形式,增强代入感和感染力,让年轻干部变"被动接受"为"主动吸收"。贯穿帮带式教育,通过"师带徒"等形式,对年轻干部做好入职教育、红色检察教育、职业荣誉教育,引导他们从一开始就做到忠诚干净担当,不断增强政治定力、纪律定力、道德定力、抵腐定力,有效防止"成长起步期"变成"贪腐危险期"。

（二）有力有效用制度管人管事管案

处在作为改革开放前沿、经济社会法治较为发达的上海，公职人员一举一动都可能受到关注。对上海检察机关的年轻干部来说，要习惯在"放大镜""聚光灯"下工作、生活，要牢固树立制度规矩意识，在学习、掌握、遵循规章制度上见真章、见实效。上海检察机关深刻认识到制度规矩在干部队伍管理中的重要作用，重点推进建章立制工作，建立健全管思想、管工作、管作风、管纪律等298项规章制度，使年轻干部清楚掌握什么是应当做的、必须做的，不做就没有履行岗位职责；什么是不能做的、禁止做的，做了就违反了规定纪律，就会承担责任后果。制度的生命力在于执行，既下力气建制度、立规矩，更下力气抓落实、抓执行，督促年轻干部把增强党性、严守纪律、砥砺作风融入日常、化为习惯，切实维护制度刚性、严肃性，让制度在执行中日臻完善、"长牙带电"。同时落实上下级监督管理、检务督察等工作，全面落实司法责任制，进一步完善检察权运行内部监督制约机制，有力有序有效实现用制度管人管事管案。

（三）彰显从严管理和激励担当相统一的导向

严格管理和鼓励干事创业从来不是对立的，从严管党治检的目的是推动保障人民检察事业更好发展。对年轻干部既不能求全责备，用"放大镜"看其缺点、查其不足，也不能把年轻干部当作特殊群体，放任自流、搞纪律松绑，而是要让他们在组织关心培养和自己持续努力下不断成长进步。要让他们在平时体会到温暖，体会到组织的爱护帮助，批评教育时他们才更听得进去、真心接受。上海检察机关认真研究年轻干部思想心理，既敢抓善管、精准施策、体现力度，又撑腰鼓劲、关爱宽容、体现温度。通过政治上激励、工作上鼓劲、待遇上落实、人文上关怀，动态及时了解他们的工作、学习、生活情况，落实好经常性谈心谈话、"三个区分开来"、激励帮扶保护等机制措施，畅通与年轻干部群体的沟通交流，进一步提振干事创业精气神，在知边界、明底线的前提下更加奋发有为，为推动上海检察工作高质量发展做出更大贡献。

加强检察队伍专业化建设
努力打造堪当时代重任的过硬检察队伍

车国庆*

全国检察机关队伍建设工作会议明确指出,检察机关作为法律监督机关,必须在专业化建设上有更高标准。面对党和人民赋予检察机关的更重政治责任、更高履职要求,要认真学习贯彻习近平法治思想和习近平总书记关于政法队伍建设的重要论述精神,牢牢把握检察队伍建设的特点和规律,持续强化对检察队伍的教育、管理和监督,加快打造专业化、年轻化的领导干部队伍,大力培养数量更多、质量更优的检察人才,充分发挥检察文化涵养职业精神、增强职业荣誉感使命感的重要作用,扎实推进检察队伍高素质专业化建设,努力建设一支适应检察工作高质量发展要求、堪当时代重任的过硬检察队伍。

一、深化检察队伍专业化建设的问题研究

近年来,吉林省检察机关坚持问题导向、目标导向和强基导向,聚焦新时代新征程检察改革发展面临的重大理论与实践问题,大兴调查研究之风,深度挖掘检察队伍规律性认识,为高质效开展专业化建设打下扎实基础。

(一)厘清检察队伍专业化的基本立场

习近平法治思想核心要义的十一个"坚持"中,提到"人"的因素时指出"坚持建设德才兼备的高素质法治工作队伍"。德才兼备是党和

---

* 车国庆,吉林省人民检察院党组成员、政治部主任。

国家关于队伍建设的一贯要求，也是政法领域队伍建设和人才工作的基本立场。最高检提出的"三个善于"中，"善于从纷繁复杂的法律事实中准确把握实质法律关系"和"善于从具体法律条文中深刻领悟法治精神"反映"才"的要素，"善于在法理情的有机统一中实现公平正义"体现"德"的要点，可见"三个善于"是对高质效办案的规律认识，是对高质效履职的能力要求，也是检察队伍建设的基本标准。在利益关系日益复杂化和价值标准更加多样化的社会背景下行使法律监督职能，持续加强检察队伍专业化建设具有重要意义。只有检察人员练就政治过硬的"金刚钻"，具备本领高强的"硬实力"，以"三个善于"做实高质效办好每一个案件，人民群众才能够可感受、能感受、感受到公平正义。

（二）厘清检察队伍专业化的目标定位

《中共中央关于加强新时代检察机关法律监督工作的意见》专门指出，"围绕检察机关专业化建设目标，全面提升检察人员专业知识、专业能力、专业作风、专业精神"。检察工作从来都是专业技术性很强的工作。有的检察人员机械运用法律条文、就案办案，反映了专业知识、专业能力的缺失；缺乏保护群众合法权益、化解矛盾、促进治理的意识和行动，体现了专业作风、专业精神的不足。经济关系的要求与社会生活中的规律往往极其隐蔽，检察机关如果不重视专业化建设，就难以真正地去伪存真，造成追赃挽损成效不佳，释法说理不足，社会风险得不到有效化解，"三个效果"体现不明显。所以在司法过程尤其复杂的背景下，持续加强检察队伍专业化建设具有重要意义。要大力提升检察人员的政治素质和服务大局、社会治理、侦查办案、出庭公诉、调查核实等能力，准确理解运用以人民为中心、公平正义、惩恶扬善、公序良俗等社会主义法治精神，确保案件处理结论经得起法律、历史和人民的检验。

（三）厘清检察队伍专业化的现实需求

近年来，东北地区对高素质人才吸引力呈现下降趋势，客观上造成人才队伍素质与发达省份差距逐渐拉大。以吉林省检察院为例，2005—

2008年（逢进必考制度初始时期），省院新录用人员中，第一学历属于985或211层次院校的占66.7%，2019—2023年则降至38.4%。从全省范围看，目前吉林检察机关政法专项编制中，研究生占20.47%，大学本科占75.47%，大学专科及以下占4.06%。人才资源的效能释放不是一蹴而就的，克服学历层次、专业能力的差距，满足新时代对检察工作的新需求，持续加强检察队伍专业化建设具有重要意义。要在干部培养选育管用各环节久久为功、共同发力，加大司法办案急需紧缺人才引进力度，做好实战实用实效的教育培训，培养出更多检察事业发展急需的专业人才。

（四）厘清检察队伍专业化的难点堵点

经过司法责任制、人员分类管理等改革，吉林检察队伍建设取得了长足发展，人员结构、管理模式、履职方式、职业保障等发生深刻变化，但实践中，高层次领军型人才偏少，既有较高办案水平又有理论写作、处理复杂问题能力的专家型人才相对匮乏；新型办案专业人才紧缺，办理金融证券、知识产权、生态环境、信息网络等新型案件专业人才缺乏；人才地区分布差异较大，司法理念、履职能力、职业素养等已经成为制约新时代检察工作高质量发展的主要矛盾。打通制约检察事业发展的堵点，持续加强检察队伍专业化建设具有重要意义。要紧盯领导干部培养使用规律、检察专业规律、干部发展规律，完善人才培育机制，既培养公正司法的"工匠"，又锻造推进社会主义法治的"大师"，不断提高队伍的整体专业化水平。

二、深刻把握检察队伍专业化建设的丰富内涵

检察队伍专业化建设，是检察队伍建设的重要组成部分，是适应我国法治化进程的有力抓手，在检察事业适应社会发展中具有重要作用。吉林检察机关牢牢把握其中蕴含的鲜明属性特征，高标准抓好检察队伍专业化建设。

（一）政治性是检察队伍专业化的首要属性，要求必须把讲政治挺在最前面，确保专业化的正确方向

检察工作是融政治与业务于一体的司法工作，在思想上、政治上、行动上要做到绝对忠诚，自觉用习近平法治思想引领司法检察理念深化、变革，自觉用党的最新理论成果武装头脑、指导实践，将中央要求、文件规定、最高检部署贯彻落实好、请示报告好。吉林检察机关狠抓习近平总书记视察吉林重要讲话和重要指示精神贯彻落实，以新时代、新党建、新理念、新作为"四新"党建大讲堂为引领，用"融+"党建品牌抓系统，落实落细政治轮训制度，将讲政治与抓业务"一体抓""融合抓"，把党的绝对领导贯彻落实到检察工作的各方面全过程，坚定不移听党话、跟党走，永葆鲜明政治底色。

（二）政策性是检察队伍专业化的基本属性，要求必须把严格按政策规定办事作为原则遵循，切实为专业化培养提供支持

司法体制改革以来，为使三类人员各归其类、各司其职，吉林省检察院突出检察官主体地位，逐步完善检察官员额动态调整、遴选、退额等管理机制，拓宽检察辅助和司法行政人员成长路径，为三类人员发挥更大效能提供了政策支持。吉林检察机关制发检察官《员额管理办法》《单独职务序列实施办法》《遴选委员会工作规则》《权益保障委员会工作规则》等制度，对全省检察机关检察官员额动态调整、检察官遴选、检察官交流、检察官考核和结果运用以及检察官员额退出等作出全面规定，建立检察官遴选委员会休会期间书面审签制度，推动建立与检察官依法履职保护相关的预警、应急和联动机制，提高检察官等级职数使用的灵活性、实效性，畅通检察官的职业路径和发展空间；制发《统一调用检察人员办理案件工作办法》《联合办案组组建及运行工作办法》，发挥专业人才集聚功能效应，根据司法办案需要，围绕专业人才组建跨条线、跨院团队，成立刑事检察跨部门指导团队和民事、公益诉讼办案指挥中心，组建黑土地保护、外来物种治理、打击跨境赌博等专业化办案团队，促进人员配置最优化、办案效能最大化，激活检察一体化办案优势。

（三）专门性是检察队伍专业化的保障属性，要求必须在专门的领域深耕细作，更好地实现专业化发展

从司法体制改革实践看，检察队伍专业化建设是检察职能调整与检察机关内设机构改革的重要考量因素。专门性体现在以专门的组织机构推动队伍建设专业化发展。吉林省检察院持续推动检察机关内设机构的专门化，区分业务领域设立专门机构，适应更高的检察履职需求。为深入贯彻落实党中央、最高检关于推进检察侦查专门队伍建设和健全完善检察侦查工作一体化机制的有关部署要求，在省院大力争取下，2024年5月省委编办批复吉林省及各市州检察院统一单独设立检察侦查机构，批复明确划拨政法专项编制用于新设立的市州院检察侦查部，全省检察机关名称统一、机构单设、职能明确、职数单列、编制核增、上下一体的检察侦查机构格局基本形成，为推动检察侦查工作向纵深发展提供了有力的组织机构保障。

三、积极构建检察队伍专业化建设的体系机制

面对新时代检察队伍建设的新形势、新任务、新要求，检察机关处于多项改革深化攻坚、职能调整逐步优化的关键时期，坚持新时代党的组织路线，构建完整的检察队伍专业化建设"选育管用"链条必不可少。

（一）统筹当前与长远的关系，构建专业人才选拔机制

培养选拔专业人才是一项战略性、长期性工程，需要强化顶层设计和总体统筹，形成着眼长远、落在当下的制度性安排。要积极提升领导班子专业化，制定领导班子建设规划，兼顾刑事、民事、行政、公益诉讼领域工作经历选拔干部，提高领导班子成员全日制本科和全日制法学专业占比，任用学历层次高、专业素养好、法律工作经验丰富的干部进入领导班子，全面配备党组副书记或常务副检察长。积极提升人才骨干专业化，建立干部日常发现动态储备机制，通过常态化组织推荐、一线调研发现等方式，结合急难险重任务表现、日常工作实绩、群众反应情况等标准，及时将专业人才纳入组织视线，动态补充人才库。积极提升

年轻干部专业化，制订优秀年轻干部培养使用规划，主动融入地方党委年轻干部培养使用"大盘子"，从优秀年轻干部发现、选拔、培养、管理、使用等方面开列重点任务清单，由"粗放运行"向"精准实施"转变，打造完整的年轻干部管理体系。

（二）统筹理论与实战的关系，构建专业素能提升机制

习近平总书记视察吉林时强调，培训干部要坚持"干而论道"，从实践中来到实践中去。正确运用法律政策，践行司法为民宗旨，各个环节的重任都需要专业知识丰富、业务能力很强的专业人才来肩负。要紧盯法律监督主责主业的重点难点，突出学干融合、战训一体，坚持以"干而论道"贯穿教育培训。通过项目化推进抓实"干而论道"，把好需求调研关、课程质量关、师资选配关，解决"如何"培训、"谁来"培训等现实问题，逐步探索有的放矢的实用化培训路径。通过创新载体抓实"干而论道"，紧盯公益诉讼办案规则、信访案件实质性化解等检察重点工作和热点法律问题，持续组织公检法司、府院联动、军地联合等培训，选拔专家骨干、检察教官送教到基层，广泛实施精准科学的实效化培训模式。通过赛教融合抓实"干而论道"，持续开展刑事、民事等全省检察业务条线竞赛，组织全省三级院业务专家、标兵能手等为年轻检察人员担任实务导师，组织全国、全省检察业务专家实施专题授课，选派专家骨干通过线上"业务速递"开展实务答疑培训，在业务培训中增加典型案例教学或案例研讨，通过常态化实战演练、业务实操培养专业人才。

（三）统筹硬约束与软实力的关系，构建专业队伍管理机制

推动队伍专业化建设提档升级，需要做到"靶向发力"，既可以利用绩效考核出压力，也能够依靠文化激发内生动力。建立和完善检察人员考核评价制度，作为检务管理的"硬约束"，对于推动干部能上能下、员额能进能出、激励担当履职、营造干事创业氛围作用重大。要优化检察人员考核模式，将公务员平时考核、年度考核、专项考核、检察官考评、检察机关部门考核，以及干部考核等多类型多形式的各类考核项整合，

在减轻检察人员应考负担的同时，充分调动工作的积极性、主动性，倒逼自觉提升专业素质能力。"忠诚、为民、担当、公正、廉洁"的新时代检察精神是检察队伍建设的"软实力"，具有凝聚力量、涵养品质、树立形象、推动工作的作用。要聚焦新时代检察精神做好检察文化品牌培育，引导检察人员提高正确运用法律政策的能力，做实高质效办好每一个案件，展示检察机关良好形象，树立司法权威公信，传播社会主义核心价值观，引领社会风尚；充分发挥常态化表彰、及时性奖励激励作用，深入挖掘选树具有新时代检察精神的先进集体和检察英模，厚植职业伦理建设沃土，切实以文化润检、以文化兴检。

（四）统筹专才与通才的关系，构建专业队伍发展机制

建设新时代检察队伍，能力是核心，专业化是必由之路。检察机关的专业化，不等同于专业窄化固化。实践中，许多案件往往刑事、民事和行政交叉，每一个职能领域内的业务也不尽是单一性的，需要检察官在本领域深化专业能力的同时，对各类别检察业务全面关注，依法一体履职、综合履职，成为检察业务的多面手，推动"四大检察"全面协调充分发展。要让更多专业人才脱颖而出，坚持既"搭台子"又"压担子"的培养使用理念，严把初任检察官选任标准，在初任检察官笔试中增加检察业务通识测试，全面考查人选综合履职能力，培养"一专多能"的检察专业人才，让专业的人干好专业的事；积极与组织部门沟通，打破干部交流壁垒，丰富"上挂下派""双向互挂""多岗锻炼"等途径，把可塑性强的优秀苗子放到检察行政、办案攻坚的第一线，抽调优秀年轻干部参与全国重大专案、扫黑除恶、巡视巡察等专项行动，推动检察人员阅历更丰富、能力更扎实。

推行教育培训"12345"工作法
助力高素质专业化检察队伍建设

周 恒[*]

干部教育培训是建设高素质干部队伍的先导性、基础性、战略性工程。海南省检察院坚持以习近平新时代中国特色社会主义思想为指导，深入贯彻落实最高检关于干部教育培训工作部署和《检察官教育培训工作条例》的有关要求，大力推行围绕"一条主线"、坚持"两个导向"、压实"三种责任"、解决"四类问题"、健全"五项机制"工作模式（即"12345"工作法），着力提升检察教育培训工作质效，为打造高素质专业化检察队伍、促进全省检察工作高质量发展提供坚强的思想政治保证和能力素质支撑。

一、围绕"一条主线"，确保检察教育培训正确方向

检察机关是党绝对领导下的政治机关、法律监督机关和司法机关，旗帜鲜明讲政治是第一位的要求。海南检察机关坚持把深入学习贯彻习近平新时代中国特色社会主义思想作为教育培训工作的主题主线，教育引导广大检察人员做习近平法治思想的坚定信仰者、积极传播者、模范践行者。

（一）组织全员政治轮训

全省各级检察机关的党组会、理论学习中心组学习会及党支部会议认真落实"第一议题"制度。海南省检察院先后以"学习贯彻党的二十

---

[*] 周恒，海南省人民检察院党组成员、政治部主任。

大精神""深入学习贯彻习近平法治思想"等为主题举办政治轮训班,通过专题辅导、研讨交流、主题党课等形式,组织全省检察人员深入学习党的创新理论,深刻领悟"两个确立"的决定性意义,增强"四个意识"、坚定"四个自信"、做到"两个维护"。

(二)坚持政治融入业务

在全省检察机关举办的各级各类业务培训中,坚持把习近平新时代中国特色社会主义思想作为主课必修课,通过课堂讲授、案例解析、现场感悟相结合的方式,教育引导检察人员深刻理解习近平新时代中国特色社会主义思想的科学体系和核心要义,准确把握这一思想的世界观、方法论和贯穿其中的立场观点方法,以及蕴含其中的道理学理哲理,切实增强理论教育的吸引力感染力说服力,自觉把"从政治上着眼、在法治上着力"要求落实到检察履职的全过程各方面。

(三)注重理论联系实际

海南检察机关组织检察人员原原本本研读《习近平谈治国理政》《习近平著作选读》《习近平新时代中国特色社会主义思想专题摘编》等重要著作,跟进学习习近平总书记最新重要讲话和重要论述,教育引导检察人员紧密结合服务自贸港建设、履行检察职责过程中遇到的新情况新问题,从党的创新理论中悟规律、明方向、学方法、增智慧,自觉把习近平新时代中国特色社会主义思想转化为坚定理想、锤炼党性、指导实践、推动工作的强大力量,真正做到学用结合、学以致用。

二、坚持"两个导向",加强检察教育培训谋划部署

找准病灶、摸清症结,才能真正对症下药。海南省检察院坚持问题导向和目标导向,深入查摆、动态分析检察教育培训工作存在的问题和不足,明确工作目标和改进措施,切实增强检察教育培训的科学性前瞻性。

（一）坚持问题导向

采取干警提、条线找、跟班查等方式，对全省检察机关教育培训情况进行全面摸排，切实找准所需所求及症结问题。2021年以来，海南省检察院政治部通过年初集中调研、政工专题调研、跟班问卷调查等方式，由部领导带队，先后27次到基层和一线了解各级院各条线教育培训工作开展情况，以及检察人员在政治素质、业务素质、职业道德素质等方面的短板，征集到对教育培训工作的意见建议400余条。通过对意见建议进行分类整理，结合平时了解掌握的情况，从组织领导、培训内容、方式方法等方面列出问题清单，海南省检察院政治部联合机关各部门配合，有针对性地研究解决问题的具体措施。

（二）坚持目标导向

紧紧围绕"努力让人民群众在每一个司法案件中感受到公平正义"这一目标，聚焦高质效办好每一个案件、高质效办好每一件事，根据不同类别、不同层级、不同岗位需求，有针对性地开展教育培训。检察官培训重点围绕履行司法办案职责，着力提升独立办案能力和业务指导能力。检察辅助人员培训重点围绕检察实务、岗位技能等开展，着力提升支撑和服务司法办案能力。司法行政人员培训重点围绕"三办"（办文、办会、办事）、"三管"（管人、管财、管物）开展，着力提升懂政策、善协调、会管理、强执行等核心素能。

三、压实"三种责任"，形成检察教育培训工作合力

海南省共有29个检察院（省级院1个、分市院5个、基层院23个），除海口市、三亚市、三沙市下辖的6个基层院以外，其余基层院均由省院直接管理。为适应省直管市县管理体制，海南省检察院党组研究确定了"省院统筹、政工主管、条线主办、干警参与、分级实施"的总体思路，坚持"全省一盘棋"，汇聚全省检察机关的智慧与力量，共同做好教育培训工作。

（一）压实各级院党组主体责任

针对分市院和基层院人数普遍较少、单独开展培训能力较弱等实际情况，明确举办线下脱产培训班以省院为主，加强对分市院和基层院领导班子成员、专委及青年干警的培训；分市院和基层院重点落实省院和地方党委部署的教育培训任务，并结合实际开展岗位练兵和业务实训。海南省检察院党组要求各级院把教育培训工作列入党组重点工作安排，并结合检察长述职、年度考核、列席下级院领导班子民主生活会等工作进行督促检查。

（二）压实各业务条线主办责任

充分发挥省院机关各职能部门了解掌握本条线培训需求和短板弱项这个优势，明确其在条线业务培训中发挥主导作用。2021年以来，海南省检察院各部门共举办条线业务培训班53期，累计培训4500余人次，实现全覆盖培训、应训尽训。

（三）压实检察人员直接责任

俗话说："师傅领进门、修行在个人。"全省各级检察机关注重引导检察人员牢固树立自主学习、终身学习的理念，要求除了参加上级和本单位组织的各类培训外，还应充分运用中检网院、海南干部在线、海南政法微课堂等线上平台提供的优质教育培训资源开展自学，努力提升履行职责所需的知识和技能。不少分市院和基层院组织开展了"学习之星""调研之星"等评选活动，积极营造浓厚的学习氛围。

四、解决"四类问题"，发挥检察教育培训重要作用

发现问题是前提，解决问题是关键。在多方调研了解情况的基础上，针对检察人员在信仰、理念、意识、能力四个方面存在的短板弱项，海南检察机关坚持精准施策，着力从根源上解决干部能力素质的痛点堵点难点，充分发挥教育培训在干部队伍建设中的基础和保障作用。

（一）解决理想信念容易松懈的问题

在世界百年未有之大变局加速演进、中国式现代化和海南自贸港建设加快推进的大背景下，年轻检察人员群体数量越来越大，网络对人们日常生活的影响越来越深远，如何抓实思想政治教育、坚定检察人员理想信念，成为摆在全省各级检察机关面前的一个重大问题。在海南省委和最高检的坚强领导下，全省检察机关扎实组织开展党史学习教育、检察队伍教育整顿、学习贯彻习近平中国特色社会主义思想主题教育和党纪学习教育，坚持用以伟大建党精神为源头的中国共产党人精神谱系教育检察人员，先后组织到上海一大旧址、延安革命圣地、古田会议旧址等地接受党性教育，并充分利用琼崖一大旧址、红色娘子军纪念园等本地红色资源加强党史、新中国史教育，综合运用理论讲授、政策解读、案例教学、现场体验等方式，让检察人员深刻感悟"马克思主义为什么行""中国共产党为什么能""中国特色社会主义为什么好"，自觉坚定对中国特色社会主义检察制度的信仰，坚决反对和抵制西方"宪政""三权鼎立""司法独立"等错误观点。

（二）解决司法检察理念更新不及时的问题

针对一些检察人员司法检察理念学习理解不深入、容易发生机械司法、就案办案等问题，海南省检察院创设"海南自贸港检察讲习堂"，海南省检察院主要负责同志带头讲授第一课，并邀请中国政法大学、清华大学、北京大学等全国知名专家莅临海南作辅导报告，深入学习贯彻习近平法治思想，加强最高检党组提出的"严格依法办案、公正司法"、"依法一体、综合履职，以源头治理抓前端、治未病"等检察工作理念的学习培训。目前已举办15期，累计培训2万余人次，切实帮助检察人员铭记住、把握准、践行好司法检察新理念，着力提升高质效办好每一个案件的能力，努力让人民群众在每一个司法案件中感受到公平正义。

（三）解决服务保障大局意识不够强的问题

建设海南自由贸易港是以习近平同志为核心的党中央为推动中国特

色社会主义创新发展作出的一个重大战略决策。检察机关是国家法律监督机关，发挥检察职能，积极服务自贸港建设，是使命所系、职责所在。海南省检察院加强对《中共中央、国务院关于支持海南全面深化改革开放的指导意见》《海南自由贸易港建设总体方案》《中华人民共和国海南自由贸易港法》《最高人民检察院关于充分履行检察职能服务保障海南自由贸易港建设的意见》等重要文件和法律法规的学习培训，教育引导检察人员始终胸怀"国之大者"和"省之要事"，自觉把工作放在党和国家及全省工作大局中来谋划和落实，锚定"一本三基四梁八柱"战略框架，围绕保障最安全地区建设、服务法治化营商环境建设、加强知识产权司法保护、助力一流生态环境建设等重点任务履行好检察职责，做实为大局服务、为人民司法、为法治担当。

（四）解决履职办案能力有待提升的问题

针对全省各级院不同程度存在的民事检察"不专、不会"、行政检察"不敢、不力"，公益诉讼检察"不精"、检察侦查"不强"等问题，海南省检察院以办案骨干和优秀年轻干部为重点，围绕法律法规、司法解释、司法政策以及检察工作中遇到的新型、疑难、复杂问题开展专项业务培训，着力提升审查批捕、审查起诉、出庭公诉、审判监督等核心能力和调查研究、公文处理、媒介素养等通用能力。同时还积极开展与海南自贸港建设相关的反走私、知识产权、涉外法治等领域的业务知识培训，着力提升检察人员高质效办案能力，促进检察人员善于从纷繁复杂的法律事实中准确把握实质法律关系，善于从具体法律条文中深刻领悟法治精神，善于在法理情的有机统一中实现公平正义。

五、健全"五项机制"，夯实检察教育培训工作基础

坚持以制度促规范、靠制度促长远，通过建立健全相关制度机制，推动检察教育培训各项保障更加坚实。

（一）健全培训需求生成机制

坚持干什么学什么、缺什么补什么。每一个培训班在制定实施方案

和确定课程内容时,均由主办部门结合年度目标任务、工作重点难点等起草初稿,征集检察人员意见并修改完善后报海南省检察院政治部审核备案,兼顾组织需求、岗位需求和检察人员需求,力求紧贴检察工作需要和检察人员履职能力不足展开培训,增强教育培训的针对性实效性。

(二)健全案例实训机制

结合公诉人和公益诉讼、民事、行政、未检、案件管理等各类全国检察业务竞赛,选取最高检发布的典型案例和全国有影响的真实案例进行"集体拉练",在业务笔试、案件审查与文书制作、案件汇报和业务答辩、辩论对抗等环节全方位考察检察人员的综合素能。在院与院之间、各部门之间广泛开展"案例论辩赛""TED案例演说会"等活动,与省律师协会联合举办公诉人律师"决胜法庭"检律互动活动,围绕给定真实案例,实战模拟法庭对抗互动,以赛促学,以学促干,着力提升检察人员在办理重大复杂敏感案件、新类型案件时对事实认定和法律适用的能力。

(三)健全实战锻炼机制

在海南省检察院指导下,以分市院为作战单位,选派辖区基层院检察人员到扫黑除恶、公益诉讼等大案要案专案组,采取组团式、专项式、师徒式跟班学习,让检察人员在一线、火线上积累实战经验、练就过硬本领。先后成功办理了吴某某等144人涉黑案、海南A公司等三被告非法向海洋倾倒建筑垃圾民事公益诉讼案等全国有较大影响的案件,一大批优秀青年干警在实战锻炼中成长成才。2021年以来,全省检察机关共有42人次获评全国检察业务专家、业务标兵(能手)或入选各类人才库。

(四)健全精品课程培育机制

海南省检察院制定印发《全省检察机关精品课程征集工作方案》,连续三年组织开展精品课程征集活动,从各级院报送的242门课程中挑选52门理论基础扎实、指导性和实务性强的课程纳入全省检察系统精品课程库。此外,海南省检察院还专门建立"海南检察实务云课堂",以精品课程为基础，邀请检察业务专家、一线骨干、先进典型等，通过小鱼易连 App 在线讲述办案经验、传授工作方法、开展互动交流，形成从课程开发到实际运用再到完善提升的工作闭环。

（五）健全考核评价机制

政工部门加强对培训的过程和结果管理，凡 3 天以上的脱产培训班均安排专人跟班指导。实行"双向考评"制度，由主办部门、培训组织单位对学员的学习态度、学习纪律、学习成效进行评价；学员对课程设置、授课质量、培训组织等情况进行评价。坚持把检察人员参加教育培训的考评情况与年度考核、干部任用等工作相结合，作为考察、考核干部综合素质能力的重要参考，形成抓学习、重实训、促转化的激励效应，有效调动检察人员的积极性、主动性。

构建高质量教育培训体系
为推进检察工作高质量发展提供坚实人才支撑

朱春莉[*]

人才是兴检之本、强检之基，是推进检察工作高质量发展的"第一资源"。应勇检察长指出，要抓紧抓实专业化建设，科学规划教育培训工作，完善符合检察官、检察辅助人员、司法行政人员职业特点和岗位要求的专业素能培养体系。近年来，云南省检察院把构建高质量教育培训体系，以高质效培训推进高质效监督办案，作为西部欠发达省份迎头赶上、弯道超车，实现检察工作高质量发展的关键一招，努力打造数量充足、结构优化、布局合理、素质精良的检察人才队伍。

一、抓实"育才"工作，以人才强检推进检察工作高质量发展

云南省检察院紧紧抓住新时代新征程检察队伍建设主要矛盾已由学历层次偏低、职业保障不足转变为司法理念、履职能力、职业素养不适应检察工作高质量发展要求这一客观实际，清醒认识到全省检察人员面临履职能力跟不上，特别是应对新型疑难复杂案件以及深化社会治理带来的一体履职、综合履职能力不足等问题，要下大力气加强检察教育培训质量建设，提升队伍专业化水平。

（一）加强领导，有效施训

坚持高质效办好每一个案件，根本在于有一支本领高强的检察人

---

[*] 朱春莉，云南省人民检察院党组成员、政治部主任。

才队伍，构建高质量检察教育培训体系迫在眉睫。要强化教育培训"统筹"，认真落实中共中央印发的《干部教育培训工作条例》和《全国干部教育培训规划（2023—2027年）》，以及最高检和云南省委制定的教育培训规划，统筹推进全省检察教育培训工作。云南省检察院政治部发挥好牵头抓总的作用，国家检察官学院云南分院发挥好培训主基地主渠道作用，各部门各条线把业务培训作为对下业务指导的重要内容，加强对本部门本条线培训工作的谋划和指导。坚持从组织体系、项目体系、课程体系、师资体系、管理体系、保障体系等方面深入研究探索，形成全省检察教育培训体系构架，各分州市院结合实际抓好本地区的教育培训计划和组织实施，把高质效培训作为高质效监督办案的基础工作来抓，使培训成为真正管用的提高业务能力的手段。科学制订年度教育培训计划，依托国家检察官学院云南分院，发挥各培训主办部门的主观能动性，系统开展综合素能、业务能力等培训。规范国家检察官学院分院办学，各地除调训、专项培训等特殊情况外，原则上在国家检察官学院分院举办培训，避免外出培训"一拥而上"影响培训效果。

（二）找准问题，靶向施训

培训必须奔着问题去，突出针对性、实效性。要通过组织开展覆盖全省检察人员的培训需求问卷调查，形成调研分析情况报告，搞准培训需求，为科学组织培训和精准调训打下坚实基础。分类分层分级抓好"关键少数""关键环节"的培训工作，加强培训调研，改变传统的"满堂灌"，按照"缺什么补什么"的原则，针对突出问题、岗位需求设置课程，达到培训一次能够解决一个问题、提升一定工作能力的效果。综合运用菜单式、研讨式、案例式、模拟式、体验式等方式，突出精确性、实战性、理论性，增强学习培训的互动性、吸引力、实效性。增加现场教学和实战化培训，通过模拟庭审辩论、座谈研讨、"走出去请进来"相结合的方式灵活开展培训，确保培训"实效"。

（三）细化措施，全面施训

推进检察工作高质量发展，要着力解决能力素质提升、研学用能力提升、数字检察赋能等方面存在的问题，持续提升检察队伍高质效监督办案能力。坚持"培训者先训""学员即教员"，提升"传导式培训"质效，以点带面实现整体素能提升。提高教育培训"刚性"，与检察人员考核、评优评先等衔接，健全培训档案管理制度。坚持以检察业务重点难点问题为导向设置班次、安排内容，推动教学相长、学用一致。充分运用信息技术手段，建设开放共享、务实共用、形式多样、具有特色的云南检察教育培训教材库，供全省检察人员学习使用。制定出台《加强云南省检察机关新时代业务能力建设的意见》《关于加强新时代云南检察人才培养的工作措施》《云南省检察业务专家评审和管理办法》《云南省检察机关业务竞赛组织管理办法》，常态化、规范化组织业务竞赛和岗位练兵，加大全国检察业务专家、标兵、能手的培育力度。

二、突出培训重点，夯实检察履职人才基础

（一）抓政治能力提升

检察机关作为党绝对领导下的政治机关、法律监督机关和司法机关，旗帜鲜明讲政治始终是第一位的要求，政治能力始终是检察队伍第一位的能力。要抓实政治训练，筑牢政治忠诚。坚持把习近平新时代中国特色社会主义思想作为各级各类培训"第一课"，创新"万名党员进党校"、与省级机关党校联合办学、"云检青年团"宣讲习近平法治思想、举办专题读书班等多种形式，强化理想信念和党性教育。坚持每季度举办一期"云检讲坛"，结合云南经济社会发展实际和检察工作实践，邀请省内外知名学者专题授课。通过最高检、各级党校以及中检网院、中国干部网络学院、云南干部在线等网络培训平台，分级分层组织参加党性教育，教育引导全体检察人员深研细悟、融会贯通，把结合实际创造性抓落实推向纵深。

（二）抓检察人才培养

检察事业后继有人，才能薪火相传、生生不息。近年来，云南省通

过调研建立"3111"（30余名正处级、100余名副处级、100余名正科级、10余名党外干部）全省优秀干部人才库，连续在上海交大举办3期优秀青年干部培训班，对于年轻有潜力的干部，加大培养力度，确保政治素质、业务水平、通用能力得到提升。坚持检察人才"学习培训优先、学术交流优先、实践锻炼优先"的原则，与北京大学等国内知名大学合作举办高层次检察人才研修班，通过参加学术研讨、接受专家辅导、进行论文答辩等方式，全面提升检察业务专家、业务能手、骨干人才的检察理论调研能力，破解发表研究成果数量不多、质量不高的领军人才培养瓶颈。强化以赛带训，组织全省各条线业务竞赛。组建各类专业化办案团队1500余个，聚合全省智力资源，提升办理重大疑难复杂案件的能力，让优秀检察人才脱颖而出。数字检察战略是推进检察工作高质量发展的重要支撑，也是地处西部的云南检察机关急需加大培训力度的重要领域。云南省检察院近年来连续组织大数据赋能新时代检察工作暨数字检察业务培训班，贯彻落实数字中国建设理念和大数据法律监督方法论原理，推进全省各级检察机关数字检察建设，助推检察工作高质量发展。

（三）抓短板弱项培训

云南省检察院聚焦薄弱环节和重要领域精准施策，打通阻碍检察工作高质量发展的堵点。针对较为突出的民事检察"不专、不会"、行政检察"不敢、不力"等问题，先后派出两批共60名检察业务骨干到江苏、浙江法院跟班锻炼，在参与办案中有效发现开展监督的切入点和着力点，学习借鉴先进地区办案经验，提升精准监督能力。针对近年来全省检察机关培育引领性、典型性案件不到位问题，分别举办刑事检察、民事检察、行政检察、公益诉讼检察指导性案例和典型案例专题研修班。针对检察理论研究短板，组织全省各级院积极申报最高检检察理论研究课题，扎实开展"检护民生"主题征文，举办检察理论与实务高级研修班，7人入选第三批全国检察机关调研骨干人才。针对司法行政人员能力素质亟待提高等实际，探索举办司法行政人员素能提升班，着眼"懂政策、善协调、会管理、强执行"，加强检察业务和司法行政事务专业培训，针对性提升专项素能。近年来组织全省110名司法行政人员到浙江大学集中培训，除讲授传统的检察实务课程外，还组织学员到阿里巴巴云谷等"数智化"技术前沿阵地进行现场教学，到当地检察院考察交流，推进司法行政人员更新观念、提升素养。

（四）抓基层基础建设

检察机关法律监督的重心在基层、为民服务的重心在基层、高质量建设的重心在基层。进入新时代，要实现检察工作高质量发展，强化基层基础建设是绕不开、躲不过、回避不了的"必答题"。云南省检察院近年来持续加大培训力度，不断加强基层基础建设。一方面是做实基层院领导班子成员履职培训。着眼班子调整和事业发展，连续三年举办全省新任基层院检察长规范化管理培训班，着力提升基层院检察长履职所需核心素质能力；制发《云南检察机关新任基层院检察长规范化管理培训课程》，全套共9门课程，可供未来新任职的基层院检察长学习。另一方面是做优少数民族检察人才培训。分配参加最高检调训、省院组织的出省培训名额时，向少数民族检察人员倾斜；加强对边远地区检察院的送教支教。根据迪庆、怒江、德宏等边疆民族地区实际情况，抽调全省精锐力量成立讲师团开展送教上门智力援助活动，一对一解疑释惑，解决检察履职难题，提升办案能力水平。

三、创新方式方法，确保实现高质量教育培训各项目标

（一）抓住东西部协作契机强化人才培训

开展东西部协作和对口援助是党中央和最高检推动区域协调发展、促进共同富裕的重大决策。云南省检察院抢抓机遇、善作善成，持续加大东西部协作暨教育培训力度，不断提升检察人才培养水平。一方面是主动走出去，探索赴东部地区"集中培训+跟班锻炼"人才培养模式，组织检察人员跨省跨系统到法院跟班锻炼。抓住沪滇对口援助和东西部协作契机，近年来连续组织3期282人参加赴东部地区"集中培训+跟班锻炼"人才培养项目，学习发达地区检、法两院的新理念、新机制，

有效提升检察履职本领。另一方面是积极请进来，认真落实"六位一体"对口援助工作机制，通过教育培训援助、人才交流互派等方式，全力提升受援院自我"造血"功能。

（二）深化检校人才合作

云南省检察院近年来紧密结合司法实践深化检校人才合作，取得了较大进展。一方面是组建合作研究基地。云南省检察院与云南大学共同组建"云南省民事、行政、公益诉讼检察研究基地"，与北京大学法学院联合成立"云南省跨境犯罪研究基地"，与清华大学合肥公共安全研究院签署合作协议，强化相关检察业务课题合作研究，提升检察人员理论研究水平。各市、县检察院还与相关高校共建基地7个。另一方面是联合开展人才培训。连续两年成功申报云南省人社厅省校合作人才培训项目，先后在南京大学、上海交通大学开展培训，全省检察机关及专项工作成员单位共计105人参训，取得较好培训成果。

（三）一体抓实传导式培训

传导式培训是最高检特别强调要抓好贯彻落实的现代化培训理念，就是每个学员在培训结束后要对本部门、本单位、本地区进行接续培训、传学讲学。云南省检察院党组特别重视传导式培训，注重把有限的教育培训资源最大化地惠及全省检察人员。一方面是要求每一名参训学员都要将培训所学及时传导覆盖所在部门，省、市、县三级院结合培训情况组织不同形式的传导式培训。另一方面是在检察内网教育培训处网页开设"教育成果分享荟"、在省检察院微信公众号开设"云检青年说"等栏目，将精品课程、优秀学员心得供全省检察人员学习使用。

（四）强化特色培训基地建设

国家检察官学院云南分院立足面向南亚、东南亚辐射中心的区位优势及禁毒斗争最前沿的特殊地位，积极探索特色培训基地建设，申报批准成立"国家检察官学院南亚东南亚检察培训交流特色教学示范基地"及"国家检察官学院毒品犯罪检察业务特色教学示范基地"，分别承办了老挝北部五省检察官培训班1期、马尔代夫总检察院检察人员培训班3期，以及以"毒品犯罪检察业务"为主题的培训班3期。目前，有检察师资库人员共90余人，其中检察教官43人，获评全国检察教育培训精品课程3门。

对标新时代新要求，云南检察机关构建高质量教育培训体系、推进人才强检工作还存在不少问题和不足。下一步工作中，将下大力气破难题、补短板、提质效。坚持不懈用习近平新时代中国特色社会主义思想凝心铸魂，把政治训练贯穿业务培训全过程和检察人员成长全周期；更加注重高层次专业化检察人才培养，认真落实专家评审和管理办法，积极搭建成长锻炼平台，在"竞技场"上选才育才；持续补短板强弱项，以检察调研为抓手推进高质效履职，助推新时代检察工作高质量发展；认真开展培训需求调研，不断优化课程设置，提升案例式教学、现场经验交流、检察业务专家讲学的比例，确保教为学需、教学相长。

深入践行"三个善于"要求推进检察队伍专业化建设

叶伟忠*

"政法系统要把专业化建设摆到更加重要的位置来抓",党的十八大以来,习近平总书记多次就政法队伍建设作出重要指示。检察机关只有紧抓队伍专业化建设,才能更好服务履职办案,实现高质效办好每一个案件,进而让人民群众在每一个案件中感受到公平正义。高质效办好每一个案件,就是要善于从纷繁复杂的法律事实中准确把握实质法律关系,善于从具体法律条文中深刻领悟法治精神,善于在法理情的有机统一中实现公平正义。"三个善于"的实现最终落脚点在"人",只有以"三个善于"为指引不断提升队伍专业能力建设,才能以高质效检察履职实现人民群众认可的"每一个案件的公平正义",从而锻造一支专业检察队伍,更好适应全面深化改革和中国式现代化的需要。

一、四维向度:检察队伍专业化建设的杭州实践

(一)专业向度——提升检察工作专业品质

做到"三个善于",要求检察人员成为履职办案的"能工"和运用法律的"巧匠"。因此,杭州检察机关坚持以"高质效办案"为根本标准和唯一标准,不断提升检察官办案的业务能力和专业水平,有效提升法律监督能力。一是疑难复杂案件专案专办"聚才"谋创新。根据杭州本地资源禀赋,成立知识产权、涉外、营商环境三大办公室,秉持实体化运

---

* 叶伟忠,浙江省杭州市人民检察院党组书记、检察长。

作原则，贯穿"办案+研究"主线，构筑"线上+线下"营商环境监督新模式，建好知识产权保护"一中心两基地"，打造"知产+涉外"营商环境检察品牌，统筹推进相关案件办理提质增效。二是开创运行检察官教检察官"育才"新模式。组建全国检察业务专家领衔，全市业务专家、尖子、业务竞赛、精品课程、精品微课获奖者，资深检察官等涵盖"四大检察"的检察人才组成的"检察官教导团"，开展周课月讲、互动点评，不断开发检察官专业办案和融合监督新能力。三是采用多重手段促推"练才"出实招。拓展各条线岗位练兵、业务竞赛等活动，做到台上有人、榜上有名。常态化开展"法律文书月评季选晾晒活动"，将全市法律文书的评比分为月度优秀、季度优秀和年度优秀文书，形成规范化的文书写作、评比、晾晒模式，进而推动检察"法律监督力"有效跃升。

（二）数字向度——数字赋能全域检察监督

"三个善于"要深入实施数字检察战略。杭州检察机关充分发挥党组管总、团队主战、部门主建的监督优势，以人才之力打造数字监督"强引擎"。一是机制建立，迭代数字检察"思想"。推进杭州市人大常委会出台全国首个《关于推进数字检察加强新时代法律监督工作的决定》，推动市委政法委出台《杭州市全域数字法治监督体系数据流转、协同处理办法（试行）》，出台《关于推进数字检察工作的实施意见》等多项文件，成为全国首批4个大数据法律监督创新实践基地之一。二是搭建架构，坚实数字检察"骨架"。聚焦解决如何整体、纵深推进大数据法律监督办案瓶颈，常态运行数字检察指挥中心和情报中心。全市两级院检察官可随时通过系统发起数据归集、监督线索分析等开展数据申请、数据归集、数据探查、数据标准、数据治理以及数据服务等工作，为检察官开展法律监督插上数字"翅膀"。三是凸显实效，丰盈数字检察"血肉"。以模型总结、案件分析提升数字建模的线索发现能力：建立各类有效监督模型177个，产出线索4万余条。通过举办大数据法律监督建模大赛、开展数字检察先行院、数字检察优秀团队及能手评选，营造数字检察浓厚氛围，激发数字检察澎湃活力。

（三）理论向度——调研总结跃升工作成果

调查研究是谋事之基、成事之道。通过总结各类办案经验，形成调研成果，是杭州检察机关提升法律监督能力、实现"三个善于"的重要手段。一是"引智"强化检校合作共育法治人才。实质化运行由四名全国中青年法学家领衔的杭州检察案例研究中心，形成"法学家课堂""案例群英会"两大品牌，多名专家学者来院传经送宝。与浙江大学共同设立全国首个博士后工作站，目前共有在站博士后2名，申报最高检等课题3项。二是"强智"搭建理论研究高地。推动建立"钱潮论剑""墅研检心""天目品鉴"等调研特色栏目实质化运转。在建好19个省、市级检察理论研究基地的基础上，形成可复制可推广的检察理论研究"杭州模式"，以检察调研推动法律监督提质增效。三是"聚智"形成各类办案指引。创新构筑"1+11+X"高质效办案体系，形成以《关于高质效办好每一个案件　努力让人民群众在每一个司法案件中感受到公平正义的实施意见》为总纲，以11个业务条线工作指引为支撑的具有杭州辨识度、示范推广性、战略引领力的工作指引标志性成果。

（四）治理向度——深入群众服务市域治理

检察机关为大局服务、为人民司法、为法治担当，最终都要落实到高质效办好每一个案件上。杭州检察机关紧紧围绕上级检察机关和省委、市委要求履职，努力做到"善于在法理情的有机统一中实现公平正义"，运用法治力量更加有力服务经济社会发展大局。一是形成助力打造最优营商环境的人才氛围。根据企业需求，围绕高质量发展主线，创新构筑服务保障法治化营商环境建设的检察路径。二是积极培育涉外法治人才。通过办理涉外案件，提升检察官的涉外案件办理水平和业务能力，多名检察人员被评为"杭州市涉外法治人才"。积极投入浙江自贸区杭州片区建设，先后出台《杭州市人民检察院"高质效"服务杭州数字贸易建设实施意见》等文件。三是做好建设全域检察e站人才培养工作。探索"统一平台+分类服务""受理投诉+监督办案""联络宣传+接受监督""线上全覆盖+线上多设点"运行程序作为四大主题舱，培养具有全时空、全业务、全流程的检察监督的检察官。着力打造"1+N"检察为民品牌，持续构建全域检察e站服务格局，形成联系基层村社、企业、军队、社区矫正、高校师生和未成年人的基本架构。

二、四对矛盾：检察队伍专业化建设中的现实问题

"善于从纷繁复杂的法律事实中准确把握实质法律关系"需要学会厘清主要矛盾，才能解决实质问题。当前检察队伍专业能力建设中的矛盾问题，已由学历层次偏低、职业保障不足等，转变为履职内容多样化与高层次人才、专业能力与综合培养、法学教育与实务需求、专业培训与经费保障之间的矛盾。

（一）履职内容多样化与高层次人才之间的矛盾

对标"一体履职、综合履职"要求，需要培养能深刻理解法律条文背后法治精神的高层次人才，但部分基层院限于地域、经济发展等问题，领军型、高层次、复合型人才相对稀缺，各种类型的检察人才储备不均衡等问题较为突出，知识产权、金融证券、涉外法治等方面人才紧缺。目前来看，大部分检察人员虽然掌握了本专业的专业知识，但如果不能很好地跟进时代发展步伐，树立终身学习和自主学习的意识，检察人员的监督办案理念和素质能力就无法适应人民群众对公平正义的更高要求。从检察人员自身意愿来看，个别检察人员以案件量大、没有学习时间为由，对法律专业以外的专业知识不愿主动学习。基层院长期存在案多人少、事多人少、新老断层等情况，专业人才难以专注精力集中攻坚，培养深化专业能力。

（二）专业能力与综合培养之间的冲突

司法体制改革后，内设机构减少，基层院科级及以下干部长期缺乏部门间的交流，职数有限，队伍整体流动性小，导致部分检察人员内驱力不足，不利于专业人才的成长与培养。干部交流的渠道不够通畅，相较于镇街和其他部门单位，检察系统对外交流相对较少，部分检察人员交流的主动意愿不够强。长此以往，虽然在一定程度上保持了队伍的稳定性，但不

利于复合型人才培养。还有部分院为了保持队伍稳定，缺乏对外交流干部的动力。员额制改革后，检察官的晋升、待遇等要优于综合行政岗位，大部分青年干警愿意在业务岗位，行政综合以及文字材料等能力较为匮乏。

（三）法学教育与实务需求之间的抵牾

从当下法学教育的方式来看，法学专业对金融、证券、期货、计算机、知识产权等专业类学科涉及不够，导致许多学生毕业进入检察机关后，对案件办理中涉及的专业知识知之甚少，专业视野较窄，这在一定程度上影响部分疑难案件的办理质效，也不符合"三个善于"的工作要求。而检察实务中岗位练兵则多以竞赛获奖为目标，主要开展辩论赛、文书制作、案件汇报、模拟庭审等活动，这些形式的岗位练兵和竞赛目标导向，弱化了检察人员对专业性较强案件的关注，也缺乏针对专业领域特殊案件办理的历练。

（四）专业培训与经费保障之间的缺失

在激励保障方面，目前以优先提拔使用、职级晋升、参加培训、进修等方面的激励机制为主。整体培训机制还有待完善，具体来说：培训方式单一，存在重形式轻内容的问题；培训内容缺乏系统性、规划性、丰富性，没有结合检察干部队伍的实际去规划培训方式和内容，尤其针对专业知识储备不足这一问题，检察机关很难开展金融、知识产权、互联网等专门性课程，大部分课程仍以法学视角展开，涉及面较窄，深度不够，无法形成专业化培养模式；培训门槛高，部分基层院因经费紧张，无法保障全体检察人员参加等，导致培训结果不尽如人意。

三、"三个善于"：推进检察队伍专业化建设的科学路径

"三个善于"是检察队伍专业化建设的目标，也是方法论。我们要贯彻为大局服务、为人民司法、为法治担当的实践路径，全面深化人才强检工作，因应检察队伍主要矛盾的深刻变化，多措并举加强检察人才队伍专业化建设。

(一)选育培养能把握实质法律关系的专业人才

应勇检察长提出,要把"三个善于"融入政治轮训、业务竞赛,完善专业素能培养体系,注重培养领军人才和高层次、专业化人才。专业人才的培育需要从选人、育人开始,筛选出那些能从纷繁复杂的法律事实中准确把握实质法律关系的专业人才。一是多渠道优化专业人才队伍,善于拓展人才"水源"。积极提升公务员招录学历学位要求,用足用好现有招录政策,引进具有知识产权、金融证券、涉外法治等学科背景的人员,充分发挥熟悉专业领域和检察业务"双料"检察人才的作用,及时补充优质紧缺人才。动态调整员额编制使用,推动员额资源向一线专业能力强的人员倾斜,让专业能力优秀的检察官"上得来",全面激活检察官"源头活水",优化干部人才队伍年龄、专业、学历结构,打造专业化人才培养模式。二是培养高素质专业人才,善于涵养人才"水库"。统筹全国、全省、全市专业人才,形成门类齐全的专业人才库,统一进行梯队管理。以业绩为导向,积极规范开展常态化表彰和及时性奖励,营造鼓励干事创业的良好氛围。强化专业人才"老带新""传帮带"作用,引导资深检察官、业务骨干培养新人,通过实案实训、文书指导、跟庭观摩、研发课程、案例培育、理论调研、案件评查、法治宣讲等方式,广泛开展专业技能比赛、岗位练兵,以赛促学、以练促训,联动协同案例研究中心、专家工作室、检察理论研究基地等平台,形成"案例培育—人才培养—成果转化—教研讲习—指导办案"的案例深度研发辐射网,充分发挥人才帮带效应,推进检察工作高质量发展。三是强化专业能力教育培训,善于提升能力"水位"。统筹规划制订年度教育培训计划,申请专项经费保障,针对不同专业人才分层分类开展覆盖"四大检察"的高质量业务培训,做到人员全覆盖、部门全涉及、技能全囊括,不断提升专业化建设水平。紧扣检察人员分类管理实际,健全检察人员职业培训制度,提升综合素能,拓宽人才培养渠道;推动建立检察官与法官、警察、律师等培训常态化机制,统一执法司法理念和办案标准尺度。

（二）借助外脑智库领悟法条中的法治精神

借助法学专家和专业人士的力量，是培塑"三个善于"能力，实现"努力让人民群众在每一个司法案件中感受到公平正义"目标的重要途径。一是充分发挥"高校智库"作用，推进检校合作双向育才。加强博士后工作站和专家（团队）工作室建设，建立理论研究基地和案例研究中心，共同培育检察高层次人才。与相关高校联合办学，组织检察人员素能研修班，加强人才定向培养，选派检察人员攻读在职博士学位和在职硕士学位。鼓励引导专家学者和博士后参与一线检察工作，邀请高校专家到检察机关挂职，并聘任专家学者担任专家咨询委员，开展法律适用、理论研究、论文撰写等方面专题授课，实现"双向引智"。二是充分发挥外部专业人员"智慧外脑"作用。利用特约检察员和特邀检察官助理的专业优势，搭建履职线上共享平台、融入检察办案全过程。通过向党外人士通报检察工作、检察听证会、检察开放日等形式，推动检察机关与专业人士互联互通，让检察官及时了解行业一线、执法一线的有效信息，让专业领域案件得到专业"外脑"的助力和支持。三是充分运用科技手段，帮助检察队伍提升专业能力。检察工作从"一支笔、一张纸"到办公自动化时代，再到今天的人工智能、大数据应用时代，检察人员要掌握的法律知识和业务技能呈量级增长。为了适应不断变化的法律环境和社会实践，检察官要善用科技手段，从海量数据中领悟法治精神。建立智能量刑辅助系统，为检察官科学专业办案决策提供支撑，保证"同案同判"，及时发现判决书存在的错误，提示进行审判监督；利用智能证据审查系统，辅助检察官迅速找到案件材料中的常规监督重点和以往办案人员的"出错点"等。要通过数字检察，提升检察人员的专业能力，持续夯实检察队伍建设的人才基础。

（三）提升政治能力实现法理情的有机统一

中国式现代化是当前检察工作的根本遵循，建设与"三个善于"标准相适应的办案能力极为重要，需要坚持讲政治与讲法治有机统一，将政治智慧融入案件办理，实现监督办案的政治效果、法律效果和社会效果有机统一。一是建立思想政治教育责任清单,将思想政治教育责任明确到具体部门和人员。结合专项活动,以思想政治教育为主线,结合实际深入学习贯彻习近平新时代中国特色社会主义思想,将习近平法治思想融入业务培训理论,做到学用结合、知行合一。二是立足政治建检,推进党建和业务深度融合。加强司法检察新理念引领,坚持以习近平法治思想引领检察人员持续更新、转变司法检察理念,通过研讨培训、典型示范、案例检视等方式,推动"客观公正立场"等一系列司法检察新理念引领办案、指导实践,教育引导检察人员办案中兼顾好天理国法人情。在具体的司法办案过程中,善于运用政治智慧将党的政策贯彻落实到案件办理中,实现监督办案三个效果的有机统一。三是坚持以用为要,细化人员分类管理。积极推动年轻检察干部到大案要案、办案一线、艰苦地区、重要岗位等复杂局面中摔打锤炼,不断提升面对复杂矛盾、重大斗争时的政治能力。推进人员分类管理改革及配套制度建设,让检察官、检察辅助人员和司法行政人员各展所长,成为有专业、有专长的人。研究制定干部轮岗交流办法,着力破解专全兼顾的问题。紧贴检察工作实际开展教育培训,既注重提升检察人才业务能力,也注重提升综合管理、组织领导能力。进一步完善内设机构,统筹法医实验、司法会计、信息化和大数据应用等办案辅助人员。

在"高质效办好每一个案件"中
更好实现检察履职能力提升

孙 军[*]

习近平总书记深刻指出,现代化的本质是人的现代化。在推进检察工作高质量发展的进程中,检察理念、体系、机制、能力相互融合、相互作用。检察能力既体现为检察机关作为一个整体,在国家治理、利益保护、关系调整和价值塑造中发挥功能,又体现为检察个体在具体监督办案中体现的理念、素能和方式方法。因此,以检察官为代表的检察个体应当以高质效作为监督办案的价值追求,这既是检察工作高质量发展的要求,也是检察履职能力建设的基础保障。

一、当前实现高质效检察履职的主要矛盾是检察队伍素能不适应检察工作高质量发展之需

检察能力是指检察机关将检察工作的职责定位、集体意志、方向目标、价值追求转化为现实的能力。宏观上表现为检察机关运用政策、法律参与国家治理、社会协调、价值塑造的能力,微观上表现为各层级检察机关、各位检察个体通过履职以更好实现检察工作整体意志和目标追求的能力。在推进检察履职能力提升的过程中,必须强化辩证思维、系统思维,注重协调整体与个体、外因与内因、长远与近期等多方面关系,把检察队伍综合素能这一内因作为主要矛盾解决好,以此带动其他矛盾的解决。

---

[*] 孙军,上海市虹口区人民检察院党组书记、检察长。

（一）检察能力建设面临历史性机遇

一方面，随着依法治国、法治中国建设的深入实践和理论创新，检察工作有了广阔的舞台，方向道路也更为清晰。另一方面，作为检察工作高质量发展的重要组成部分和基础保障，推进检察履职能力提升的客观条件、顶层设计日臻成熟。党的二十大报告以专章部署"坚持全面依法治国，推进法治中国建设"，强调在法治轨道上推进国家治理体系和治理能力现代化，要求"加强检察机关法律监督工作""完善公益诉讼制度"。可以说，新时代检察工作的指导思想、制度保障日益完善，特别是《中共中央关于加强新时代检察机关法律监督工作的意见》关于检察机关的"四个定位"和实践路径，为检察职能的充分发挥提供了政策支持。最高检系统规划了检察工作理念、体系、机制和能力的优化完善，提出了"从政治上着眼、在法治上着力"的工作要求和"高质效办好每一个案件"这一新时代检察监督办案的基本价值追求，检察能力高质量发展的顶层设计和底层逻辑已完成新的建构。

（二）检察履职能力提升的目标任务更为清晰

在国家法治逐步健全、法治思想日趋科学，检察定位、理念愈加清晰的大背景下，检察履职能力提升的主要目标是检察机关通过履行宪法和法律赋予的法律监督职责，更好满足全面依法治国的实践需求，并与国家治理体系、治理能力现代化的要求更加匹配，与全社会对民主、法治、公平、正义的期待更加适应。为适应这一目标任务，"四大检察"赋予了检察机关指控治理犯罪、维护法律统一正确实施、维护国家和社会公共利益、实现公平正义等全方位的职责；检察一体化的体制设置又为组织协调全国各层级检察资源提供了制度保证；中国特色社会主义法治理论体系、制度建设和实践探索全面深化，"法律是治国之重器""法治是治国理政的基本方式"形成广泛共识，全面依法治国的全局性、战略性、基础性、保障性位置日益突出，国家层面更加重视发挥法治固根本、稳预期、利长远的重要作用①，作为法律监督机关的整体权能配置更为优越、专责任务更为明确。

（三）制约检察履职能力提升的主要因素是队伍综合素能的不适应

队伍综合素能作为制约检察履职能力提升的主要矛盾，主要包括以下几个方面：一是法治保障中国式现代化的检察办案理念滞后。② 检察人员对于如何通过履行具体的法律监督职责更好地为大局服务、为人民司法、为法治担当还有脱节；如何在党的绝对领导下，坚持以人民为中心，尊重和保障人权，守护法治、维护公平正义的意识能力还有差距；如何在追求实体正义的同时，更好守护现代化制度的基石——程序正义，如何把法治守护公平正义、维护社会公共利益作为职业信仰方面还有很大空间。③ 二是注重发挥"中国之治"特色及其优越性的检察创造力不够。在助推"中国之治"过程中，面对社会变迁和社会治理系统化、精细化需求，在如何体现"法与时转则治，治与世宜则有功"方面，检察守正创新能力有所不足，包括从中国传统法律文化中汲取精华、从人民检察制度沿革发展中总结经验、从各国检察制度发展中借鉴扬弃不够。三是贯彻法治精神、阐释法治理念、运用法律武器推进社会进步的能力不足。个别检察人员未能吃透立法精神，机械适用法律，成为与社会疏离的

---

① 2020年11月，第一次以党中央工作会议形式专门研究全面依法治国工作，正式确立了习近平法治思想在全面依法治国工作中的指导地位，形成了马克思主义法治理论中国化的最新成果。

② 2024年7月18日，中国共产党第二十届中央委员会第三次全体会议通过的《中共中央关于进一步全面深化改革　推进中国式现代化的决定》第九部分专门部署了"完善中国特色社会主义法治体系"，进一步强调"法治是中国式现代化的重要保障"，要求"全面推进国家各方面工作法治化"。

③ 应勇检察长在全国检察机关队伍建设工作会议暨第十次"双先"表彰大会上指出：当前检察队伍建设主要矛盾已由学历层次偏低、职业保障不足转变为司法理念、履职能力、职业素养不适应检察工作高质量发展要求。

"恐龙法官"情况仍然存在①。一些检察人员运用法律武器调节社会关系、调和社会矛盾、推动社会发展进步的能力不够强。四是察通病、愈个病、治未病的合力有待强化。法律监督有时会局限于个案和已病，从治罪到治理、从犯罪治理到推动形成共建共治共享的社会治理格局等方面，无论是检察系统内部的一体履职、综合履职，还是基于法律监督推动源头治理方面，治理主体、方式、体系之间的互动、互补不够。五是个体能力结构中与司法工作密切相关的判断力、预见性、共情心、同理心有待强化，检察人员对国是、社情、民生、人性的洞察积累不够。在以司法办案落实党和国家重大决策、回应人民群众关切、促进社会矛盾化解方面，在处理法律文本稳定性与社会生活复杂性之间的关系方面，都存在"本领恐慌"。

二、坚持把高质效办好每一个案件作为推进检察履职能力提升的基本途径

习近平总书记强调要"努力让人民群众在每一个司法案件中感受到公平正义"，明确要求所有司法机关要紧紧围绕这个目标来改进工作。推进检察履职能力提升同样要以高质效办好每一个案件为价值追求，把提升检察队伍素能的基本途径放在每一个监督办案上，放在以什么样的司法政策、检察理念、价值导向和业务水平实现检察工作整体意志和高质量发展上。

（一）高度重视案件背后的国计民生、社情民意、公序良俗

每一个案件都是具体而鲜活的，关系到当事人的生命、财产、自由、尊严乃至整个人生，关系到社会的公平正义和价值导向。案件无论大小、繁简、轻重，都蕴含"大政治""大民生""大社会"。从表面上看，一起案件往往是对具体社会关系的破坏，但本质上是一种社会矛盾的侧面反

---

① 张建伟在《司法机械主义现象及其原因分析》一文中引用我国台湾地区媒体将机械司法的法官称为"恐龙法官"一说，载《检察调研与指导》2023年第2辑。

映。"一个案例胜过一打文件",核心要义在于要求检察人员必须以高度的政治责任、社会责任和职业责任对待每一起案件。当一起起社会冲突以案件的形式呈现在案头时,检察官必须对"案里""案外"进行全面审查,深刻洞察并揭示案件背后的政治考量、民主关切、社会导向、价值引领,再充分运用法治原理、法律精神、法定依据去查明案情、作出司法决定,真正实现案件办理过程、处理结果"三个效果"的统一。

(二)案件办理是推进检察履职能力提升的实践载体

能力建设不是书斋里谋划出来的,而是在持续奋斗的历史实践中锤炼出来的。[①]检察工作的主要内容是按照宪法和法律的规定开展监督办案,检察职能的发挥主要依赖监督办案来实现,检察履职能力提升更是直接体现为以监督办案为主要内容的法律监督理念、维护公平正义的能力、影响社会的效应等方面,包括能不能服务于中国式现代化,有没有在法治轨道上推进治理体系、治理能力现代化等。古有"善用刑、审察刑狱""司法得中,刑期无期",讲求有司对案件办理、案件决定特别是施行刑罚保持谨慎、敬畏之心。[②]在习近平法治思想的检察实践中,办案不仅是发现真相、适用法律的过程,更是化解社会矛盾、修复社会关系、增强法治权威、弘扬核心价值观的动态过程。司法的过程离不开法律专门知识和逻辑,更离不开社会经验、家国情怀,办案工作必须依赖于检察个体对社会、对法律、对人性的深刻洞察。只有通过具体办案过程去深入思考个案办理与"国之大者"的关系,切实把监督办案工作作为不断提高政治站位、大局观念,履行社会责任和回应社会关切的基本路径,才能实现理念和行动的具体结合。

---

① 李君如:《中国共产党加强能力建设的历史研究》,载《中国领导科学》2022年第1期。

② 尤佳君:《祥刑思想的内涵嬗变与古今传承》,载《人民检察》2024年第9期。

（三）高质效办好每一个案件是推进检察履职能力提升的实现过程

最高检将高质效办好每一个案件作为新时代监督办案的价值追求，深刻揭示了检察全过程、各环节的价值追求和精髓。而要做到高质效办案，最关键的是做到善于从纷繁复杂的法律事实中准确把握实质法律关系、善于从具体法律条文中深刻领悟法治精神、善于在法理情的有机统一中实现公平正义。①"三个善于"是法治精神的客观表现、法律监督的基本方法、司法效果的重要检验。"三个善于"中把握实质法律关系、深刻领悟法治精神、统一情理法的要求，实际是办好每一个案件的具体指南，用简洁的语言归纳了在事实认定、法律适用以及实现良好办案效果的关键要点。把握实质法律关系，要求检察人员透过纷繁的案件事实和表象的社会关系，用专业抽象和本质性的法律关系去凝练事实；恪守法治精神应避免机械适用法律的误区，将法治精神倡导的利益衡平、是非对错和价值引导贯穿于司法办案；法理情统一则表现出司法办案兼顾天理、国法和人情的实效导向。无论是检察机关整体还是检察人员个体能力的要求，必然落实在具体的监督办案中，并以具体的案件质效实现司法公开公正、法治文明理性、犯罪打击与人权保障机能的平衡等现代化要求。因此，推进检察履职能力提升必须依赖，并实实在在落脚于人民群众和社会各界可感受、能感受、感受到的案件高质效办理。

三、善于敏于把高质效办好每一个案件的价值追求转化为检察队伍建设的创新举措

高质效办好每一个案件要求在队伍锻造、人才培养、作风养成等各个方面更加聚焦，紧扣这一要求，贴合实践需求，不断与时俱进、守正创新。

---

① 应勇：《学思践悟习近平法治思想 以"三个善于"做实高质效办好每一个案件》，载《人民检察》2024年第8期。

（一）加强改进习近平法治思想的检察实践教育，提高检察人员运用新时代法治理念指导监督办案的贯彻执行能力

习近平法治思想作为新时代全面依法治国的根本遵循、行动指南，也是贯穿高质效办好每一个案件的指导思想和实践指引。强化习近平法治思想的检察实践教育，要切实坚持三个导向：一是坚持需求导向，要有效激发并紧紧抓住检察人员对政策把握难、理念更新慢、个案办理"三个效果"难以兼顾、治罪与治理并重无从下手等办案实践中常见、紧迫的需求，针对性地进行教育引导，提升理论指导及时性；二是坚持实践导向，坚决克服教育与日常办案相脱节、相分离倾向，善于把办案实践中诉讼原理原则、司法办案规律、职业素养等实践要求与习近平法治思想的精髓要义结合起来，提升理论指导针对性；三是坚持问题导向，及时梳理发现检察实践中存在的简单机械执法、程序意识淡薄、司法亲历性不强、源头治理不够等与检察机关"四个定位"要求，与全过程人民民主，与在法治轨道上推进治理体系、治理能力现代化等不匹配、不相符的问题，深入剖析执法思想、价值取向、能力素质等方面的原因，提升理论指导实效性。

（二）加强改进司法政策的宏观指导，提高顶层检察决策转化为个案办理质效的组织动员能力

毛泽东同志强调"政策和策略是党的生命""没有全般的策略观点与政策观点，中国革命是永远不能胜利的"。[①] 当前，要在队伍建设各项工作中贯彻落实好高质效办好每一个案件的价值追求，善于结合法律监督的政策、策略要求创新队伍能力提升具体举措。一要聚焦新时代新理念特别是高质效办好每一个案件，广泛开展不同检察层级、不同检察业务领域的研讨实践，特别是要注重引入诉讼当事人、社会公众等参与检察办案质效的广泛讨论，讨论成果通过各类检察办案的"规范""准则""指引"等予以巩固，以进一步深化认识、凝聚共识。二要强化指

---

① 《毛泽东选集》（第四卷），人民出版社1991年版，第1298页。

导、典型、示范案例的发现、培育、指导功能，强化监督办案的过程管理和反面失败案例的政策理念反向审视。三要严格落实人案相结合管理模式，防止质效评价机械化、数据化，防止以"一刀切"的短期、局部评价取代符合司法规律的长期、整体指标评价。

（三）加强改进检察核心素能培养模式，提高在具体个案中运用法律思维、法治精神定分止争的司法决断能力

当前检察干部队伍的主体是从"家门""校门"走进"机关门"的相对单一来源、单一经历干部，虽然通过系统的专业学习获得了"技术理性"，但确实存在如何在长年的研究、实践和经验中获得法律思维和现代司法理念的现实难题，特别是面对日益变动的社会、纷繁复杂的案件具体情况，以司法决断力为核心的检察素能培养极为重要。当前，一要高度重视"法律的真谛在于实践""法律的生命不在逻辑而在于经验"，坚持把具体而丰富的办案活动作为提升检察人员核心素能的基本途径。二要坚持人在事中磨、能在案中练，把一线办案数量质量效果作为评判、检验各类检察人才的基本标准，激发引导检察人员扎根监督办案一线，注重在经常的办案实践中训练法律思维、丰富知识储备、习得生活经验，做到熟谙人之常情事之常理、洞察社情民意、理解社会政治经济发展态势和不同人群的生活方式，以防止思维与现实脱节，办案与社会分离。三要高度重视推动司法亲历性，用好"询问""讯问""调查核实"等亲历性手段，拓展司法活动全过程人民民主方式方法，引导检察人员走出机关、跳出卷宗；主动转变坐堂问案、就卷办案等机械僵化办案方式，激励检察人员察微析疑、不枉不纵、不偏不倚，追求实质正义和社会公平。四要强化对新类型、新领域、新技能人才培养，强化经济社会前沿、新赛道和涉外法治人才布局，不断拓宽检察人员视野和眼界。

（四）加强改进"检察情怀"塑造积淀，弘扬以"忠诚""为民""担当""公正""廉洁"为基本内涵的新时代检察精神

"检察情怀"是检察人员对检察机关社会分工、检察工作社会价值和检察职业社会意义的一种身份情结和情感寄托，体现为检察人员阐释法

治、弘扬法治、守护正义、守护核心价值观以及运用自身知识才华推动社会长治久安的内心自觉和职业尊荣。检察人员代表检察机关进行法律监督、维护社会公共利益，个案办理过程也是连接法律与社会、平衡个体利益与社会公共利益、统筹治罪与治理的过程。作为社会公平正义的守护者、社会公共利益的代表者、社会核心价值观和公序良俗的倡导者，必须具备释法说理、连接司法办案与社会公众、修复社会关系裂缝、弥补社会治理漏洞的意识、能力和技巧。因此，首先要把法理情融会贯通能力作为重要技能，将通过个案办理实现个别正义转化为推动类案治理和普遍正义的人文关怀和职业情怀，作为检察职业精神的基础工程抓紧抓实。其次，要充分尊重检察人员在监督办案活动中的主观能动性、独立判断力，充分尊重司法工作的规律性、创造性，激发各类人员高质效办好每一个案件的内生动力，正确处理好落实司法责任与严格监督管理之间的关系，"放权而不放任"，防止出现"宁信度，无自信"①式的拘于教条、流于数据、墨守成规、脱离实际的办案。再次，要建立以"高质效办案"为基本评判标准和考察核心内容的激励机制，坚持把能否高质效办好每一个案件作为人才选拔、培养使用、监督管理的重要实践标准，树立风向标，营造安心一线、扎实办案、潜心业务的良好氛围。最后，要高度重视检察职业精神、伦理、操守、礼仪等检察文化的塑造、养成和传承，逐步形成以"高质效办案"为追求的新时代检察人员职业纽带和精神寄托，为全体检察人员弘扬中国特色社会主义检察制度优越性、推进"中国之治"提供源源不断的精神养分和信仰追求。

四、不断完善高质效办好每一个案件的检察履职能力提升的配套保障机制

围绕高质效办案，需要在关键领域、核心环节和改革前沿问题上建立完善相关配套机制，包括优化履职办案实践、办案组织、办案方式等。

---

① 出自《韩非子·外储说左上》中《郑人买履》寓言。

（一）强化对大局或长远有深远影响的重大复杂案件的检察一体化机制

包括但不限于案件办理、监督事项处理、法治事件介入和回应、执法司法一类问题的捕捉与反应，以保证法律的统一正确实施，更好回应全社会对公平正义的期待和需求。对犯罪治理和社会公共利益维护、执法司法理念调适、社会治理体系堵漏建制等重点方面，检察机关要改进现有工作模式，提升综合一体履职能力。如在高度信息化、深度数字化时代，以往地域、专门、级别管辖和内部分工模式需要进一步研究论证，对大量新生的跨时空网络犯罪，对共享共治万物互联时代下的犯罪治理，对比例上升较快的行政犯处理，对超越传统形态的国家利益、社会公共利益保护，对利益主体、内容、表达多元化条件下公平正义感受接受渠道的转化，对社会参与司法和法治建设的热度、路径变化等，都需要通过顶层设计、上下联动、分工协作予以回应，以更好地调动检察系统内所有资源、整合监督办案信息去依法能动履行宪法法律赋予的法律监督权能，发挥好检察机关在国家治理体系中的独特作用，体现中国特色社会主义检察制度的优越性。

（二）完善"法定职责必须为"的基础理论研究和检察实践机制

宪法和法律赋予检察机关的各项职责，具有丰富的内涵和实践价值，也有许多相关配套制度予以支撑，迫切需要检察机关在深刻理解顶层设计理念和相关立法原意基础上，强化新时代基础检察职能和检察基本理论研究，以指导具体检察实践。比如对"法定职责"的法律规定、立法原意的理解，对"必须为"的评价导向，确保分内之事做实做优做到极致，并在每一个案件办理中，在高质效的价值导向上，通过积极的检察改革探索，给予检察实践和成熟样本支持。①

---

① 近年来关于"机动侦查权"的研究讨论和具体实践是一个比较好的证明。

（三）不断优化高质效办案组织体系建设

随着社会分工、社会交往、资源分配、利益诉求等复杂多元化，犯罪形态呈现分工精细化、类别新型化、法益侵犯复合化等新特点，传统全科式、串联式办案团队模式所占比重要进一步弱化，繁简分流、快慢分道、轻重分类、标本兼治等政策理念要求对现有办案组织进行重组优化。一段时期以来，团伙犯罪、职务犯罪、网络犯罪、经济欺诈犯罪、金融犯罪、知识产权领域犯罪等在犯罪结构中比重大幅上升，办理此类犯罪所需专业专门知识要求高、犯罪打击治理相对复杂，要进一步强化综合一体化办理，并在案件管辖、分配、指导、管理机制上与之相适应。

（四）强化检察监督办案与国家治理、社会管理、社区共治的联动机制

检察监督办案与利益调整、关系调节、矛盾化解、治理完善高度相关，也是衡量、指引高质效办案的重要指标，两者联动越紧密、反馈越双向，以法治服务保障中国式现代化的成效越明显。[1]要建立犯罪打击预防治理互动机制，完善犯罪系统治理、公共利益综合保护、监督体系联动机制，充分发挥检察机关法律监督的权威性、融合性。

（五）不断深化数字检察战略的规划与实施

数字检察因应时代之变，要高度重视检察信息技术人才的储备和培养、选拔，研究创设技术检察官岗位的可行性，让符合检察职业资格的技术人才进入员额检察官队伍。要发挥好电子证据发现、收集运用常态模式，答好传统非传统犯罪中普遍存在的海量电子证据审查运用、新型网络犯罪打击，以及人工智能时代来临之后检察工作如何积极回应等时代考卷。要建立检察大数据法律监督指挥平台，规范公共信息的接收、应用，依法有序介入共通共享数据和履职所需数据，强化大数据资源开发利用的法律监督和自我监督。要因地制宜建设数字化检察办案系统，

---

[1] 最高检对于行刑双向衔接作出的决策部署已经在检察实践中取得明显成效。

实现一网通办、一键通用、一链通管。数字检察办案系统要以服从服务于高质效办案为中心,以有利于办案人员高效快捷办案、办好案为基本理念,各类统计数据随办案有机生成,使检察人员的智慧精力更加聚焦高质效办好每一个案件。

做实"三个善于"
持续增强基层检察队伍履职能力

赖瀚蔚[*]

党的二十届三中全会部署完善中国特色社会主义法治体系，强调弘扬社会主义法治精神，维护社会公平正义，全面推进国家各方面工作法治化。最高检党组要求，检察机关要学思践悟习近平法治思想，持续做实"三个善于"，把"高质效办好每一个案件"这一新时代新征程检察履职办案的基本价值追求贯彻到检察履职办案的全过程各环节。检察机关是党绝对领导下的政治机关、法律监督机关和司法机关，是推动在法治轨道上全面建设社会主义现代化国家的重要力量，基层检察院是整个检察工作的基石，是服务经济社会高质量发展的第一线，是贯彻落实党中央决策部署的"最后一公里"，这就要求基层检察队伍以做实"三个善于"为出发点和落脚点，持之以恒增强检察履职能力。

一、"三个善于"是衡量基层检察队伍履职能力的标尺

应勇检察长指出，要做实"努力让人民群众在每一个司法案件中感受到公平正义"，必须做到高质效办好每一个案件，具体体现就是"三个善于"，展开来讲就是检察人员能否厘清案件中的主要矛盾、实质法律关系，能否把握法律条文的精神实质、正确适用法律，能否融法理情于一体来作出相应的司法决断。

---

[*] 赖瀚蔚，广东省广州市海珠区人民检察院党组书记、检察长。

（一）"善于从纷繁复杂的法律事实中准确把握实质法律关系"是高质效办好每一个案件的基础

在中国特色社会主义法治体系的构建中，公平正义是司法的核心价值追求，也是人民群众对司法工作的基本期待，司法公正不仅体现在程序正义上，更关键的是要实现实体正义，即案件处理结果必须符合法律法规的实质要求，准确反映案件的真实情况和法律关系的本质。实质法律关系是案件事实与法律规范之间的桥梁，决定了案件的性质、争议焦点及适用的法律条款。只有持续增强基层检察队伍履职能力，才能通过严谨细致的法律关系分析，精准识别当事人的权利义务，确保每一个当事人的合法权益得到有效保护。公众对司法的信任源于对司法公正的认同，有助于增强司法的权威性和公信力，进一步巩固法治社会的基石。

（二）"善于从具体条文中深刻领悟法治精神"是高质效办好每一个案件的保证

法律条文是法律的文字表达形式，是法律规范的具体化、条文化，为司法活动提供了明确的依据和标准，直接规范了公民的权利和义务，界定了行为的合法与非法，但法律条文背后的精神实质，即法律所追求的价值、原则、目的，才是法律生命力的真正所在，包括但不限于以人民为中心、公平正义、保障人权、社会和谐等核心价值理念，体现了人类法治文明的共同规律和基本价值，又立足于我国民主法治建设的基本国情和特定文化价值，是法律条文制定和解释的指南针。只有持续增强基层检察队伍履职能力，才能确保法律在复杂多变的社会环境中保持其正确性和适应性，使司法决断更加符合社会常识和道德标准，才能转化为人民群众可感可知的公平正义体验，才能激发公民对法治的认同感和参与感，进一步增强公民的法治意识。

（三）"善于在法理情的有机统一中实现公平正义"是高质效办好每一个案件的体现

法治的核心在于规则之治，通过明确、具体的法律条文，为各类社会关系的调整提供稳定可预期的标准，是公正裁判的基石。当法律条文存在模糊或空白时，道理的引入可以为司法人员提供更为全面、深入的考量维度，促使司法决断更加符合社会主流价值观，增强公众对司法的信任和支持。情感作为人类共有的心理体验，通过司法温度的传递，促进当事人之间的和解与谅解，为社会和谐稳定贡献力量。只有持续增强基层检察队伍履职能力，强调法理和情理的有机融合与共同促进，才能在司法实践中让人民群众直观感受到法律对正义的坚守和对人性的尊重，这种直观感受更进一步推动了中国特色社会主义法治体系的完善和发展。

二、基层检察队伍在落实"三个善于"方面存在的问题

从司法实践看，基层检察队伍在履职中仍存在一些问题，未能真正做到"三个善于"，履职质效还需持续提升。

（一）司法理念未完全适应新时代履职要求

理念是检察工作的先导。基层检察队伍在更新司法理念方面仍存在以下不足，影响"三个善于"落到实处。一是未能学深悟透党的创新理论。领悟践行习近平法治思想还不够深入透彻，推动党建与业务融合还不够紧密，贯彻落实执行司法政策和国家法律还不够准确、到位。二是未能将新时代司法检察理念融入监督办案全过程各环节。有的基层检察人员在司法办案中贯彻中国特色社会主义检察理念还有差距，仍存在"就案办案、机械司法"现象，未能适应刑事犯罪结构变化，未能坚持刑法谦抑性，对轻罪案件存在"构罪即捕"、羁押必要性审查形式化以及"过度追诉"等问题。三是一体履职、综合履职观念树得不够牢。有的基层检察人员沿着程序"轨道"被时限"推着走"，最后满足于结案了事，不能实现从个案案结事了到促进类案治理再到社会治理的高质效履职。

（二）业务能力未达到"高质效"标准

有的基层检察人员不敢监督、不善监督甚至不愿监督等问题不同程度存在，无法将"三个善于"落细落实，根本在于专业能力跟不上。一是全面审查案件证据的能力还不够强。如在串联多个证据时逻辑不清，

难以判断能否形成完整证据链；提取关键证据时主次不分，难以从大量证据中提取关键证据证明关键事实；把握证据矛盾点能力不足，难以及时补充证据；不注重讯问质量，为节省时间，未深入剖析案情即开始审讯，发问不具有针对性，难以发现证据细节矛盾点和侦查活动监督点，不能及时补强证据或开展自行补充侦查。二是认定事实的能力还需提高。有的基层检察人员无法找准统领法律事实的实质法律关系并进行实质性判断、解决实质性问题，如排查争议焦点不深入，未能对照法律法规和相关判例，细致审查核心焦点；思维视角比较单一，对律师意见不够重视，导致事实认定不够全面；经验主义先入为主，仅凭经验判断简单案件的事实，认定事实不够深不够细。三是法律政策适用能力仍有提升空间。无法全面、准确、完整把握法治精神和法治原则，在认识和实践上仍有"唯法条论""唯数额论"，未能完全领悟司法政策和法律条文的原则目的，未能实现从事实判断到价值判断并做到准确适用法律。四是以案促治能力还需进一步提高。有的基层检察人员办理案件多止步于"案结"，在法律监督主责主业中强化大局意识、服务意识、治理理念的能动性不足，未能深入剖析案件背后的发案原因，无法从机制上、管理上查找漏洞、制发建议，制发规范性和督促落实力度不足，监督刚性和监督合力有待进一步加强，难以实现社会治理检察建议对行业、领域、系统问题的常治长效，源头治理效果未能充分彰显。

（三）机制建设未完全适应"三个善于"需求

以"三个善于"做实高质效办好每一个案件，需要构建完备的制度机制，既激励基层检察人员想办案、能办案、办成案，又加强检察业务管理，一体提升业务能力和案件质量。一是履职办案机制仍需进一步优化。对外的监督制约和协作配合存在一定薄弱环节，做到"三个善于"的工作合力还不够强。实践中有的基层检察人员在类案处理、线索移送、政策运用、社会治理等方面，因缺乏常态化"上下联动""左右协同""外部协作"，易导致监督办案把握不准、出现偏差。二是队伍管理体系不够完善。由于检察业务专业性强、人才培养周期长、分类管理等，基层检察人员跨条线多岗位历练机会不多，复合型人才缺失、高精尖人才不足等问题普遍存在，难以从更高层次、以更宽视野做实"三个善于"。三是纪律作风建设制度仍不够健全。对基层检察人员的监督管理还需加大力度，利用大数据等手段监督局限在"管案"，"管人"还不够全面，难以核实"三个规定"是否做到应填尽填，"八小时以外"的监督管理尚未实现全覆盖，基层检察人员违法违纪行为仍时有发生。

三、提升基层检察队伍做实"三个善于"能力的基本路径

提升基层检察队伍做实"三个善于"的能力，需要持之以恒、久久为功，要从锤炼政治品格、增强业务能力、构建运转高效的机制等方面下大气力。

（一）要把锤炼政治品格作为提升基层检察队伍履职能力的首要任务

一是强化政治建设。严格落实"第一议题"制度，以党组会、党组理论学习中心组、党支部"三会一课"等形式，久久为功加强党的创新理论武装，完善传达学习、推动落实、督查督办、跟踪问效、定期回看等全链条机制，真正做到内化于心、外化于行。着力推动党建与业务深度融合，常态化开展先进典型选树、模范党支部评选、党务干部实务培训、走访慰问等工作，以政治坚定引领履职有力。二是推进司法理念转变。积极搭建大讲堂、报告会、座谈交流会等教育培训平台，开展正反面案例剖析、实地参观调研等活动，牢固树立检察工作高质量发展理念。紧紧围绕影响检察工作高质量发展突出问题，审视低质效案件背后深层原因，形成问题清单，引领基层检察人员树立和践行正确政绩观，让求真务实、担当实干成为鲜明履职特征。三是加强检察文化建设。培育"忠诚、为民、担当、公正、廉洁"的新时代检察精神，聚焦"四大检察"基本格局，结合地区发展状况和人文历史等元素，打造符合本单位特色的精神文化、制度文化、行为文化，培植新时代基层检察队伍的精神家园，塑造良好的基层检察队伍形象。四是强化职业道德建设。持续

抓好党纪学习教育的内化、深化、转化工作，加大"三个规定"督促落实力度，及时剖析、通报典型案例，教育引导基层检察人员恪守职业良知、严守道德底线。建立纪律作风状况经常性分析研判和对群众反映问题及时核查机制，严格责任追究。综合运用"四种形态"，敏于发现倾向性、苗头性问题。

（二）要把增强业务能力作为提升基层检察队伍履职能力的重要任务

一是培养过硬专业素能。改进培训模式，实施订单式、共享式、案例式、内生式教学，把课堂搬到办案现场、把实战搬到教育培训课堂，挑选优秀岗位能手回炉再造。加强分层分类业务轮训，补齐补强专业短板，切实解决部分基层检察人员对"三个善于"理解、落实不深不透等问题。二是强化岗位实战锻炼。重点加强出庭公诉、诉讼监督、综合履职等实战训练，培养专业化办案人才和办案团队，开展优秀公诉庭、法律文书、检察建议、典型案例、调研报告、精品课程等技能比武和评选活动，切实提升基层检察人员法治思维以及法律适用、释法说理等能力。三是健全人才培养机制。从高层次、实务型、专门型人才等不同方向制订培养计划，构建"教、学、练、战、赛、考"一体化教育培训机制。推行政治、业务检察"双导师"制度，组织检察官与检察官助理结对、资深司法行政人员与新进人员结对，业务部门与综合部门轮岗，检察人员与执法司法机关、行政机关人员交流锻炼。打造检察青年英才计划，优先指派业务尖子挂职交流、参加重大课题研究、重大疑难复杂案件办理、参与重点专项活动。培养高层次领军人才，突出政治标准选人用人，树立检察办案的标杆和样板，在关键时刻、重大案件上能顶得上、办得下。四是强化专题工作研究和案例培育。加强检校共育共建，采用"检察实务专家进校园"和"法学名师进检察"等双向交流方式，通过调研座谈、专家授课、法律沙龙、互聘互派、合作课题、编写案例等形式，共建检察法治研究基地、法律教学实践基地、证据分析研究基地。针对法律适用存在争议、社会广泛关注、服务中心大局、涉及特殊利益群体、核心价值引领等方面的典型案例，开展项目化培育和管理，提升基层检察人员法律理论研究和法律政策把握能力。

（三）要把健全检察权运行机制作为提升基层检察队伍履职能力的有力举措

一是全面准确落实司法责任制。准确落实检察官进退留转机制，健全不胜任岗位职责检察官退出员额机制，优化检察人员上下交流、内外交流常态化机制，完善检察人员依法履职不实举报澄清和容错免责机制，建立检察人员心理测评和干预机制。二是优化履职办案模式。完善检察人员考核、案件责任倒查、部门内部监管、案件评查"四位一体"的考评机制，加强案件繁简分流、内部线索移送、层级接续监督、强化社会监督与公众参与等工作机制。三是推进外部协作机制。完善"府检联动"工作机制，邀请行政机关专业人才担任特邀检察官助理，组建"线上+线下"专家咨询委员会。进一步深化与监察、公安、审判、司法行政等执法司法机关相互配合、相互制约机制，推动完善行刑双向衔接机制，探索推广法律监督与党委政法委执法监督、法治督察等衔接机制，凝聚做实"三个善于"的工作合力。四是加强数字检察应用和检察业务的衔接融合。立足检察职能定位，以构建社会共治机制为目标，围绕法律监督深层次需求，研发大数据监督模型，提高模型的适用频率和可复制性，实现由个案到类案、被动到主动、办理到治理的转变，推动业务数据化向数据业务化转变，赋能法律监督提质增效。

党的二十届三中全会强调："法治是中国式现代化的重要保障。"新时代新征程上，基层检察队伍要坚持不懈深学细悟笃行习近平法治思想，认真贯彻党的二十届三中全会精神，落实"三个善于"要求，肩负起党和人民、宪法法律赋予的法律监督职责，以更高质效检察履职在中国式现代化建设中做出应有贡献。

第六部分

职业保障建设

关于破解河北检察队伍结构性短板的调研与思考

罗云鹤[*]

当前,检察工作欣逢最好发展时期,面临更高履职要求。最高检应勇检察长深刻指出,新时代新征程检察队伍建设主要矛盾已由学历层次偏低、职业保障不足转变为司法理念、履职能力、职业素养不适应检察工作高质量发展要求。河北省检察院通过专题调研发现,检察队伍在领导干部、员额检察官、学历、人才等方面存在的结构性短板,已经成为影响高质效检察履职的突出问题。面对更重办案任务,适应主要矛盾变化,迫切需要补齐历史上形成的结构性短板。河北省检察院认真贯彻落实最高检关于加强检察队伍建设的部署要求,紧盯问题、常抓不懈,持续优化队伍结构,为推进习近平法治思想的检察实践提供了有力保证和支撑。

一、加强把脉问诊,深入查找剖析队伍结构性短板

坚持问题导向,是习近平新时代中国特色社会主义思想的世界观和方法论的重要内容之一。解决问题,首先要做到敢于正视问题,善于发现问题。河北省检察院强化问题意识,组织开展专题调研,真找问题、找真问题,全面分析查找制约检察队伍建设成效的结构性短板,突出表现在四个方面。

---

[*] 罗云鹤,河北省人民检察院党组成员、政治部主任。

（一）干部结构日益老化

全省市县两级院领导班子年龄整体偏大，梯队配备尚未形成。全省市级院班子平均年龄52.6岁，其中45岁以下的只有7人；县级院班子平均年龄48.8岁，其中45岁以下221人。待到2026年换届，符合市级院检察长人选基本条件的只有24人，选人空间较小；各市县院"75"后正科156人，其中全日制本科以上学历的65人，基层院检察长储备人选面临枯竭风险。3个市级院及82个基层院党组副书记未按同级政府部门正职配备问题，制约着干部结构的优化。

（二）检察官结构趋于断档

全省检察官平均年龄48.5岁，其中40岁以下的641人，占比18.2%；51岁以上的1600人，占比45.52%。因市县两级院业务部门负责人必须由检察官担任，部分市级院业务部门中层副职已出现无人可选的情况。后备人才储备不足，检察官青黄不接，不利于检察工作长远发展。

（三）学历结构整体偏低

全省检察官中全日制本科以上学历1188人，占比33.8%，其中法学专业896人，占比25.49%，成为在全国竞赛中争创佳绩的制约因素之一。全省三级院班子成员中，全日制本科及以上学历245人，占比25.49%，其中全日制法学本科159人，仅占16.55%，学历层次不够高、专业知识不对口，在一定程度上影响了履职能力和水平。

（四）人才培养不尽如人意

领军型高层次检察人才偏少，2023年以来，在最高检组织的业务竞赛中，无人获评业务标兵。最高检先后举办八届公诉人竞赛，河北检察机关没有选手进入全国十强。全国检察业务专家人数在全国的占比还不够高，第五批评审未有人员入围。缺少涉外法治专门人才、侦查人才和适应数字检察发展需要的跨界人才。

二、坚持精准施治，持续优化队伍结构

检察队伍建设中遇到的结构性短板躲不开、绕不过，只有奔着问题去、迎着矛盾上、向着难处攻，才能不断开创检察队伍建设新局面。

（一）破解缺配难题，持续优化市县院领导班子结构

领导班子建设是检察队伍建设的重中之重，班子强则队伍强。河北省检察院牢牢抓住领导干部这个"关键少数"，认真履行对下协管职责，坚持个体强整体优，不断优化班子结构，增强整体功能。截至目前，全省市级院班子成员中45岁以下10人，较2023年6月增长42.9%；县级院班子成员中45岁以下290人，增长31.2%。全省三级院班子成员中，全日制本科及以上学历290人，增长18.4%。一是聚力攻坚党组副书记"配不到格、配不到位"难题。领导班子的战斗力怎么样，关键看结构优不优、功能强不强。党组副书记未按同级政府部门正职配备问题，造成领导班子梯次配备不合理，直接影响"一把手"选才面。河北省检察院主要领导专门向省委报告，多次与省委组织部、编办负责同志沟通，与相关地市党委主要领导协调，推动实现全省市县两级院均能按同级政府部门正职配备党组副书记。二是超前谋划领导班子换届工作。领导班子是一个单位的"指挥部"，在推进各项工作中起着关键作用。河北省检察院着眼2026年领导班子换届，部署开展蹲点式、下沉式调研考察，深入分析评估领导班子配备运行、"一把手"履职担当、优秀年轻干部整体表现等情况，更有针对性地做好"一把手"和班子成员后备人选选拔培养，为中长期领导班子换届和补充调整提供充足储备。建立基层院检察长储备信息库，统筹加强培养。经测算，到2026年换届时，市县院检察长储备人选从149名增至213名，增加43%。三是提高选配效率。"双重管理"赋予了上级检察机关对下级检察机关领导班子的协管职责，"协管"不是"不管"，也不是"被动管"，既不能越位，更不能缺位。河北省检察院积极协调组织部门，主动走访汇报，加快工作节奏，围绕动议、民主推荐、考察、讨论决定、任职等各个环节，全力配合、提前着手、充分准备，促推任免程序高效有序运行，领导班子成员平均任免周期缩短1

个月。

（二）打通遴选堵点，持续优化检察官队伍结构

实行检察人员分类管理和检察官单独职务序列，这是着眼全面准确落实司法责任制作出的一项重要制度设计，对于推进检察队伍专业化建设意义重大。河北检察机关持续完善员额制管理，打通堵点难点，推动员额检察官队伍结构更趋合理。截至目前，全省员额检察官平均年龄较2023年6月下降1.3岁，其中40岁以下人数上升17.3%，51岁以上下降17.6%。员额检察官中全日制本科以上学历增加91人。一是全力解决检察官遴选"上不来"、检察官助理入额"下不去"的问题。检察官是司法办案的主体，做好检察官入额遴选工作，关系到检察事业后继有人这个根本性问题。河北省检察院同步组织开展初任入额、逐级遴选和到下级院入额，对符合条件人员逐一动员部署，讲清政策规定，明晰发展前景，打消后顾之忧，司法体制改革后首次逐级遴选48名，第一次动员8名同志到下级院入额，有效推动检察官遴选系统内良性循环。二是优化遴选机制。破解检察官遴选中遇到的难题，必须要有治本之策。针对检察官遴选周期长等问题，持续完善检察官遴选委员会组织设置、审议规则，在全国较早实现省级院检察长担任遴选委员会主任，有力促进遴选委员会及时高效履职。同时，规范新任副检察长入额程序，明确员额内交流任职直接批准入额和初任检察官书面审议入额两种方式，有效提高程序运转效率，入额周期基本控制在3个月以内，确保了任职后能够及时入额、履职办案。三是加强检察官单独职务序列管理。作为司法体制综合配套改革的重要组成部分，唯有做优做实检察官单独职务序列管理，司法责任制的推行才有立根之基。河北省检察院积极推进检察官等级职数核定工作，基层院三高、四高职数比例增加1%。建立新任检察官和检察官递补人选培养机制，经过有效培养提升，递补入额41名。推进检察官追责惩戒工作常态化运行，2023年以来，运用第一种形态追责处理75人、依规惩戒3人。全省三级院全部设立权益保障委员会，并实质化运行，一体做实政治、思想、工作、生活关怀。

（三）盘活编制资源，持续优化年龄结构

编制资源是重要的政治资源和执政资源，在服务检察中心工作和检察队伍建设中，发挥着不可或缺的支撑保障作用，必须盘活用好，不断提升编制资源使用效益，确保好钢用在刀刃上。一是全力解决违规占编问题。违规占编问题存在多年，有的基层院非公占编超过本院编制的三分之一，非公占编人员无法履行检察干部职责，解决问题迫在眉睫。河北省检察院积极争取省委组织部、省委编办支持，与各市党委主要领导座谈交流、推动解决。在较短时间内，有效释放编制潜力，为引才聚才奠定了坚实基础，对优化年龄结构至关重要。二是接续破解工勤人员占编难题。这是释放编制潜力、优化编制配置的重要前提。河北省检察院认真落实最高检要求，把解决工勤人员占编问题作为攻坚方向，多次与省委编办进行沟通，有力推动省委编办同意将工勤人员从所占中央政法专项编制中剥离，采取人员调整、自然减员、只出不进、退一减一的方式，把问题彻底解决到位。三是深挖编制潜力。编制资源配置使用是否科学合理，直接影响检察履职成效。检察中心工作推动到哪里，编制工作就要跟进到哪里。河北省检察院持续优化调整业务部门机构设置，省市两级院检察侦查专门机构实现全覆盖。完成渤海新区检察院与黄骅市检察院管理体制整合，实现整体升格。联合省委编办、省法院出台编制统筹使用和动态调整实施办法，2024年招录计划使用统筹编制166名。

（四）培养领军人才，持续优化人才队伍结构

习近平总书记多次强调"实施人才强国战略"，并对培养造就德才兼备的高素质人才作出战略部署。抓好检察人才工作，是推进检察工作高质量发展的先导性、基础性、战略性工程，只有选好人、育好才，实现人尽其才、人尽其用，才能确保检察工作高质量发展。一是有计划培育全国检察业务专家。人才是第一资源，领军人才是最为宝贵的稀缺资源，是人才队伍的中坚力量。河北省检察院着力加强领军人才培养，制定《河北省检察业务专家评审和管理办法》，建立全国检察业务专家后备人才库，对照评比标准，"一人一策"跟进重点对象培养，对全省检察业

务专家履职情况进行摸底考查，统筹推进文章发表、著作编写、课题申报等工作。二是分步骤推进竞赛人才培养。业务竞赛是锻炼队伍、选拔人才的重要平台，也是提升能力素质的有效途径。河北省检察院制定实施竞赛组织管理办法，出台公诉人竞赛人才培养三年规划，把第九届全国十佳公诉人竞赛进入前十作为目标，集全省检察机关之力统筹推进竞赛人才全周期培养。组织各市院举办本地区公诉人业务竞赛，加强练兵、积累经验，深挖"蓄水池"，储备"好苗子"。积极学习借鉴京津检察机关先进经验，选派优秀青年干警赴北京、天津检察机关跟班学习。三是多渠道引进培养急需人才。选苗是前提，育苗是关键，既要把年轻干部"好苗子"选出来，又要"蹲苗壮骨"，让青年干部茁壮成长。加强系统性分析和整体性研判，紧紧围绕检察中心工作，引进检察侦查、金融、知识产权、数字检察等领域优秀年轻人才1248人，占全省检察人员的14.2%，有效改善检察队伍年龄结构，储备了一批有生力量。分层分类开展岗位练兵、业务实训，上好政治和业务"两堂课"。健全完善年轻干部培养机制，把优秀干部放到办案一线、信访维稳、乡村振兴、援藏援疆等重要岗位锻炼培养，下派优秀年轻干部到基层院担任班子成员。

三、深刻把握经验启示，积极探索破解队伍难题的有效方法

在推进解决检察队伍难题过程中，河北检察机关积累了一些经验，收获了一些启示。

（一）坚持党的领导是解决难题的坚强保障

解决党组副书记缺配、违规占编等难题，离不开习近平新时代中国特色社会主义思想的科学指引，离不开"六个必须坚持"的世界观和方法论的科学运用，离不开省委及地方党委的有力领导。河北省检察院始终坚持党的绝对领导，积极运用"六个必须坚持"的世界观和方法论推动解决问题，在党委政府的具体领导下开展工作。正是在各级党委政府的领导和支持下，才能在较短时间内解决了影响检察队伍发展的"老大难"问题。这启示我们，破解检察队伍建设中的难题，必须紧紧依靠党

的领导，多沟通、勤汇报，取得党委政府的大力支持，才能达到事半功倍、立竿见影的效果。

（二）思想破冰是解决难题的重要前提

思想是行动的先导。河北检察队伍中的结构性不足由来已久，一些历史遗留问题之所以长期没有解决，一个重要原因就是存在畏难情绪、观望心态，习惯于"等靠要"，主动作为不够。河北省检察院坚持直面问题，加强思想发动，全力破除"等靠要"思想，想方设法找办法、明思路、定措施、抓推进，不达目的决不收兵，把更多"金点子"变成了解决问题的"金钥匙"。比如，加强编制统筹使用和动态调整，有效解决了部分基层院政策性超编影响招录问题。这启示我们，破解检察队伍建设中的难题，必须以思想破冰引领行动突围，坚持与时俱进，激发内生动力，以思想大解放，实现思维破局、认知升级、行动提速。

（三）系统推进是解决难题的有效途径

检察队伍建设线多面广，违规占编、工勤占编、领导班子缺配、领军人才少等问题复杂棘手，既要整体考虑、系统解决，又要加强统筹、协同发力。河北省检察院立足检察工作全局，全面系统研判分析队伍建设中的问题，坚持整体推进与重点突破相结合，坚持治标与治本兼顾，坚持解决问题与建章立制并重，实行上下联动、跟踪盯办，解决了一批影响制约检察队伍建设的深层次问题。这启示我们，破解检察队伍建设中的难题，必须强化系统思维，加强整体把握、全局谋划，抓住主要矛盾，紧盯关键环节，充分发挥检察一体化工作优势，坚持省院主导、市级院主抓、基层院主责，齐心协力把问题解决到位。

（四）机制驱动是解决难题的有力举措

检察队伍建设中的不少问题解决起来难度很大、充满挑战，缺乏有效的机制驱动，工作就会被动应付、浮于表面。河北省检察院先后建立研判分析、常态化调度、督查督办机制，院领导直接包联问题突出的检察院，定期剖析队伍建设中的突出问题和进展情况，把问题解决情况纳入考核，作为评先评优的重要参考，推动知责明责、履责督责、考责问责形成闭环，传导压力、督促落实。建立协调沟通机制，各级院"一把手"带头走访组织、机构编制等部门，争取最大支持，强力推动问题解决。这启示我们，破解检察队伍建设中的难题，必须要以机制驱动为抓手，把准问题的关节点、要害处，在标准上严格起来、在措施上完善起来、在环节上衔接起来，使机制真正成为规范行为的标尺、解决问题的武器、促进工作的保障。

高质效抓实检察人员职业保障建设 激发新时代检察队伍的生机活力

王 浩[*]

当前,检察机关欣逢最好发展时期,面临更高履职要求,深入推进检察人员职业保障建设,不仅事关司法体制改革目标的实现,还关系到检察权良好运行和检察人员干事创业精气神的全面展现。贵州检察机关坚持问题导向,在实践中探索、在思考中提升,从建立健全职业选拔、完善分类管理、强化履职保障等方面不断探索,持续为全省检察人员积极投身新时代检察工作建设贵州实践提供强有力的制度支撑、机制保障。

一、新形势下检察职业保障面临的困难和问题

随着司法责任制、人员分类管理等各项改革的深入推进,检察队伍职业保障体系不断健全、取得长足发展,但深入分析,还存在专业人才匮乏、人员分类改革制度还不完善、人员素能有待提升、履职保障尚不到位等方面问题。

(一)编制使用管理和人才招录选拔机制方面

部分检察院尤其是中心城区基层院人案矛盾比较突出,贵州又属西部欠发达省份,部分艰苦边远地区长期招录不到优秀人才。比如,全省检察机关现有博士研究生5名,占现有政法编制数的0.11%;硕士研究生622名,占比12.2%,学历层次普遍不高。招录人员中男女比例失衡,女生多于男生的现象也较为突出。面对检察机构职能重塑、机构重组、

---

[*] 王浩,贵州省人民检察院党组成员、政治部主任。

机制重构带来检察权运行的新情况、新模式，检察队伍普遍存在高、精、尖端法律专业人员匮乏、业务知识不精等问题，知识产权、涉外法治、数字信息等方面人才较少。与行政机关、其他司法机关互派人员交流上力度还不够大，存在"派不出""派不来"的问题。

（二）人员分类管理制度和职业前景方面

当前检察人员分类管理已进入深水区，复杂性增强，难啃的硬骨头多，比如检察官遴选周期较长，从着手启动遴选到入额任命，有时需要半年甚至长达一年左右，导致办案力量无法及时配备。受遴选启动时间、遴选周期等因素影响，有的经组织提任为检察长、副检察长的，因不能及时入额，影响了工作开展和职责履行。在检察官逐级遴选中，还存在上级院的不愿意下去、下级院的不愿意上来的情况。在职级晋升上，检察辅助人员、司法行政人员职级晋升受职数影响较大，心理存在落差。司法警察职责不明晰，还存在被边缘化现象。由于待遇、职业保障跟不上，聘用制书记员队伍存在不稳定因素，人员流失率高。

（三）履职保护机制和职业保障制度还不健全

"不实举报""诬告陷害"等问题仍时有发生，"为检察人员正名""不实举报的澄清"等制度的配套措施需进一步完善。有的考核激励机制不健全、考核指标设置不科学、考核方式"一刀切"，人为造成"内卷""反管理"等现象。有的检察人员工作压力大、负面情绪积累、身心健康受到影响，疏导不及时、方法不多，效果不明显。暖心帮扶政策力度还不够，在解决夫妻两地分居、子女教育、住房保障等方面，还缺乏政策支撑和有力举措。休假制度执行效果不佳，"不敢"休、"不能"休，白加黑、"5+2"工作模式成常态。

（四）人员素能与新时代法律监督需求方面

实践中，还存在对教育培训重视程度不够，有的由于工作任务重导致无法脱岗参加培训，个别还存在培训"专业户"或长期不参训的情况，网络培训更是流于形式。教育培训方式方法单调、措施不多，主要以上级检察机关和各级党委组织部安排的调训以及要求参加的培训为主，培训内容多以理论课程、交流研讨等"满堂灌"的模式，立足"实战"的案例式、"订单式"培训开展少，很难满足检察人员个性化需求和检察事业发展需要。精准施训要求落实不够到位，对一线检察人员需求和问题掌握不全面。教育培训缺乏有效统筹，导致基层院参训人员"工学矛盾"突出。

（五）先进典型选树和表彰奖励运用方面

先进典型培树意识还不强，有的没有建立长期规划或阶段性典型培树计划，不注重平时培养，具有重大社会影响力的检察英模偏少，选树的先进典型往往缺乏代表性，吸引力和感召力不够明显。部分基层院缺乏创先争优意识，习惯拿自己跟自己比多、跳出自身看自身少，工作抓得不实，个别检察院、个别领导干部对上级部署的工作搞变通、打折扣等现象直接影响了检察人员荣誉感和机关的整体风气。

二、当前检察职业保障的探索与努力

贵州检察机关踔厉奋发、砥砺前行，从影响检察人才选育的薄弱环节入手，从制约检察队伍科学管理的制度瓶颈入手，从检察人员急难愁盼的老大难问题入手，积极实践与探索，形成了一批具有贵州检察特色的经验做法，取得了较好成效。

（一）机构编制管理和检察人员选拔制度进一步完善

一是检察机关编制资源得到进一步优化。主动争取省委编办支持，在全省9个市级院全覆盖设立司法工作人员职务犯罪侦查检察部，成为全国率先成立职务犯罪侦查机构的省份之一。在贵州省检察院经济犯罪检察部加挂知识产权检察办公室牌子，更好推动检察机关知识产权综合履职。通过置换使用、人员分流、编制划拨、退休消化等措施，推动15名工勤人员占用政法编制问题得到有效解决。二是结合检察职能完善招录管理制度。积极拓宽选才视野，主动争取省委组织部支持，实施"六个一批"①引才聚才计划。2023年以来，为三级检察院补充各类人才428名，其中硕士研究生68名，经济金融、民商事、行政检察等急需紧缺人才84名，检察人员学历水平大幅提升，专业结构进一步优化。三是健全具有贵州特色的检察人才培养机制。印发执行《关于加强对"一把手"和领导班子监督的若干措施》，定期对下级院领导班子履职、运转情况开展调研。2023年以来，推荐32名干部到党政机关和其他司法机关任职。健全年轻干部选育管用全链条机制，分类别建立472名优秀年轻干部人才库，并在评比表彰、干部选拔、班子配备等方面予以优先考虑。

（二）分类管理制度进一步健全

一是健全完善检察官单独职务序列改革相关配套制度。积极推动落实《检察官单独职务序列规定》，完善检察官遴选制度，探索建立检察官递补机制，推荐11名检察官代表担任第三届省法官检察官遴选委员会委员。严格程序和标准，坚持公平公正。2023年以来，共遴选检察官167名，确定递补人员74名，开展跨地域遴选检察官2人。二是健全完善检察官职业保障配套制度，定期开展检察官等级晋升工作。2023年以来，全省检察机关晋升检察官等级540名，其中四级高级检察官以上等级182名。全面落实司法责任制，抓实检察官员额退出机制，实现有进有退，办理检察官退出员额77人，进一步规范细化员额管理制度，实现员额动态调整和精细管理。三是充分发挥检察辅助人员职责优势。认真落实最高人民检察院《关于进一步加强人民检察院检察官助理管理工作的意见》，优化检察官助理履职管理，拓展检察官助理发展空间，推进检察官助理职业化建设。出台《贵州省检察机关司法警察协助办案暂行规定》，开展司法警察一体化统筹用警模式试点，明确司法警察依法履职具体方式，为服务检察办案和保证办案安全工作提供有力保障。充分发挥检察一体化优势，建立检察技术人才库，统筹加强检察技术资源使用和

---

① 六个一批即定向部分重点高校选调一批、组织特殊招录一批、面向基层公开遴选一批、公务员四级联考招录一批、党政机关优秀干部选调一批、人才博览会引进一批。

管理。四是多渠道拓宽司法行政人员职业发展空间。优先把政治强、业务精、作风好、热爱司法行政事业的干部安排到司法行政岗位，将新入职人员安排到司法行政岗位锻炼，从检察官、检察辅助人员中内部转任28人。加强与组织部门沟通，对政治过硬、表现突出的司法行政人员大胆提拔使用，提拔交流32人到党政机关任职。

（三）履职保护制度进一步增强

一是健全履职保护制度。认真落实《检察官法》《保护司法人员依法履行法定职责的规定》，制定相关履职工作制度，依法维护检察人员合法权益，保障检察人员依法履行职责，把落实好"三个规定"作为保护检察人员履职办案的重要措施。二是建立容错纠错机制。认真贯彻领导干部能上能下实施细则，坚持贯彻"三个区分开来"工作要求，正确把握干部在工作中出现失误错误的性质和影响。贯彻落实《贵州省容错纠错实施办法（试行）》，探索建立符合检察工作规律的容错纠错机制，推动检察人员依法履职保护机制实质化运作，把关心爱护检察人员的各项要求落到实处。三是坚持强基导向切实为基层减负。坚持大抓基层鲜明导向，积极推进基层院"两房"建设，落实项目推进路径和资金解决措施。严格落实关于整治形式主义为基层减负要求，力戒形式主义官僚主义，切实为基层检察人员减负、减压。制定《贵州省检察机关人员借调管理办法（试行）》，对基层检察人员借调人员数、借调时限、审批程序等作出明确规定，确保基层办案力量得到保障。

（四）政治素养和履职本领进一步提升

一是持续深化理论武装。先后举办学习贯彻习近平新时代中国特色社会主义思想主题教育读书班、党的二十大精神等专题研讨班5期，累计轮训检察人员1.3万余人次，实现对检察人员培训全覆盖。二是突出履职能力培训。组织开展业务竞赛、岗位练兵、优秀法律文书评选等活动，以竞赛促提升。积极推进法律职业共同体联合培训，邀请中国人民大学等高校名师为检察人员授课，凝聚法治建设合力。三是加强课程师资建设。连续四年组织开展精品课程评选活动，征集课程291门，评选优秀课程91门，积极向最高检、国家检察官学院、省委组织部选送优质课程，18门课程获采用，以高质量师资建设助推检察培训高质量发展。

（五）职业保障制度进一步强化

一是落实检察人员抚恤优待政策。充分发挥工青妇等群团组织作用，依规开展福利慰问，每年组织检察人员例行体检，对生病住院检察人员开展慰问，与贵州省人民医院建立紧急救治绿色通道，切实保障检察人员身体健康。重视检察人员文娱设施建设，建立职工书屋、茶吧、健身房等，以适应检察人员日益增长的文化生活需要。贵州省检察院举办"假期托管班"，切实解决检察人员后顾之忧。二是做实检察人员心理健康保护。高度重视检察人员心理健康，常态化邀请心理专家作专题辅导，加强心理疏导，培育积极健康的生活情趣。严格执行带薪年休假、调休轮休制度，制订落实检察人员年度休假计划，保障检察人员健康权、休息权、休假权。三是健全职业荣誉制度。大力弘扬新时代检察英模精神，制订先进典型选树培育计划，储备先进典型集体232个、个人711人。定期开展荣誉退休仪式，持续做好"光荣在党50年"纪念章、"从检30年"荣誉章颁发，常态化组织党员重温入党誓词，及时对新入职、任职干部开展谈心谈话，帮助检察人员尽快进入角色，营造崇尚荣誉、争创荣誉浓厚氛围。

三、健全检察职业保障建设的对策和建议

加强检察机关职业保障建设必须深刻把握检察工作内在规律，积极适应"四大检察"法律监督新格局，持续深化检察人员分类管理改革，完善各类人员职业保障体系建设，切实增强检察人员的职业荣誉感和使命感。

（一）分层分类建立检察人才培养发展规划

一是进一步盘优用活政法专项编制。创新推动和规范政法编制管理，探索不同层级之间政法专项编制动态调整机制。积极协调、争取公务员

主管部门加大对检察机关招录工作的关心和支持，在制定有关政策、计划申报、职位设置等方面给予更大力度的支持和倾斜，让空编率始终保持在合理范围。二是打通系统内外干部交流渠道。深入开展调查摸底，建立完善符合岗位特点的人员数据库，在系统内上下交流的同时，加强与其他政法机关、党政其他部门相互交流，充分激发检察队伍活力。三是加强检察人才队伍建设。坚持人才资源是第一资源，加强检察系统人才规划，畅通特殊人才入职通道，进一步加大与高校、科研院所、政府职能部门的对接力度。健全人才工作制度机制，对急需紧缺人才，赋予更多引进、管理自主权，推动人才结构持续优化，人才数量、质量不断提高。着力抓好检察人员的学历教育和业务培训，优化专业和文化结构，着重增强培养高层次复合型人才的力度，努力提高检察人员的业务素质。

（二）健全完善人员分类管理相关政策

一是进一步推动优化并落实好检察官遴选制度。参照部分省份经验做法，推动在省级检察院单独设立检察官遴选委员会。严格落实检察官"考评＋评审"机制，强化检察人员考核结果运用，推动检察官"能进能出"常态化。认真落实最高人民检察院《省以下人民检察院检察官员额动态调整指导意见》《人民检察院检察官员额退出办法》等制度规定，进一步解决员额分配不平衡的问题。二是畅通检察院领导入额程序。优化检察院检察长、副检察长遴选入额程序，明确经组织程序选任的各级院检察长、副检察长，可直接明确其检察官身份，并根据其拟任职务级别直接明确相对应的检察官等级。三是更加关注和注重各类人员统筹发展。进一步细化《关于进一步加强人民检察院检察官助理管理工作的意见》，重视检察官助理队伍建设。加大对司法行政人员关心和培养力度，畅通优秀司法行政人员到党政部门任职渠道，在干部选拔任用时优先考虑有综合部门经历的优秀干部。加强规范化建设，探索从聘用制书记员中择优招录检察官助理。

（三）加大新时代检察人员教育培训力度

一是突出需求导向。始终坚持以围绕中心、服务大局作为干部教育培训出发点和落脚点，按照"缺什么补什么"的原则，开展教育培训需求调研，组织各业务条线深入分析研究，针对各条线检察人员的能力弱项短板及培训需求，认真制订培训方案和教学计划，科学设置专题和课程，明确授课方向。二是坚持精准施训。始终把学习贯彻习近平新时代中国特色社会主义思想作为教育培训首课、主课、必修课，用活用好各地丰富的红色文化资源，持续巩固拓展主题教育成果，进一步加强检察人员党性教育。创新开展领导干部上讲台、检察官教检察官、法律职业共同体培训，持续深化"教、学、练、战"一体化机制，在实战中提升检察人员素质能力。三是丰富教学资源。开发一批精品理论课程和案例课程，加大检察师资队伍选拔培养力度，主动邀请法学名师进检察，促进检察实践与法学教育良性互动，让检察人员享受高质量教育培训，不断提升政治素养和能力水平。

（四）健全符合检察职业特点的履职保护制度

一是积极稳妥提升履职保护制度执行水平。完善检察人员履职法定职责保护机制、检察人员控告申诉制度，健全检察人员受到侵害救助保障和不实举报及时澄清机制，建立维护检察人员司法权威工作的法律法规培训和执法规范化培训制度。结合检察机关职责和特点，建立容错纠错清单，规范错案追究程序和依法免予问责条件，为想干事的人鼓足干事"底气"。二是建立完善政法机关的信息互通机制。推动检察院、法院、公安和信访等部门建立健全内部通报、信息共享机制，加强工作协调配合，统筹推进履职保护工作。三是探索开展检察人员高质效履职考评。积极适应和跟上新时代数字检察战略发展要求，加大数字检察在队伍管理上的创新应用，建立健全全覆盖检察队伍选、训、管、用全流程的"智慧检察政工"系统，不断提升检察队伍管理的科学化水平，激励广大检察人员求真务实、担当实干。

（五）优化符合检察人员职业特点保障制度

一是积极稳妥提升检察人员心理健康服务水平。将检察人员心理健康服务工作作为暖警爱警惠警工程的重要内容，将心理健康与"谈心谈话""政治家访""优抚慰问"等各项工作有机结合。探索完善检察人员人身意外伤害保障救济，优化检察人员年度健康体检项目，积极预防具有职业特点的身心疾病。二是不断加大暖心帮扶政策执行力度。积极争取各级党委政府对检察工作的重视和支持，在解决夫妻两地分居、子女教育、住房保障等方面给予充分保障，尽最大力度解决后顾之忧，进一步激发检察队伍干事创业热情。三是不断强化检察人员职责使命意识。定期开展表彰奖励活动，激励广大检察人员立足本职、创先争优、岗位建功，以开拓进取、团结奋斗汇聚成的强大合力推动新时代新征程检察工作高质量发展。

第七部分

纪律作风建设

锻造忠诚干净担当的新时代陕西检察铁军

徐 彤[*]

党的二十届三中全会为中国式现代化擘画了宏伟蓝图,也为全面深化改革、推进中国式现代化指明了总方向、明晰了总路径。面对新时代新形势新任务,检察机关必须持续学深悟透习近平新时代中国特色社会主义思想的精神要义和实践精髓,充分运用其中所蕴含的马克思主义世界观、方法论,全面指导推动检察政治工作高质量发展,锻造堪当时代重任的陕西检察干部队伍,将贯彻落实习近平法治思想和习近平总书记历次来陕考察重要讲话和重要指示精神,转化为指导检察实践、推动检察工作高质量发展的强大力量。

一、深刻把握中国式现代化的本质特征,确保检察队伍对党绝对忠诚

中国式现代化最鲜明的本质是坚持中国共产党的领导,中央专门组织开展学习贯彻习近平新时代中国特色社会主义思想轮训,就是要求我们始终以习近平新时代中国特色社会主义思想为指导,牢牢把握中国式现代化的本质要求,在学思践悟中筑牢检察机关对党绝对忠诚的思想根基,把党对检察工作的绝对领导铸魂入心。

(一)深学思想强化政治建设铸牢政治忠诚

中国共产党历来重视学习思想、善于学习党的创新理论,党领导中国革命、建设和改革的历史就是一部创造性学习的历史。在每一个重大

---

[*] 徐彤,陕西省人民检察院党组成员、政治部主任。

历史转折时期，党总是坚定不移带领广大党员学习思想、学习党的创新理论。伴随着每一次学习热潮，我们党就更加团结一致，政治建设根基就更加牢固，党和人民的事业就能实现更大的发展进步。进入新时代，我们党开展学习贯彻习近平新时代中国特色社会主义思想主题教育，持续强化检察机关政治建设筑牢对党忠诚的思想根基。在对标对表习近平总书记历次来陕考察重要讲话和重要指示精神中把准政治方向，完整准确全面领会党委和上级院的决策部署要求，对"国之大者""党之大计""省之要情"心中有数。严格落实"第一议题"机制，认真贯彻民主集中制、请示报告制度等组织制度。坚持从政治上想问题、办事情、干工作，深刻把握其政治意义、政治考量、政治要求，深刻认识到发展问题背后都是政治问题，要自觉做到观察分析形势把握政治因素，筹划推动工作落实政治要求。

（二）深学思想强化理论武装锻炼政治忠诚

持续用习近平新时代中国特色社会主义思想强化理论武装凝心铸魂，巩固拓展主题教育成果，关键是健全落实以学铸魂、以学增智、以学正风、以学促干的长效机制，推动党的创新理论武装走深走实。着力拓展检察人员"学思用贯通"的成效，突出习近平新时代中国特色社会主义思想在党员、干部教育培训中的"第一课"地位。围绕"为什么学""学什么""怎么学"创新思路、升级内容、迭代举措，推动党员干部学深悟透习近平新时代中国特色社会主义思想，真正把看家本领、兴党本领、强国本领学到手。突出抓好理想信念教育，永葆检察姓党的根和魂，敢于斗争、善于斗争，切实维护国家意识形态安全，坚决防范西方所谓"宪政""三权鼎立""司法独立"等错误思潮，在坚定拥护"两个确立"、坚决做到"两个维护"的过程中，砥砺对党忠诚的政治品行。

（三）深学思想强化履职尽责检验政治忠诚

学习贯彻习近平新时代中国特色社会主义思想，做到对党的绝对忠诚，最终是体现在工作中、落实到行动上，必须用扎扎实实的工作成效来检验，把党的领导贯彻到政治、思想、组织等各方面，落实到决策、执行、监督等各环节。具体讲就是把中央、省委的部署、最高检的要求，统筹细化分解到具体的检察工作中，切实把党的意志转化为检察实践、检察行动、检察履职。持续深化"检护民生"等专项行动，高质效办好每一个案件，切实解决人民群众急难愁盼问题，注重解决人民群众最关切的公共安全、权益保障、公平正义等问题。牢固树立和践行正确政绩观，不断提升人民群众司法获得感和安全感满意度，让人民群众真切感受到公平正义。

二、锻造堪当时代重任的陕西检察干部队伍

认真落实最高人民检察院《关于加强新时代检察队伍建设的意见》，加强专业能力培养，突出实战、实用、实效导向，努力打造堪当时代重任的新时代检察铁军，以更加忠诚的检察履职践行习近平新时代中国特色社会主义思想，奋力谱写以习近平法治思想的检察实践服务中国式现代化建设的陕西新篇章。

（一）建强优化陕西检察队伍结构

优化领导班子结构。以领导班子建设为重点，开展各级院班子年龄、专业和学历结构分析，推动落实2027年前市级院配备40岁左右、县级院配备35岁左右班子成员要求。补齐补强人才资源。加强专业素能建设，及时掌握未来五年全省检察队伍退休人数、岗位分布、人员类别、专业结构等情况，拟制按需招录、遴选和转任检察人员计划，精准补充专业人才，推进解决人才地区差异大和艰苦边远地区人才难招难留问题。规范检察官管理。完善检察官遴选制度，调整检察官遴选面试程序，优化入额遴选候补机制。严格落实《陕西省检察机关检察人员考核操作指引》，强化检察官优胜劣汰、有进有出、动态管理。加大干部培养。健全全链条接续培养锻炼机制，加大优秀年轻干部培养使用，有针对性地开展多岗位、多层级交流任职。

（二）系统提升高质效履职素能

把学习贯彻落实二十届三中全会精神作为当前和今后一个时期的首要政治任务，作为干部入职、晋升培训以及检察业务培训的第一课、必修课、政治课，教育引导检察人员深刻认识坚持党的全面领导蕴含的理论逻辑、历史逻辑、实践逻辑。认真落实《全国检察教育培训规划（2023—2027）》，科学制订年度教育培训计划，切实把专业化建设摆在更加突出位置。加强教育培训系统性、针对性、实效性，加大力度破除传统培训模式的思维定式，统筹抓好教育培训，规范做实业务条线竞赛，着力培养检察干部担当之能。强化实战导向，坚持因需施教。针对民事检察"不专、不会"、行政检察"不敢、不力"、公益诉讼"不精"、检察侦查"不强"等，进行强化性培训练兵，全面提升检察人员的综合履职素能。

（三）抓建符合司法规律的考评机制

根据最高人民检察院、省委的最新部署，加强对"三个结构比"的深入研究探索，深入落实高质效办案价值理念。修订完善省院目标责任考核指标、市级院检察人员评估和基层院建设分析评价等机制，并认真听取市县检察机关的意见建议，科学设置数据指标值，既克服"数据冲动"，又严防"数据躺平"，让业务数据指标值更加科学地反映司法运行规律。进一步坚决破除"唯数据论"的错误认识，积极引导检察机关和检察人员正确履行检察职责，促进办案公平正义。

（四）打实基层基础建设根基

在制度层面紧跟检察工作要求，深化落实最高人民检察院《关于加强新时代基层检察院建设的意见》，及时修订充实省院措施，完善省院领导联系包抓基层院制度机制。巩固拓展运用"脱薄争先"过程中所形成的制度机制，定期组织召开基层院建设经验交流会。通过检察品牌创建、基层院建设系列专题擂台赛等，对省市院重点立项的品牌，加强跟踪指导，加大宣传推送，适时评比通报，通过打造富有陕西特色的检察品牌引领基层院建设高质量发展。

（五）加强检察人员履职激励保护

持续完善检察人员职业保障建设，健全完善检察人员身心健康保护机制，消除检察人员履职尽责的后顾之忧。弘扬英模精神，培树宣传身边的先进典型，积极发扬表彰奖励作用，唱响社会正能量主旋律。准确把握和落实"三个区分开来"，完善检察人员依法履职不实举报澄清和容错免责机制，不断加强对勇担当、善作为检察人员的激励保护，始终做到政治上激励、工作上鼓励、待遇上保障、人文上关怀。

三、坚决把党的伟大自我革命精神在陕西检察机关贯彻到底

习近平总书记指出，"全党同志要永葆自我革命精神"。时刻保持解决大党独有难题的清醒和坚定，把党的伟大自我革命进行到底。反腐败是最彻底的自我革命，检察机关是反腐败的重要职能部门，既要自觉融入国家反腐体系建设，也要遵守党的自我革命制度规范，坚持用改革精神和严的标准，深化党的建设制度改革、深入推进党风廉政建设和反腐败斗争，以自身净促进自身硬，不断提高进一步全面深化改革、推进中国式现代化的领导能力和水平。

（一）扎实推进机关党的建设

根据省委、最高检的最新安排，适时修订完善《贯彻落实〈党委（党组）落实全面从严治党主体责任规定〉工作方案》，结合陕西省检察院党组工作，细化充实责任清单，压紧压实各基层党组织的主体责任，推动全面从严治党向深向细发展。高质效落实《关于加强对省检察院"一把手"和班子成员监督的工作方案》及48项具体任务，推动党组班子成员之间的监督务实见效。强化落实《关于加强机关纪委建设的责任清单》，压实机关纪委政治职责，完善有关制度机制，坚决支持配合纪检监察机关监督执纪。积极开展常态化的警示教育，助推机关纪律作风持续向好。引导检察人员做到"三个善于"，纵深推进政治与业务深度融

合。建设生动活泼的机关党组织生活，不断丰富党员干部党日活动，助推模范机关创建。

（二）严格落实党的自我革命制度规范

巩固深化党纪学习教育成果，建立经常性和集中性相结合的纪律教育机制，刚性落实新修订的《中国共产党纪律处分条例》，让学纪、知纪、明纪、守纪成为检察人员履职尽责的政治标尺。持续深化省委政法委巩固政法队伍教育整顿成果意见的落实、扎实推进干部教育整顿，深挖整治顽瘴痼疾，筑牢"三不腐"体系建设根基。按照省委的部署，继续深化推进"三个年"活动，巩固推广活动成果，促推干部作风能力素能全面提升。认真落实全国检察机关党风廉政建设会议精神，严格执行政法工作条例和陕西省实施细则，坚决落实重大事项请示报告等制度规定。积极配合省委开展巡视巡察，围绕省院党组部署，开展专题政治巡察。严格落实"三个规定"，定期通报填报情况，督促落实责任。

（三）聚力推进反腐败斗争再上新高度

检察机关要自觉融入党和国家监督体系，提高职务犯罪案件办理效能。要依法履职，协同纪委监委合力整治金融、国企、能源、医药等权力集中、资金密集、资源丰富领域的腐败。积极研究规范新型职务犯罪认定标准，有效防治新型腐败和隐性腐败。落实受贿行贿一起查，加大行贿犯罪惩治力度，完善联合惩戒机制，促进源头治理"围猎"行为。对行政机关渎职行为损害国家利益、社会公共利益，检察机关要从履行行政诉讼监督职责切入，加强对违法行使职权或不行使职权的监督。严惩司法腐败、维护司法公正。按照加大力度、务必搞准、稳步推进的基本要求，规范检察机关直接侦查案件立案追诉标准，加大对司法工作人员职务犯罪的查处和治理力度。

（四）全面深化检察机关自身改革

检察机关要坚决做深化检察改革、推进检察工作高质量发展的促进派、实干家，围绕高质效办好每一个案件的司法理念，推动检察改革和发展，进而强化法律监督质效。进一步细化检察人员权责清单，规范检察官惩戒制度机制，切实做到权责一致。完善重大监督事项办案程序和检察意见、检察建议制度，推动法律监督规范化。坚持问题导向、统筹兼顾、整体推进，以改革办法破解基层基础建设中的编制管理、案多人少、基础保障不足等难题急事。检察机关自身务必发扬改革精神，用更强的政治主动、战略主动、历史主动积极参与融入推动中国特色社会主义法治体系建设大格局，找准强化法律监督的着力点和突破口，持续提升法律监督理念、体系、能力、机制水平，助推国家治理体系和治理能力现代化建设。始终坚定走中国特色社会主义法治道路，弘扬社会主义法治精神，既要促进法治领域改革任务在陕西落地落实，又要切实抓好涉检改革任务巩固深化，为全面依法治国贡献更大的检察力量。

坚持用改革精神和严的标准管检治检
以过硬队伍服务中国式现代化检察实践

李建功[*]

加强检察队伍建设，既是检察工作的重要组成部分，也是实现检察工作高质量发展的必然要求，事关检察事业长远发展。新时代检察队伍建设的主要矛盾发生根本性转变，适应形势任务变化，加强检察队伍建设，必须坚持用改革精神和严的标准管检治理，强化系统思维、问题导向，深入贯彻落实最高人民检察院《关于加强新时代检察队伍建设的意见》，突出政治建设、班子建设、作风建设，守正创新，着力锻造忠诚干净担当的高素质专业化检察队伍，为检察工作高质量发展提供坚强保障。

一、坚持以政治建设为统领，引领检察队伍行稳致远

检察机关是党绝对领导下的政治机关、法律监督机关和司法机关，旗帜鲜明讲政治是第一位的要求，政治能力是检察队伍第一位的能力。队伍建设中必须牢牢把握这一定位要求，坚持党的绝对领导，在加强政治建设上下功夫、求实效，筑牢坚定拥护"两个确立"、坚决做到"两个维护"的鲜明政治底色。

（一）强化理论武装，筑牢忠诚根基

队伍建设要更加突出思想建设、理论武装，始终把学习贯彻习近平新时代中国特色社会主义思想作为首要政治任务，在学思践悟中坚定正确政治方向。一是党组带头、以上率下。领导干部在理论学习上要先行

---

[*] 李建功，甘肃省人民检察院党组成员、政治部主任。

一步，坚持读原著、学原文、悟原理，深刻把握核心要义、精神实质、丰富内涵、实践要求，带头参加专题学习、参与专题研讨、开展理论宣讲，切实发挥好示范引领作用，带动党员干部全面系统学、联系实际学、及时跟进学。二是突出重点、精准施训。坚持以政治能力提升为重点，以部门负责人等中层以上领导干部为关键，覆盖全体党员干部，深入开展党的二十大和二十届三中全会精神集中轮训，常态化开展党史、新中国史、改革开放史、社会主义发展史、检察史学习教育，深化思想淬炼。三是抓在经常、融入日常。认真落实"第一议题""三会一课"等制度，扎实开展"铸忠诚警魂"活动，举办政治轮训、干部讲堂、专题读书班等，把理论学习、推动发展贯穿始终，做到学思用贯通、知信行统一。

（二）提升政治站位，增强服务实效

政治建设不是空喊口号的抽象，而是服务发展的具象。服务党和国家工作大局，是检察机关的政治使命，要坚持立足检察职能，做实为大局服务、为人民司法、为法治担当。一是突出服务中国式现代化具体实践。甘肃省检察院党组紧盯全省"一核三带"区域发展格局，部署推进"七个更有力"和"检护民生"等专项行动，各级检察机关在平安甘肃建设、法治甘肃建设、领导班子和党建工作考核中连续被评为"优秀"和"好"等次，得到地方党委、政府一致肯定。二是深耕主责主业，依法履行监督职责。法律监督是宪法赋予检察机关的法定职责，是公正司法的重要保障，是检察工作永恒的主题，是检察机关的立身之本。履行好法律监督职责，必须全力提升检察人员高质效办好每一个案件的能力，从法治上坚定拥护"两个确立"、坚决做到"两个维护"。三是进一步严明政治纪律和政治规矩。政治纪律和政治规矩事关方向，必须不断严明、贯彻到位。要严格落实民主集中制和领导干部双重组织生活制度，开展经常性政治体检，校准方向、纠正偏差。健全政治素质考察机制，建立重要行为纪实制度，落实队伍状况定期分析制度，努力营造风清气正、干事创业的良好氛围。

（三）推进文化润检，凝聚履职合力

检察文化是法治文化的重要组成部分，对传承和弘扬法治精神，增强检察队伍履职合力，营造积极向上、公正高效的办案环境具有重要作用。具体实践中，甘肃省检察院坚持以需求为导向、品牌为引领，探索检察文化建设的新模式。一是积极开展新时代检察精神培育活动。统筹开展青年干部座谈会、读书分享会、组织文艺文体等交流共建活动，落实宪法宣誓制度，常态化颁发检察荣誉章，举办文化润检活动，丰富检察人员文化生活，不断增强检察队伍凝聚力、向心力。二是加强检察文化品牌创建。加大文明单位创建力度，组织开展文化品牌培育选树活动，统筹推进"一院一品""一院多品"文化品牌培育，打造更多具有检察特色、地域特色、文化特色的文化品牌，不断增强检察人员精神认同和文化自觉。三是用足用好检察文化阵地。鼓励各级院充分利用检察文化长廊、院史室、党建活动室、警示教育基地、检察荣誉室、职工书屋等载体资源，积极开展检察人员喜闻乐见的文化活动，培植精神家园，增强集体荣誉感和文化归属感。

二、坚持以班子建设为重点，打造带动检察工作高质量发展的"头雁矩阵"

领导班子建设是检察队伍建设的重中之重，"领头雁"首先要带好建强。目前检察机关党组副书记配备不到位、领导班子长期任职交流不到位、检察干部培养历练欠缺等问题仍然突出。甘肃省检察院党组须扛牢管理责任，在班子建设上靠前工作、创新探索，加强分析研判、跟进主动协管、精准科学选配，发挥示范引领作用，推动领导班子建设提质增效。

（一）多向发力提升领导班子政治能力

政治能力是领导班子的第一能力，必须抓紧抓实、全面提升。一是考察识别坚持政治标准。通过干部调研、述职考核、谈心谈话等方式，深化日常了解和重点了解，关注重大疑难复杂案件办理、重要工作领题攻坚，以具体事例知事察人，掌握政治表现、政治忠诚、政治定力、政治担当和政治能力。二是考核评价首看政治素质。把贯彻落实习近平总书记重要讲话和重要指示精神以及上级决策部署情况作为考察必谈内容，把政治素质考察作为必经环节，完善考察指标，让政治素质可见可察。三是监督管理注重政治导向。聚焦坚定拥护"两个确立"、坚决做到"两个维护"，巩固深化检察队伍教育整顿成果，引导党员干部经常接受政治体检，打扫政治灰尘，提高政治免疫力。

（二）加强协管提高领导班子建设质效

强化与地方党委及组织部门的沟通联系，紧密配合、一体高效推进班子建设。一是严格落实管理规定。按照干部双重管理规定，建立同步汇报机制，检察长带头出面协调，积极向同级党委和上级院党组汇报情况，协同落实领导班子建设规划。二是深入研究谋划推动。按照最高检指导意见，围绕结构优化、整体提升，紧盯阅历培养问题，专题部署推进，选优配强关键少数。换届后甘肃配备调整市级院领导班子和基层院检察长97人，推动三级院党组副书记均按同级党政正职配备，配备率69%以上。三是完善机制提高效率。进一步密切与党委组织部门常态化联系，协调优化管理程序，出台配套规定，明确协管具体职责，细化主协管单位推荐提名、沟通交流具体工作，有效缩短干部配备周期，市县院领导班子配备周期平均压缩到1—2月。

（三）精准选配优化改进领导班子结构

关键少数强，头雁作用发挥好，队伍整体才能强。具体实践中做到这一点，必须把班子选优作为重中之重。一是突出实干导向。坚持以实绩论英雄、凭实绩用干部，以鲜明导向提振干事创业精气神。深挖检察实践中勇于担当具体事例，着力选用经受扎实历练、工作实绩突出的干部，重用选配省院领导成员4名，调整交流市级院检察长2名、提拔任用3名。二是突出考察把关。积极参与下级院班子成员动议提名、推荐考察，深入相关单位谈话了解，详细审查干部人事档案，征求党风廉政意见，落实任职回避规定，对拟任人选的任职资格认真把关，提高选任标准要求。三是突出整体优化。把握年龄、学习、工作经历，拓宽视野，推动老中青梯次配备。任用市级院班子成员和基层院检察长 64 名，其中 45 岁以下 15 名、研究生学历 16 名、具有系统外经历 39 名。全省市县院领导班子平均年龄 49 岁，降低 2 岁；大学本科以上学历 568 名，占比 98%；硕士研究生以上学历 57 名，占比 10%。

（四）内外交流聚力增强领导班子活力

推动检察干部交流，是公正廉洁司法和高质效办好每一个案件的现实要求。全省检察机关一体落实干部管理规定，推动广泛交流。一是常态化统筹推进。围绕班子长远发展和事业需要，按照革命化、正规化、专业化、职业化建设的方向，考虑下一步换届需要，推动调整交流市级院班子成员和基层院检察长 97 名。二是系统内外多向发力。强化干部资源配置，打通交流壁垒，推荐 13 名班子成员到系统外任职；根据结构搭配需要，对长期任职的 44 名班子成员进行配置性调整，对经历单一的、有发展潜力的 6 名班子成员进行培养性调整，系统内多岗位锻炼；加大优秀干部选用力度，提拔新任 16 名。三是拓宽外向来源渠道。进一步树立重视实践的导向，不拘一格，积极从党政机关中选用优秀班子成员 18 名。四是强化"量身定制"双向挂职锻炼，安排 4 名市县院班子成员到省院挂职、省院 4 名优秀年轻干部到基层院锻炼，推动"复合型"成长。通过内外双向交流，完善干部来源结构，实现搭配合理、优势互补，促进领导班子素质能力整体提升。

三、坚持以纪律作风建设为保障，确保检察队伍生态风清气正

没有全面从严治检的革命性锻造，就不会有堪当时代重任的检察铁军。甘肃省检察院以巩固深化党纪学习教育成果为契机，全面查找作风建设方面存在的突出问题，统筹抓好队伍管理监督，教育引导广大检察人员自觉做到求真务实、担当实干。

（一）持续加强纪律建设，强化遵规守纪自觉

检察机关是党绝对领导下的政治机关、司法机关，必须时刻把纪律规矩挺在前面。要巩固深化党纪学习教育成果，将党章党规党纪内容作为检察各类培训的必修内容，举办集中轮训，邀请专家学者专题辅导，认真学习习近平总书记关于党的自我革命的重要思想、关于全面加强党的纪律建设的重要论述，组织检察人员紧密联系思想和工作实际交流研讨，推动原原本本学、逐章逐条学、联系实际学、以案说纪学、分类培训学，准确把握"六大纪律"的主旨要义和实践要求，做到学深悟透、铭记在心、践行到位，以学纪知纪明纪促进遵纪守纪执纪。

（二）强化教育管理监督，推动履职担当作为

对标纪律规矩要求，坚持严管就是厚爱，把从严管理落实到队伍建设全过程。一是加强日常监督。开展谈心谈话、廉政家访、家属座谈，了解掌握干部思想动态、作风状况，精准运用"四种形态"，常态化提醒、函询、诫勉，加强经常性纪律教育，强化"八小时"以外管理，让心存敬畏、手握戒尺真正成为日常自觉，营造崇廉拒腐良好风尚。二是加强重点监督。紧盯履职关键岗位、重点环节管理监督，推进党纪检纪深度融合，狠抓防止干预司法"三个规定"落实，坚持有问必录、应报尽报，推动"一把手"、领导班子成员和部门负责人带头律己明责、严负其责，全面强化"两个责任"，对新入职干部、新任职领导干部开展廉政谈话。三是加强协同监督。健全"党务业务事务"同步监督机制，完善信息共享、通报反馈、受理移送等沟通协查机制，规范台账管理，加强协同联动，加大违纪违法查处力度，形成震慑。四是加强警示教育。通过组织观看警示教育片、旁听庭审、举办廉政课堂等方式，充分运用典型案例和身边人、身边事开展警示教育，深化以案为鉴、以案促改、以案促治。

（三）驰而不息纠治"四风"，持之以恒减负释压

聚焦形式主义、官僚主义问题开展全面检视、靶向治疗，深化纠治

"四风"和司法不正之风。一是重点严查整治。严查贯彻党中央决策部署不上心不用力、空喊口号、只表态不落实等问题，严查对政策措施片面理解、机械执行、简单化、"一刀切"等问题，严查不担当不作为，特别是敷衍塞责、出工不出力等问题，重点整治党员干部精神不振、懒政怠政庸政、责任下甩不作为、随意决策乱作为等问题。二是深入开展"节约型机关"建设。树牢习惯过紧日子思想，严格预算管理执行，强化制度约束，严控信息化建设、维修改造项目，大力压减一般性支出，厉行勤俭节约。坚决支持配合纪检监察机关开展违规吃喝等专项整治，认真开展自查自纠，培树务实之风、清廉之风、俭朴之风。三是持续纠治"指尖上的形式主义"。进一步精简文件、压缩会议，下大决心取消一切不必要、不适当、不合理考核，整改检查调研扎堆、工作过度留痕等问题，切实减负释压。

四、坚持以创新实践为突破，带动检察队伍建设整体发展

创新是引领发展的第一动力。推进新时代检察队伍建设，必须把创新作为检察队伍建设的动力所在、破解难题的必然选择，紧跟时代步伐，顺应实践发展，突出问题导向，突破思维定式、工作惯性、路径依赖，坚持守正创新，大胆改革实践，引领带动检察队伍建设整体提升。

（一）深入开展调查研究，系统研究谋划部署

甘肃省检察院紧盯当前检察队伍建设主要矛盾变化，首先找定位明方向、抓调研明思路。一是调研破题开局。着眼检察工作全局，围绕队伍司法理念、履职能力、职业素养等方面的问题情况，先后多次派出调研组，调研梳理队伍建设难点堵点问题60余项，把握个性共性，从班子建设、机构设置、编制管理等方面着手，提出针对性改进措施。二是定位思路目标。根据习近平总书记在甘肃考察时提出的"四个褒奖重用""三个警醒惩戒"重要指示，在总结队伍建设"5+1"标准要求的基础上，立足业务体量小、队伍规模小的实际，明确甘肃检察队伍在依法履职、争先进位基础上，深化改革创新，走特色发展之路的工作思路，

研究提出努力"进入全国第一方阵"奋斗目标，确定狠抓思想政治、领导班子、专业素能、纪律作风、基层基础"五个狠抓"的工作方式。三是细化部署推进。研究制定队伍建设具体措施，融入全省检察工作高质量发展实践方案和进入"全国第一方阵"工作方案，召开会议专题部署推进，确保队伍建设与检察事业协调推进、共同发展。

（二）全力促进改革创新，不断增强发展动能

立足检察队伍主要矛盾变化，站位全局思变求变。一是对标推进。对照最高检改革部署，深入推进新一轮检察改革，梳理建立22项任务清单，建立领导干部带头办案正、负面清单制度，修订检察官办案权责清单，完善检察官遴选入额和递补退出机制，健全监督制约、考核评价、错案责任追究制度，让检察官肩头有压力、办案高质效。二是优化管理。把管理方式从过于注重数据管理调整到更加注重业务管理、案件管理、质量管理上来，把数据宏观分析功能与微观案件评查紧密结合起来，不断提高检察管理水平，引导广大检察官树立正确政绩观、遵循司法规律，真正做到严格依法办案、公正司法。三是重点落实。谋划推进矿区分院改革和检察侦查改革，优化布局，理顺体制，盘活资源。深入开展"忠诚铸魂、青蓝人才、素能提升、文化润检、固本强基、纪律作风锤炼"六大工程和"实践课题带动工作创新"活动。以甘南、临夏少数民族自治州薄弱院为重点，制订专项帮扶方案，加强精准帮扶，激发内生动力。

（三）加强人才强检建设，筑牢队伍发展根基

甘肃地理区位独特，人才发展基础薄弱，省院党组深入研究推进人才强检建设，知不足而后进，扬优势而争先。聚焦人才队伍源头储备，实施精准引才计划。通过严格标准条件精选招录、紧盯发展需要重点引进、完善制度机制合力聚才，建立各类人才库，分类管理、动态调整、科学调用，汇聚内外力量。聚焦人才队伍整体提升，实施系统育才计划。强化政治引领，创新培训方式，加强岗位实践锻炼，补齐专业能力短板弱项，提升法律监督能力。聚焦人才队伍赋能高质量发展，实施持续优

才计划。深化上下联动共建，打造专业办案团队，广泛开展交流锻炼，推动人才集聚发展，建强人才队伍。聚焦人才队伍管理优质高效，实施严格管才计划。健全分级分类管理体系，明晰业务专家、业务标兵、业务骨干三个层次，优化人才评选，加强管理监督。聚焦人才队伍才尽其用，实施科学用才计划。积极搭建履职担当平台阵地，发挥检察人才在办理大要案、专项行动、培养传帮带等方面的作用，强化考核激励，激发人才活力，增强使用效能。

理念破冰　素能破题　作风破局
努力锻造堪当时代重任的高素质检察队伍

新检政[*]

建设高素质干部队伍，事关党和国家事业兴旺发达、长治久安。新疆检察机关坚持把习近平总书记关于党的建设的重要思想和关于政法队伍建设的重要论述，作为加强新时代检察队伍建设的根本遵循，把检察队伍建设作为基础性、战略性工程，摆在突出位置，坚持系统思维、问题导向，以理念更新破冰、素能提升破题、作风转变破局，着力推动队伍干事创业的精气神提振，依法履职的能力素质提升，务本求实的工作作风好转，为中国式现代化新疆检察实践提供有力支撑和坚强保障。

一、坚持理念更新破冰，不断激发检察队伍建设新活力

习近平总书记强调"理念是行动的先导，一定的发展实践都是由一定的发展理念来引领的"。建设高素质检察队伍，要积极适应检察工作高质量发展需要，进一步解放思想、更新观念。

（一）用科学理论武装凝心聚魂

方向决定道路、方向决定事业。科学理论指引，积极巩固拓展学习贯彻习近平新时代中国特色社会主义思想主题教育成果，抓紧抓实习近平新时代中国特色社会主义思想学习培训，全覆盖开展党的二十大、二十届二中全会、二十届三中全会精神学习培训，高质量组织开展习近平法治思想专题培训，积极引导检察人员树立坚定拥护"两个确立"、坚

---

[*] 新疆维吾尔自治区人民检察院政治部简称。

决做到"两个维护"的政治自觉，转化为检察工作聚焦高质量发展的生动实践。与时俱进明方向，全区三级院上下联动开展大调研活动，区院机关带头，既注重"调"，切实掌握检察工作实情，又注重"研"，形成理论研究课题，并借全疆检察工作会议和分州市院检察长研讨班，明确"务本、求实、提质、增效"工作目标和"一个统领、五个始终、八个坚持不懈"工作思路，确立新疆检察今后一段时间的工作思路、目标和重点举措。顶层设计定位，成立工作专班，通过谈话调研、实地调研、系统分析等，形成关于全区检察机关领导班子和干部队伍建设、检察官队伍建设2个总报告和7个分报告，为队伍建设打下坚实基础。深入贯彻中共中央办公厅《全国党政领导班子建设规划纲要（2024—2028年）》和最高人民检察院《关于加强新时代检察队伍建设的意见》，印发工作任务分解方案，对近3—5年检察队伍建设作出具体部署，着力提升检察队伍建设整体质效。

（二）用政治统领引领理念变革

理念不对头、行动寸难行。强化政治机关意识，"检察姓党"是检察机关永远不变的根和魂。始终强化"检察工作是政治性极强的业务工作，也是业务性极强的政治工作"理念，把党的绝对领导贯彻到检察工作和队伍建设全过程、各方面，健全完善贯彻落实党中央决策部署和习近平总书记重要指示批示精神工作机制，严格落实《中国共产党政法工作条例》和重大事项请示报告制度，全面落实"第一议题"制度。严格执行并健全完善习近平总书记重要讲话和重要指示精神闭环落实机制，做到全面准确、及时有效贯彻落实。深化新时期检察履职理念，坚决落实检察机关要"自觉为大局服务、为人民司法、为法治担当"的时代要求，坚持"从政治上着眼、在法治上着力"，全面阐析因时因势的履职方略，坚持依法一体履职、综合履职，做到善于从纷繁复杂的法律事实中准确把握实质法律关系，善于从具体法律条文中深刻领悟法治精神，善于在法理情的有机统一中实现公平正义。践行新时代法律监督新理念，牢牢把握"高质效办好每一个案件"这个新时代新征程检察履职办案的基本价值追求，强化"敢于监督、善于监督、勇于自我监督""防止就事论事、就案办案""就法律谈法律、就检察谈检察"等监督办案理念，不断破除一些简单机械陈旧的惯性思维，调动广大检察人员的工作积极性和主动性。

（三）用"头拱地"精神发挥协管职能

"双重管理"之后，赋予了检察机关协管职责。主动靠前协管，树立"协管不是'你先管我后管、你多管我少管、你主管我配合，甚至你不提议我不敢管'的关系，越是协助，越要积极主动，越是考验我们的智慧"的认识，主动向前一步，与组织部门构建起良性互动关系，踩准干部选配"步点"，参谋到关键处、合适时、重要人。建立健全日常协管和跟进指导机制，定期对下深度调研，能动跟进做好市县两级检察院领导班子协管工作。建立统管新格局，大力推进《自治区以下地方法院、检察院领导人员统一管理办法》落地。三级院党组上下联动，形成"主要领导亲自抓、自上而下部署、层层接续推进"的整体工作格局。建立三级院领导班子成员信息库，绘制分管日常工作的副检察长配备"攻坚图""时间表"，"一院一策"有序推动分州市院、基层院常务副职常态化配备。系统谋划新篇章，着眼换届，把准重要时间节点，拓宽选人用人视野，建立分州市院班子成员库、优秀年轻干部库、少数民族干部库、女干部库、优秀年轻干部库，做好领导班子后备力量储备。注重做优年轻干部培养使用平台，健全优秀年轻干部选育管用环环相扣又统筹推进的全链条机制。畅通干部来源渠道，实施实践锻炼一批、加快培养一批、交流任职一批、外部引进一批、跟踪关注一批"五个一批"源泉工程。

二、坚持素能提升破题，不断增添高质效履职新动能

习近平总书记指出，"法治人才培养上不去，法治领域不能人才辈出，全面依法治国就不可能做好"。建设高素质检察队伍，必须把提升能力素质作为当务之急、重中之重。

（一）精准强化队伍素能提升

对标习近平总书记强调的"七种能力""八项本领"，着重强化检察人员"国之大者"的全局思维能力、"技高一筹"的专业能力、与时俱进的学习能力、"案结事了"的释法说理能力和"能写能说"的综合协调能力。统筹教育培训全覆盖，制定《新疆检察教育培训规划（2023—2027年）》落实，全面实施检察人员全覆盖专业化能力提升计划，完善检察人员分类分级培训制度体系。充分发挥好新疆检察官学院培训主阵地作用，改"大水漫灌"为"精准滴灌""小班教学"，适度提升培训班次。统筹抓好分州市院领导班子成员、基层院正职和优秀年轻干部、少数民族干部、女干部培训。强化精准培训下实劲，跟进落实"知识大学习、岗位大练兵、业务大竞赛、宣传大比武"活动，与中国人民大学合作开办"新疆检察大讲堂"，开设"刑检小讲堂""政工小讲堂""指尖课堂""法考培训班"等。按照"干什么学什么、缺什么补什么"原则，落实"每日一小时"业务学习制度。注重岗位练兵见真功。坚持实战实用实效导向，把岗位当练兵场，把办案当磨刀石，谋划开展"大学习、大培训、大研讨""一一竞赛、两两结对、百庭观摩""转作风、正检风、树新风"等一系列能力提升活动。优化各条线检察业务竞赛，广泛开展技能比武、辩论赛、庭审观摩、跟庭考评等实战化练兵。在重大任务重大斗争一线锤炼干部，有组织、有计划推动检察干部参与反恐维稳、脱贫攻坚、乡村振兴等大战大考，刑事检察"雷霆行动"、公益诉讼检察"乌—昌—石"区域大气污染等专项工作。用好检察援疆，邀请19名援疆省市检察机关业务骨干挂职交流，选派检察人员到援疆省市跟班学习。

（二）全面落实人才强检战略

检察事业发展靠人才，当聚天下英才而用之。积极铺设引才的"桥梁"，用足用好招录、转任、调任等政策，加快引进检察侦查、知识产权、金融证券、涉外法治、数字检察等方面紧缺人才。拓展柔性引才范围，健全专家咨询委员会和行政机关专业人员兼任检察官助理工作机制。建立与"双一流"高校、本地区知名高校的合作机制，提升研究生学历、取得法律职业资格人员比例。南疆、边远艰苦地区适当放宽招录条件，先想办法把人招进来，再加大自主培养力度。打造育才的"熔炉"，围绕业务专家、业务标兵、业务骨干三个层次，以及检察业务、理论研究、综合行政等不同类别，分层分类建立人才库。聘请政府机关专家骨干为特邀检察官助理，助力破除检察官履职过程中的专业知识壁垒。实施检察人才梯次培养计划，大力推行"师带徒""老带新"，让"业务专家""标兵""能手"带动更多检察人员成为"行家里手"。制定《新疆检察机关业务专家评审和管理办法》，组织全区检察机关业务骨干选拔和业务专家储备跟踪培养，积极培育司法办案的"工匠""大师"。搭建用才的"舞台"，深化人才发展体制机制改革，积极搭建各类人才使用平台，探索创建"命名检察官工作室或办案团队"。坚持以事择人、以岗定人，大胆提拔和放手使用检察人才，组织看准看好的检察人才适当打破"隐形台阶"。完善人才服务保障政策，健全检察人才物质、精神、工作等多元化激励保障机制。

（三）注重深化队伍管理改革

改革是引领检察工作不断创新发展的第一动力，以改革推动检察队伍专业化、特色化、差异化发展。推进人员分类管理，紧扣检察队伍专业化、职业化建设要求，积极适应"四大检察"法律监督新格局，推动各类人员各归其位、各展其才。研究制定《全区检察机关检察官遴选入额工作流程（试行）》，建立"有进有出""能上能下"的员额检察官退出、增补动态调整机制。多措并举鼓励支持检察官助理到基层院初任检察官，解决检察官遴选"上不来"、检察官助理入额"下不去"的问题。畅通司法行政人员发展渠道，有序推进司法行政人员与检察官、检察辅助人员相互交流。注重优化检力配置，建立员额动态调整机制，结合各地办案实际，在六个案多人少、矛盾突出的分州市院以38%员额比例、其他分州市院以37%员额比例予以重新核算，调剂使用专门员额，缓解基层一线员额紧缺问题。推动检力下沉，常态化推进驻村工作，组建工作专班进行南北疆业务指导，开展对口支援、结对共建。加大干部交流力度，原则上任职 5 年以上的领导干部适时交流，任职 10 年以上的领导干部必须交流。健全完善考核机制，进一步优化考评标准、科学设置指标、规范完善程序、注重减负增效，制定《自治区人民检察院检察人员考核办法》，健全完善考核评价机制。建立"以上看下、以下看上"考核办法，推动半年述绩全年述职双向考核，让上级院指导有力务求实效、下级院干有目标做有方向。建立检察人员素能测试机制，以考促学推行每年两次素能全员测试。注重结果运用，与评优评先、选拔任用、职级晋升、奖金分配、检察官退额等衔接挂钩，真正区分优劣、奖优罚劣。

三、坚持作风转变破局，不断激荡从严治检新气象

习近平总书记强调，"治国必先治党，党兴才能国强"。建设高素质检察队伍，必须坚定不移深化全面从严管党治检，敢于刀刃向内，勇于自我革命，促进检察队伍严格公正司法，始终做到自身正、自身净、自身硬。

（一）一以贯之，驰而不息涤荡作风顽疾

充分发扬自我革命精神，扛稳抓牢主体责任。深入推进"机关作风整顿"，结合"能力作风建设年"，开展"转作风、正检风、树新风"活动，建立机关作风顽疾问题专项整治台账，聚焦学风、工作作风、文风会风、形式主义、官僚主义和不会、不懂、不学、不干、"躺平""躺赢"等突出问题，常态化开展考勤、办公纪律、会议纪律、仪容仪表、业务规范等方面作风整顿。强化激励干部担当作为，全面落实《推动领导干部能上能下若干规定》，健全不胜任岗位职责检察官员额退出机制，对不愿干、不会干的，"让位置""调岗位"。细化实化"三个区分开来"，研究制定《自治区人民检察院检察人员依法履职容错免责办法》，旗帜鲜明为担当的干部担当、为负责的干部负责。严格执行拟提拔领导干部个人有关事项报告核查工作，加强"一报告两评议"结果运用，抓好举报受理核查工作，纠治选人用人上的不正之风。牢固树立鲜明用人导向，落实新时代好干部标准和民族地区干部"四个特别"标准，严格把好政治

关、廉洁关，重实绩重实干，打破论资排辈，优先选拔任用政治素质过硬，在急难险重任务中敢于"揭榜挂帅"、勇于攻坚破难、工作成效突出的优秀检察人员，真正让能干实干者有平台，让碌碌无为者有压力，营造"全员严纪律、改作风，人人当先进、当标兵"的浓厚氛围。

（二）一严到底，锲而不舍加强纪律建设

坚持标本兼治、综合施策，持续完善检察机关推进"三不腐"、防治"灯下黑"机制，以自身净确保自身硬。从严惩治，决不放松，纵深推进"不敢腐"，把全面从严治党新部署新要求不折不扣落实到检察队伍建设全过程、各环节，做到内容上全涵盖、对象上全覆盖、责任上全链条、制度上全贯通，综合运用自上而下监督、政治监督、重大决策监督、述责述廉监督等方法，重点抓好"关键少数"，认真贯彻自治区检察院加强对"一把手"和领导班子监督的12项举措。织密制度笼子纵深推进"不能腐"，制定《全疆检察机关领导干部配偶、子女及其配偶经商办企业禁业范围规定》，构筑机关领导干部清廉防线。严格落实领导干部报告个人有关事项、离职后从业管理等制度规定，违规违纪的坚决处理。严格落实任职回避规定，对全区同在检察机关的夫妻、直系血亲、旁系血亲落实公务人员和检察官督促调整岗位或转任。深化警示教育纵深推进"不想腐"，严格落实中央八项规定及其实施细则精神，严格落实新时代政法干警"十个严禁"等铁规禁令。落实检察人员违纪违法案件集中通报、公开曝光制度，健全落实反面典型案例深入剖析和警示教育机制，把案件通报"一张纸"变成警示教育"一堂课"。深入开展党性党风党纪教育，传承党的光荣传统和优良作风，激发检察人员崇高理想追求，把屁股端端地坐在老百姓这一面。

（三）一体发力，全面覆盖深化内部监督制约

紧盯检察权运行廉政风险，积极构建完善与检察权运行新模式相适应的内部监督机制。强化"人人"受监督，坚持"有问必录""逢案必倒查"，常态化做好"三个规定"记录报告、甄别、通报、公开、倒查、以

案示警工作，促进检察人员依法公正履职。常态化开展政治体检，建立干部政治档案、廉洁档案，常态化开展"两面人"摸排工作，把政治标准贯彻选人用人工作始终。强化"时时"受监督，梳理制定司法办案廉政风险防控清单，加大重点领域、关键环节和关键岗位廉政风险点监督力度。落实常态化案件评查机制，做实不合格案件和重大瑕疵案件的审查评估，认真落实司法责任追究规定。建立对市级院年度内部审计工作情况通报制度，每三年进行一轮次全覆盖内部审计。强化"事事"受监督，综合运用巡视巡察、执法督察、追责惩戒监督等多种方式，健全检察一体化追责惩戒工作机制。常态化开展追责惩戒，做好违反检察职责举报线索核查、反馈，精准把握政策策略，深化运用"四种形态"特别是第一种形态。严格区分违法办案和司法瑕疵、重大过失与一般过失，科学合理认定司法责任，做到精准追责、责罚一致。

队伍强则事业兴，队伍稳则全局稳。新疆检察机关将始终坚持以习近平新时代中国特色社会主义思想为指导，持续在锻造检察铁军上筑牢政治忠诚、严守政治纪律、严格政治标准、做实政治训练，持续在法治轨道上维护稳定、促进发展、守护民生、保障善治，为推进新时代检察工作高质量发展提供坚强的组织保证和人才支撑。

第八部分

基层基础建设

推进新时代基层检察院
高质量发展的实践与探索

孙 勇[*]

基层检察工作是全部检察工作的基础，基层院建设水平直接决定检察工作整体水平。推进检察工作高质量发展，必须抓实基层检察工作建设，把加快推进新时代基层院建设作为当前和今后一个时期推进检察工作高质量发展的一项全局性、战略性、基础性任务。当前，基层检察机关面临的不少困难，都是长期影响检察工作高质量发展的堵点难点问题，必须以改革的办法来破解。近年来，黑龙江检察机关紧紧围绕高质效办好每一个案件的履职办案基本价值追求，把抓基层、打基础作为长远之计和固本之策，全面强化基层院政治、业务、队伍、管理、保障等方面建设，奋力推动基层院建设取得新进展新突破，为以检察工作高质量发展支撑和服务中国式现代化龙江实践打下坚实的基层基础。

一、以理念创新为先导，深刻把握新时代基层院建设新质内涵

习近平总书记指出，"理念是行动的先导，一定的发展实践都是由一定的发展理念来引领的"。黑龙江省检察院党组认真贯彻习近平总书记关于"坚持大抓基层的鲜明导向"指示要求，聚焦高质效办好每一个案件的基本价值追求，不断深化对"检察工作的基础在基层，检察队伍的主体在基层，检察事业发展源泉和希望也在基层"的规律性认识，深入思

---

[*] 孙勇，黑龙江省人民检察院党组成员、政治部主任。

考"新时代建设什么样的基层院"这一课题，不断实践探索，深刻领悟党的创新理论对法治建设、司法工作、检察履职的要求，深入践行中国特色社会主义检察理念，从而更好把握新时代基层院建设的内涵。

（一）坚持党的绝对领导

党的领导是中国特色社会主义最本质特征和最大优势，必须牢牢把握检察机关的政治属性，把党的绝对领导落实到基层检察履职各方面各环节，推动基层院和广大检察人员深刻领悟"两个确立"的决定性意义，增强"四个意识"、坚定"四个自信"、做到"两个维护"，不断筑牢"身在最北方、心向党中央"的政治忠诚，确保习近平总书记重要讲话和重要指示精神以及党中央各项决策部署不折不扣落实见效。

（二）主动融入振兴发展大局

深入学习贯彻习近平总书记在黑龙江考察期间重要讲话和重要指示精神，聚焦维护国家"五大安全"、建好建强"三基地一屏障一高地"的政治责任和加快建设"六个龙江"、推进"八个振兴"的目标任务，推动能力作风建设向基层延伸、向纵深发力，着力补齐基层短板弱项，打通抓落实"最后一公里"，以高质效检察履职服务和保障龙江高质量发展、可持续振兴。

（三）切实办好群众身边的"小案"

坚决落实习近平总书记"努力让人民群众在每一个司法案件中感受到公平正义"的重要指示，坚持以人民为中心的发展思想，立足基层院处于服务经济社会高质量发展的第一线和贴近群众、贴近民生的特点，建好"老百姓家门口检察院"，做实"高质效办好每一个案件"，把优质检察服务送到老百姓家门口、心坎里，让人民群众可感受、能体验、得实惠的检察为民就在身边、就在眼前。

（四）推进基层"四大检察"全面协调充分发展

"四大检察"是新时代新征程检察机关法律监督的主体框架，也是检察工作进一步创新发展的"基本盘",内在统一于法律监督这一宪法赋予的根本职责。"四大检察"工作发展不平衡,是基层法律监督工作面临的最突出问题,要深化研究分析和科学运用"三个结构比",推动基层"四大检察"全面协调充分发展。

(五)紧紧抓住"人"这一主要矛盾

聚焦全省检察队伍建设的主要矛盾已由学历层次偏低、职业保障不足等转变为司法理念、履职能力、职业素养不适应、跟不上新时代检察工作高质量发展要求这一变化,始终把队伍建设作为基础性、战略性工程,一体加强党的政治建设、领导班子建设、人才队伍建设、专业能力建设、职业保障建设和纪律作风建设,持续锻造忠诚干净担当的新时代检察铁军,为推进全省检察工作高质量发展提供坚强的组织保证和人才支撑,更好服务保障龙江高质量发展、可持续振兴。

二、以体系完善为重点,积极探索新时代基层院建设新质路径

新时代基层院在建设路径上,必须按照《2023—2027年检察改革工作规划》明确提出的健全完善"六大制度体系"这一"路线图",扎扎实实统筹推进,一体抓好落实。

(一)完善坚持党对检察工作绝对领导的制度体系

坚持从政治上着眼、在法治上着力,坚决落实习近平总书记重要讲话和重要指示精神以及党中央重大决策部署,健全落实传达学习、任务分工、跟踪问效、定期报告、监督问责全链条工作机制,引导基层检察人员当好坚定拥护"两个确立"、坚决做到"两个维护"的排头兵。深化检察系统内政治巡察,稳步推进政治督察,切实将党的绝对领导落实到基层检察工作各环节、全过程。

(二)健全主动服务大局制度体系

抓实用活领导责任、工作推进、督导检查、考核评价"四个体系"

闭环工作落实机制，结合龙江检察工作实际，贯彻落实习近平总书记对黑龙江"三基地一屏障一高地"的总体要求，持续推动"1+5"贯彻落实体系和服务"六个龙江"建设系列文件落地落实，推动习近平总书记重要讲话和重要指示精神以及党中央决策部署、最高检、省委工作要求在全省检察机关落地落实。

（三）以法治思维、法治方式推动法律监督制度体系更加完备

健全刑事检察权运行机制，在全省侦监协作配合办公室市县两级检察院全覆盖的基础上，深入推进侦查监督与协作配合办公室实质化、规范化、体系化运行。积极探索社区矫正巡回检察，制定试点工作实施方案，不断扩大社区矫正常规巡回覆盖面。加强"府检联动"，推动基层院紧紧围绕服务地方经济社会发展大局、参与社会综合治理履职尽责。延伸监管违法追责、犯罪行为打击、公益损害恢复"三位一体"的龙江特色公益诉讼检察监督链条，常态化开展黑土地公益保护，持续深化"河湖长＋检察长"协作。完善检察侦查工作机制，推进"省市院侦查机构专设，基层院组建专班"模式，实现"全覆盖"。

（四）完善综合配套，健全司法责任制体系

进一步优化检察资源配置，落实和完善司法责任制，推动司法体制综合配套改革日益深化。进一步放宽边远地区基层院遴选条件，在全省统筹调配政法专项编制、员额，对办案量发生较大变化的基层院进行员额动态调整。构建放权与管权并重的办案模式，形成覆盖全省三级院、"四大检察"各类业务的检察官职权清单体系。推进专业化检察办案机构建设，深化知识产权检察综合履职。深入推进跨行政区划检察改革，进一步推动铁路检察院集中管辖行政检察案件。完善司法责任认定和追究配套机制，推动追责惩戒规范化、常态化。

（五）加快检察一体化机制建设

下大力气推进一体履职、综合履职，加快构建纵向贯通、横向融

合、跨区域协作、外部联动的工作机制。基层院可根据实际需要，科学设置办案组织，鼓励支持组建跨部门跨区域的专业化办案团队。建立健全新类型、争议性案件请示报告机制，组织开展疑难复杂案件和新发类案研究。完善落实领导干部带头办理疑难复杂案件、列席审判委员会会议、公开听证等制度，带动基层检察队伍法律监督能力整体提升。严格规范上级院借用下级院人员，落实上级院统一调用辖区检察人员办理案件制度。

三、以机制重构为关键，大力推动新时代基层院建设新质发展

检察机关职能重塑、机构重组已基本完成，机制重构的任务现实而紧迫。为回答好"新时代基层院建设谁来抓、怎么抓"这一课题，黑龙江检察机关把机制构建和务实举措统一起来，把压实责任和担当履职统一起来，在党建引领、系统推进、分类施策、结对共建等方面持续发力，将政策、资源、力量更多向基层倾斜。

（一）完善"上下贯通"的党建联建联创机制

加强对基层院党建工作指导，充分发挥党组织政治功能和组织功能，推进党建与业务深度融合，做到同谋划、同部署、同推进、同考核，以政治建设实效审视业务工作成效，以业务工作成效检验政治建设自觉。深化党支部标准化规范化建设，加大"一院一品""一院多品"检察党建品牌培育、宣传力度，推进"党建+业务"双融双促，一体抓实政治建设、业务建设、党风廉政建设。加强对基层党务干部的培训，开展优秀共产党员、优秀党务工作者、先进基层党组织的宣传推介活动，更好激励党员奋发进取、创先争优。

（二）深化"三位一体"的工作合力机制

持续深化"省院主导、市院主抓、基层院主责"的"三位一体"工作合力机制，切实压实三级院抓建责任，聚合起抓建基层的力量。持续落实《关于在深化能力作风建设中进一步加强全省基层检察院建设的实

施意见》，力争用三年左右时间，通过健全体系、明晰责任、完善制度、创新机制，构建上下贯通、权责清晰、运转高效、执行有力的基层建设工作体系，促进干部向基层流动、资源向基层倾斜、人才向基层聚集，不断开创全省基层院建设新局面。

（三）健全"两头中间"的结对共建机制

立足加快推进全省检察工作一体化高质量发展，专门制发基层院结对共建工作实施意见，突出"抓两头、带中间"，开展基层"先进院"和"后进院"跨区域、跨层级结对，着力构建全省检察工作资源共享、优势互补的发展格局。目前，按照"应结尽结"原则，列入实施范围的91个基层院全部完成结对，其中跨区域共建33对。下一步将在市内、省内跨区域结对的基础上，探索省外跨区域结对共建新模式、新路径，丰富结对共建的内涵，强化特色结对共建质效，为推动新时代基层院建设注入新活力。

（四）落实"四下基层"的包联帮扶机制

坚持把落实省检察院包联基层院机制与"四下基层"有机融合，院主要领导带头包联薄弱基层院，靠前指挥、下沉指导，有效解决相关基层院班子配备、人才招录等方面难题。由党组成员赴基层包联院开展实地调研，围绕走访发现的具体问题，研究制定整改措施，积极对上争取政策、资金支持，推动破解党建与业务工作"两张皮"、功能性用房建设不达标、法律监督开展不平衡等难题。

四、以能力提升为基础，整体提升新时代基层院建设新质水平

在政法领域推动全面从严治党向纵深发展，着力锻造政法铁军，是习近平总书记对新时代政法队伍建设的总要求。黑龙江检察机关坚持"实"字当头、"干"字为先，高标准、高质效推进全国检察机关队伍建设工作会议各项部署落地落实，努力锻造忠诚干净担当的黑龙江检察铁军。

（一）加快提升领导力

着力强化基层院领导班子整体功能，省、市院坚持依法依规、跟进做好上级院对下级院领导班子协管工作，持续优化基层院班子结构，持续推进班子成员"一人一评"，对班子运行情况建立"一院一档"，对班子配备"一院一策"，充分发挥熟悉检察干部情况的优势，主动、经常向地方党委及组织部门汇报，促进增强领导班子配备和干部选拔任用工作的前瞻性、计划性和主动性。

（二）加快提升执行力

组织基层检察人员深入学习贯彻习近平法治思想，推动司法检察理念与时俱进。在对下指导工作中加大改革政策解读和先进理念传导，及时校正基层的模糊认识和错误理解，促使基层检察人员从不合时宜理念、传统思维定式、狭隘地域局限、看摊守业求稳中解放出来，以新一轮理念更新推动新一轮事业发展。坚持把政治标准深度融入教育培训，不断加强思想淬炼、政治历练、实践锻炼、专业训练，既要练好"看家本领"，也要掌握"独门绝技"，切实提升基层干部队伍的执行力。

（三）加快提升战斗力

健全落实优秀年轻干部日常发现、跟踪培养、适时使用、从严管理的常态化工作机制，建立优秀年轻干部储备库和成长档案，实行优进绌退、动态管理，为基层院重点储备35岁左右副科级（含相当职务层次）及近期成熟的一般干部、30岁左右一般干部。健全上下联动的全链条接续培养锻炼机制，推进年轻干部交流任职、跟班学习、实践锻炼，有针对性开展岗位培养。建立健全年轻干部培养锻炼示范院机制，常态化组织开展年轻干部培养锻炼引领示范院评选。积极推动轮岗交流、互派挂职，促进上下级院同步更新司法理念、转变工作方式、提高工作品质。持续搭建与行政机关、金融管理等单位互派干部交流锻炼平台，促进全省基层院与相关单位常态化人才交流、互派锻炼全覆盖。

（四）加快提升创新力

坚持把创新发展作为推进基层院建设的活力之源、动力之基，特别是针对黑龙江区域发展不平衡的问题，既着力打造全面建设、整体过硬的基层院，又注重彰显特点、富有特色的品牌创建，让各个基层院都能结合自身实际扬优势、创品牌、当先进。围绕最高检持续推进基层院"一院一品"建设实践要求，抓实"龙检先锋"主题党建品牌建设，按照"一年育品牌、两年见成效、三年有影响"的工作思路，打造选树一批政治功能强、品牌叫得响、工作成效实的基层品牌，鼓励基层首创精神，倡导百舸争流、竞相成长，不断激发基层创新活力、释放基层创新潜力、推广基层创新做法。

关于深化新时代基层检察院建设的思考

马焉军[*]

基层检察院建设是检察事业发展的战略性任务。深化新时代基层院建设，要紧扣检察工作高质量发展目标任务和人民群众日益增长的美好生活需要，结合浙江省检察工作实际和基层院建设实际，围绕检察职能，紧扣"人"的问题，以"对党绝对忠诚、服务中心有为、司法理念革新、纪律作风严明、基础建设扎实、发展动力强劲"为目标，在思想理念、检察履职、管理体系、队伍素能等方面构建整体格局，不断夯实检察事业发展根基，为更好支撑和服务中国式现代化浙江新篇章贡献检察力量。

一、思想理念是先导，坚持以政治建设为引领

理念一新天地宽，要坚持以新理念激发新动力，深刻领悟党的创新理论对检察履职的要求，深入践行中国特色社会主义检察理念，为加快推进基层院建设指明方向。

（一）坚持党的领导

把党的领导与法治建设要求有机结合起来，持续擦亮坚定拥护"两个确立"、坚决做到"两个维护"的鲜明政治底色。一是坚定正确政治方向。健全基层院党组向同级党委报告工作机制，推动同级党委召开检察工作会议或加强法律监督工作会议，形成党委全面领导法律监督工作的格局。严格落实基层院党组意识形态工作责任制，强化意识形态检察阵地管控，确保新时代基层院建设始终在正确的方向上前进。二是夯实基

---

[*] 马焉军，浙江省人民检察院党组成员、政治部主任。

层党建根基。完善基层党建条连块统机制，加强省市院对基层党建工作指导，深化党建和业务深度融合。深化"寻迹溯源学思想促践行"，依托"红船精神"教学基地、梁柏台烈士史料陈列室等平台，开展职责使命和形势任务教育，激发检察人员履职尽责的思想自觉和使命担当。三是完善组织领导机制。完善最高检统筹下的省级院主导、市级院主抓、基层院主责的工作体系，健全市级院党组对基层院党组管理机制、基层院党组对本院建设领导机制。实行重点项目推进机制，省市院层面提出重点项目和重点举措，督促基层院以重点带全面抓好落实。

（二）强化服务意识

自觉服从服务于进一步全面深化改革、推进中国式现代化，充分履行检察职能，为大局服务、为人民司法、为法治担当。一是服务中心大局。深度融入浙江改革发展稳定大局，实行基层检察工作与经济社会发展联动，助推浙江民营经济发展、海洋大省、共同富裕示范区、城乡融合发展、乡村振兴示范省、科技强省建设等。拓宽服务路径，加强信息沟通，建立服务效果反馈机制。二是践行司法为民。坚持以人民为中心的发展思想，用心用情办好基层群众身边小案。依法平等保护各类市场经营主体，持续深化知识产权检察专业化建设。切实保障未成年人、老年人、残疾人等特殊群体合法权益，着力完善司法救济保护制度。三是维护公平正义。立足浙江作为习近平法治思想重要萌发地，坚持"敢于监督、善于监督、勇于开展自我监督"，以促进包括检察权在内的公权力规范运行来确保公正司法，协同健全公正执法司法体制机制，把基层院打造成为基层法治建设排头兵。

（三）树立质效理念

将高质效办好每一个案件作为履职办案的基本价值追求，严格把握"三个善于"的精髓要义和实践要求，做到案件办理实体公正、程序合法、措施有效、结果合理。一是注重办案质量。以事实为根据、以法律为准绳，确保案件处理结论经得起法律、历史和人民的检验。引导基层院树立和践行正确政绩观,重视办理具有法治引领价值的典型案件。二是注重办案效率。探索智慧办案模式,规范设计检察办案程序,完善多层次刑事诉讼程序体系,形成繁简分流、轻重分离、快慢分道、公正高效的轻罪案件办理机制。加强出庭规范化建设,精准实行量刑建议。三是注重办案效果。充分发挥人民监督员作用,规范开展检察听证、检务公开等,提高群众对检察工作的参与度,以公开促公正赢公信,弘扬社会主义法治精神,实现检察办案政治效果、法律效果、社会效果有机统一。

二、高质效检察履职是重点,坚持以业务建设为主体

法治是中国式现代化的重要保障,检察机关要在中国特色社会主义法治体系建设大格局中找准定位、发挥作用。基层院更要发挥基石作用,立足法律监督主责主业,巩固深化"四大检察"基本格局,切实维护执法司法公正,积极参与推进法治社会建设。

(一)加强法律监督工作

立足宪法法律赋予的法律监督职能,以改革的思维方法切实解决具体问题,深化法律监督年度报告制度,促进健全公正执法司法体制机制,推进基层院法律监督工作提质增效。一是推进刑事检察监督提质增效。健全同步审查、交叉评查、定期分析机制,加强立案、审判、执行等各环节的监督。抓实侦查监督与协作办公室实质化运行,进一步健全信息共享、案情通报、案件移送制度。深化落实无罪、撤回起诉反向审视制度,用好刑事裁判文书智能辅助审查系统,建立健全监督必要性审查机制。二是推进民事检察监督提质增效。拓宽监督线索来源渠道,持续加强对基层法院生效裁判监督、民事审判和执行监督、虚假诉讼监督,深化构建省市县三级院有区分、有侧重、有统筹的一体履职、接续监督机制。三是推进行政检察监督提质增效。紧紧抓住行政诉讼监督这一行政检察主责主业,扎实有序推进行政违法行为监督,稳步推进行刑反向衔接,强化与基层行政执法机关衔接配合,强化沟通协调、完善衔接机制,

解决行政检察"不敢""不力"问题。四是推进公益诉讼检察监督提质增效。以可诉性提升精准性和规范性，聚焦创新改革开放、全面推进绿色变革、保障高水平安全、建设中华民族现代文明、构建共同富裕体制机制，将公益诉讼检察工作融入当地党委政府统筹部署，增强基层群众获得感。五是推进检察侦查工作提质增效。完善一体履职的检察侦查新格局。进一步完善监检衔接机制，优化互涉案件管辖、留置和强制措施衔接、线索移送等工作流程，推进执纪执法和刑事司法有机衔接。六是纵深推进数字检察。数字检察是检察工作高质量发展的重要引擎，坚持以赋能法律监督质效为着眼点，以强化业务支撑、推进融合对接为着力点，注重数字办案职能边界，一体推进实践攻坚和理论研究，保持数字检察先行优势。

（二）加强捕诉审查工作

刑事检察作为检察机关最传统、最核心的业务，办案质效直接关系到国家安全、社会安定和人民安宁，是基层检察业务重中之重。一是推进以审判为中心的刑事改革。强化审前主导作用，加强证据审查、收集、运用机制建设，健全非法证据排除等制度。注重个案分析研判、类案证据把握，全面提升指控证明犯罪、审查过滤把关能力。积极应用新型法庭科技、专业解读客观性证据、探索实践数字技术辅助审查，不断深化客观性证据审查模式，推进基层刑事检察改革。二是推进中国特色轻罪治理。细化全面准确落实宽严相济刑事政策的办法，实体上深化认罪认罚从宽制度适用，程序上完善繁简分流机制，效果上延伸轻罪治理，实现治罪与治理并重。加强诉前考察机制试点工作，形成刑罚责任与非刑罚责任相互衔接、梯次递进的轻罪责任追究机制。注重"多元共治"，协同构建多方参与的轻罪案件矛盾纠纷化解联动机制。三是推进刑事检察规范化建设。坚持惩治犯罪与保护人权并重，结合执法司法突出问题专项检查开展自查，加强履职规范建设。推进刑事案件律师辩护全覆盖，扎实开展审查起诉阶段律师辩护全覆盖试点工作，规范听取意见和控辩沟通，加强律师执业权利保障。

（三）促进基层社会治理

坚持和发展新时代"枫桥经验"，紧紧围绕地方经济社会发展大局，在落实司法为民、化解矛盾纠纷、促进社会治理上，充分发挥基层院基层基础作用，推进法治社会建设。一是加强未成年人保护工作。积极推进罪错未成年人分级干预试点，规范开展支持起诉。建立健全"一站式"办案工作机制，推进基层场所实质化运行。持续推进未成年人犯罪源头治理，促进健全未成年人网络保护工作体系。深入推进检察信访工作法治化。严格执行省院《关于全面深入推进检察信访工作法治化的实施意见》，持续深化群众信访"件件有回复"制度，常态化开展领导干部接访下访和包案办理工作、重复信访积案化解工作，把矛盾纠纷法治化实质化化解贯穿检察履职办案全过程，努力将矛盾化解在基层。二是抓实社会治理类检察建议工作。依托数字检察，不断深化"个案办理—类案监督—系统治理"的检察工作路径，探索建立"人大监督+检察监督""民主监督+检察监督"等联动监督机制，全链条抓好推动社会治理检察建议制发、跟踪和落实，推动被监督单位形成长效治理机制。三是深化"枫桥式检察室"建设。延伸法律监督触角到基层，纵深推进全省基层检察室标准化建设、规范化运转、实质化运行。做实做深"案件办理、矛盾化解、服务群众"，打造"3+N"检察室履职格局。制定检察室履职清单，严格把握"枫桥式检察室"创建标准，确保发挥带头示范作用。

三、管理体系是保障，坚持以基础建设为支撑

锚定党的二十届三中全会部署，坚持目标导向、需求导向、问题导向，全面深化检察改革，通过加强业务管理、检务管理和纪律管理，不断夯实基层检察工作发展根基，为基层院建设提供坚实保障。

（一）加强业务管理

检察业务管理是检察工作的重要内容。要深入贯彻落实最高人民检察院《关于加快推进检察业务管理现代化的意见》，形成具有浙江辨识度的以高质效管理促进高质效办案的业务管理工作体系。一是建立一体

化检察业务管理格局。各级院检察长既抓业务又抓管理，压紧压实案件承办人、部门负责人、分管院领导对案件的逐级管理监督责任。加强上级院对下级院，检察长、检委会对检察官的领导和监督。细化实化基层院检察长、检委会、部门负责人对案件的审核把关制度。二是全面加强业务宏观管理。深入运用"三个结构比"，把握检察业务发展整体态势。建立业务数据常态化研判、核查机制，持续加强对异常数据、突出问题和苗头性问题的预防和纠偏，及时扭转和纠正业务发展中的不良倾向。三是高度重视业务微观管理。下沉管理重心，不断探索覆盖全部案件的闭环式个案监管机制，以个案监管引导基层院更好把握高质效要求，把"有质量的数量"和"有数量的质量"统筹在更加注重质量上。

（二）加强检务管理

高质效的检务管理是夯实基层院建设的物质基础，面对新形势新要求，深入践行高质效办好每一件事理念，紧跟检察事业发展步伐，聚焦检察中心工作构建综合服务体系。一是规范资金资产使用。持续优化资源配置，落实中央和省级财政转移支付资金，健全基层院公用经费保障标准，完善财务支出流程，建立机关运行成本统计分析和评价应用制度。围绕预算、收支、采购、合同、资产、建设等经济活动领域，持续推进内控制度建设。二是夯实基础设施建设。推进功能用房建设，加强检察业务装备和基础设施建设，升级改造办案工作区、数字检察智慧中心、电子数据实验室等办公场所，服务业务办案规范化。根据"两房"建设新形势，规划亟须补强的基层院"两房"建设项目。加强办公环境建设，改善检察文化阵地、综合训练馆、院史陈列室等，打造文明机关。三是提升综合服务质效。加强检务保障数字化应用场景设计，以数字化管理推进公务用车、公务接待、智慧食堂、会议管理等提质增效。做实做优医疗服务、洗衣洗车、超市理发、亲子托班等服务保障举措，切实提升检察人员的获得感和幸福感。

（三）加强纪律管理

始终牢记"两个永远在路上"，巩固深化党纪学习教育和巡视整改成果，进一步发扬党的自我革命精神，以改革的思路推动攻坚克难，推动党风廉政建设工作走深走实。一是全面从严治检。关注新形势下纪律作风建设的新问题新挑战，坚持严管与厚爱结合、激励与约束并举、制度建设与制度执行并重，不断严明检风检纪。零容忍查处违纪违法案件，对违规借贷、投资持股、违规兼职等顽瘴痼疾，常态化开展专项整治。二是完善检察权运行制约监督机制。拓宽检务督察思路，实行积极的督察观，从微末抓起、防患于未然。打通融合派驻监督、检务督察、机关纪委、案件管理等各类监督，强化廉政风险防控。深入开展重点人员常态化核查、违纪违法案件逢案必倒查、"三个规定"执行情况定期通报，以案促改、以案促治。三是落实和完善司法责任制。认真落实最高人民检察院《关于人民检察院全面落实司法责任制的若干意见》《人民检察院司法责任追究条例》，做到"放权"和"管权"并重、管案与管人结合。进一步细化完善检察官职权清单、检察辅助人员职责清单、入额院领导办案清单、业务部门负责人审核清单，以岗明责、以权定责。

四、队伍素能是根本，坚持以人才建设为根本

加强检察队伍素能建设，是推进基层院建设的必然要求和根本保障。面对新时代新征程党的检察事业新使命新任务，更要加快推进业务能力建设、综合能力建设、干部梯队建设，为基层院提供坚强组织保证和人才支撑。

（一）推进业务能力建设

业务素能是检察工作能力的核心，随着检察工作重塑性布局以及各类案件专业性、复杂性程度日益突出，检察人员唯有加快提升专业能力，才能跟上人民群众对公平正义的更高要求。一是加大培训力度。立足长远发展，坚持司法业务与监督业务并重、审查业务与调查业务并重、知识学习与操作技能培养并重，针对性开展解渴管用、贴近实战实效的高

质量业务培训，组织各业务条线干部狠练基本功，提高单兵作战能力。二是抓实办案内功。促进检察干部在办案中提升、在办案中成长、在办案中发挥作用。通过单兵练习、以师带徒、集体会商，从控告申诉、信访事项、审查案件、数字手段等方面提升监督线索发现能力。通过结合案件实际操作、模拟演练、团队作战，从讯问询问、调取书证物证、获取技术证据等方面提升调查取证能力。通过证据比对练习、概括能力训练、法条收集整理，从证据审查、事实确认、法条检索、法理掌握等方面提升审查能力。通过模拟练习、集体讨论、举行听证、征求意见，从法条适用、利益衡量、决断决策等方面提升司法决策能力。通过学习理论、日常练习、举办辩论赛、观摩庭审，从观点表述、发现漏洞、攻防转换等方面提升控辩能力。三是培养拔尖人才。深化"检察官教检察官"制度，健全完善岗位练兵、实案实训、导师传带、业务沙龙等载体。完善覆盖各业务类别的检察专业人才库，以业务竞赛为抓手，全面培养实战型、复合型、专业型、领军型检察人才队伍，建立专业教练团队，提高业务专家和骨干人才储备。用好用足各类人才招录引进政策，加强民商事、知识产权、金融证券、涉外法治等紧缺人才招录培育。

（二）推进综合能力建设

检察人员在走专业化发展之路的同时，还要注重培养综合能力，铸就博专知识结构，造就融会贯通的通才专才。一是提升理论研究能力。积极推进学习型、研究型基层院建设，深化检校合作，鼓励基层院加强法学研究与司法实践的深度融合。聚焦中国特色社会主义检察制度、检察机关深入践行"三个监督"、高质效办好每一个案件、涉外法治等重点任务，深化课题研究、政策研究、经验转化，努力形成一批高质量的理论研究成果，实现调查研究与研判决策的良性互动。二是提升综合协调能力。组织开展信息、宣传、综合文稿等文字能力培养，全面锻炼系统思维、系统谋划、总结提升能力。组织开展演讲、案例讲述等活动，提高语言表达和沟通能力。通过学习经济学、社会学、心理学等相关知识，提高综合分析能力。组织心理培训、辅导，提高应对压力挑战的能力。

组织选派干部到乡镇、其他县属单位和上级院挂职锻炼，通过上挂下派、跟班学习等机制丰富阅历，锤炼服务群众本领、提升群众工作能力。三是提升决策管理能力。切实发挥基层院"关键少数"表率作用，加强管理意识能力培养，全面增强统筹谋划、组织管理、激发队伍活力的能力。切实发挥基层院中层干部中流砥柱作用，通过揭榜挂帅、领题攻坚、挺膺担当，全面提升参谋助手、决策执行、团队管理能力。切实发挥基层院年轻干警生力军作用，通过有计划参办、观摩重大疑难复杂案件，加强斗争精神和斗争本领养成，全面锻造案件决策、源头治理和自我管理能力。

（三）推进干部梯队建设

干部选育管用事关检察事业薪火相传和长远发展，加快推进检察队伍培养机制的优化完善，锻造堪当重任的浙检铁军。一是加强领导班子建设。坚持落实党管干部原则，组织开展基层院领导班子素能培训，系统开展基层院班子结构调研，及时调整优化基层院班子，防止被动"扎堆"调整。选任优秀年轻干部充实基层院班子，形成合理梯队结构。二是加强年轻干部培养。深化运用数字政工平台，健全落实优秀年轻干部日常发现、跟踪培养、适时使用、从严管理常态化工作机制。有计划安排年轻干部到基层一线锻炼，常态化开展年轻干部跨区域、跨层级、跨系统交流，为高水平推进领导班子建设积极储备后备力量。三是加强人员分类管理。持续深化司法责任制综合配套改革，逐步完善检察官逐级遴选制度，着力畅通优秀检察官助理入额渠道，不断健全司法行政人员与检察官、检察辅助人员相互交流机制，有效激发"三类人员"内生动力。落实从优待检政策，完善检察人员依法履职不实举报澄清保护机制，做到政治上激励、工作上鼓励、待遇上保障、人文上关怀，提升检察人员职业尊荣。

深化新时代基层院建设是一项系统性、基础性、战略性工作，思想理念是先导，检察履职是重点，管理体系是保障，队伍素能是根本。必须坚持基层院内驱力与外部动力并举，全面与重点相结合，把握好阶段目标与长远规划，深化统筹谋划、分级推进、督促指导、激励引导的建设路径，立足实际、多措并举、久久为功，努力以基层院高质量建设加快推进检察工作高质量发展，更好支撑和服务中国式现代化。

坚持强基导向和系统观念
走好新时代基层检察院建设内涵式发展道路

姚福安[*]

基层检察院处在落实党中央关于政法工作决策部署的"最后一公里",也处在为大局服务、为人民司法、为法治担当的"最初一公里"。基层院建设在整个检察工作中具有基础性、战略性地位,建好建强基层院始终是需要我们根据形势发展变化不断深入研究解决的重大课题。

进入新时代,检察工作欣逢最好发展时期,基层院建设迈入新阶段,对基层院高质量发展提出了新的更高要求。在工作重点上,由过去注重物质保障、硬件建设向更加注重贯彻新司法理念、提供优质检察产品转变;在评价标准上,由偏重案件数量、业务指标向数量、质量、效率、效果有机统一的高质效司法办案转变;在履职方式上,由传统的办案手段向更加注重一体化、专业化、信息化、智能化履职手段转变;在队伍建设上,由检察队伍管得住、少出事向更加注重典型引领、精神激励转变。作为省级检察院,履行好加强基层院建设的主导责任,必须立足检察工作面临的新形势新任务新要求,认真贯彻落实党的二十大和二十届三中全会精神,自觉融入全面深化改革伟大实践,坚持目标导向和问题导向相统一,坚持做好顶层设计和推动基层落实相结合,坚持精准指导和激发活力相协调,在新的起点上推进基层院建设理论创新、实践创新、制度创新,走好"守正创新、破立并举、改革驱动、质效为王"的基层院建设内涵式发展道路。

---

[*] 姚福安,河南省人民检察院党组成员、政治部主任。

一、加强顶层设计、明确努力方向，为新时代基层院建设奠定坚实基础

基层院建设是一项系统工程，必须站位全局高度，坚持系统观念，围绕"建什么""怎么建"等一系列重大问题深入研究，搞好顶层设计，科学长远谋划，统筹基层院建设的力量、任务、方式等，凝聚上下联动、整体推进的工作合力。2020年，最高检出台了《关于加强新时代基层检察院建设的意见》，在全国层面对深入推进基层院建设进行了顶层设计，成为全国基层院建设的基本遵循。但是，由于各地经济社会发展情况不同，基层院发展情况不同，在省级层面就会存在落实的侧重点和落实的方式方法有所不同的问题，到基层院层面，则容易出现抓不住主要问题和主要矛盾，以及目标不清楚、责任不明确、措施不具体等一系列问题。因此，对最高检的部署要求，省级院不能简单搞"一刀切"和"上下一般粗"，而是必须立足本地实际，加强统筹谋划，积极做好省级层面的"再设计"。

（一）厘清工作思路，找准发力重点

思路决定出路，开展工作首先要思路清晰、方向明确。要坚持走好新时代党的群众路线，通过多轮次、多角度的基层调研，准确全面把握本地基层院建设总体情况，特别是普遍存在的最突出问题，充分吸收基层智慧经验和意见建议，明确本地基层院建设的总体思路、目标任务、重点内容、实现路径和评价标准，画好基层院建设的"规划图""路线图"。

（二）用好工作抓手，科学有序实施

基层院建设涉及队伍、业务、保障、管理以及责任等方方面面，各个基层院情况也各不相同，如果省级院统筹不够，则容易出现基层院各行其是、随意盲目的情况。因此，省级院要以谋划实施好载体抓手为牵引，使基层院建设的各项任务、举措系统集成、协同高效，确保本地基层院各项建设推进井然有序、落地落实。近年来，河南检察机关大力实

施"百院提升工程""铁军工程""质效工程",以此推动基层院建设、队伍建设、司法办案工作可操作、能落实,取得了明显成效。

(三)完善工作机制,推动规范运行

全面深化改革,最根本的是深化制度机制改革。要按照党的二十届三中全会精神要求,坚持目标导向和问题导向,坚持破立并举、先立后破,积极探索基层院建设制度机制创新。河南是办案大省,但是"大而不强"是突出问题,主要表现为"四多四少":队伍人员多、办案数量多、信访总量多、涉检舆情多;领军人才少、典型案例少、理论成果少、检察英模少。为此,河南省检察院党组围绕高质效办好每一案件,实现由办案大省向办案强省的转变,在基层院探索建立司法办案"三个效果"融合指导机制,深化党建与业务深度融合,切实提升办案质效。

二、强化组织推动、狠抓落实执行,为新时代基层院建设提供有力保障

检察机关作为业务性极强的政治机关,对党中央决策部署"不折不扣抓落实",既是坚持党的绝对领导,坚定拥护"两个确立"、坚决做到"两个维护"的政治任务,也是推动检察工作高质量发展的现实需要。作为省级院,推动上级部署要求在基层落地见效,是发挥主导作用、加强检察管理的应有之义和重点工作。

实践中,一些基层院在落实上级院部署要求过程中往往存在执行不力、落实棚架的问题。究其原因,既有基层院发挥主观能动性不强、思考研究不深、担当精神不足、政绩观不正确等问题,也与上级院组织领导不力、督促指导不够等密切有关。河南有165个基层院,相对来说数量多、底子薄、发展不平衡,有效推动发展情况各不相同的众多基层院提升执行力难度较大。近年来,通过实践证明,要做好此项工作,需要重点把握好以下三个方面。

(一)转变工作理念抓落实

理念是行动的先导。推动基层院建设各项任务落地落实,首先要破

除旧思维、树立新理念。要提升站位力戒本位主义、围绕重点力戒均衡主义、统筹谋划力戒事务主义、持续深化力戒形式主义、示范带头力戒官僚主义、与时俱进力戒本本主义，这既是理念指引，也是工作要求，既是对基层院的要求，也是对上级院的要求。

（二）加强组织领导抓落实

要加强基层院建设的力量统筹和措施集成，成立全省基层院建设工作领导小组，建立省院党组统一领导、政治部牵头协调、各部门具体指导的基层院建设工作格局，并着力构建年初全省检察长会议部署工作，季度通报基层院建设进展情况，半年省院领导集中调研督导、党组会议专题研究推进，年底组织综合考核评价的基层院建设闭环管理体系，不断增强推动基层院各项工作推动落实的系统性、整体性、协同性。

（三）细化任务分解抓落实

推动上级决策部署在基层院落地落实，必须坚持大处着眼、细处着手。对于全国、全省检察长会议上部署的重点工作和调研中发现的基层院建设突出问题，要按照职责逐项分解到省院各相关部门、各市分院，建立工作台账，明确责任主体，提出具体措施，定期向省院党组汇报进展情况，不断强化各部门、各地区加强基层院建设的责任感、使命感，增强任务落实的针对性、有效性。

三、注重分类施策、做实精准指导，为新时代基层院建设培植发展潜能

每个基层院人才队伍、基础建设、发展状况等情况各不相同，尤其是需要重点解决的问题也不相同，往往会出现上级院想给的不一定是基层院想要的情况，这就要求我们必须坚持"一把钥匙开一把锁"，做到分类施策、精准指导。发挥好省级院的指导作用，要充分考虑大小院、强弱院、区县院之间的具体差别，因地制宜抓好基层院建设。特别是随着司法体制综合配套改革进入"精装修"，"一院一策"推动解决基层院瓶颈问题成为常态。

（一）以"摸实情、明底数"为前提

只有全面准确掌握基层情况，才能有针对性地作出决策部署。省市院要经常性地倾听基层声音，调研基层现状，把情况及时摸准摸透。2021年以来，河南省检察院系统梳理全省基层院情况，为165个基层院逐一"精准画像"，建成40万余字的"基层院建设信息库"，实现全省基层院建档管理。2024年，我们又创新建立基层院建设"三张地图"，对特色亮点、服务大局成效、风险隐患等方面的重要信息分层、分色绘制，省市院掌握基层院发展态势更加直观、更加高效。目前，正在积极推进基层院动态管理平台建设，利用大数据更全面、更便捷、更有效加强对基层院的管理。

（二）以"抓两头、带中间"为手段

要建立基层院常态化评估评价工作体系，把全省基层院分为先进、中间、后进三个类别，每年更新、动态调整，为基层院找准自身定位、明确努力方向，为上级院科学决策部署、加强精准指导提供重要参考。在此基础上，重点支持先进院培育特色、打造亮点、擦亮品牌；加强对中间院工作督导，提升办案质效，引导固强补弱；对后进院深入落实省市院领导分包联系、业务对口帮扶、基层院结对帮扶等工作机制，不断增强发展潜力，推动形成"先进更先进、中间争先进、后进赶先进"的良好发展态势。

（三）以"解难题、补短板"为突破

上级院要当好"勤务员"，以深化改革的决心和毅力，加强沟通协调，持续开展"我为基层解难题"活动，着力发挥解困帮扶作用，帮助基层院打通堵点难点痛点，带动整体工作提升。特别是针对基层院"班子不强"和"人手不够""能力不足"的突出问题，要通过系统内外交流、提拔优秀年轻干部等措施，及时选优配强班子，并通过系统内政治督察加强对"一把手"和领导班子的监督，不断增强领导班子的凝聚力、战斗力；要坚持检力向基层一线倾斜，推动建立编制跨地区跨层级统筹使用、动态调整机制，加大对政法专项编"占编"清理整改力度，为基层院及时补充新鲜血液；要常态化开展多层次的业务竞赛、岗位练兵和针对性、系统性的教育培训，组织业务专家到基层定期巡讲，安排年轻干部到上级院跟班见学，持续强化专业训练和实践锻炼，着力解决基层"不专""不会""不力"等问题。

四、优化外部环境、强化创先争优，为新时代基层院建设激发内生动力

在基层院建设中，个别基层院由于历史遗留问题较多、司法体制改革需要继续深化等原因，内生动力不足问题比较突出，主要表现为争先创优意识不强、开拓创新精神不足，不敢为、不作为、不善为，基层院建设长期处于停滞不前甚至倒退落后状态。解决这一问题，既要加强党的创新理论武装，建立健全以学铸魂、以学增智、以学正风、以学促干长效机制，更要注重因势利导，不断优化干事创业的外部环境，激励基层求真务实、担当实干。

（一）坚持典型引领，弘扬正能量

先进典型是有形的正能量、鲜活的价值观。要常态化通过内部刊物、专栏和官微、媒体宣传推广基层院的先进事迹、经验做法；结合最高检工作部署开展好典型案例、典型事例评选活动等，多层次、多维度为基层院搭建展示平台。近年来，河南省检察院大力开展"豫检品牌"创建活动，持续推进基层院"一院一品"建设，每年评选全省"十佳基层院""先进基层院""重大进步基层院"，举办先进典型座谈会、先进典型素能提升培训班等，引导全省检察人员学习先进、争当先进，激励全省基层院"百院提升、百花齐放"。

（二）注重减负增能，匡正政绩观

要按照中央关于为基层减负的要求，锲而不舍落实中央八项规定精神，健全防治形式主义、官僚主义制度机制，精减会议文件和各类创建示范、评比达标，严格控制对基层的督查、检查、考核总量，将基层精力进一步向法律监督主责主业聚焦。要定期召开全省业务工作调度会，分析研判业务工作形势，发现问题、及时纠偏，引导基层院树立正确政绩观，把工作重心放在"高质效办好每一个案件"和实现"质的有效提升和量的合理增长"上，让基层检察人员不为数据所困、不为考核所累。要把基层调研与领导联系基层结合起来，改进工作作风，强化调研统筹，提高针对性、实效性，减少无序性、随意性，切实为基层"松绑""减负"。

（三）抓好科学考评，树起风向标

考评是"风向标""指挥棒"，要以切实考准、考实为目标，主动倾听基层意见，准确把握上级要求，积极适应形势任务，开拓创新、与时俱进地改进完善考评工作，以更加科学的考评引领更加健康的发展。2019年以来，河南省检察院充分考虑基层院众多、发展情况不同的实际，改变过去省院"一把尺子量到底"的做法，由各市级院对所辖基层院进行政治、业务、队伍等综合考评，省院重点从宏观方面进行把关指导，引导不同地域、不同层次、不同大小的基层院积极探索符合自身实际的发展路径，使每个基层院都有出彩的机会，既充分发挥了市级院的主抓作用，又有效激发了基层院干事创业、争先创优的工作热情。

积极探索"家门口、作示范、走前列"基层检察院建设新路径 为"高质效办好每一个案件"提供坚实基层基础

闫进宏[*]

基层检察院是检察工作的基石。广东检察机关高度重视抓基层强基础工作，切实把政策、力量向基层倾斜，着力推动基层工作整体提升。2020年，制订实施新时代"五好"基层院建设三年行动计划，印发基层院结对共建工作指导意见，部署开展基层院"一院两品"共建共享活动；2021年，印发省检察院机关内设机构联系基层工作制度，出台"五好"基层院建设第二阶段工作方案；2022年，制定加强新时代广东检察文化建设的意见，大力开展基层院文化品牌创建活动；2023年，对新时代"五好"基层院建设活动提档升级，立足"高质效办好每一个案件"这一基本价值追求，深入思考究竟建设什么样的基层院才能更好服务检察工作高质量发展时代课题，围绕落实中央、最高检和广东省委的部署要求，开展"家门口、作示范、走前列"的基层院建设活动，力求将"为大局服务、为人民司法、为法治担当"更好贯注于基层检察实践。

一、深化对建设"家门口、作示范、走前列"基层院的规律性认识，着力解决新时代基层院建设"抓什么"的问题

"家门口、作示范、走前列"是新时代基层院建设的三个不同维度，其中"家门口"是功能维度，强调的是要充分发挥基层院作为群众"家

---

[*] 闫进宏，广东省人民检察院党组成员、政治部主任。

门口的检察院"的功能，让人民群众在家门口就能感受到检察机关"为大局服务、为人民司法、为法治担当"的作为；"作示范"是路径维度，强调的是通过引领基层院争先创优，激发基层院内生动力，带动基层院整体高质量发展；"走前列"是目标维度，强调的是牢记习近平总书记对广东一以贯之的要求和嘱托，锚定"走在全国前列"的目标定位，更加自觉扛起走在前列的政治责任。把握好以上三个维度是加强新时代基层院建设的关键。

（一）着力建设"家门口的基层院"

基层检察院是检察工作的基石，是服务经济社会高质量发展的第一线，基层院办案实践好不好，老百姓感受最真切。广东省检察院党组提出了建设"家门口的基层院"这一命题，实质就是坚持以人民为中心的发展思想，立足基层院处于服务经济社会高质量发展的第一线和贴近群众、贴近民生的特点，充分发挥基层院作为群众"家门口的检察院"的功能，通过抓好"高质效办好每一个案件"在基层检察工作中的落实，近距离服务县域经济发展，近距离纾解人民群众"急难愁盼"，提供"家门口"更优质的法治服务和检察产品，把优质检察服务送到人民群众家门口、心坎里。

（二）着力建设"作示范的基层院"

最高检着眼基层院全面进步、全面发展，提出推进基层院创先争优的部署，广东省委也提出了开展"竞标争先"行动推动高质量发展的要求。为落实最高检和省委的要求，广东省检察院党组提出了建设"作示范的基层院"这一命题，核心就是在更高层次推进基层院高质量发展，把广东检察工作融入省委"竞标争先"行动，更深层次激发基层院争先创优的内在动力。

（三）着力建设"走前列的基层院"

习近平总书记对广东高度重视、亲切关怀，党的十八大以来5次亲临广东，2次参加全国人大会议广东代表团审议。2024年4月，习近平总书记亲临广东视察，明确要求广东在全面深化改革、扩大高水平对外开放等方面继续走在全国前列，在推进中国式现代化建设中走在前列。当前，检察工作欣逢最好发展时期，面临更高履职要求。最高检用"三个第一次"阐释了检察事业所处的历史方位，即党中央第一次专门印发《中共中央关于加强新时代检察机关法律监督工作的意见》，党的二十大报告在历届党的代表大会报告中第一次专章部署"坚持全面依法治国，推进法治中国建设"，第一次特别强调"加强检察机关法律监督工作"。这些"第一次"，充分彰显了以习近平同志为核心的党中央对检察机关法律监督工作的高度重视和坚强领导，充分体现了新时代党和人民对检察队伍的更高期待、更高要求。广东省检察院党组提出建设"走前列的基层院"这一命题，核心是引导基层检察院深入领会总书记对广东的厚望重托和对检察工作的更高期待，深刻认识广东检察的职责使命，锚定省院党组提出的"走在全国前列"目标定位，以走在全国前列的基层检察工作更好地服务和保障中国式现代化建设广东实践。

二、深化对建设"家门口、作示范、走前列"基层院的实践性探索，着力解决新时代基层院建设"如何建"的问题

"家门口""作示范""走前列"是有机联系的统一整体。"家门口"是基层院"作示范""走前列"的应有之义，"作示范""走前列"的基层院必然是群众"家门口"的基层院；"作示范"是建设"家门口""走前列"基层院的重要路径，只有充分激发基层院争先创优内生动力，才能更好地建设"家门口""走前列"的基层院；"走前列"则是"家门口""作示范"的重要归属，建设"家门口""作示范"基层院的最终要落到基层院扛起走在前列的政治责任，以走在前列的基层检察工作服务保障中国式现代化的广东实践上来。建设"家门口""作示范""走前列"的基层院，既有建设内容的系统性，又有建设路径的实践性，必须以创新精神积极探索，以新的理念厘清建设路径。

（一）发挥"家门口"的功能

坚决落实习近平总书记"努力让人民群众在每一个司法案件中感受到公平正义"的重要指示，紧扣基层检察工作贴近群众、贴近民生的特点，发挥基层院地处服务经济社会发展一线的优势，充分运用法治力量服务经济社会高质量发展，做实"高质效办好每一个案件"，更加注重延伸检察服务触角，更加注重司法便利，实现服务保障在家门口、反映诉求在家门口、矛盾化解在家门口、救助帮扶在家门口、法治宣传在家门口，让人民群众可感受、能体验、得实惠的检察为民就在身边、就在眼前。发挥基层院"家门口"功能的路径和方式很多，各地可以因地制宜，充分发挥主观能动性。如可以探索"邻里检察""园区检察"基层治理协作模式，在镇街、重点产业园区因地制宜提供检察服务，让案件办理、公益保护、矛盾化解、源头治理、普法宣传等工作开展到老百姓家门口，促进"治罪"与"治理"并重，更好促进源头治理，保障经济社会健康发展；可以实现"党建互嵌"，推动基层院机关党建深度嵌入辖区城市（农村）党建，把检察服务延伸到镇街村居；可以实行"普法融入"，推动法治宣传进乡村、校园、企业等，将法治服务送到百姓身边；可以推动"检力下沉"，让检力下沉到基层治理网格、进驻到便民服务驿站、延伸到镇街综治中心，推动形成"家门口的检察院、你身边的检察官、心坎里的检察蓝"创建态势。

（二）突出"作示范"的动力

以争先创优为牵引立标杆、树典型、作示范带动全省基层院全面发展，促进基层组织功能全面过硬。核心是各尽所能、百花齐放，本质是立足实际、因地制宜，特别是针对广东区域发展不平衡的问题，既着力打造全面建设、整体过硬的基层院，又注重彰显特点、富有特色的品牌创建，让各个基层院都结合自身实际扬优势、创品牌、当先进。突出基层院"作示范"动力的方式方法也很多，比如，可以围绕最高检推动的"一院一品"特色品牌创建实践，加强品牌培树指导，定期开展品牌评选，着力培树基层院"人无我有、人有我优、人优我特、人特我精"的创建理念，引导基层院积极创建党建业务融合品牌、基层院建设品牌和检察文化品牌，推动形成百舸争流"作示范"的局面。

（三）强化"走前列"的担当

核心是深刻领悟习近平总书记赋予广东"走在前列"总目标的重大意义，深化理解广东检察锚定"走在全国前列"目标定位的必然要求，深入领会"走在全国前列"目标定位蕴含的新内涵、新要求、新期待和新标高，引导广大基层院站在全国的视角审视本院检察工作，深入思考哪些工作已经走在全国前列、哪些工作尚未走在全国前列、如何实现各项检察工作走在全国前列，及时发现自身存在的差距，结合自身实际将"走在全国前列"目标定位细化实化具体化，持续完善法律监督工作机制，一体抓实检察业务管理、案件管理、质量管理，做实"高质效办好每一个案件"，打造过硬检察队伍，补齐短板弱项，推动各项工作不断突破、升级，加快推进基层院建设步伐，为广东在中国式现代化建设中走在前列提供有力服务和保障。

三、深化对建设"家门口、作示范、走前列"基层院的机制性构建，着力解决新时代基层院建设"怎么抓"的问题

建设"家门口、作示范、走前列"基层院是一项系统工程，需要配套制度的支撑。回答好"家门口、作示范、走前列"基层院建设"谁来抓、怎么抓"的实践课题，关键是要把机制构建和务实举措统一起来，把压实责任和担当履职统一起来，把依规抓建和能动建设统一起来，着力构建"三力"抓建机制。

（一）建立"三位一体"帮扶机制

持续深化省院主导、市级院主抓、基层院主责的"三位一体"抓建机制，坚持三级检察机关一体化推进"家门口、作示范、走前列"建设活动，压实三级院抓建责任，各司其职，各尽其责，形成建设"家门口、作示范、走前列"基层院整体合力。在省院主导上，重点抓好"家门口、作示范、走前列"基层院建设的统筹规划、政策引导，制定出台政策性、

指导性意见，发布检察机关服务保障"百千万工程"典型案事例，制定"建设'家门口、作示范、走前列'基层院三年行动计划"，进一步明确"家门口、作示范、走前列"基层院的内涵、标准和路径。在市级院主抓上，重点是督促市级院发挥一线指挥部作用，强化对"家门口、作示范、走前列"基层院建设活动的工作统筹和分类指导，特别是在解决基层实际困难上主动靠前。在基层院主责上，主要是强化主体责任，切实发挥基层院自主建设的能动性，着力抓好事关"家门口、作示范、走前列"建设的方方面面，把重心放在全面建设、全面发展、全面过硬上，形成纵向联动、横向协同、主体主抓的局面。

（二）建立"两头中间"促进机制

即不断完善"抓两头、带中间"的"两头中间"抓建机制，一头抓先进激励，每年开展"两优秀一先进"通报表扬活动（"两优秀"即优秀集体和个人、优秀办案团队和检察官，"一先进"即基层院建设先进单位），充分激发基层院争先创优的积极性和主动性；落实省院党组营造争先创优氛围强烈共识，每年表扬基层院建设先进单位，加强对"家门口、作示范、走前列"基层院建设的激励，进一步激发基层建设动力。一头抓补齐短板，探索建立"家门口、作示范、走前列"基层院建设"一院一档"发展纪实制度，省、市级院建立基层院政治建设、业务工作、队伍素能、检察管理、检务保障等方面重点问题台账，并适时更新，将基层院建设"家门口、作示范、走前列"基层院工作情况纳入台账管理，为省、市检察院开展工作督促、指导提供参考；深化省、市级院领导定点帮扶、业务条线精准指导等工作机制，定期通报院领导和上级院内设机构联系基层工作情况，切实发挥上级院在"家门口、作示范、走前列"基层院建设过程中的帮扶、指导作用，切实帮助解决基层院在建设过程中遇到的困难和问题，确保"家门口、作示范、走前列"基层院建设活动取得实效。

（三）建立"多边结对"互助机制

搭建市内、省内、省外跨区域结对共建机制，市内跨区域结对重点是"大院带小院、强院带弱院"，充分发挥市级院的统筹作用，进一步扩大市内跨区域结对共建机制适用范围，促进经验互鉴、力量互补；省内跨区域结对重点是"发达地区带相对落后地区"，完善省内基层院结对共建机制，切实发挥珠三角地区对粤东、西、北地区基层院的带动作用，促进理念共享、优势互促；省外跨区域结对重点是"互动交流、互学互鉴"，用好粤、闽、湘、桂、琼五省结对共建机制，切实发挥省会城市、自贸区、经济特区、交界地区等结对共建模式作用，切实推动资源共享、优势互补、互相促进、共同提高，为建设"家门口、作示范、走前列"的基层院注入新活力。

坚持"四种方法" 推进"五强"建设
夯实新时代检察工作高质量发展根基

付全忠[*]

四川省检察院坚持运用习近平新时代中国特色社会主义思想的方法论指导基层检察院建设，部署开展为期三年的政治引领强、司法办案强、服务大局强、班子队伍强、检务保障强的"五强"基层院创建活动，在推动新时代基层检察工作高质量发展上积累了实践经验。

一、坚持问题导向，科学研判当前基层院建设面临的重点难点

问题是时代的声音，每个时代总有属于它自己的问题。加强基层院建设，首先要勇于直面问题。四川基层院数量全国最多，"小微院"、民族地区基层院占比较大，基层院建设进展不一、差异明显，难点和堵点的表现各异。这就需要到基层问需、向基层问策，分析找准当前基层院建设最集中、最突出、最核心的问题。

（一）队伍建设仍是制约基层检察工作高质量发展的首要因素

推进高质量发展，关键在干部，干部人才队伍始终是基层检察工作的"基本盘"。当前，基层检察队伍建设中还不同程度存在重业务、轻队伍，重使用、轻培养等现象。思想政治建设方面，个别基层院和检察人员"从政治上着眼"还有较大差距，落实党中央决策部署和上级指示

---

[*] 付全忠，四川省人民检察院党组成员、政治部主任。

要求慢半拍、标准低。班子建设方面，交流调整不够顺畅，常务副职、党外副职配备还需加力，梯次配备有待优化。在队伍建设方面，全省领军型、专家型、复合型人才短缺，民族、偏远地区人才培养还存在特殊困难。

（二）业务建设与高质效办好每一个案件要求还有差距

"三个善于"的认识论和方法论在基层落得还不够实，不敢监督、不善监督、不会监督现象仍然存在。一些基层院对"质"与"量"的理解还比较片面，特别是在民事、行政、公益诉讼力量较单薄的情况下，往往将主要精力集中于完成考核数量指标，忽视案件办理的实际效果。一些基层院受限于案源、人力、配套机制等，个案办理难以转化为类案监督，仍停留在"就案办案"阶段。一些"小微"基层院即使在办案中取得成果，也无力将其提炼为精品案例、典型案例。

（三）制度建设尚不能满足基层院高质量发展的需要

面对党建与业务相融互促、执法司法理念转变等新要求，面对司法体制改革步入"深水区"、检察队伍格局性转变等新形势，还存在上级院研判和具体指导不够、基层院理解政策不深不透的问题。四川因幅员广阔，基层院数量多、差异大，省院全面和及时掌握基层院情况有一定难度，对下考核"指挥棒"作用发挥不足，可供不同类型基层院展示工作成效、实现有序成长的载体和平台偏少。

（四）数字检察尚未成为基层检察工作的有力支撑

基层检察人员数字检察意识不强，利用数字检察办案缺乏主动思维；信息化平台不统一、不贯通，检察人员使用体验感差；基层院数据模型建设同质化，共享率利用率低；缺乏"技术＋检察"复合型人才，研发的数据模型与业务需求匹配度还不高，在提升办案质效上的贡献度还不够。从四川省情况来看，虽然构建了全省检察"一平台、三中心"，基层院积极探索建成办案模型，但基层院数字检察建设与发达地区检察机关相比仍有较大差距，存在诸多堵点。

二、坚持系统观念，统筹谋划新时代基层院建设的目标任务

基层院建设是复杂的系统工程，必须从整体上、全局上认识和谋划，将最高检、省委部署和全省检察工作高质量发展需要、基层反映的困难问题等通盘考虑，同时也要注重吸收和借鉴上一阶段基层院建设经验做法，加强顶层设计，提出基层院建设的新目标新任务。

（一）坚持在统筹谋划、顶层设计上下功夫，把准发展定位指向

省级院要围绕最高检提出的新时代基层院建设总体目标，针对调研发现的问题，立足本地实际，研究建立全省性的基层检察工作高质量发展制度体系。四川省检察院出台《关于开展"五强"建设推动基层院高质量发展的意见》，对基层院建设的总体目标、具体要求、组织领导等方面进行部署，围绕"五强"构建基层院建设的路径抓手，起到指方向、明思路的作用；同步出台《关于在全省检察机关开展"五强"基层院争创活动的方案》，从基本原则、阶段步骤、具体要求方面进行细化安排，特别是对2023—2025三年工作步骤分期规划，明确了操作层面的办法和要求。

（二）坚持在深化联系、相互促进上下功夫，推动整体协调发展

基层院建设涉及检察工作的各方面全过程，因此，既要做到整体谋划，又要做到各有侧重推进，达到方向一致、同频共振的效果。要以政治建设为引领，深化党建与业务融合，牢牢把握基层院和基层检察工作发展的政治方向；要以司法办案为核心，落实高质效办好每一个案件要求，努力推动基层院法律监督工作与时俱进；要以服务大局为导向，积极主动融入地方发展大局、服务基层社会治理；要以班子队伍为根本，优化队伍结构，突出专业导向，释放改革活力，持续提升班子队伍履职素能；要以检务保障为引擎，积极开展大数据法律监督模型研发和专项

监督，不断提高基层数字检察赋能和财务管理的科学性规范性实用性。

（三）坚持在上下贯通、左右联动上下功夫，构建一体推进格局

基层院建设是大概念，涉及上下左右、方方面面，必须牢固树立"一盘棋"思维。要认真落实"省院主导、市院主抓、基层院主责"的格局。各地基层院要扛起自身建设直接责任，主动作为、不等不靠，挖掘内生动力，积极争取县（区）党委政府政策支持，创新出台业务发展、队伍建设、数字检察新举措等。市级院要扛起主管责任，发挥好"一线指挥部"作用，采取多项举措推进基层院建设。省院要落实主导责任，加强调研指导、督促考核，帮助基层院解决了队建、业务、保障等方面的实际困难。同时，还要更加注重落实"政工部门牵头、业务部门协同"的分工。增设条线联系指导基层院制度，政工部门发挥"中枢"职能，及时传达政策要求，省、市级院有对下指导职责的部门联系指导1—2个基层院，帮助基层院解决具体问题或指导基层院推出特色亮点工作，确保落地见效。

三、坚持因地制宜，创新开拓四川特色基层院发展的实践路径

应勇检察长多次强调，要准确把握新时代新征程检察工作的历史方位，乘势而上，不断开创党的检察事业新局面。四川检察机关在确定基层院建设的目标任务后，要找准"五强"抓手，鼓励基层院在不断提升办案质效的基础上，结合自身实际努力探索高质效履职的新形式、新举措，在服务大局、保障民生上发挥新的更大的作用。

（一）突出精准指导，分层次分阶段发展

基层院所处的地方发展大局、检察业务和队伍建设现状、短板弱项各不相同，省、市级院必须做到精准把脉，开展分层分类指导。对基础条件较好的基层院，指导其努力实现全面突破，争取出经验、出样板；对中间层次的基层院，指导其发挥比较优势，挖掘特色亮点，有所侧重

地做强做深一项或几项工作；对还存在短板弱项的基层院，先帮助解决制约其发展的现实问题。"五强"目标达成绝不是一蹴而就，必须制定好分步发展规划。为此，四川省检察院提出"一年见成效，三年大提升"，2023年为夯实基础阶段，主要是明确发展方向，制定具体措施，完善制度机制；2024年为巩固发展阶段，加力推动基层院各方面整体进步；2025年为突破提升阶段，在前两年工作的基础上，着力发掘、打造一批工作成效在全省乃至全国领先的基层院，推广先进工作经验，为全省基层院建设树立样板标杆。

（二）紧贴中心大局，规划品牌发展路径

为大局服务、为人民司法、为法治担当是基层检察工作不变的方向。为了引导基层院积极探索围绕中心服务大局、抓好"小专项"服务"大作为"的路径，四川省检察院围绕省委"四化同步、城乡融合、五区共兴"部署，立足成都平原经济区、川南经济区、川东北经济区、攀西经济区和川西北生态示范区的五大片区特点，寻找基层检察工作新的着力点和增长极，鼓励基层院争创服务中国式现代化的样板，有效带动了基层检察品牌的涌现。成都各基层院创新开展"简案优质办"、虚假诉讼跨区域打击治理等，自贡自流井区检察院打造"盐韵检声"党建品牌矩阵，泸州江阳区检察院设立全省首个轻罪治理中心"枫和江阳"，绵阳、广元、乐山、宜宾、眉山、资阳等地基层院打造"熊猫未士"未检品牌、"亮·利剑"刑检品牌、"鱼跃龙门"水资源生态法治保护品牌等多个特色检察品牌，集中展现了基层检察工作的特色亮点，均收到良好社会效果。

（三）强化示范引领，营造创先争优氛围

善于抓典型，让典型引路和发挥示范作用，是我们抓好基层院建设的一项重要工作方法。通过评选一批工作领先的"五强"建设优秀院、样板院，传授好经验好做法，形成奋发向上的工作态势和示范引领的集群效应，让干得好的脱颖而出，让想干好的学会思路方法。要健全和完善检察机关优秀集体和优秀个人通报表扬的制度机制，鼓励条线规范开展单项表扬评选活动，从基层发现、挖掘一批特色检察品牌、优秀办案团队、典型案事例。2024年，全省50个基层院部门和品牌被评为全省优秀集体，从多个条线发掘了一批扫黑除恶、派驻检察、行政检察、未成年人检察、司法警察等工作成效突出的基层院，有效激发了基层院创新活力。

四、坚持辩证思维，牢牢抓住推动基层院高质量发展的关键重点

推进基层院建设高质量发展，要善于把握主次矛盾，找准问题关键，就是要抓住关键主体、关键环节和关键节点，强化责任落实、明确考核标准、营造浓厚氛围，方能将"五强"基层院建设要求真正落实到基层。

（一）抓好"头雁"工程，确保"关键少数"责任落实到位

作为抓基层院建设的第一责任人，"一把手"认识是否到位是"五强"建设能否取得成效的关键所在。省级院要带好头，落实院领导对口联系指导基层院制度，检察长和班子成员每年深入联系院，不定期听取联系院工作汇报，加强对基层院的精准指导。市级院检察长要将基层院建设责任抓在手上、扛在肩上，主动联系辖区内困难大、问题多、条件差的基层院，积极帮助协调解决基层院自身难以解决的现实困难和问题。基层院检察长要树立主体主责意识，不仅要主动谋划本院建设，主动向党委和上级院汇报工作、争取支持，还应在参与主题教育、办理疑难复杂案件、开展检察公开听证、做好"三个规定"填报等具体工作中切实发挥带头示范作用。同时，省、市院都应建立相应机制，强监督、实问责。2024年初，省院安排市级院检察长对6名考核靠后的基层院检察长进行了约谈，切实传导责任压力、共同分析研判问题、强化整改提升措施，收到了较好效果。

（二）开展考核评价，拿出"关键实招"提升创建质效

对基层院开展"全覆盖、分类别"的直接考核，立足于对基层院建

设成效进行总体评价，分类确定考核等次，将基层院按发展条件分为三类，每类按比例确定一等、二等、三等考评等次。突出考核工作实效亮点，与对市级院绩效考评不同，减少绩效指标，设置综合加减分指标，更加切合基层检察工作实际。加强考核结果运用，考核结果与"五强"建设挂钩，基层院必须在分类考核中位列该类前1/2，方能参加"五强"优秀院、样板院评选，旨在进一步激发基层院创先争优活力。

（三）持续加力推进，抓住"关键节点"营造浓厚氛围

要及时总结提炼基层院建设的新经验、新做法、新成果，深入挖掘、精心培育、大力宣传"五强"基层院创建过程中的典型经验。要为"五强"基层院建设营造良好舆论氛围，省院在队伍建设专刊上开辟专栏，市级院开展基层院检察长谈"五强"建设、基层检察品牌展示发布会等各类活动，三级院充分运用检察门户网站、检察内网、"两微一端"等宣传平台，灵活多样地报道和宣传全省基层院建设的新进展、新举措和新成效。要抓住关键时间节点加力推进，抓住第一批优秀院评选出炉、第二批全力创建的关键时间节点，组织各市级院政治部主任、基层院检察长到做得最好的地区开展现场参观学习，选取工作成效明显的市、县院交流经验做法，为"五强"基层院建设深入落实、持续提速再添动力、再鼓干劲。

以打造"三型"检察院推进基层院建设的路径探析

刘家卿[*]

基层检察院既是贯彻落实党中央全面依法治国决策部署的"最后一公里",更是为大局服务、为人民司法、为法治担当的"最初一公里"。如何把握基层院建设的新特点新期待、如何找准强基建设的着力点创新点、如何把基层队伍建设工作抓得更实,亟待深入研究。

一、聚焦四大变化,准确把握新时代基层院建设的使命任务

党的十八大以来,在以习近平同志为核心的党中央坚强领导下,人民检察事业欣逢最好的发展时期。《中共中央关于加强新时代检察机关法律监督工作的意见》(以下简称《意见》)赋予检察工作更大政治责任,是检察事业不断前进的重要遵循。作为基层院,要答好检察工作高质量发展历史使命的必答题,首先要认清新时代检察工作面临的新变化。

(一)理念之变:以中国特色社会主义检察理念为引领

时代发展的客观要求与司法实践的理念更新是辩证统一的。检察工作以检察理念为战略引领,新时代检察理念必须适应新时代经济社会发展和人民群众对公平正义的需求。传统的就案办案理念,局限于纸质卷宗的静态审查,止步于案结"工作了"的履职框架,停留于个案不出错的自我价值定位,导致出现构罪即捕、构罪即诉、监督缺位等机械司法

---

[*] 刘家卿,天津市河西区人民检察院党组书记、检察长。

现象，法律监督职责囿于个案之中，没有得到充分发挥，这种现象在基层表现更为突出。检察机关是全面依法治国的重要力量，必须以习近平法治思想为引领，深入践行中国特色社会主义检察理念。基层检察机关作为维护国家安全的基层防线，必须坚持党对检察工作的绝对领导，确保党的中心工作推动到哪里，检察工作就跟进到哪里；作为法治建设的基层力量，必须主动融入区域经济发展大局，坚持为大局服务、为人民司法、为法治担当；作为防范风险化解矛盾的前沿阵地，必须持续提升群众工作能力，推进社会长治久安；作为公平正义的基层践行者，必须注重案件办理合目的性、合规则性、合理性相统一，坚持高质效办好每一个案件；作为法律监督的基层视角，必须以办案抓治罪，监督促治理，彰显治罪与治理并重，以生动的基层检察实践拓展法律监督工作新格局。

（二）形势之变：以体系机制改革释放监督效能

一方面，随着社会主义法治国家建设不断推进，人民群众的法治意识不断增强，涉法涉检需求不断增长，信息网络快速发展，检察办案必须直面无数未知的"大众评审团"，既要依法"治罪"又要精准"治理"。另一方面，"四大检察"工作格局的革新重构，宪法赋予检察机关的法律监督职能内涵不断深化完善，传统的个案监督、被动监督已不适应法治建设的需要。检察机关在提高办案质量的前提下，监督的广度和深度必须跟上，实现办案中对内对外、点对点的协同机制，以履职体系和机制的改革形成"链式反应"，将监督效能发挥到极致，才能符合人民群众的期待。一是向内盘活"四大检察"这一检察机关法律监督的"基本盘"。"四大检察"是检察机关法律监督的主体框架，实现全面协调充分发展，要强化一体履职、综合履职，探索打破业务"壁垒"，突破数据"烟囱"，形成履职合力。二是向外政法协同，推进繁简分流、认罪认罚、非羁押监管、矛盾多元化解、行刑衔接的轻罪治理模式。近年来，我国犯罪结构发生深刻变化，判处三年有期徒刑以下刑罚的案件占比从1999年的不到55%上升至近年来的85%以上。顺应犯罪结构变化趋势和社会治理新的阶段性特征，检察机关依托侦查监督与协作配合办公室，联合公安、法院、司法行政部门，探索精准审查、分类处理、优质办理、社会治理的"简案快办"工作模式，尝试构建轻罪案件类案办理模式，释放检力用于"繁案精办"。

（三）任务之变：以检察之为夯实长安之基

基层检察处于司法办案第一线，是检察工作行稳致远的根基。身处百年未有之大变局，维护国家安全和社会稳定的内涵外延更加深刻，时空领域更加宽广，内外因素更加多变，检察机关需要从惩罚犯罪、维护稳定、防范风险等主战场筑牢"支撑"之基，从平安建设、源头治理、法治宣传等多维度发挥"服务"之力。一方面，要牢固树立"抓前端、治未病"的理念，将目光放眼全局、放眼长远，将实现人民对美好生活的向往作为新时代强国建设的"国之大者"，善于以类案治理、社会治理的敏锐度来审视每一个事件，防止"小管涌沦为大塌方"。另一方面，要坚持"在办案中监督，在监督中办案"。在具体办案过程与环节中履行监督职责，确保案件公平公正办理；通过亲历式、跟进式、融入式监督及时发现和纠正执法司法活动中的违法行为，依法开展立案监督活动。在此过程中，不断提升检察人员在办案中敏锐发现社会治理问题、释法说理、应急处突和群众工作能力。

（四）标准之变：将"三个善于"融入高质效办案全过程

"努力让人民群众在每一个司法案件中感受到公平正义"是习近平法治思想的重要要求。面对党中央的重托，检察机关不断深化解题思路，将高质效办好每一个案件作为基本价值追求，既是习近平法治思想检察实践的价值观又是方法论，而"三个善于"更清晰地指明了如何实现高质效办好每一个案件。一是把人民群众的司法获得感作为高质效办好每一个案件的出发点和落脚点。小案子连着大民生，坚持以人民为中心的发展思想，必须在检察办案中做到法、理、情融合，在坚持严格司法的基础上，采取更加方便快捷、更加符合常情常理的方式处理案件，达到人民群众普遍认同的效果。这一任务既需要丰富的司法实践经验和行之有效的一体化协同机制,更需要检察官把握刑事司法政策,避免业务数据冲动,坚决防止脱离质效的"唯指标论",保持严格依法、公正司法的能力和定力。二是将"三个善于"作为基层队伍能力建设的行动指南。高质效办好每一个案件,重在"高质效",难在"每一个"。实践中,部分检察官缺少实战磨砺,进入新时代,应对问题还停留在过去式,容易影响人民群众对公平正义的感知。检察工作高质量发展更要注重检察人员履职能力的提升,对标"三个善于"的具体要求,应着力构建检察人员政治素养、办案质量、监督效能、竞赛调研等综合评价体系,促进检察官依法、规范履职,办出更多"有灵魂的案件"。

站在新的历史方位,基层检察工作正发生深刻的变化,但基层院建设的重要性始终未变,确保检察工作沿着正确的政治方向笃定前行的初心不变。天津市河西区检察院深入贯彻习近平法治思想,主动扛责、高位推动,开拓"学习型、研究型、改革探索型"的"三型检察院"建设新模式,激活基层检察工作"新引擎",努力在新时代大考中交出一份满意的检察答卷。

二、以"学习型"检察院建设拓展强化法律监督能力、推进专业化建设途径

只有重视学习、善于学习、坚持学习,才能吸收新思想、积累新知识、掌握新技能,适应时代发展步伐,研究和解决发展过程中遇到的新情况、新问题。河西区检察院以三个层次搭建"学习型"检察院的基本框架。

(一)强化政治锤炼

队伍过硬根本是政治过硬。抓关键少数,完善"第一议题"制度和党组理论学习中心组学习制度,规范研讨交流、丰富学习形式,着力提升"关键少数"政治理论学习质量和制度化规范化水平。抓基层党组织,建立"中心组领学、分管领导带学、党支部细学、机关党委督学"的"四学机制",丰富"三会一课""主题党日"组织形式,将党性教育、党

性锻炼融入日常、抓在经常。抓检委会,坚持每月例会制原则,定期学习传达法律、司法解释、规范性文件精神,准确把握法律政策界限,做到政治建设和专业化建设深入融合。抓青年干警,成立青年理论学习小组,促进检察人员在思想、行为、评价体系上体现政治与业务融合发展。

(二)加强业务训练

"青出于蓝而胜于蓝",为彰显人才是"第一资源"的理念,创新实施青年干警素能研修"青蓝计划",形成"检察成就人才,人才成就检察"的生动景象。大力开展专业基础理论学习,依托"青蓝微课堂",围绕重点岗位、核心能力,大力开展法学理论、检察业务、检察技术、司法政务、信息化系统应用等专业基础理论学习。强化岗位实践能力学习,以"青蓝讲坛"为平台,精准定位岗位素能标准,开设实务讲堂,邀请各级院专家、骨干传授业务知识、分享办案经验,提升检察人员业务能力水平。强化专业办案团队建设,采取"带头人+联络人+成员"架构,组建人才梯队化专业化培训暨办案团队,立足专业领域开展课题研发、教学研讨、专案办理,逐步实现重点领域检察办案从"单打独斗"到"团队集成"的转变。

(三)深化实践锻炼

坚持实战实用实效导向,优化各条线检察业务技能比武、岗位练兵、实战考评,使思想上的"真经"实实在在转化为身上的能力、脚下的实力。多平台组织岗位实训,依托"青蓝竞秀场"等实战载体,开展素能比武、实案实训、岗位练兵等活动,以赛促学、以赛促干。用好用活检校共建资源,将高等学府研究成果与司法实践相结合,实现人才共育、课题共研、成果共享。向外拓展丰富实践载体,选派优秀年轻干部参与上级机关跟班学习、专案办理和专项工作,投身对口援建基层磨砺中,让检察人员壮筋骨、长才干。

三、以"研究型"检察院建设不断开创检察工作科学发展新局面

应勇检察长指出,"实践创新推进到哪里,理论研究就要跟进到哪里"。河西区检察院以调研开路,以调研破题,总结形成"检视一个问题、形成一篇成果、完善一项机制、提升一级成效"的"四个一"工作机制,统筹推进"研究型"检察院创建,实现检察实践和理论研究"双促进、共提升"。

(一)聚焦服务大局履职尽责

围绕提升经济发展质效、城市功能品质、民生保障成色、城市治理现代化水平等领域,制约区域经济社会高质量发展的堵点问题、基层反映强烈的痛点问题、群众普遍关注的热点问题、存在风险隐患的焦点问题,做好破解复杂难题的对策性调研、新时代新情况的前瞻性调研、重大工作项目的跟踪性调研、典型案例的解剖式调研。

(二)聚焦法律监督主责主业

进一步加强法律监督理念、体系、机制、能力现代化研究,特别是基层检察工作面临的实践性、深层次问题,经过深入分析、充分论证、找准根源和症结,不断推进法律监督工作系统性、科学性、有效性。如刑事检察调研团队针对轻罪治理现状,紧密结合宽严相济刑事政策要求,形成《轻罪时代刑法"但书"出罪的适用逻辑——以多次小额盗窃案为切入》等调研成果,并在诸多法律论坛上获得奖项。

(三)聚焦检察基础理论研究

深化法律监督中国特色社会主义法治体系,特别是在法治监督体系中的功能作用以及法律监督概念、内涵、范围等探索。如知产办借助知识产权刑事、民事、行政"三位一体"综合司法保护试点优势,从理论上去总结、阐释、论证知识产权综合履职可行性、必要性和发展路径,调研形成《知识产权"刑民交叉"案件的办案路径研究》等相关成果在

《法治参考》等刊发。

四、以"改革探索型"检察院建设激发检察事业保持生机活力的强大动力

改革是基层检察事业顺应时代变化、社会发展的动力源泉。基层院要增强系统思维，更新司法理念、完善制度机制、创新工作方法、摸索总结规律，坚持向改革要动力，以改革促发展。河西区检察院以深入落实习近平总书记视察天津重要讲话精神为引领，围绕"四个善作善成"重要要求，谋划推动18项改革探索项目。

（一）探索推进监督理念革新

持续推动检察工作向数字化、智能化方向转型升级，通过大数据法律监督模型的建立，探索开启"个案办理—类案监督—系统治理"的数字检察发展之路，带动检察监督方式变革。2024年上半年，构建故意制造交通事故大数据法律监督模型并交予市交管局适用，发现监督线索20余条、监督立案1件，充分激活数据潜力为法律监督赋能。

（二）探索强化案件管理提质量

探索建立"案件质量绿色管控机制"，树立"绿色指标"发展理念，既破除"唯数量论"，又保持监督数量健康发展的必要规模。通过指标通报、数据分析、业务研判、评查督导等一体化、实质化管理模式，科学适用指标引领、动态管控办案质量。开展季度业务态势分析研判，并定期制发《绿控专报》，发现虚假数据、问题数据，提示薄弱工作、督促及时整改。动态开展专项研判，如发挥侦查监督办公室常驻优势，针对刑事案件提捕率高、不捕率高、证据不足不捕率高的问题，探索建立侦查监督与执法监督相衔接机制，强化预审对提捕案件证据的把关职能，从根本上解决"三高"问题。

（三）探索强化执法司法共同体意识

加强与其他执法司法机关协作配合，探索一体推进执法司法制约监督机制建设。探索建立多元化救助体系,与民政局、司法局、退役军人事务局等部门会签《关于建立完善国家司法救助与社会救助工作衔接机制的意见》,合力推进司法救助与社会救助衔接机制建设。坚持和发展新时代"枫桥经验"推进社会矛盾纠纷预防化解法治化,与辖区街道党工委、办事处会签《关于建立涉法涉诉矛盾纠纷预防化解协作机制的意见》,创新构建"检察官工作室"+"三所联动""三室联建"融合模式,采取"派驻+巡回"全覆盖工作模式,助推信访矛盾在法治轨道上妥善化解。

(四)探索打造区域特色检察品牌

河西区检察院作为最高检确定的全国七家探索建立"金融犯罪警示教育基地"的检察院之一,把"预防金融犯罪法治宣传教育常态化机制""金融犯罪警示教育基地"作为软硬件项目一体推动落实,以特色品牌创建为依托,打造预防金融违法犯罪"检察样本"。开展检校共建,联合市检察院、南开大学法学院共同打造"天津金融犯罪检察研究实践双中心",共同探索应对金融犯罪新形态新特点的法治路径。结合区位金融产业集聚特点,组建金融犯罪检察专门办案团队,以"一中心双协同"体系构建金融犯罪风险防范创新模式。设立驻金融法律服务中心检察官办公室,将金融犯罪检察办案团队嵌入区金融法律服务中心,快速受理金融机构控告、举报和申诉等,为区域金融行业高质量发展保驾护航。

推动新时代基层检察院建设高质量发展路径探析

石 颖[*]

基层检察院是检察工作的基石。近年来，济南市检察院坚决贯彻最高检、省检察院和省委、市委决策部署，始终把基层院建设作为全局性、基础性工作，科学指导，创新发展，基层院建设驶入了加速发展、革新发展的"快车道"，涌现出了"全国模范检察院"、最高检"个人一等功"等一批先进典型。站在新起点，面对学习贯彻党的二十届三中全会精神的新形势新任务，如何锐意改革、担当作为，以基层院建设高质量发展加快推进检察工作发展，是我们当前和今后一段时期的紧迫任务。

一、必须在聚共识、树导向上持续发力，着力夯实基层院发展根基

"知者行之始，行者知之成。"如果思想认识不统一，看法不一致，就会有等待、有观望、有徘徊，难以形成推进基层院建设高质量发展的凝聚力、执行力和战斗力。只有坚持把解决思想认识、境界标准、工作导向问题放在首位，贯穿始终，常抓不懈，才能有效夯实基层院发展根基。

（一）把握好"主抓"与"主责"的关系，进一步集聚建设合力

市级院最熟悉基层、最了解基层，是基层院建设的直接领导者和组织者。发挥好市院"一线指挥部"作用，对于抓好基层院建设，推动全

---

[*] 石颖，山东省济南市人民检察院党组成员、政治部主任。

市检察工作整体发展至关重要。市级院党组要始终把基层院建设牢牢抓在手上，持续不断地抓引导、抓执行、抓推进，带动形成两级院"上下一致、协同作战、合力攻坚"的工作格局。市级院各部门要强化全局意识，坚决克服"本位主义"和"部门主义"，齐抓共管，努力立足本职当好基层院建设的参与者、推动者。基层院更要增强"第一责任人"的主责意识，充分发挥主观能动性，主动作为，奋发有为。对工作中遇到的困难和问题，要勇于面对、攻坚克难，坚决摒弃"等、靠、要"思想和"慵、懒、散"作风，以逢山开路、遇水搭桥的精神主动破解难题，通过上下联动、左右互动，合力推进基层院建设健康发展。

（二）把握好"关键少数"和"绝大多数"关系，进一步提振建设精气神

基层院建设涵盖了检察工作的方方面面，是一项复杂的系统工程，必须领导带头、全检动员、全员参与，以更高的标准、更有力的措施、更扎实的作风，推动各项工作再上新台阶。要突出示范引领。基层院建设的根本因素在人，主要在于领导干部这个"关键少数"。领导干部的精神状态、胆识魄力往往是决定一个单位工作成效的关键因素。领导干部要敢于负责，勇于争先，既要看到成绩，善于发挥优势，又要找准薄弱环节，破解难点，真正当好基层院发展的领路人。要突出提升境界。"法乎其上，得乎其中；法乎其中，得乎其下。"要始终把提境界提眼界、鼓干劲鼓拼劲、扬锐气扬朝气作为强化基层基础建设的治本之策，紧扣检察工作实际，有针对性地开展大讨论、大练兵，做实正向激励机制，对表现突出的基层检察人员在职务职级晋升、表彰奖励、逐级遴选等方面给予倾斜，用身边榜样、标兵能手激励基层检察人员争先创优，努力让比学赶超的风气成为主流，让躺平观望的"市场"越来越小。

（三）把握好"抓当前"和"谋长远"关系，进一步树牢正确建设导向

紧紧围绕检察工作高质量发展要求，吃透上情、摸清下情、掌握实

情、真抓实干、埋头苦干，坚决克服形式主义、浮躁作风和急功近利的短视行为。要防止一蹴而就的"急性病"，基层院建设系统庞杂、涵盖极广，必须做好长期真抓实干的思想准备，力戒"眼高手低、急于求成"。要着力引导、指导基层院结合各自实际制定发展目标，既要"跳起来摘桃子"，也要"俯下身推车子"，扎扎实实打基础，积小胜为大胜。要防止小进则满的"浮躁病"，坚持问题导向，牢固树立"有解思维"，对长期制约基层院发展、尚未破解到位的短板问题，要加大力度、强化措施、一抓到底，做到短板弱项不补齐不松劲、问题不解决不放手，从强化薄弱环节入手，持续不断的补短板，拉长板，促发展。要防止时冷时热的"冷热病"，力戒只烧"三把火"、只砍"三板斧"的短期行为，要放眼长远，科学谋划制定基层院业务建设、人才队伍建设、基础设施建设等中长期发展规划，明确阶段任务，坚持"用长劲、求实效"，推动基层检察工作可持续发展。

二、必须在解难题、挖潜力上精准发力，着力推动基层院建设补短提升

坚持问题导向是马克思主义的鲜明特点。要始终注重从短板挖潜力、向弱项找空间，着力解决基层院特别是发展相对薄弱院存在的主要矛盾和突出问题，推动形成整体提速升级的发展态势。

（一）以抓统筹推动难题破解

基层基础建设中存在的各类问题都不是孤立存在的；同时，看似类型化的不同问题之间，又往往存在同一性、归集性的根源症结。解决这些问题，必须树立全局观念和统筹思维，推动实现从问题破解到整体提升的蜕变。要完善落实问题通报机制，市院领导、部门负责人常态化深入联系院调研摸底，定期召开业务推进会，对照重点任务完成情况，当面摆问题、剖原因，"对症下药"促提升。要完善落实共性问题提级整改机制，对于党建业务深度融合、调整配备基层班子、畅通年轻检察人员成长进步渠道等制约基层院发展的共性问题，由市院牵头出台意见措施，

靶向整改提升。

（二）以一体化推动难题破解

检察一体化是检察机关开展各项业务工作的重要优势，同样也是我们破解问题、推进发展的重要优势。工作中，要注意纵向、横向两个维度的一体化力量整合，为破解各类问题提供整体解决方案，有力形成基层基础建设的强大合力。纵向上，突出强调提升上级院决策和领导能力，对基层院难以推进的事项，市级院积极听取汇报，统筹接续推进，做好基层院坚强后盾；对基层院发展中的重点事项，市级院要主动介入、引导工作、常态化督促，发挥好上下联动优势；对事关全市大局的事项，市级院要主动担当，上提督办，确保有效落实。横向上，围绕解决监督"线索发现难""调查核实难"等难题，完善落实内部监督线索移送机制，促进全员提升主动监督履职的意识。围绕保障重大国家战略实施、地方重点建设项目，建强基层院金融、知识产权、生态环保、互联网等一体化专业办案组织，强化"四大检察"协同履职，确保各项业务工作运转高效、协调有序。

（三）以强管理推动难题破解

问题的破解要树立前端思维，既要重当前问题解决，又要通过强化管理，从源头上"治未病"。要突出强化对人才、业务的精细化管理，在业务管理方面，要认真贯彻最高检关于加快推进新时代检察业务管理的意见，健全业务指导、业务管控、业务评价等机制，正确处理"宏观与微观""自我与其他""管案与管人"三个维度管理的关系，以高质效"管好"每一个案件助推高质效"办好"每一个案件。在检察人员管理方面，要充分发挥思想状况分析的"支撑"作用，建立完善检察人员思想状况调查分析长效机制，广泛收集检察人员所思所想，精准解决检察人员难题困惑，不断增强奋勇争先、干事创业的精神动力。在数字赋能管理方面，要更加注重发挥数字在业务管理中的重要抬升作用，充分发挥大数据应用效能，完善落实检察大数据发展规划，建强用好各业务条线指挥中心或智能办案辅助系统，积极推进政法跨部门大数据协同办案平台应用，以大数据赋能推动基层检察提质增效。

三、必须在重创新、促发展上持续发力，着力提升基层院建设质效

习近平总书记强调"抓创新就是抓发展，谋创新就是谋未来"。没有创新，基层基础建设就失去了不断发展的动力。当前，基层院建设机遇和挑战并存，希望与困难同在，谁能解放思想、改革创新，谁就能在发展中脱颖而出。要把创新摆在基层检察工作发展全局的突出位置，坚持需求导向和问题导向，充分发挥基层院的主体作用，积极推进能力建设、品牌建设、人才建设创新，向创新要活力、向创新要动力，以各项工作创新发展的动人音符，奏出整体工作科学发展的大合唱。

（一）推动能力建设创新提升

专业化素质是检察人员的看家本领，能力建设是基层基础建设的重要基础。要从这一认识出发，把有效提升为大局服务、为人民司法、为法治担当的能力作为强化基层院建设的首要着力点，以实实在在的履职成效彰显基层院建设质效。服务大局方面，紧扣地方党委政府中心任务，引导各基层院立足本地实际，精准对接省市党代会谋定的任务目标，提出精准服务举措，积极营造服务保障经济社会高质量发展的浓厚氛围。检察为民方面，认真落实最高检、省院部署要求，聚焦人民群众和各类经营主体急难愁盼问题，积极回应、有力作为，以检察担当努力守护人民群众美好生活。检察业务方面，牢固树立"业务立检"工作导向，定期召开业务推进会、制发业务发展态势分析报告，推动基层院"一把手"上台"揭短亮丑"，班子成员集体会诊，帮助各基层院找准重点、明确短板、看到差距，为创新发展奠定更加坚实的根基。

（二）推动品牌建设创新提升

品牌是基层院建设的窗口和名片，优质检察品牌能够提升人民群众对检察工作的满意度和认可度，也能够激励提升基层院立足自身谋发展

的内生动力。要坚持把树立精品意识、打造特色品牌作为提升基层院工作水平的活力源,把创建"一院一品""一院多品"作为基层院建设的关键一环,打特色牌、走精品路,指导各基层院打造"小而精、特而实"的亮点品牌,避免和克服定位不准、一哄而上、生搬硬套、华而不实等问题。要在品牌立项上突出差异化,按照"因地制宜""一院一策"的建设思路,指导基层院立足本院自然禀赋和独特优势,找准不同类型检察品牌的现实需求,培育和打造契合新时代基层检察工作要求、符合上级部署、贴合本地实际的亮点品牌。要在跟踪培育上突出规范化,加强全流程督导,引入退出机制,组织定期评选,通过存优汰劣、去粗留精,确保培育一个,成熟一个,打造优势更优、亮点更亮的特色品牌。要在矩阵打造上突出体系化,充分发挥各基层院主打品牌的辐射效应和广大基层人员的首创精神,推动构建各基层院"院有总品牌,部门有子品牌"的"1+N"品牌矩阵,形成"一品促一线、一院带一片"的良好局面。

(三)推动人才建设创新提升

推动基层院建设的方向确定以后,人就是决定性因素。要着力在强化人才培养、厚植人才"蓄水池"上下功夫,聚焦提升"高质效办好每一个案件"的履职本领,持续强化人才队伍建设,为强化基层基础建设奠定厚实的人才根基。要夯实教育培训质效,坚持实战实用实效导向,以培养骨干人才为重点,分层分类进行覆盖各条线的业务培训,用足、用好、用活领导干部上讲台、检察官教检察官、指导性案例进课堂等有效做法,广泛开展岗位练兵、技能比武等以赛代训活动,不断增强培训的针对性、精准性和实效性。要建立梯次培养机制,对领军人才培养人选注重检察实务与理论研究并重,分析优势短板、制定"一人一档",在大案办理、检察调研、交流锻炼等方面进行针对性培养。根据各条线人才库建库和管理要求,择优选拔推荐参评人选,不断充实以全国、全省检察人才库和办案团队成员为代表的检察骨干人才队伍。要引进用好外部人才,聚焦需求导向,用足用好公务员招录、转任、调任等渠道方式,针对性引进民事、行政、知识产权、金融证券、数字技术等方面紧缺人才。聚焦目标导向，坚持"不为我有，但为我用"的柔性引才理念，开展特邀检察官助理动态调整，用活检察智库专家、兼职教师，完善相关配套措施，充分发挥"编外"人才作用。要营造重才爱才氛围，积极落实从优待检政策，建立有利于各类检察人才脱颖而出的选拔任用机制，对政治素质好、工作表现突出、经过扎实历练的优秀检察人才，在职务晋升、职级评定、交流轮岗等方面给予优先考虑，切实把对检察人才的关心、关爱、关怀落到实处。进一步健全先进典型发掘、培育、选树、宣传机制，引导广大检察人员见贤思齐、奋发有为。

附 录

新时代新征程高质量推进党政领导班子建设的指导性文件*

——中央组织部负责人就《全国党政领导班子建设规划纲要（2024—2028年）》答记者问

（2024年6月13日）

近日，中央办公厅印发了《全国党政领导班子建设规划纲要（2024—2028年）》（以下简称《规划纲要》）。日前，中央组织部负责人就《规划纲要》有关情况回答了记者提问。

问：请介绍一下制定《规划纲要》的主要背景和总体考虑。

答：党政领导班子是一个地方、一个单位的"指挥部"。改革开放以来，党中央先后批准印发7个领导班子建设规划，为加强和改进领导班子建设、推动党和国家事业发展发挥了重要引领作用。党的二十大擘画了以中国式现代化全面推进强国建设、民族复兴的宏伟蓝图。习近平总书记对加强领导班子建设提出一系列新理念新思想新论断。制定实施《规划纲要》是党中央着眼新时代新征程党和国家事业发展作出的重要部署，是深入贯彻习近平新时代中国特色社会主义思想和党的二十大精神的具体举措，对从组织上保障和推进强国建设、民族复兴伟业具有重要意义。

起草中，重点把握以下几个方面：一是充分体现党的二十大精神和党中央有关要求，把习近平新时代中国特色社会主义思想贯彻到领导班子建设各方面。二是着眼以中国式现代化全面推进强国建设、民族复兴

---

* 载《党建研究》2024年第7期。

伟业，提出加强领导班子建设的主要目标和重点任务。三是坚持系统观念、守正创新，吸收近年新鲜经验，突出问题导向，注重与现有政策规定衔接。四是坚持从实际出发，既明确普遍要求，又分层分类精准施策，力求能执行、好落实。

问：《规划纲要》对党政领导班子建设提出了哪些总体要求？

答：全国党政领导班子建设，要坚持以习近平新时代中国特色社会主义思想为指导，深入贯彻党的二十大和二十届二中全会精神，认真贯彻习近平总书记关于党的建设的重要思想，深入落实新时代党的建设总要求和新时代党的组织路线，贯彻落实全国组织工作会议精神，把党的政治建设摆在首位，深化理论武装，配强领导班子，锤炼过硬本领，持续正风肃纪，建设忠实践行习近平新时代中国特色社会主义思想、坚定贯彻落实党中央决策部署、堪当时代重任的坚强领导集体，为以中国式现代化全面推进强国建设、民族复兴伟业提供有力的组织保证。

《规划纲要》明确了党政领导班子建设的六条工作原则，即坚持以党的政治建设为统领，坚持加强党的全面领导和党中央集中统一领导；坚持德才兼备、以德为先、五湖四海、任人唯贤，落实新时代好干部标准；坚持聚焦党的中心任务，树立和践行正确政绩观，持续提升履职本领；坚持民主集中制，增强创造力凝聚力战斗力；坚持系统观念，统筹抓好选育管用工作；坚持遵循干部成长规律和干部工作规律，适应新时代要求，分类指导、精准施策。同时，着眼今后五年党和国家事业发展，提出了加强党政领导班子建设的主要目标，即各级党政领导班子政治、思想、组织、作风、纪律建设全面加强，制度建设进一步完善，对党忠诚政治本色更加鲜明，党的创新理论武装更加扎实，以人民为中心的发展思想更加牢固，结构和功能更加优化，领导现代化建设能力更加过硬，落实全面从严治党政治责任更加有力。

问：党的政治建设是党的根本性建设，《规划纲要》是怎样体现和落实这一要求的？

答：《规划纲要》突出领导班子的政治属性、政治功能，旗帜鲜明提出聚焦"两个维护"加强党的政治建设，并有针对性提出具体措施。一是铸牢政治忠诚。强调要深入开展理想信念教育和政治忠诚教育，完善领导班子贯彻落实党中央重大决策部署和习近平总书记重要指示批示机制，坚持政治立场和政治原则，严肃政治纪律和政治规矩，做深做实干部政治素质考察，发展积极健康的党内政治文化。二是提高政治能力。强调要旗帜鲜明讲政治，增强政治敏锐性，加强政治训练、政治历练，提高政治判断力、政治领悟力、政治执行力。三是严格执行民主集中制。强调要健全领导班子议事规则和决策程序，严肃认真开展党内政治生活，不断提升领导班子解决自身问题的政治自觉和实际效果。

问：学习贯彻习近平新时代中国特色社会主义思想是各级领导班子建设的首要政治任务，《规划纲要》对此有什么部署？

答：《规划纲要》提出要坚持不懈用习近平新时代中国特色社会主义思想凝心铸魂。强调要强化党的创新理论武装，将习近平新时代中国特色社会主义思想作为党委（党组）理论学习中心组学习的首要内容、领导干部教育培训的主题主线，全面把握这一重要思想的世界观、方法论和贯穿其中的立场观点方法。强调要坚持学思用贯通、知信行统一，研究重要问题和重点工作，首先要对标对表习近平总书记有关重要讲话和重要指示精神，养成完整准确全面领会精神实质、紧密结合实际抓好贯彻落实的习惯，做到以学铸魂、以学增智、以学正风、以学促干。

问：实现新时代新征程党的使命任务，对党政领导班子的结构和功能提出了新的更高要求，《规划纲要》在这方面作了怎样的规定？

答：领导班子战斗力怎么样，关键看结构优不优、功能强不强，能否适应党和国家事业发展需要。《规划纲要》坚持个体强整体优、结构服从功能，统筹考虑年龄、专业和来源、经历等结构，对选优配强领导班子提出了六个方面要求。一是重点选好正职。强调要把政治标准放在首位，注重选拔经过实践考验，政治过硬，领导经验丰富、能够驾驭复杂局面，勇于担当、敢于斗争，模范执行民主集中制、善于抓班子带队伍，坚持原则、公道正派、清正廉洁的干部担任正职，保持市县党政正职任职稳定。二是优化年龄结构。提出在严格标准条件的前提下，坚持老中青相结合的梯次配备，统筹用好各年龄段干部。坚持分层分类，对中央和国家机关及其内设司局领导班子、省市县党政领导班子、省市两级党政工作部门领导班子配备年轻干部提出明确要求。三是改善专业结构。根据不同类型领导班子的职责任务，分别对中央和国家机关及省市两级党政工作部门领导班子，地方党委和政府领导班子选配具有相关专业素养的干部提出要求。四是完善来源、经历结构。对中央和国家机关、地方党政领导班子提出相应要求，强调要有序推进干部跨地区跨部门跨行业交流。五是健全培养选拔优秀年轻干部常态化工作机制。强调要完善专题调研、日常发现和动态优化机制，完善跟踪培养机制，从严从实加强教育管理监督，水到渠成地把党和人民需要的优秀年轻干部选拔进各级党政领导班子。六是合理配备女干部、少数民族干部和党外干部。

问：在提升党政领导班子领导现代化建设能力方面，《规划纲要》提出了哪些措施？

答：以中国式现代化全面推进强国建设、民族复兴伟业，对各级党政领导班子能力水平提出了更高要求。《规划纲要》围绕提升领导现代化建设能力，提出三个方面措施。一是加强履职能力培训。提出实施领导班子成员履职能力提升计划，抓好任职培训和专业化能力培训，分层级分领域开展专题培训，注重新知识新技能学习培训，开展实战化培训等。二是强化实践锻炼。强调要聚焦经济建设这一中心工作和高质量发展这一首要任务，围绕服务保障党和国家重大战略以及重大工程、重大项目、重点任务，在实践实干中增强推动高质量发展本领、服务群众本领、防范化解风险本领。三是加强斗争精神和斗争本领养成。强调要增强忧患意识，坚持底线思维，统筹发展和安全，健全风险研判、评估、防控协同以及重大突发事件应急指挥与处置机制，不断增强防风险、迎挑战、抗打压能力。

问：新征程意味着新使命新要求，需要有新气象新作为。《规划纲要》对激励干部担当作为提出了哪些举措和办法？

答：当前，世界百年未有之大变局加速演进，实现中华民族伟大复兴正处于关键时期，迫切需要各级领导班子和领导干部提振攻坚克难、干事创业的精气神。对此，《规划纲要》有针对性提出政策举措，强调要树立和践行正确政绩观，坚持以人民为中心的发展思想，完整准确全面贯彻新发展理念，把为民造福作为最重要的政绩，把坚持高质量发展作为新时代的硬道理，完善考核评价办法，形成正确工作导向。强调要完善担当作为激励和保护机制，强化事业引领和使命担当，树立重实干、重实绩、重担当的用人导向，落实领导干部能上能下有关规定和"三个区分开来"，大力宣传担当作为先进典型。

问：党的二十大报告强调坚持以严的基调强化正风肃纪，《规划纲要》是如何落实这一要求的？

答：《规划纲要》坚持问题导向，总结运用新时代全面从严治党成功经验，对领导班子作风和纪律建设提出明确要求。强调要大力弘扬求真务实作风，落实"四下基层"制度，带头走好新时代党的群众路线，解决好群众急难愁盼问题，锲而不舍落实中央八项规定及其实施细则精神，持续深化纠治"四风"特别是形式主义、官僚主义。强调要深入推进党风廉政建设，落实党风廉政建设主体责任，严格日常管理监督，将"一把手"作为开展日常监督、巡视巡察、专项督查等的重点，强化对权力集中、资金密集、资源富集领域的监督，着力铲除腐败问题产生的土壤和条件，严格家教家风，管好亲属和身边工作人员。

问：如何抓好《规划纲要》贯彻落实？

答：《规划纲要》是新时代新征程高质量推进党政领导班子建设的指导性文件。各省区市、中央和国家机关各部委要结合实际抓好贯彻落实。各级党委（党组）要及时组织学习，以钉钉子精神推动各项任务落地见效。

最高人民检察院关于全面深化检察改革、进一步加强新时代检察工作的意见

（2024 年 12 月 4 日）

检察工作是党和国家工作的重要组成部分。为全面深化检察改革、进一步加强新时代检察工作，以检察工作现代化更有力支撑和服务中国式现代化，提出如下意见。

一、总体要求

1.指导思想。坚持以习近平新时代中国特色社会主义思想为指导，全面贯彻习近平法治思想，深入贯彻党的二十大和二十届二中、三中全会精神，深刻领悟"两个确立"的决定性意义，增强"四个意识"、坚定"四个自信"、做到"两个维护"，深入贯彻《中共中央关于加强新时代检察机关法律监督工作的意见》，以加强检察机关法律监督为主线，以努力让人民群众在每一个司法案件中感受到公平正义为目标，加快推进检察工作理念、体系、机制、能力现代化，锻造忠诚干净担当的新时代检察铁军，为以中国式现代化全面推进强国建设、民族复兴伟业提供有力法治保障。

2.基本原则。坚持党的绝对领导，旗帜鲜明走中国特色社会主义法治道路，把党的领导落实到检察工作各方面全过程。坚持以人民为中心，回应人民呼声，维护人民权益，接受人民监督，践行全过程人民民主。坚持把检察工作放到党和国家工作大局中谋划，自觉为大局服务、为人民司法、为法治担当，更好服务保障经济社会高质量发展。坚持检察履职内在统一于法律监督宪法定位，依法履行职能，敢于监督、善于监督、

勇于自我监督。坚持系统观念，增强检察改革的系统性、整体性、协同性。坚持守正创新，坚定中国特色社会主义检察制度自信，全面深化和落实司法体制改革，在法治轨道上深化检察改革，推动加快建设公正高效权威的社会主义司法制度。

二、健全坚持党对检察工作绝对领导制度体系

3. 坚持和加强党中央集中统一领导。持续擦亮坚定拥护"两个确立"、坚决做到"两个维护"的鲜明政治底色，切实做到检察工作方向由党指引、检察工作原则由党确定、检察工作决策由党统领。严格落实"第一议题"制度，完善习近平总书记重要指示批示和党中央重大决策部署在检察机关落实机制。严格执行请示报告制度。

4. 持续加强党的创新理论武装。学深悟透习近平新时代中国特色社会主义思想，学思践悟习近平法治思想，健全以学铸魂、以学增智、以学正风、以学促干长效机制。加强理想信念教育和职业道德教育，分级分类开展检察人员政治轮训。

5. 完善检察机关党的建设制度机制。坚持以政治建设为统领，增强检察机关各级党组织政治功能和组织功能。做深做实政治素质考察，深化检察系统内巡视和政治督察。完善检察机关党员教育管理、作用发挥机制，推进党建和业务深度融合。加强新时代检察文化建设，培育"忠诚、为民、担当、公正、廉洁"的新时代检察精神，优化检察英模人物选树学习机制，让求真务实、担当实干成为检察人员的鲜明履职特征。

6. 健全检察机关意识形态工作机制。全面落实意识形态工作责任制，坚决捍卫意识形态安全。坚持敢于斗争、善于斗争，坚决抵制西方"宪政"、"三权鼎立"、"司法独立"等错误观点。常态化开展检察人员现实思想调查分析，落实谈心谈话制度。

三、完善服务党和国家工作大局制度体系

7. 服务推进国家安全体系和能力现代化。贯彻总体国家安全观，全面准确落实宽严相济刑事政策，推动实现高质量发展和高水平安全良性

互动。推动健全国家安全体系，严厉打击危害国家安全、暴力恐怖等犯罪。协同完善公共安全治理机制，依法加大对危害生产安全犯罪、食品药品安全领域犯罪防治力度。协同推进社会治安整体防控体系建设，健全扫黑除恶常态化机制，依法严惩群众反映强烈的犯罪，推动完善"扫黄打非"长效机制。积极参与网络综合治理，促进网络空间法治建设。坚持和发展新时代"枫桥经验"，促进健全社会治理体系。深入推进检察信访工作法治化，落实领导干部带头接访制度，持续推进群众信访件件有回复，开展涉检信访矛盾源头治理。加强轻微犯罪问题研究，推动建立轻微犯罪记录封存制度。

8. 服务构建高水平社会主义市场经济体制。健全检察政策与宏观政策取向一致性评估机制。依法惩治走私、危害税收征管等犯罪，维护社会主义市场经济秩序。依法从严打击金融诈骗、破坏金融管理秩序等金融犯罪，推动健全金融证券领域行政执法和刑事司法衔接机制，惩治非法金融活动，有力维护金融安全。强化反垄断和反不正当竞争司法，促进构建全国统一大市场。对侵犯各种所有制经济产权和合法利益的行为实行同责同罪同罚，促进营造市场化、法治化、国际化一流营商环境。坚持和落实"两个毫不动摇"，保证各种所有制经济依法平等使用生产要素、公平参与市场竞争、同等受到法律保护。完善产权司法保护制度，依法平等长久保护各种所有制经济产权，防止和纠正利用刑事手段干预经济纠纷，健全检察环节依法甄别纠正涉企冤错案件机制。加强高新技术、新兴产业、科技创新等领域知识产权司法保护，依法保护商业秘密，加强知识产权恶意诉讼监督，护航因地制宜发展新质生产力。

9. 服务保障和改善民生。践行司法为民宗旨，精准对接就业、社会保障、医药卫生、特定群体权益保障等民生领域改革部署，健全检察便民利民机制。完善保障妇女、残疾人、老年人等特定群体合法权益工作机制。加强和改进未成年人权益司法保护，依法严厉打击侵害未成年人犯罪，完善未成年被害人保护救助机制。实行教育、感化、挽救的方针，坚持"预防就是保护、惩治也是挽救"，依法惩治未成年人犯罪，规范适用附条件不起诉。强化未成年人犯罪预防和治理，推动罪错未成年人分级干预矫治，推动加强专门教育和专门矫治教育工作，深化社会支持体系建设，促进健全未成年人家庭、学校、社会、网络、政府和司法"六大保护"协同机制。完善司法救济保护制度，推动完善国家赔偿制度，优化刑事申诉案件办案程序。落实和规范司法救助制度，推动健全司法救助与社会救助衔接机制。

10. 服务深入推进党风廉政建设和反腐败斗争。融入党和国家监督体系，协同深化整治权力集中、资金密集、资源富集领域腐败。协同有效防治新型腐败和隐性腐败。配合健全追逃防逃追赃机制，依法规范有效适用违法所得没收程序和缺席审判程序。坚持受贿行贿一起查，加大行贿犯罪惩治力度，协同完善对重点行贿人的联合惩戒机制。

11. 服务其他领域重点改革。服务生态文明体制改革，加强生态环境检察工作，依法惩治破坏环境资源犯罪，发挥好公益诉讼在生态环境治理中的积极作用。服务完善城乡融合发展体制机制改革，加强涉农检察工作，助力乡村全面振兴。服务区域协调发展战略实施，加强区域内检察工作协作配合。服务文化体制机制改革，完善促进文化事业和文化产业繁荣发展检察举措，加强文化遗产司法保护。

四、健全强化法律监督工作机制

12. 完善刑事指控体系。贯彻证据裁判原则，完善证据收集、审查、运用机制，健全技术性证据专门审查制度，强化非法取证源头预防，严格落实非法证据排除规则。加强对关键证据的调查核实，规范自行补充侦查。推动完善刑事诉讼中的认罪认罚从宽制度，规范检察环节制度适用。依法规范不批捕、不起诉。强化庭审讯问询问、举证质证、法庭辩论等公诉能力建设。

13. 健全刑事诉讼全流程监督机制。落实加强人权司法保障要求，依法加强刑事诉讼法律监督。完善立案监督办案规范。依法监督纠正非法取证、违法适用强制措施等侦查活动违法行为，优化完善侦查监督平台。完善事前审查、事中监督、事后纠正等工作机制，依法加强对涉及人身权利强制措施以及查封、扣押、冻结等强制措施的监督。规范刑事案件指定管辖工作。加强对涉案财物处置的法律监督。深化社会危险性评估机制，加强羁押必要性审查，对逮捕后变更强制措施的，加强对取保候审、监视居住执行情况的监督。完善审查批准延长侦查羁押期限机制。健全上下联动抗诉工作机制。强化死刑复核监督。完善"派驻＋巡回＋科技"刑事执行监督机制，加强对刑罚变更执行、强制医疗执行、指定居所监视居住执行、财产刑执行等监督，强化对超期羁押、久押不决案件的监督。推进刑事案件律师辩护全覆盖。加强律师执业权利保障，完善便利律师参与诉讼机制。

14. 健全民事检察工作机制。构建各级检察院有区分、有侧重、有统筹的民事检察工作机制。精准开展民事诉讼监督，加强生效民事裁判、民事审判活动违法行为监督。充分保障当事人申请监督权利，完善下级检察院提请抗诉程序设置。规范适用民事再审检察建议。推进个案监督与类案监督相结合，注重发现和纠正深层次违法问题。配合国家执行体制改革，强化对民事执行的全程监督。推动完善虚假诉讼防范、发现和惩治机制。依法开展支持起诉工作，保障特定群体依法有效行使诉权。

15. 健全行政检察工作机制。完善行政诉讼监督机制，加大行政裁判监督力度，加强行政审判和执行活动违法行为监督，深化行政非诉执行监督。结合办理行政诉讼监督案件，协同人民法院、行政机关依法规范推进行政争议实质性化解。在履行法律监督职责中发现行政机关违法行使职权或者不行使职权的，依照法律规定制发检察建议等督促纠正。

16. 健全公益诉讼检察工作机制。聚焦"公益保护"，准确把握"可诉性"基本要素，依法规范办理案件。规范制发公益诉讼检察建议，加强检察建议与提起诉讼有机衔接。健全符合公益诉讼检察特点规律的办案规范体系，完善不同领域公益诉讼办案标准和"可诉性"判断指引。完善跨区域公益诉讼检察协作机制。配合加快推进检察公益诉讼立法。

17. 健全检察机关办理直接受理侦查案件工作格局。坚持依法稳慎、务必搞准，严格依法把握检察机关立案侦查的职能定位和适用条件。完善检察机关侦查管辖案件立案追诉标准。依法查处司法工作人员利用职权徇私枉法、非法拘禁、刑讯逼供等犯罪行为。规范检察机关对公安机关管辖的国家机关工作人员利用职权实施的重大犯罪案件依法决定立案侦查的标准、程序和工作机制。优化案件线索管理，健全办案机制，强化现代化侦查手段运用，健全直接立案侦查案件内部衔接配合和制约监督机制。推进检察机关立案侦查工作专业化建设。

18. 完善涉外检察工作体系。融入涉外法治工作大协同格局，构建协同高效的涉外检察实施体系。依法办理涉外案件和刑事司法协助案件，依法办理领事通知和领事探视，依法平等保护中外当事人合法权益，维护我公民、法人海外合法权益。深化执法司法国际合作，巩固拓展双边多边检察合作机制，推动检察国际合作谅解备忘录落实，服务高质量共建"一带一路"和高水平对外开放。

19. 加强军事检察工作。支持军事检察机关履行法律监督职责，融入中国特色军事法治体系建设。加强多层次军地检察协作，依法维护国防利益和军人军属合法权益。联合开展公益诉讼专项监督，依法保障部队战备、训练秩序。

五、健全检察机关公正司法体制机制

20. 落实和完善司法责任制。全面准确落实、不断健全完善司法责任制，细化完善检察官职权清单、检察辅助人员职责清单、入额院领导办案清单、业务部门负责人审核清单，强化检察委员会、检察长、业务部门负责人等司法办案监督管理职责。健全司法办案组织及运行机制，加强司法责任制的督促落实。严格落实检察官办案质量终身负责制和错案责任倒查问责制，完善司法责任认定和追究机制。健全检察官惩戒制度。

21. 健全依法一体履职、综合履职机制。落实和完善检察工作上下级领导体制，优化上下统一、横向协作、总体统筹的一体履职机制。健全内部法律监督线索移送机制，探索建立法律监督线索库。规范落实上级检察院统一调用辖区检察人员办案制度。完善未成年人检察、知识产权检察等领域"四大检察"综合履职。

22. 完善检察监督方式。完善重大监督事项办理程序。规范和加强调查核实工作，明确适用范围、方式、程序和规则。规范检察建议工作。

探索建立重大法律监督事项跟进监督、接续监督等机制。

23. 健全检察业务管理、案件管理和质量管理机制。持续推进检察业务管理现代化，完善业务研判、指导、评价体系，健全案件质量检查评查制度，压实业务部门自我管理、案件管理部门专门管理和相关部门协同管理责任。取消一切对各级检察机关特别是基层检察机关的不必要、不恰当、不合理考核，更加注重业务管理、案件管理、质量管理，把"高质效办好每一个案件"作为新时代新征程检察履职办案的基本价值追求。深化研究运用"四大检察"的履职结构比，依程序办案与依职权监督的案件结构比，依程序移送、依申请受案与主动发现的案源结构比，推动检察职能全面协调充分发展。

24. 完善执法司法相互配合制约机制。协同健全监察机关、公安机关、检察机关、审判机关、司法行政机关各司其职，监察权、侦查权、检察权、审判权、执行权相互配合、相互制约的体制机制。健全侦查监督与协作配合机制，检察机关对相关监督线索经依法调查核实后，需要监督纠正的，应当及时向侦查机关提出监督意见、检察建议；健全重大疑难案件听取意见机制，依法提出意见建议。推动完善行政处罚和刑事处罚双向衔接机制，健全信息共享、案情通报、案件移送制度，规范办理检察机关向行政机关移送的案件。落实"推进执纪执法和刑事司法有机衔接"要求，加强与监察机关管辖案件的衔接协调和办案协作，依法规范提前介入监察调查工作。完善检察机关立案侦查案件监检衔接机制。完善履行法律监督职责中发现的党员、公职人员违纪或者职务违法、职务犯罪线索向纪检监察机关移送机制。落实检察长列席法院审判委员会会议制度。

25. 健全检察权运行制约监督机制。完善接受党委政法委对执法司法活动的监督等工作机制，健全接受人大监督和民主监督机制，自觉接受社会监督、舆论监督。完善人民监督员制度。坚持"应听证尽听证"，完善听证员选用管理机制，规范检察听证工作，提升听证质效。自觉接受公安机关、审判机关、司法行政机关履职制约，切实保障法律监督工作依法有序开展。加强上级检察院对下级检察院司法办案工作的监督，健全指令纠正或者依法撤销、变更下级检察院错误决定制度。加强司法办案廉政风险防控，合理设置内部把关流程。规范刑事申诉等案件反向审视工作。

26. 深化和规范检务公开。推进检务公开规范化建设，优化检务公开的内容、程序和方式。常态化开展检察开放日活动。推进检务公开与便民服务集约融合。改进检察机关法治宣传教育，落实"谁执法谁普法"的普法责任制，构建全媒体检察宣传格局，完善推进法治社会建设机制。

六、建设高素质专业化检察队伍

27. 加强领导班子建设。履行协管职责，协同选优配强管好地方检察院领导班子。鲜明树立选人用人正确导向，大力选拔政治过硬、敢于担当、锐意改革、实绩突出、清正廉洁的检察干部。加强领导干部交流任职，推进领导干部能上能下常态化。树立和践行正确政绩观，健全有效防范和纠治政绩观偏差工作机制。加强优秀年轻干部针对性培养使用。统筹做好检察系统女干部、少数民族干部和党外干部培养选拔工作。

28. 加强检察队伍专业素能建设。深化人才强检战略，加强政治与业务融合培训，健全常态化培训特别是基本培训机制，开展岗位练兵、业务竞赛等专业训练和实践锻炼，推动检察人员善于从纷繁复杂的法律事实中准确把握实质法律关系，善于从具体法律条文中深刻领悟法治精神，善于在法理情的有机统一中实现公平正义。用足用好各类人才招录（聘）引进政策，健全"选育管用"一体机制，构建知识产权、金融证券、涉外检察、数字检察等紧缺法治人才培养机制。

29. 健全检察组织机构。优化内设机构和办案组织设置。统筹推进铁路、林区、垦区、矿区、油田等检察院改革，完善对专门法院、巡回法庭等法律监督机制。优化刑事执行派出检察院布局。因地制宜规范派出检察室建设。

30. 健全检察队伍管理机制。深化检察人员分类管理改革，完善检察官逐级遴选制度，优化检察官助理分阶段培养和履职管理，规范检察人员有序交流。完善司法警察履职机制，优化调整编队管理模式。推动落实专业技术类公务员改革，规范事业编制人员管理培养，完善聘用制书记员招聘和管理机制。进一步优化检察人员考核评价机制。

31. 完善从优待检和履职保护制度。推动完善司法辅助人员、司法行政人员职业保障政策，加强检察官权益保障。加强对敢担当善作为干部的激励保护。准确把握和落实"三个区分开来"，完善检察人员依法履职不实举报澄清机制。

32. 健全全面从严治检体系。深入推进检察机关党风廉政建设和反腐败斗争，压紧压实全面从严治检主体责任，支持配合派驻纪检监察机构工作，完善检察机关一体推进"三不腐"、防治"灯下黑"机制。建立经常性和集中性相结合的纪律教育机制，深化运用监督执纪"四种形态"，综合发挥党的纪律教育约束、保障激励作用。锲而不舍落实中央八项规定及其实施细则精神，健全防治形式主义、官僚主义制度机制。完整准确执行防止干预司法"三个规定"，健全应录尽录、常态化甄别核查、案件倒查等工作机制。

33. 强化基层基础建设。树牢大抓基层鲜明导向，健全对基层检察院分类指导、领导干部定点联系、业务部门对口指导、基层检察院结对共建和创先争优等制度机制。深化对口援助帮扶、巡讲支教等工作，坚持检力向办案一线和艰苦边远地区倾斜。健全为基层减负长效机制。

34. 加强法律政策和检察理论研究。健全法律政策研究工作体系。积极配合做好相关法律的制定、修改工作，制定完善重点领域、新兴领域相关司法解释，完善指导性案例、典型案例选用机制，持续建好用好检察案例库。健全司法解释和案例指导工作协作机制。深化检察理论研究，健全中国特色社会主义检察学学科体系、学术体系、话语体系。深化检学研共建机制，加强检校合作，建好检察研究基地，推动法学院校开设检察学、检察实务课程。

七、健全检务保障和科技支撑机制

35. 完善检察机关经费保障机制。因地制宜、积极稳妥推进省以下检察院财物统一管理改革。制定实施各省区市检察业务装备标准，优化办案用房和专业技术用房功能设置。健全预算制度，加强财会监督，突出绩效导向，提升科学管理水平。

36. 以科技赋能法律监督。深入实施数字检察战略，深化"一张网"检察信息化架构，推进检察智能化数字化基础设施建设。充分释放数据要素价值，有效发挥成熟数据模型作用。积极探索大数据、区块链、人工智能等技术辅助司法办案。构建新时代检察技术工作格局，深化业务与技术协同机制，加强实验室体系建设，完善检察机关司法鉴定管理。积极参与国家重点研发计划科研项目和应用示范，协同开展司法领域关键问题科研攻关，推动科研成果有效转化。

各级检察院党组要加强组织领导，把全面深化检察改革、进一步加强新时代检察工作摆上重要议程，科学制定改革任务书、时间表、优先序，细化工作举措，强化督导检查，以钉钉子精神抓好各项改革任务落实，持续推进习近平法治思想的检察实践，以检察工作现代化支撑和服务中国式现代化。

关于加强新时代检察队伍建设的意见

（高检发〔2023〕13号）

加强检察队伍建设是实现检察工作现代化的必然要求和根本保障。为深入学习贯彻习近平新时代中国特色社会主义思想，全面贯彻党的二十大精神，不断提升检察队伍建设水平，努力建设适应检察工作现代化要求、堪当时代重任的高素质专业化检察队伍，提出如下意见。

一、把握新时代新征程检察队伍建设的总体要求

1. 历史方位。近年来，在以习近平同志为核心的党中央坚强领导下，党的检察事业欣逢最好发展时期，检察工作实现职能重塑、机构重组、机制重构，检察队伍建设卓有成效。踏上新的征程，党和人民赋予检察机关更重责任，对检察队伍革命化、正规化、专业化、职业化建设提出了新的更高要求。经过司法责任制、人员分类管理等改革后，检察队伍人员结构、管理模式、履职方式、职业保障等发生深刻变化，检察队伍建设的主要矛盾已由学历层次偏低、职业保障不足转变为司法理念、履职能力、职业素养不适应新时代检察工作高质量发展要求，必须加快推进检察队伍建设理念、体系、机制、能力的现代化。

2. 指导思想。坚持以习近平新时代中国特色社会主义思想为指导，深入贯彻习近平法治思想、习近平文化思想、习近平总书记关于党的建设的重要思想，全面落实《中共中央关于加强新时代检察机关法律监督工作的意见》，始终把检察队伍建设作为基础性、战略性工程，大力加强党的政治建设、领导班子建设、人才队伍建设、专业能力建设、职业保障建设和纪律作风建设，锻造信念坚定、司法为民、敢于担当、清正廉洁的高素质专业化检察队伍，为检察工作现代化提供坚强组织保证和人

才支撑。

3. 工作原则

——坚持党的绝对领导。深入贯彻新时代党的组织路线，全面落实党管干部原则，把党的绝对领导落实到检察队伍建设各方面各环节，强化各级检察院党组主体责任和检察长第一责任，把新时代好干部标准落到实处。

——坚持服务党和国家工作全局。紧紧围绕党和国家中心任务和工作大局，聚焦检察机关法律监督主责主业，建强组织、配强班子、用好干部、盘活人才，推动"四大检察"全面协调充分发展，以检察工作高质量发展服务经济社会高质量发展。

——坚持遵循检察工作规律。立足检察机关实际，紧贴检察职业特点，加强检察职业精神引领，优化检察人员职业发展路径，提升职业保障水平，增强检察队伍职业使命感、尊荣感、归属感，坚定中国特色社会主义司法制度和检察制度自信。

——坚持锐意改革创新。全面准确把握司法体制综合配套改革精神，坚持系统观念、法治思维、强基导向，发挥检察系统一体化优势，以改革思维、改革办法破解影响制约检察队伍建设的深层次矛盾和问题，进一步激发检察队伍生机活力。

——坚持从严管理监督。持续完善检察机关一体推进"三不腐"、防止"灯下黑"机制，坚持严管和厚爱结合、激励和约束并重，健全落实科学考核评价机制、激励约束机制，做好容错工作，激励广大检察人员求真务实、担当实干。

二、以党的政治建设为统领，筑牢坚定拥护"两个确立"、坚决做到"两个维护"的鲜明政治底色

4. 始终把政治建设放在首位。强化政治机关意识，深刻领悟"两个确立"的决定性意义，增强"四个意识"、坚定"四个自信"、做到"两个维护"。坚持从政治上着眼、从法治上着力，坚决落实习近平总书记重要指示批示精神和党中央重大决策部署，健全落实传达学习、任务分工、

跟踪问效、定期报告、监督问责的全链条工作机制。严格执行《中国共产党重大事项请示报告条例》《中国共产党政法工作条例》。深化最高人民检察院党组对省级检察院党组政治巡视，稳步推进政治督察。深化党建和业务深度融合，开展典型案例评选、主题实践活动。创新探索上下级检察院党建工作联建联创机制，深化党支部标准化规范化建设，充分发挥党组织政治功能和组织功能。

5. 突出政治能力培养。持续深入学习贯彻习近平新时代中国特色社会主义思想，用好党组理论学习中心组学习、青年理论学习小组、日常学习教育等方式载体，推进以学铸魂、以学增智、以学正风、以学促干。坚持把政治训练贯穿检察人员成长全周期，常态化开展政治忠诚教育和党性教育，提高检察人员的政治判断力、政治领悟力、政治执行力。常态化开展党史、新中国史、改革开放史、社会主义发展史、中华民族发展史学习教育，加强党绝对领导下人民检察史的经常性学习教育。制定落实检察人员政治素质考察办法，建立重要行为纪实制度，经常性开展政治体检。

6. 完善经常性思想政治教育机制。健全检察人员思想动态分析研判机制。定期开展形势政策教育，广泛开展中国特色社会主义检察制度宣传和检察职业道德教育，深化检察改革政策宣讲。定期组织思想政治教育研讨，与时俱进创新理念思路、方法手段。落实意识形态工作责任制，健全意识形态阵地建设和管理机制，严格落实"三同步"工作机制，规范检察人员网络行为，组织引导党员在网络空间充分发挥先锋模范作用，坚决抵制西方"宪政""三权鼎立""司法独立"等错误观点。

7. 深化文化润检。深入学习贯彻习近平文化思想，统筹推进检察宣传思想文化工作，大力培育和践行社会主义核心价值观。研究制定检察文化建设中长期规划，健全以培育职业信仰、职业理念、职业精神、职业道德为主要内容的检察文化建设体系。落实宪法宣誓制度，常态化颁发检察荣誉章，规范司法检察礼仪。弘扬中华优秀传统文化，用好用活红色资源，提炼符合系统特色的检察工作精神理念。因地制宜建设检察博物馆、陈列馆、院史馆、荣誉室、图书室等文化活动场所，开展学术、文化交流活动，培植新时代检察人的精神家园。鼓励参与创作检察题材文艺作品，加大"一院一品""一院多品"特色检察文化品牌培育、宣传力度，展现新时代检察职业形象。

三、以领导班子建设为重点，打造为大局服务、为人民司法、为法治担当的过硬检察队伍

8. 选优配强领导班子。按照干部双重管理有关规定履行协管职责，协同落实领导班子建设规划。加强与地方党委组织部门沟通汇报，配合做好领导班子整体功能综合分析研判，及时、高质量提出调整配备建议。突出政治标准，坚持个体强整体优、结构服从功能，配合做好地方各级检察院检察长选配工作，优化各级检察院领导班子结构，实现年龄梯次配备合理、专业优势互补、来源渠道广泛。按规定推动领导干部在检察系统内外、上下有序交流、异地任职，落实领导班子内部定期分工调整。统筹做好检察系统女干部、少数民族干部和党外干部培养选拔工作。

9. 加强年轻干部培养。健全落实优秀年轻干部日常发现、跟踪培养、适时使用、从严管理的常态化工作机制。定期开展优秀年轻干部专题调研，争取地方党委组织部门支持，2027年前，省级检察院45岁左右、市级检察院40岁左右、县级检察院35岁左右的班子成员，45岁左右市级检察院检察长、40岁左右县级检察院检察长应达到一定数量。健全上下联动的全链条接续培养锻炼机制，推进年轻干部交流任职、跟班学习、实践锻炼，有针对性开展多岗位任职培养。最高人民检察院和各省级检察院每年分别举办1—2期优秀年轻干部培训班。有计划选派年轻干部到基层一线、对口支援单位、艰苦地区历练成长，对表现优秀的，同等条件下优先提拔使用、晋升职级、遴选担任检察官。

10. 优化检察官管理。突出检察官行使检察权的业务属性，科学配置检察官。推动完善检察官逐级遴选制度，合理设置任职年限和学历学位等条件，择优确定人选，推动同级法官、检察官的任职资格条件互认，健全逐级遴选相关配套政策措施。准确落实检察官等级晋升制度，严格落实"考核+评审"制度，健全不胜任岗位职责检察官员额退出机制，

推动检察官能进能出。落实检察官等级与领导干部选任资格条件相衔接制度。优化省级检察院检察官遴选委员会设置，完善入额程序和审核机制，提高工作效能。

11. 完善检察官助理管理。优化检察官助理管理和职级晋升工作，落实市、县级检察院检察官助理规范便捷招录机制。市级以上检察院研究出台激励引导措施，鼓励支持检察官助理到基层检察院初任检察官。探索实行检察官助理分层培养。健全落实检察官助理辅助办案实践锻炼机制，全面提升检察官助理履职专业能力。

12. 重视司法行政人员发展。有序推进司法行政人员与检察官、检察辅助人员相互交流。综合部门领导干部符合检察官法所规定的检察官任职资格条件的，因工作需要，经干部选拔任用程序选任或交流至本院检察业务部门担任领导职务，可以按照法定程序任命相关法律职务。省、市级检察院主动配合党委组织部门组织司法行政人员与地方党政机关干部交流使用。检察院内设机构正职选任，优先考虑具有业务和综合岗位经历的干部。

13. 改进司法警察管理。研究制定加强新时代人民检察院司法警察工作的意见，有效发挥司法警察辅助检察办案、保障办案安全等职能作用。规范司法警察编队管理，探索优化警务运行模式，建立一体化统筹使用警力机制。健全司法警察招录、训练、管理、考核、使用机制，探索建立从公安院校、司法警官学院招录培养司法警察制度。推动完善警衔管理。

14. 统筹技术人员使用。推动落实专业技术类公务员改革。坚持业务需要、量力而行，一般由市级以上检察院统筹调配使用检察技术人员。适应数字检察战略和科技强检需要，健全检察技术人才、数字检察人才引进培养使用机制。健全检察技术专家评选机制，完善检察技术人员能力认定体系。最高人民检察院接收地方检察技术骨干跟班锻炼，各省级检察院按规定加强本地检察技术骨干交流与统筹使用。

15. 规范聘用制书记员管理。各省级检察院结合实际制定聘用制书记员管理办法，合理控制规模，科学设置等级，实行与薪酬待遇、等级晋升挂钩的分级管理制度。加强聘用制书记员队伍规范化建设，健全工作绩效考核机制，完善监督管理和退出机制，定期组织针对性业务培训。对具备一定工作年限、表现优秀的聘用制书记员，可在市、县级检察院招录检察官助理时，通过部分职位合理设置司法辅助工作经历条件给予政策倾斜。

16. 管好用好事业单位工作人员。深入落实《事业单位人事管理条例》，严格执行事业单位工作人员公开招聘有关规定，拓宽来源渠道，科学设置岗位、招聘条件，严把进人关。规范事业单位工作人员管理，落实岗位管理、考核考评、培训锻炼、表彰奖励制度。落实事业单位工作人员相关职业保障待遇，畅通职业发展渠道。

四、以人才队伍建设为支撑，切实把"第一资源"转化为推动高质量发展的强大动力

17. 精准引进人才。各省级检察院制定实施人才引进计划，协调党委组织部门精准引进急需检察人才。用足用好招录、转任、调任等政策，加快引进检察侦查、民事、行政、知识产权、金融证券、涉外法治、数字检察等方面紧缺人才。建立与"双一流"高校、本地区知名高校的合作机制，加大选调生工作力度，提升研究生学历人员比例。拓展柔性引才范围，健全专家咨询委员会和行政机关专业人员兼任检察官助理工作机制。

18. 系统培育人才。牢固树立科学的人才观，健全落实检察系统一体培育的人才工作机制。最高人民检察院和各省级检察院每年分别举办检察人才高级研修班。建立完善检察人才列席检委会案件审议、业务学习制度，有计划安排参办和观摩新类型、疑难复杂案件办理。建立国际化涉外检察人才培养机制，建好用好各地司法交流合作基地，统筹安排检察人才参加国际交流合作、涉外案件办理、涉外公益法律服务工作，积极向国际组织推荐检察人才。

19. 统筹管理人才。研究制定检察机关人才管理办法。围绕业务专家、业务标兵、业务骨干三个层次，以及检察业务类、理论研究类、综合行政类等不同类别，实行分层分类培养管理。到2027年，全国在职检察业务专家达到240名左右，省级检察业务专家达到1500名左右，业务标兵、业务骨干达到一定规模，实现各条线全覆盖。最高人民检察院和各省、市级检察院分级建立健全各类检察人才库，实行动态管理。检察人才工作在各级检察院党组领导下，由政工部门统筹管理，相关部门分条线具体组织实施。

20. 科学使用人才。探索开展检察人才统筹调配使用，完善人才资源共享机制。发挥检察人才传帮带作用，健全检察业务骨干与青年检察人员结对指导、精准帮扶机制。有针对性地安排检察人才参与重大案件办理、理论攻关、重要文件制定、巡回授课等工作。积极服务国家区域重大战略实施，支持相关地方检察院构建更加开放的人才引进、培养和交流使用机制。完善检察人才评价体系，建立有利于人才脱颖而出的选拔任用机制。

五、以专业能力建设为关键，持续提升"高质效办好每一个案件"的履职本领

21. 强化法律监督理念引领。坚持以习近平法治思想引领检察工作理念现代化，加强新时代司法检察理念教育培训，开展业务研讨、典型示范、案例检视等工作，推动在实体上确保实现公平正义，在程序上让公平正义更好更快实现，在效果上让人民群众可感受、能感受、感受到公平正义，使检察办案的质量、效率、效果统一于公平正义。落实指导性案例和典型案例常态化学习机制，建设检察案例库共享平台。每年确定一批重点资助项目，鼓励开展检察基础理论研究和司法前沿理论研究。牢固树立和践行正确政绩观，优化案件质量主要评价指标，健全业务分析研判会商、案件质量交叉评查等机制，确保严格依法办案、公正司法。

22. 培养过硬专业素能。完善符合检察官、检察辅助人员、司法行政人员职业特点和岗位要求的专业素能培养体系，推进检察工作能力现代化。科学设置办案组织，制定办案团队能力提升和评价办法。鼓励支持组建检察机关内部跨部门跨区域专业化办案团队，打造一批办理专业案

件、研究专门业务、培养专家人才的办案实践基地。坚持实战实用实效导向，优化各条线检察业务竞赛，广泛开展技能比武、辩论赛、庭审观摩、跟庭考评等实战化练兵。完善落实领导干部带头办理疑难复杂案件、列席审判委员会会议、公开听证等制度，带动检察队伍法律监督能力整体提升。

23. 提升业务培训质效。制定落实《全国检察教育培训规划（2023—2027年）》。分层分类开展覆盖"四大检察"的高质量业务轮训，及时开展新录用检察人员初任培训和检察官晋高培训，协调推进初任检察官统一职前培训。加大检察辅助人员、司法行政人员培训力度，探索"订单式"培训模式，补齐补强专业短板。健全领导干部上讲台、检察官教检察官机制，落实检察官与法官、人民警察、律师等同堂培训机制，深化区域联合培训。构建集中培训与日常学习相互结合、线上线下互为补充的立体培训机制，高效用好"检答网"、民事行政案件咨询网等业务学习咨询平台。建设和共享师资库、教育培训教材库，研发、评选精品课程，强化培训基础保障。

24. 强化岗位实践锻炼。健全多渠道、多层次、上下联动的检察队伍岗位锻炼机制。最高人民检察院接收地方检察业务骨干实践锻炼，选派优秀年轻干部到地方一线"墩苗"。省、市级检察院按规定开展与下级检察院，以及其他党政机关、研究机构干部交流锻炼。深化理论研究、互聘互派、教育培训、实践教学等检校合作机制，持续推进"检察实务专家进校园"活动，按规定有序开展法学院校专家学者到检察机关挂职。

六、以职业保障建设为依托，激励检察人员求真务实、担当实干

25. 优化检力配置。落实省以下检察院检察官员额动态调整制度，推进员额统筹配置、动态调整。统筹加强省、市级检察侦查专业队伍和办案机制建设，配强用好检察侦查办案力量。协调组织、编办等相关部门，通过置换、后勤服务社会化、调出调离等方式消化解决非公务员占用政法专项编制问题。落实上级检察院统一调用辖区检察人员办理案件制度。

严格规范上级检察院借调下级检察院人员。会同中央编办建立政法专项编制动态调整机制，盘活用好编制资源，确保编制向办案一线和基层倾斜。

26. 激励担当作为。以"考实、评准、用好"为基本导向，推动完善检察人员全面、全员、全时考核制度，简化考核流程，强化考核结果运用，推动能上能下，做实奖优罚劣。定期开展"全国模范检察官""新时代最美检察官""优秀业务能手"等品牌表彰活动，充分发挥常态化表彰、及时性奖励激励作用。制定加强新时代检察先进典型选树工作的意见，加大检察英模选树宣传，大力推出一批时代特色鲜明的检察英模。落实"三个区分开来"，完善检察人员依法履职不实举报澄清保护机制。

27. 健全职业保障。完善落实检察人员定期体检、带薪休假、健康疗养、荣誉退休、谈心谈话和领导干部走访慰问困难干部家庭等制度。推动落实与检察官职务序列等级相对应的工资、医疗等待遇。建立健全检察人员心理评测和干预机制。会同有关部门建立检察官依法履职风险防范、人身安全保护机制，强化检察官权益保障。推动调整完善检察人员因公牺牲伤残优抚政策，健全帮扶因公牺牲检察人员家庭长效机制。

七、以纪律作风建设为保障，确保"打铁必须自身硬"

28. 全面从严治检。始终坚持严的基调，坚持内容上全涵盖、对象上全覆盖、责任上全链条、制度上全贯通，深入推进全面从严治检。综合运用自上而下监督、政治监督、班子内部监督、重大决策监督、述责述廉监督等方法，强化对"一把手"和领导班子监督实效。加强年轻干部教育管理监督，寓爱于严、全面从严。加强对干部全方位管理和经常性监督，充分运用身边人、身边事开展警示教育，促进检察人员形成自觉的纪律。加强廉洁文化建设，强化家庭家教家风建设。主动接受派驻监督，深化完善与驻院纪检监察组专题会商工作机制和成果运用，健全检察人员违法违纪情况定期分析和典型案例通报机制。坚持"零容忍"，坚决支持配合纪检监察机关查处检察人员违纪违法问题。

29. 抓实内部监管。全面准确落实司法责任制，完善检察权运行制约监督机制。健全检察官权力清单制度,完善上级检察院对下级检察院、检察长对检察官的领导和监督机制,健全检察委员会、检察长、业务部门负责人对案件监督把关机制。强化检察履职廉政风险防控,有效约束自由裁量权。健全司法责任认定与追究机制,完善检察官惩戒与纪检监察机关执纪执法衔接配合机制,及时、常态、规范开展追责惩戒工作。健全基层检察院内部监督长效机制,由省、市级检察院统筹强化检务督察力量。

30. 严格正风肃纪。巩固深化检察队伍教育整顿成果,严格落实新时代政法干警"十个严禁",健全纪律作风教育提醒、日常监督管理等机制,持续深化纠治"四风"和司法办案不正之风。健全防止干预司法"三个规定"等重大事项记录报告制度常态化落实机制,坚持"有问必录""逢案必倒查"。健全规范领导干部配偶、子女及其配偶经商办企业行为常态化管理机制,严格执行检察人员配偶、子女及其配偶"禁业清单"。加强离职从业审批监管,与司法行政机关建立离任检察人员违规从事律师职业双向预警机制和检察人员近亲属在律所从业核查机制。严格检察人员兼职、因私出国境管理,加强对退休检察人员的教育监督管理。

八、坚持以强化组织领导为抓手,努力提升新时代新征程检察队伍建设水平

31. 压紧压实领导责任。健全党组统一领导、纪检监察专责监督、政工部门牵头抓总、有关部门各司其职、检察人员人人参与的检察队伍建设新格局。各级检察院党组每年至少听取一次检察队伍建设情况报告,及时研究解决队伍建设中存在的难题。党组书记、检察长扛实检察队伍建设第一责任人责任,定期向同级党委、上级检察院党组报告检察队伍建设情况,靠前指挥、带头协调解决突出问题。班子其他成员按照责任分工抓好分管部门的队伍建设。内设机构负责同志认真履行"一岗双责",加强本部门检察人员日常教育管理监督。

32. 健全对下指导机制。健全落实检察系统队伍建设指导机制,加强与地方党委及其组织部门的常态化沟通协商。健全落实请示报告和信息

报送机制，加强上级检察院对下级检察院队伍建设的指导和督促。健全落实检察队伍建设典型案事例发布机制，最高人民检察院和省级检察院定期组织检察队伍建设专题调研，及时总结推广各地经验做法。建立覆盖检察队伍选育管用全流程的"数字检察政工"系统，探索建立领导班子动态管理监测系统、检察人员监督管理平台，提升检察队伍管理科学化水平。

33. 夯实基层基础。落实大抓基层责任，健全省、市级检察院领导定点帮扶、业务条线指导等制度机制，持续为基层办实事、解难题。探索建立基层检察院跨区域、跨层级共建互助机制。大力推进基层检察院工作整体提升，通过政策倾斜、业务指导、重点帮带等，帮助补短强弱。创新开展基层检察院分类考评，引领推动创先争优。深化对口援助帮扶工作，促进东、中、西部基层检察院结对共建、互学共鉴、交流共进。

34. 抓好职能部门建设。通过内部调剂、选调、招录等方式，及时配齐配强政工、党务、检务督察等工作力量。加强职能部门自身建设，着力打造讲政治、重公道、业务精、作风好的模范部门。创新开展上级检察院对下级检察院队伍建设工作履职情况进行综合评价，不断提升检察队伍建设质效。

各省级检察院要根据本意见精神，细化措施，明确责任，持续抓好贯彻落实，每年底向最高人民检察院政治部报送加强检察队伍建设情况。

关于进一步加强人民检察院检察官助理管理工作的意见

(高检发办字〔2024〕145号)

为进一步深化检察人员分类管理改革,加强检察官助理队伍建设,根据《中华人民共和国公务员法》《中华人民共和国检察官法》《关于招录人民法院法官助理、人民检察院检察官助理的意见》等相关规定,提出如下意见。

一、目标任务

(一)坚持以习近平新时代中国特色社会主义思想为指导,深入贯彻党的二十大精神,严格落实党管干部原则,进一步优化检察人员分类管理,建设一支政治坚定、职责明晰、担当作为、管理规范、结构合理的检察官助理队伍。

(二)促进检察官助理职业发展,完善履职机制,畅通职业通道,增强职业认同,激发队伍活力,引导检察官助理安心工作、建功立业。

(三)加强检察官助理职业中长期规划,立足检察官助理在辅助办案岗位相对长时间履职等实际,兼顾检察官人选储备和领导干部培养选拔任用,健全符合检察官助理职业特点的选育管用机制。

二、加强检察官助理招录工作

(四)检察官助理应当坚持以习近平新时代中国特色社会主义思想特别是习近平法治思想武装头脑、指导实践、推动工作,坚持讲政治和讲法治有机统一,深刻领悟"两个确立"的决定性意义,增强"四个意识"、坚定"四个自信"、做到"两个维护",坚定不移走中国特色社会主义法治道路,自觉为大局服务、为人民司法、为法治担当。

(五)担任检察官助理,除符合公务员条件外,一般应当具备普通高等学校法学类本科学历并获得学士及以上学位;或者普通高等学校非法学类本科及以上学历并获得法律硕士、法学硕士及以上学位;或者普通高等学校非法学类本科及以上学历,获得其他相应学位,并取得法律职业资格或者具有法律专业知识。

经最高人民检察院审核确定放宽担任检察官学历条件的地方,担任检察官助理的学历条件可以放宽为高等学校本科毕业。

适用上述条件仍有困难的地方,可以按照报考当地公务员的基本条件招录检察官助理,并在招录工作中就检察官助理职业发展问题和将来担任检察官的资格条件等作出政策说明。

各级人民检察院使用政法专项编制并已进行公务员登记的在职人员,在本意见印发前按照有关规定符合担任检察官助理的学历要求的,不受本条关于检察官助理学历条件的限制。

(六)各省级人民检察院在检察官助理招录工作中应当结合本地工作实际、人员结构、队伍建设需要等,合理设置辖区检察院招录检察官助理的条件。招录检察官助理的学历、年龄、工作经历、是否具备法律职业资格等具体条件,由地方各级人民检察院根据有关规定研究确定后,层报省级人民检察院审核。

地市级、基层人民检察院在开展检察官助理招录工作时,可根据工作需要,探索将具备一定年限的司法辅助工作经历等作为部分岗位的招录条件。

(七)有下列情形之一的,不得录用为检察官助理:

1. 法律规定不得录用为公务员的;

2. 被人民法院、人民检察院辞退的;

3. 被吊销律师执业证书、公证员执业证书的;

4. 被吊销法律职业资格证书的;

5. 被给予终身不得报名参加国家统一法律职业资格考试(国家司法

考试）处理的；

6. 具有法律、法规规定不得录用为检察官助理的其他情形的。

（八）根据《关于招录人民法院法官助理、人民检察院检察官助理的意见》（组通字〔2015〕46号），通过规范便捷机制招录检察官助理的，应当按照有关规定实行统一招录。具体由省级人民检察院提出招录职位、名额和报考资格条件，拟定招录计划，省级公务员主管部门审定招录计划、会同省级人民检察院制定实施方案。可以单独或者综合采取下列措施，为法律专业人才进入检察官助理岗位创造便利条件：

1. 纳入省市县乡"四级联考"的，可以根据检察官助理职业特点、职位性质和管理需要，单独命制试题、合理确定开考比例、单独划定笔试合格分数线；也可以单独申报招录计划、单独组织考试和录用；

2. 由省级公务员主管部门会同省级人民检察院按照招录计划、考生报考意愿和调剂情况分配至市、县两级人民检察院；

3. 在艰苦边远地区，招录检察官助理确有困难的，可以设置一定数量的检察官助理职位，面向本市（地、州、盟）、县（市、区、旗）户籍、在本市（地、州、盟）、县（市、区、旗）长期生活工作的人员招考；对于自愿返回原籍工作的报考者，可以进一步优化招录程序、降低招录条件。列入艰苦边远地区津贴实施范围的四类及以上地区基层人民检察院，还可以单设职位招考，必要时可不设开考比例。

4. 在民族自治地区，可以设置一定数量的检察官助理职位，面向通晓国家通用语言文字与当地少数民族语言文字的本地人员招考，还可以探索通过适当降低开考比例、单独划定笔试合格分数线等方式，进一步畅通双语检察官助理的招录渠道。

（九）省级人民检察院应当根据辖区检察院编制及检察官助理岗位空缺情况，会同省级公务员主管部门及时开展考试录用工作，补充人员力量。

（十）人民检察院因跨地区动态调整编制出现临时性超编的，根据优化人员结构和干部梯队建设实际需要，经机构编制部门同意，可明确一定过渡期，在每年消化超编人员额度内，按照"多退少进"的原则制定检察官助理招录计划。

（十一）艰苦边远地区人民检察院新招录的检察官助理，在艰苦边远地区人民检察院的最低服务年限为5年（含试用期）。适用规范便捷机制招录的检察官助理，最低服务年限可以适当延长1-2年；录用后累计2次以上年度考核优秀的，最低服务年限可以减少1年，但最低不得少于5年。

（十二）各级人民检察院使用政法专项编制并进行公务员登记的书记员，符合担任检察官助理条件的，可以转任检察官助理。

（十三）人民检察院要重视发挥检察官助理办案作用，综合考虑办案团队人员结构、检察官人选储备等因素，合理确定各级人民检察院检察官助理在本院政法专项编制中所占员额比例。其中，基层人民检察院的检察官助理员额比例，原则上不低于本院政法专项编制的30%。

三、优化检察官助理履职管理

（十四）检察官助理在检察官指导下，承担以证据审查、事实认定、法律适用为核心内容的检察辅助事务，主要履行下列办案职责：

1. 讯问犯罪嫌疑人、被告人，询问证人和其他诉讼参与人；
2. 接待律师及案件相关人员；
3. 收集、调取、核实证据，协助开展调查核实工作；
4. 实施搜查、查封、扣押、冻结、勘验、检查等；
5. 审查案件材料，草拟法律文书；
6. 协助检察官出席法庭；
7. 检察官交办的其他办案事项。

检察官助理参与办理案件，按照谁办案谁负责、谁决定谁负责原则在其职责范围内承担相应的司法责任。

（十五）充分发挥检察官助理专业办案能力。按照检察官可以实行递补机制的有关规定，经遴选委员会审核后等待递补担任检察官的检察官助理，以及曾有检察官任职办案经历的检察官助理，可以在办案部门负责人或资深检察官的指导下相对独立承担办案任务。指导办案的检察官应当承担审核把关责任。

（十六）兼顾辅助办案职责和遴选检察官需要，对检察官助理实行分阶段培养训练。对于新任职的检察官助理，主要加强基础性、程序性检察辅助事务和办案规范的训练。对于具备一定辅助办案经验的检察官助理，主要强化审查案件材料、草拟法律文书、参与侦查调查等实质性行使检察职权的办案技能训练。

从事法律工作达到一定年限、业务能力较强、工作业绩较为突出、拟作为检察官人选的人员，可以作为高阶段的检察官助理进行培养训练，全面参与需由检察官亲自承担的各类办案事项，为将来遴选担任检察官后独立承办案件做好准备。经检察长批准，高阶段的检察官助理在协助检察官出席法庭时，可以在检察官就主要事实和法律问题发言后，辅助进行举证质证、补充发表出庭意见、参与法庭辩论。

（十七）检察官助理培养阶段的确定，主要以办案能力养成和职业发展方向为依据，不与职级直接挂钩。高阶段的检察官助理，由本院党组根据检察官遴选需要，综合考虑与检察官岗位的适配性、发展潜力、个人职业意愿等情况，在现有检察官助理人数一定比例内统筹研究确定。

（十八）加强检察官助理的针对性教育培训。检察官助理培训情况作为晋升、培养使用、遴选检察官的重要依据之一。检察官助理的教育培训可以采取脱产培训、网络培训、岗位练兵等方式进行。各级人民检察院应当鼓励、支持检察官助理参加学习培训和进修，并积极创造和提供必要条件。高阶段的检察官助理在检察官指导下参与办案的时间，可以计入初任检察官职前培训岗位实习和综合训练阶段的时间。

（十九）检察官助理配置在检察业务岗位，由所在部门会同政工部门进行日常管理，以所在部门管理为主。各级人民检察院应当综合考虑案件数量、类型、难易程度和人员结构等因素，合理配备检察官助理并动态调整，确保人员配置与办案任务的均衡匹配。

检察官助理可以相对固定协助一名或多名检察官办理案件，也可以根据工作需要统一调配。独任检察官、检察官办案组办理案件，应当根据其任务需要确定是否配备检察官助理、配备人数及具体人员。

（二十）政法专项编制 30 名以下的基层人民检察院，对于检察官之外的在职在编检察人员，符合担任检察官助理条件的，可以统一任检察官助理，根据全院工作需要统筹调配履职，提升人员管理使用效能。司法警察和仅承担行政管理事务的司法行政人员仍按各自序列管理。

（二十一）检察官助理不实行聘用制。聘用人员不得代行检察官助理职责。根据工作需要，素质优秀的聘用制书记员可以配合检察官助理履行职责。

（二十二）对检察官助理的考核，应按照干部管理权限，全面考核德、能、勤、绩、廉，重点考核政治素质和工作实绩。检察官助理的考核指标应当体现职业特点，突出辅助办案的责任感、能动性和履职质效；考核应注重听取指导办案检察官的意见，综合研判后确定考核结果。

四、拓展检察官助理发展空间

（二十三）各级人民检察院要聚焦检察官助理的核心职责加强管理，通过分级分类建立优秀检察官助理人才库、举办业务竞赛、评选办案能手等多种方式，发现培养检察官助理专业人才，发掘选树检察官助理先进典型，营造勇于担当、积极作为的良好氛围，增强检察官助理的责任感、使命感和尊荣感。

（二十四）研究确定、跟踪培养一批优秀年轻检察官助理，有意识加强全方位培养锻炼。根据检察工作和干部培养需要，可以有计划地安排检察官助理到综合部门锻炼。对具有检察业务和综合管理工作经历的检察人员，按照规定的程序和要求注意选拔使用。

（二十五）综合素能优秀的资深检察官助理，可以协助部门负责人承担对本部门检察辅助人员的日常管理工作，承担对新入职检察辅助人员的传帮带等职责；符合条件的，可以根据《党政领导干部选拔任用工作条例》及有关规定选拔、推荐担任领导干部。

（二十六）对于拟到下级人民检察院初任检察官的检察官助理，上级人民检察院要会同下级人民检察院，统筹研究其初任检察官后的职业发展规划，增强职业发展的可预期性。

（二十七）检察官助理原则上按照综合管理类公务员进行管理。检察官助理职级与综合管理类公务员二级巡视员至一级科员一一对应。各级人民检察院检察官助理和本院其他相当层次综合管理类公务员的职级职数可以统筹核定和使用；其中，相当层次职级的职数比例不同的，可以按照各自职数比例计算后统筹核定和使用。

（二十八）检察官助理与其他综合管理类公务员相互转任的，按照检察官助理与其他综合管理类公务员职级的对应关系确定职级，原相应层次职级的任职年限累计计算。

（二十九）检察官助理与检察官相互转任的，根据《检察官单独职务序列规定》等有关规定，综合考虑德才表现、原任职务职级、工作年限、任职资历等因素，比照拟任职单位同等条件人员确定新的等级职级。转任后首次晋升等级职级的，综合考虑比照确定的等级职级等因素，研究确定任职年限是否符合晋升资格条件。

五、其他

（三十）本意见适用于使用政法专项编制、已经进行公务员登记的检察官助理。

（三十一）检察官助理的职级设置、办案责任、从业限制等监督管理事宜，法律法规有专门规定的，按照有关规定执行。

（三十二）各级人民检察院可以根据本意见，结合本地实际细化制定实施办法，健全检察官助理管理制度。

后 记

建设高素质干部队伍，事关党和国家事业兴旺发达、长治久安。党的十八大以来，习近平总书记就加强新时代干部队伍建设提出一系列新理念新思想新战略，鲜明提出新时代党的组织路线、新时代好干部标准等重要要求，深刻回答了新时代建设什么样的干部队伍、怎样建设干部队伍等重大问题。党的二十届三中全会专门对"深化干部人事制度改革""全面提高干部现代化建设能力"等作出重要部署，要求大力选拔政治过硬、敢于担当、锐意改革、实绩突出、清正廉洁的干部。

检察队伍作为党的干部队伍的重要组成部分，是以检察工作高质量发展支撑和服务中国式现代化的重要力量。如何适应新时代新征程检察工作高质量发展需要，建设一支堪当时代重任、忠诚干净担当的高素质专业化检察队伍，需要进一步加强理论研究、强化实践指导。故此，我们策划出版《新时代检察队伍建设调查研究与决策参考》一书，并获最高检党组批准同意。最高检党组成员、政治部主任滕继国同志担任主编，严格把关，为本书高质量的编写和出版奠定了坚实基础。

全书主要围绕"建设堪当时代重任的高素质专业化检察队伍"这一主题，坚持立足当前、着眼长远，既有破解当前检察队伍建设现实难题的经验介绍、实践探索，也有推动检察队伍管理改革的前瞻思考、理论研究，具有较强的针对性、指导性、实用性和可操作性，是各地加强检察队伍建设的实践指南和方法指引。本书的撰写工作得到高校专家学者和全国检察机关的鼎力支持。黄文艺、刘翀、王静等专家学者，从理论视角阐释建好建强检察队伍的深层逻辑和意见建议；各省级检察院分管副检察长、政治部主任和部分市、县级检察院检察长，从实践视角为如何建设高素质专业化检察队伍提供务实举措和工作体会。他们进行的深刻阐述、提出的真知灼见，对于加强检察队伍建设，锻造为大局服务、为人民司法、为法治担当的检察铁军，具有较强的理论和实践指导意义。在此，由衷地感谢他们的辛勤付出和无私奉献！

建好建强检察队伍，是新时代检察机关的永恒主题和根本任务。希望本书的出版，能够为各级检察机关提供有益思考借鉴，进一步准确把握加强检察队伍建设的特点规律，聚焦服务保障做实高质效办好每一个案件、推进检察工作高质量发展，不断调整和优化队伍建设工作的理念、方法和机制，与时俱进锻造过硬检察队伍，为推进习近平法治思想的检察实践，更加有力支撑和服务中国式现代化提供坚强的组织保证和人才支撑。

最高人民检察院政治部

2025 年 3 月